조선 왕실의 상장례

조선 왕실의 상장례

-국왕 국장과 세자 · 세손 예장-

이현진 지음

(학)신구학원 신구문화사

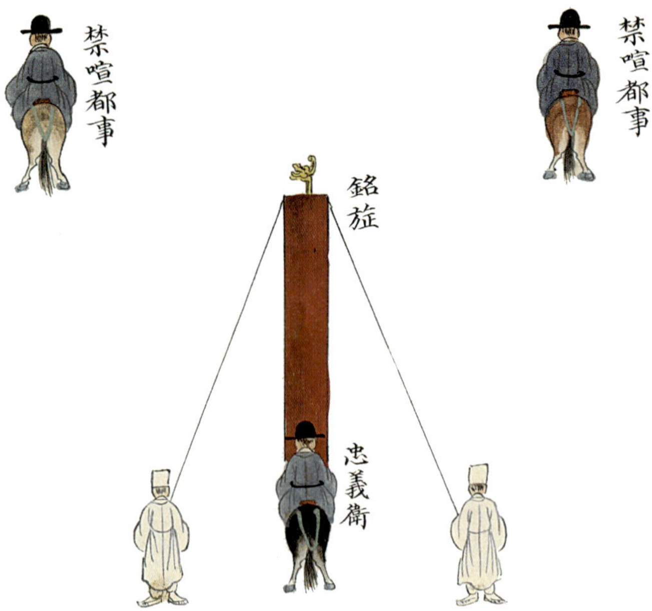
禁喧都事
禁喧都事
銘旌
忠義衛

머리말

상장례(喪葬禮)는 신분적 위계가 뚜렷한 조선시대에 왕실에서 행한 가장 어렵고 까다로운 의례 중 하나다. 죽기 직전부터 혼(魂)이 깃든 신주를 사당에 봉안하기까지 3년이라는 긴 기간 동안 엄숙하고 장엄한 분위기 속에서 수많은 의례를 진행해야 하는 힘든 과정이다.

조선의 왕실에는 국왕, 왕후, 세자, 세자빈, 세손 등 위계와 신분이 다른 여러 계층의 사람들이 있었다. 이들의 죽음을 기록한 자료는 사대부나 일반 사람들에 비해 풍부하다. 그중 의궤는 시각적 효과까지 제공하여 좀 더 생생하게 그 과정을 보여준다. 그런데 의궤 중에서 국왕이 아닌 다른 왕실 구성원의 죽음을 기록할 경우 서명에서부터 다른 단어를 사용하여 궁금증을 자아낸다. 신분의 구별이 뚜렷한 조선시대에 여타의 왕실 구성원들은 어떻게 상장례를 치렀을까 하는 의문이다.

이 책은 그중 18세기에 죽음을 맞이한 영조, 문효세자, 의소세손을 다루었다. 왕실의 구성원 중 남자를 중심으로 하되 국왕, 국왕의 뒤를 이을 국본 세자, 그리고 그들의 손자이자 아들인 세손을 차례로 정리했다. 조선은 모든 질서를 '예(禮)'에 따라 차등적으로 구분짓는 유교 국가이기에 국왕을 비롯하여 세자, 세손의 상장 과정을 함께 살피는 것은 처음 시도되는 만큼 의미있는 작업이라 판단했다.

이들이 죽는 순간부터 상장례를 모두 마치기까지 절차는 어떠하며, 어떤 절차에서 차이를 보이며, 어떠한 용어를 사용하고, 공통점은 무엇이며 차이점은 무엇인지 등을 밝히는 것이 이 책을 집필하게 된 직접적인 동기다. 여기에 생생한 현장감을 배가시킬 사진과 채색 그림을 곁들여 이해를 돕는 것은 물론이다.

이 책은 그간 발표했던 조선 왕실의 상장례에 대해 쓴 글들을 대폭 수정하고 보완하여 묶은 것이다. 각 인물마다 3년간 진행된 의식 절차를 망라하는 것도 쉽지 않았지만 대부분 사어화(死語化)된 어려운 단어를 풀어쓰고, 심지어 이해를 돕기 위해 삽입한 사진과 수많은 그림에 대한 설명은 그간 출간한 저서들과는 또 다른 고통을 안겨주었다. 그럼에도 막상 책으로 엮고 보니 다음 연구를 위한 바탕이 된 것 같아 뿌듯한 마음이다. 조선 왕실의 역사와 문화, 의례를 이해하는 데 조금이나마 도움이 되었으면 한다.

이 책은 박사 논문을 저서로 출간한 「조선후기 종묘 전례 연구」, 정조의 국장을 다룬 「왕의 죽음, 정조의 국장」을 이은 필자의 세 번째 저서이다. 오랜 시간 탈고를 기다려주고 신구문화사에 출판을 의뢰해준 역사문화연구소 유봉학 소장님께 미안하고 고마운 마음이 앞선다. 그리고 책 기획부터 출간까지 조언을 아끼지 않고 도와준 역사문화연구소 연구부장 정재훈 선생님과 정해득 선생님께도 감사의 말씀을 올린다. 도판과 도표가 많아서 편집이 힘들었을텐데 이쁘게 만들어준 신구문화사 최승복 편집부장님의 열정은 오래도록 잊지 못할 것이다. 아울러 신구문화사 식구들에게도 깊이 감사드린다.

시간을 연구하는 데 익숙한 필자가 의례 공간의 중요성을 일깨워준 서울학연구소에 있을 때 집필한 것이라 감회가 남다르다. 의례 공간에 대한 관심을 본서에 반영하도록 도와준 이혜원 선생님과 박희용 선생님께도 고맙고 감사하다. 도판을 제공해 준 전혜원 선생님과 김민규 선생님, 도판을 활용할 수 있도록 허락해준 여러 기관의 고마움 또한 잊을 수 없다. 충분한 교정 시간을 가질 수 있도록 배려해준 서울학연구소 이익주 소장님, 오랫동안 건강을 책임져준 김동일 원장님께도 진심으로 감사드린다.

마지막으로 필자가 지금까지 공부할 수 있었던 데에는 가족의 지원과 격려가 가장 큰 힘이 되었다. 언제나 믿고 응원해준 부모님, 교통사고로 오랫동안 병원에 계신 어머니를 헌신적으로 봉양하는 오빠와 올케언니에게 가장 고마운 마음을 전한다.

2017년 1월

서울학연구소 연구실에서

이현진

차례

표 목차

도판 목차

조선 왕실의 상장례

서론

생명이 다하여 죽은 이를 떠나보내는 상장(喪葬) 의례는 언제 어디서나 중요한 문제였다. 동아시아 사회에서 시행된 유교적 상장 의례는 중국에서 제정되어 주변의 베트남과 조선 등지로 퍼져나갔다. 최고 지배층의 상장 의례의 경우, 중국은 당나라 이후 명나라에서 『대명집례(大明集禮)』가 편찬될 때까지 황실의 국장 과정이 전하지 않고, 한국에서는 당나라의 영향을 받은 고려에서 왕실의 국휼(國恤)에 관한 의식을 제정하지 않았다.[1]

중국, 고려와 달리 조선은 건국 초기부터 국가 의례를 정비하는 과정에서 중국의 제도를 참조하여 왕실의 흉례, 국장(國葬)에 대한 규정을 정비했다. 특히 조선후기에는 관찬 자료와 국가전례서 및 의궤·등록(謄錄)에 상장 의례와 그 실천 과정을 상세하게 기록했다.

조선 사회는 유교 국가였고 유교문화권에서는 모든 질서를 '예(禮)'에 따라 차등적으로 구분지었다. 그에 따라 중국의 제후국을 자처했던 조선은 건국 초 국가 예제를 정비하면서 천자국 중국보다 한 등급 낮추는 방향으로 모든 예제를 규정지었다. 국가만이 아니라 조선 내부에서도 이러한 구분은 법전과 국가전례서에 성문화했고, 이는 특히 상장례에서 뚜렷하게 드러났다.

우선 '죽었다'는 표현부터 지위에 따라 다르게 규정했다. 『예기』에 '천자는 붕(崩), 제후는 훙(薨), 대부는 졸(卒), 사(士)는 불록(不祿), 서민은 사(死)'라고 한 기록이 그것이다.[2] 조선의 국왕은 제후에 해당하므로 그의 죽음을 '훙'으로 표현하는 것이 정확하고, 자료에는 대개 '훙'으로 기록되어 있다. 그 밖에 '승하(昇遐)'라는 표현을 많이 사용했고, 간혹 '훙서(薨逝)'를 쓰기도 했다. 훙서는 그 밖에 효장세자(孝章世子)나 현빈(賢嬪) 등 세자나 세자빈의 죽음에 사용되기도 했다.

이 점은 상장례에서 사용하는 그 밖의 단어에서도 잘 드러났다. 조선시대 국왕과 왕후의 장례를 '나라의 장례'라는 뜻으로 '국장(國葬)', 세자나 세자빈은 한 등급 낮추어 '예장(禮葬)', 세손과 그 밖의 후궁[정1품], 대원군 역시 모두 '예장'이라 일컬었다. 그리고 국왕의 상을 '대상(大喪)', 왕후의 상을 '내상(內喪)', 세자의 상을 '소상(小喪)', 세자빈의 상을 '소내상(小內喪)'이라 하여 구별지었다.[3] 국왕은 국장·대상, 왕후는 국장·내상, 세자는 예장·소상, 세자빈은 예장·소내상, 세손은 예장·소상에 해당했다.

그 밖에 국장과 예장의 구별은 '국장도감의궤(國葬都監儀軌)/예장도감의궤(禮葬都監儀軌)', '빈전도감의궤(殯殿都監儀軌)/빈궁도감의궤(殯宮都監儀軌)', '혼전도감의궤(魂殿都監儀軌)/혼궁도감의궤(魂宮都監儀軌)', '산릉도감의궤(山陵都監儀軌)/묘소도감의궤(墓所都監儀軌)' 등 흉례 관련 의궤의 서명(書名)에서 가장 뚜렷하게 볼 수 있다.

정조 초에 거행한 영조의 국장과 정조의 첫째 아들 문효세자(文孝世子)의 상장을 비교해 보면, 국장/예장, 빈전(殯殿)/빈궁(殯宮), 혼전(魂殿)/혼궁(魂宮), 산릉(山陵)/묘소(墓所), 찬궁(欑宮)/찬실(欑室), 재궁(梓宮)/재실(梓室), 현궁(玄宮)/현실(玄室), 능상각(陵上閣)/묘상각(墓上閣), 부묘(祔廟)/입묘(入廟) 등등 여러 부면에서 용어가 명확하게 대별됨을 확인할 수 있다.

다만, 국장과 예장의 구분이 분명하지 않은 사례도 있다. 1789년(정조 13) 양주 배봉산(拜峯山)에 있던 장헌세자(莊獻世子)의 무덤인 영우원(永祐園)을 수원 화산(花山)에 있는 현륭원(顯隆園)으로 옮기는 과정에서,[4] 1815년(순조 15) 12월 15일부터 1818년 2월 4일까지 진행된 혜경궁의 상장례에서 볼 수 있다.[5]

두 경우는 국장과 예장에서 사용하는 단어를 섞어서 쓴다든가 예장에서 사용할 수 없는 찬궁을 설치하고 그 안에 사수(四獸)를 그리는 등 문헌에 드러난 각종 용어와 도설(圖說)에서 국장과 예장의 구별이 분명하지 않았다. 이는 조선 전시기 동안 극히 예외적인 경우였고, 일반적으로는 국장과 예장을 엄격하게 구분지었다.

일반적으로 조선 왕실의 '상장례'라고 할 때 가장 먼저 떠오르는 것은 국왕과 왕후의 국장일 것이다. 국왕과 왕후의 국장 과정은 『국조오례의(國朝五禮儀)』나 『국조상례보편(國朝喪禮補編)』 등 국가전례서를 비롯하여, 국장·빈전·혼전·산릉·부묘 등 흉례 관련 의궤에 잘 기록되어 있다. 여기에 더해 『국휼등록(國恤謄錄)』과 『혼전일기(魂殿日記)』·『왕릉일기(王陵日記)』 등이 남아 있어서 자료면에서 풍부하다고 볼 수 있다.

그런데 왕실에는 국왕이나 왕후 이외에도 여러 계층의 사람들이 존재했다. 세자·세자빈, 세손, 공주, 대군, 군, 군주(郡主), 현주(縣主), 대원군, 후궁 또한 왕실의 일원이었다. 세자나 세자빈, 세손, 대원군은 그들의 존재가 어느 정도 파악되고, 후궁은 그 아들이 국왕 혹은 추존 국왕의 생모가 되는 칠궁(七宮) 정도가 파악된다. 칠궁은 육상궁(毓祥宮: 숙빈 최씨), 저경궁(儲慶宮: 인빈 김씨), 대빈궁(大嬪宮: 희빈 장씨), 연호궁(延祜宮: 정빈 이씨), 선희궁

용어 설명

* 빈전(殯殿)/빈궁(殯宮): 빈전은 국왕 혹은 왕비의 시신을 봉안하는 곳으로 발인하기 전까지 존재한다. 국왕이나 왕후는 대체로 돌아가신 지 5개월만에 발인하므로 빈전의 존재 기간은 보통 5개월이 된다. 빈전은 별도의 전각을 새로이 짓지 않고 기존에 있던 전각 중에서 택해서 사용했고, 빈전에 따로 이름을 지어주지 않았다. 빈궁은 세자 혹은 세자빈, 정1품 후궁, 대원군 등 예장에서 시신을 봉안하는 빈전을 한 등급 낮춰 일컫는 용어이다. 세자나 세자빈 등은 일반적으로 돌아가신 지 3개월만에 장례를 치르므로 빈궁의 존재 기간은 보통 3개월이 된다.

* 혼전(魂殿)/혼궁(魂宮): 혼전은 국왕이나 왕후가 승하한 지 5개월 만에 산릉에서 장례를 치른 뒤 신주를 모시고 궁궐로 돌아와 종묘에 신주를 봉안할 때까지 신주를 모셔두는 곳이다. 혼전을 위한 별도의 전각을 건립하지 않고 기존에 있던 전각 중에서 택했는데, 주로 편전(便殿: 평소 정무를 보는 전각)에 마련했다. 혼전은 빈전과 달리 전각에 이름을 지어주었는데, 국왕과 대신들이 함께 논의해서 결정했다. 예컨대, 정조의 혼전은 '효원전(孝元殿)', 숙종의 혼전은 '효령전(孝寧殿)'이라고 한 것과 같다. 혼궁은 빈궁처럼 예장에서 혼전을 한 등급 낮춰 일컫는 용어이다.

* 산릉(山陵)/원소(園所)/묘소(墓所): 국왕과 왕후의 무덤은 '왕릉' 혹은 '산릉'이라 한다. 엄밀하게 구분하면, 능이 처음 조성되어 3년 간 국장이 진행되는 동안에는 '산릉'이라 하고, 이후부터는 왕릉이라 일컬었다. 원래 왕릉은 천자국인 중국 황제의 무덤을 지칭하는데 조선에서는 국왕과 왕후의 무덤을 왕릉이라 했다. 원소는 적장자가 아닌 방계(傍系)로 즉위한 국왕이 자신을 낳아준 부모[사친(私親)]의 무덤 혹은 조선후기 왕실의 후궁 가운데 아들이 국왕 혹은 추존 국왕이 되어 그들의 생모를 위해 조성한 무덤을 '원소'라 했다. 그 밖에 왕세자를 위해 원을 조성한 경우가 있는데 장헌세자(莊獻世子)의 영우원(永祐園, 현륭원顯隆園)이 그것이다. 묘소는 능과 원이 아닌 그 밖의 무덤으로, 세자·세자빈·대원군·폐비·후궁·국왕의 사친 등 대부분의 무덤이 해당했다. 사대부의 무덤 또한 묘소라 했다.

* 총호사(摠護使)/도제조(都提調): 총호사는 빈전도감·국장도감·산릉도감의 도제조에 임명한 좌의정이 상장(喪葬)에 관한 모든 일을 총괄하는 직책으로, 국왕이나 왕후의 국장에서만 볼 수 있다. 도제조는 국장을 제외한 왕실 행사를 거행할 때 그 행사를 총괄하는 직책을 가리킨다.

* 재궁(梓宮)/재실(梓室): 재궁은 국왕과 왕후의 관(棺)이고, 재실은 세자·세자빈 등 예장에 해당하는 사람들의 관을 가리킨다.[6] 재궁에서 '재'는 나무의 미칭(美稱)이고, '궁'은 살아있을 때 거처한 곳을 형상화한 말이다.[7]

* 외재궁(外梓宮)/외재실(外梓室): 외재궁은 재궁을 보호하는 바깥의 더 큰 재궁이고, 외재실은 재실을 보호하는 외곽의 더 큰 재실이다.
* 찬궁(欑宮)/찬실(欑室): 찬궁은 재궁을 모셔두는 의물(儀物)이고, 찬실은 재실을 모셔두는 구조물이다. 재궁이나 재실은 빈전(빈궁), 행궁, 정자각 등에서 그대로 안치하지 않고 이렇듯 찬궁 혹은 찬실에 넣어서 두었다.
* 현궁(玄宮)/현실(玄室): 현궁은 왕릉에서 재궁을 안장하는 큰 구덩이이고, 현실은 원소나 묘소에서 재실을 안장하는 큰 구덩이이다.
* 능상각(陵上閣)/원상각(園上閣)/묘상각(墓上閣): 무덤의 봉분을 조성할 때까지 비와 눈 등을 피하기 위하여 현궁/현실 위에 세우는 임시 건물로 '옹가(甕家)'라고도 한다. 능상각·원상각·묘상각은 기능은 모두 동일하지만 왕릉·원소·묘소라는 조성하는 무덤에 따라 이처럼 다르게 불렀다.
* 부묘(祔廟)/부궁(祔宮)/입묘(入廟): 상장 절차를 마친 뒤 신주를 사당에 봉안하는 의례이다. 부묘는 국왕과 왕후의 신위가 종묘에 봉안되는 것을 뜻한다. 부궁은 세자가 죽고 건립한 사당이 '○○宮'일 경우 세자빈의 신위가 훗날 그곳에 봉안되는 것을 말하는데, 장헌세자의 사당인 '경모궁(景慕宮)'에 세자빈인 혜경궁의 신위를 봉안하는 것이 대표적인 예이다. 입묘는 사당의 명칭이 '○○廟'일 경우 여기에 신위를 봉안하는 것으로, 순조의 아들이자 헌종의 부친인 효명세자나 정조의 후궁이자 순조의 생모인 수빈 박씨(綏嬪朴氏)를 예로 들 수 있다.[8]
* 우주(虞主)·연주(練主)/신주(神主): 우주·연주·신주는 모두 사자(死者)의 혼(魂)이 깃든 의물로 사당에 봉안했다. 우주와 연주는 국왕과 왕후가 돌아가셨을 때 조성하는 신주이다. 우주는 뽕나무로 만들고, 산릉에서 신주에 글을 쓴 뒤 첫 번째 기일 때까지 혼전에 봉안하는 신주이다. 연주는 밤나무로 만들되 만드는 방법은 우주와 같았다. 연주는 첫 번째 기일에 혼전에 봉안한 뒤 삼년상을 모두 마치고 종묘에 봉안되는 신주이다. 신주는 세자나 세자빈이 죽었을 때 조성하는데, 이들에게는 우주와 연주의 구별을 두지 않고 '신주'라고 일컬었다.
* 시보(諡寶)/시인(諡印): 시보와 시인은 시호(諡號) 를 새긴 도장이다. 시호는 죽은 뒤 이름을 대신하여 부르는 명칭이다. 보는 국왕이나 왕후에게, 인은 세자나 세자빈 등에게 올려졌다.

(宣禧宮: 영빈 이씨), 경우궁(景祐宮: 수빈 박씨),[9] 덕안궁(德安宮: 순빈 엄씨) 등이다.

그렇다면 이들 이외의 사람들은 어떠한가. 정치 경제적으로 논란이 되지 않는다면 존재조차 파악되지 않는 인물이 상당하다. 이는 인물사, 정치사, 사상사 등 어느 방면으로도 이들에 대한 연구가 활성화되지 못했다는 반증이다. 따라서 이들의 상장 과정을 보여주는 연구가 제대로 되어 있지 못한 것은 물론이고, 여기에는 자료의 부족도 한몫했다.

상장에 관한 초창기의 연구로 조선전기에 한정되지만 두 개의 박사학위 논문이 있다. 조선전기 상제(喪制)의 변천과 상장 의례가 그것이다.[10] 이후 최근에 『국조상례보편』을 통해 본 영조의 국장 절차,[11] 조선 전시기 국왕의 국장을 국가전례서를 중심으로 살펴본 연구[12] 등이 나와 왕실 상장례 연구를 위한 큰 틀이 마련되었다. 이들 연구는 미흡한 조선시대 왕실 상장례 분야를 개척한 의의가 적지 않지만 주로 이론에 치중된 측면이 있다.

한편, 최근 사례 연구를 통해 조선 왕실의 상장 의례를 좀 더 구체적으로 보여주는 연구가 나오기 시작했다. 국왕·왕후의 국장과 세자·세자빈의 예장뿐 아니라 세손, 후궁, 공주 등 연구 대상이 확장되고 있는 추세이다. 특히 역사학과 건축학 두 학계에서 본격적으로 성과가 나오기 시작했다.[13] 또 국장·예장 때 이루어지는 궁궐 내외 동선에 관한 연구와[14] 궁가(宮家) 구조에 관한 연구도 나왔다.[15] 그리고 최근 건축과 역사 두 분야에서 상장례를 소재로 학제간 융복합 연구까지 등장했다.[16]

이렇듯 기존 연구를 통해 조선 왕실 상장례의 면모가 점차 드러나고 있다. 그럼에도 국왕, 세자, 세손이라는 신분에 따른 차등적 의례 절차에 대한 비교 연구는 제대로 되어 있지 못하다. 따라서 본서에서는 선학들의 연구 성과에 힘입어 조선 왕실의 상장례를 국왕의 국장, 세자·세손의 예장을 중심으로 풀어가고자 한다.

본 연구의 대상 인물은 영조(1694~1776), 문효세자(1782~1786), 의소세손(懿昭世孫, 1750~1752)이다. 세 사람을 선정한 기준은 시기적으로 18세기라는 점, 국가전례서에 국장과 예장이 정리되어 있다는 점, 관찬 자료와 관련 의궤·등록 등의 자료가 비교적 잘 남아 있다는 점이다.

'비교'라는 작업을 수행할 때 특히 중요하게 고려해야 할 점은 시기라고 본다. 시기가 다른 대상을 선택할 때에는 각 시기의 사회적 상황까지 고려하여 '비교'보다는 '변화'의 측면에 중점을 두는 편이 좋다. 또 국가전례서가 정비되어 있지 않다거나 자료가 풍부하게 전해져 있지 않다면 공통의 요소를 찾기가 힘들어 동일한 요소간의 비교가 쉽지 않다.

그러한 점에서 영조와 문효세자, 의소세손은 '신분에 따른 차등적 의례 절차'를 살피기에 매우 적합한 인물들임에 틀림없다. 필자가 밝히고자 하는 구체적인 내용은 다음과 같다.

제1장에서는 조선 초 태조를 중심으로 몇몇 국왕과 왕후의 죽음에서 어떤 텍스트를 근거로 상장례를 치렀으며, 이를 바탕으로 조선 초기 국가전례서의 흉례 절차가 어떻게 정비되어 가며, 이후 시기별로 편찬되는 국가전례서에서 흉례 절차가 지속적으로 정비되어 가는 과정을 정리하고자 한다. 그 과정에서 고려의 불교식 상장례가 조선의 유교식 상장례로, 역월제(易月制)에서 삼년상제(三年喪制)로 변화되어 가는 과정도 확인할 수 있을 것이다. 각 시기별로 편찬된 국가전례서는 『세종실록오례(世宗實錄五禮)』, 『국조오례의(國朝五禮儀)』, 『국조속오례의(國朝續五禮儀)』, 『국조상례보편(國朝喪禮補編)』 등이다.

제2장에서는 국왕의 국장 중 영조를 사례로 그의 승하부터 부묘까지 상장의 전반적인 과정을 살펴보고자 한다. 영조는 조선의 제21대 국왕으로 1694년(숙종 20) 숙종과 숙빈 최씨(淑嬪崔氏, 1670~1718) 사이에서 태어나, 1699년(숙종 25) 연잉군(延礽君)에 봉해졌고 1724년 왕위에 올랐다. 영조는

조선의 국왕 가운데 재위 기간이 가장 긴 국왕이자 장수한 국왕으로 알려져 있다. 그가 승하하자 그의 뒤를 이어 즉위한 정조가 그의 국상(國喪)을 주관했다.

먼저 제1절에서는 주요 텍스트로 삼은 국가전례서(『국조상례보편』)에 규정된 국장 의절에 대해 검토하고자 한다. 조선은 주자성리학을 국학(國學)으로 채택하여 법치(法治)만큼 중요하게 예치(禮治)를 강조한 국가였다. 국전(國典)이라 일컫는 『경국대전(經國大典)』과 『속대전(續大典)』이 편찬될 때 국제(國制)인 『국조오례의』와 『국조속오례의』와 같은 국가전례서가 함께 편찬된 사실에서 단적으로 입증된다. 국가의 사회질서 유지를 위한 기준이 되는 원리로 법과 예가 함께 중요시되었던 것이다. 그렇기에 의례를 살펴보고자 할 때 법전과 동등한 위상을 지닌 국가전례서를 먼저 검토하는 것은 당연한 연구 방법이다.

제2절에서는 영조의 국장 절차를 파악하는데 가장 기본이 되는 『정조실록』·『승정원일기』·『일성록』 등 관찬 자료와 의궤·등록을 통해 영조의 국장 절차를 날짜별로 하나하나 짚어보고자 한다. 여기서는 의례가 진행되는 공간에 따라 4단계로 분류했다. 승하한 곳에서 진행하는 '승하 직전부터 대렴(大斂)까지', 빈전에서 행하는 '성빈(成殯)부터 발인(發靷) 전까지', 빈전 영역과 도성 밖, 산릉에서 거행하는 '발인부터 입주전(立主奠)까지', 산릉과 혼전, 종묘에서 행하는 '반우(返虞)부터 부묘(祔廟)까지'이다.

제3절에서는 제1절과 제2절에서 정리한 내용을 바탕으로 영조의 국장 절차에서 드러나는 특징을 제시하고자 한다. 『국조상례보편』에 기록된 순서대로 국장을 치렀는지, 의례에 항상 수반되는 변례(變禮)가 없었는지, 변례가 있었다면 어떠한 것이었는지, 다른 국장에서 볼 수 없는 새로운 의절

이 있었는지 등 여러 방면에 역점을 두고 서술하고자 한다.

주로 국장의 '절차'를 중심으로 검토하겠지만 그와 함께 정조 초반 정치 상도 계기적으로 살펴볼 것이다. 영조의 국장이 진행되는 동안 굵직한 정치적 사건이 발생했을 때 정조가 상장 의례를 통해 난국을 어떻게 타개해 나가는지, 또 국장 담당자의 당색(黨色)이나 배향 공신(配享功臣)을 선정하는 과정에서 드러나는 정치적인 측면은 간과할 수 없는 중요한 부분인 만큼 주목하고자 한다.

제3장에서는 세자의 예장 중 문효세자를 사례로 그의 훙서부터 입묘까지 예장의 전반적인 과정 및 그 특징을 정리하고자 한다.

문효세자는 정조와 의빈 성씨(宜嬪成氏) 사이에 태어난 정조의 첫째 아들이다. 정조는 그의 나이 30세가 되도록 아들을 두지 못하고 있다가 1782년(정조 6) 9월 문효세자가 태어나자 비로소 '인부(人父)'라는 호칭을 듣게 되었다며 매우 기뻐하고 다행스럽게 여겼다.[17] 공교롭게도 문효세자가 태어난 9월은 영조와 정조가 태어난 달이기도 해서 정조의 기쁨은 더욱 컸다.[18] 문효세자가 세 살이 되던 1784년(정조 8) 그를 왕세자에 책봉했으나[19] 1786년(정조 10) 다섯 살의 어린 나이로 요절했다.

먼저 제1절에서는 법전과 국가전례서(『국조상례보편』)에 규정된 세자 예장의 조문과 의절에 대해 검토하고자 한다.

제2절에서는 문효세자의 예장 절차를 『정조실록』·『일성록』·『승정원일기』 등 관찬 자료와 의궤와 등록, 일기 자료를 참고하여 시기에 따라 구체적으로 보여주고자 한다. 그의 예장 절차는 영조 국장과 마찬가지로 의례가 진행되는 공간에 따라 4단계로 분류했다. 훙서한 곳에서 진행되는 '훙서부터 대렴까지', 빈궁에서 행하는 '성빈부터 발인 전까지', 빈궁 영역과 도

성 밖, 묘소에서 거행하는 '발인부터 입주전까지', 묘소와 혼궁, 사당에서 행하는 '반우부터 입묘까지'이다.

단, 예장의 '절차'를 중심으로 검토하겠지만 예장이 진행되는 1786년에서 1789년(정조 13) 사이 정치적 상황도 계기적으로 파악하고자 한다. 문효세자의 직접적인 죽음이 홍진[진(疹)]이지만 독살설까지 제기되기 때문이다.

제3절에서는 제1절과 제2절에서 정리한 내용을 바탕으로 문효세자의 예장 절차에서 나타나는 특징을 제시하고자 한다. 의절과 용어, 도설에서 국왕의 국장과 어떤 차별성을 보였는지, 『국조상례보편』에 따른 최초의 예장인지, 『국조상례보편』에 기록된 순서대로 예장을 치렀는지, 변례가 있었는지 등 여러 방면으로 접근해서 살펴보고자 한다.

제4장에서는 세손의 예장 중 의소세손을 사례로 3년 동안 치른 상장례의 전반적 과정과 그 특징을 정리하고자 한다. 의소세손은 영조의 두 번째 아들 사도세자(思悼世子, 1735~1762)와 혜경궁(惠慶宮, 1735~1815) 사이에 태어난 맏아들이다. 영조의 손자이자 정조에게는 친형이 된다. 1750년(영조 26)에 태어났고, 이듬해에 세손에 책봉되었으나 그 이듬해에 바로 세상을 떠났다.

그간 학계에서 국왕, 세자, 세자빈, 후궁, 공주를 중심으로 상장례 연구가 진행되어 왔기에 세손의 연구가 필요한 상황이다. 세손의 상장 과정을 알 수 있는 이는 의소세손이 유일하다. 그 때문에 이를 연구하는 것은 그 자체만으로 의의가 크다고 볼 수 있다.

먼저 제1절에서는 세손 예장에 대한 수교(受敎) 규정을 파악하고자 한다. 법전과 국가전례서에 세손의 예장과 관련한 규정이 없고, 영조가 내린 수교가 있을 뿐이므로 이것부터 정리할 것이다. 수교는 어떤 현안에 대해 국왕이 직접 발의하거나 신료 개인 혹은 각 관서에서 상소나 계문 형식으로 발의하면, 이를 고위 신료들이 논의를 거쳐 정리하고, 그 결과를 왕명 곧 '교(敎)', '교지(敎旨)', '전교(傳敎)'로 해당 관서에 내리면 이를 받아 시행하는 관서에서 부를 때 쓰는 용어이다.[20]

제2절에서는 의소세손의 예장 절차를 날짜별로 구체적으로 짚어보고자 한다. 의소세손은 겨우 3년을 살았으나 영조의 관심과 사랑으로 그의 죽음을 기록한 문헌들이 비교적 잘 전해지고 있다. 『영조실록』·『승정원일기』의 관찬 자료와 의궤를 적극 활용하여 상장례의 구체적인 모습을 보여주고자 한다.[21] 그의 예장 절차 또한 의례가 진행되는 공간에 따라 4단계로 분류했다. 훙서한 곳에서 진행되는 '훙서부터 대렴까지', 빈궁에서 행하는 '성빈부터 발인 전까지', 빈궁 영역과 도성 밖, 묘소에서 거행하는 '발인부터 입주전까지', 묘소와 혼궁, 사당에서 행하는 '반우부터 입묘까지'이다.

제3절에서는 제1절과 제2절에서 정리한 내용을 바탕으로 의소세손의 상장을 치르는 과정에서 드러난 특징과 그 위상을 짚어보고자 한다. 영조의 국장과 문효세자의 예장을 이어서 마지막으로 의소세손의 예장을 검토하기 때문에 이 절에서는 영조 국장과 문효세자 예장, 의소세손 예장을 비교하는 방식으로 이루어질 것이다. 다만, 행사에 소용되는 물품, 복식, 참여자 및 여타의 측면에서 드러나는 차이는 본문에서 일일이 제시하기가 현실적으로 불가능하다. 따라서 의식 절차, 주요 의절을 거행한 '시점', 용어·도설에 주목하여 살펴보고자 한다.

신분제적 질서가 엄격한 유교 국가 조선에서 세손은 모든 면에서 국왕·세자와 동등할 수는 없다. 그 간극을 인정할 수밖에 없는 상황에서 세자든

세손이든 국왕과의 차이는 누구나 예감할 수 있다. 또 국왕과 세자는 상장례 만큼은 국가전례서에 명확하게 그 차등을 규정짓고 있어서 문제될 것이 없다. 그런데 세손은 의소세손의 상장례를 치르는 과정에서 모든 것을 파악해야 한다. 그럴 경우 의식 절차든, 동원되는 사람이든, 필요한 의물이든 여러 면에서 어림잡아 정립하려고 할 때 그 대상은 세자 혹은 세자빈이었을 것으로 추정된다. 그렇다면 본 연구를 통해 국왕 국장은 차치하더라도 세자와 세자빈, 세손의 위상 또한 어느 정도 가늠할 수 있을 것이라 기대한다.

마지막으로 결론에서는 세 상장례를 통해 조선후기 왕실 상장례가 이전 시기에 비해 어떠한 양상을 띠며, 특징은 무엇인지, 한계는 어떠한 것이 있는지를 짚어보고자 한다. 물론 향후의 연구 과제까지 제시하고자 한다.

본 연구를 위해 다음과 같은 자료를 활용했다. 주된 검토 자료는 관찬 자료, 각종 국가전례서, 법전집, 흉례 관련 의궤 등이다. 『조선왕조실록』과 『승정원일기』·『일성록』은 연대기 자료로, 『국조오례의』·『국조속오례의』·『국조상례보편』·『국조오례통편(國朝五禮通編)』·『춘관통고(春官通考)』는 국가 의례 규정 자료로, 『경국대전(經國大典)』·『속대전(續大典)』·『대전통편(大典通編)』·『대전회통(大典會通)』을 비롯한 법전류와 수교는 법적 규정 자료로 적극적으로 참고했다. 그 밖에 『예기집설대전(禮記集說大全)』과 『의례(儀禮)』, 『통전(通典)』, 『주자가례(朱子家禮)』, 『서경(書經)』은 각 의절에 대한 정의나 의미 규정에 필요한 자료이므로 필수적으로 참조했다.

흉례 관련 의궤는 관찬 자료에서 볼 수 없는, 그리고 국장·예장의 규모와 동원된 물품, 각종 도설을 통해 좀 더 생생하게 그 과정을 엿보기 위해 적극 활용했다. 그 밖에 의궤의 보충 자료로 『국휼등록(國恤謄錄)』과 『혼전일기(魂殿日記)』 또한 참고했다. 마지막으로 행렬의 동선을 파악하기 위해 여러 기관에 소장된 고지도를 사용했다.

제 1 장

왕실 흉례 절차의 정비

제1절

조선 초 국왕과 왕후의 흉례 절차

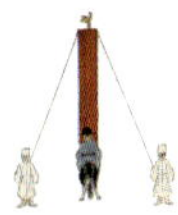

조선이 건립된 뒤 최초로 진행된 국상은 1396년(태조 5) 태조의 계비(繼妃) 신덕왕후(神德王后, ?~1396)의 국상이었다. 태조의 첫 번째 비 신의왕후(神懿王后, 1337~1391)는 조선 건국 이전인 1391년(고려 공양왕 3)에 세상을 떠나 조선의 국상이라 할 수 없다.[1]

신덕왕후의 국상에는 조회를 정지하고 시장을 열지 않고, 슬픔을 표하고, 국상을 치르기 위한 임시기구인 도감(都監)을 설치했다. 또 시신을 담은 재궁을 봉안하는 빈전을 설치하며, 소렴(小斂)·대렴(大斂)을 행하고, 정릉(貞陵)에서 장례를 치르고,[2] 혼전인 인안전(仁安殿)에 신주를 봉안하며, 혼전도감을 설치하며, 사찰에서 대상재(大祥齋)를 베푸는 등의 절차를 행했다.[3]

신덕왕후의 국상이 유교적 절차를 따랐다면 남편인 태조가 살아 있던 중 발생한 국상이므로 『의례(儀禮)』에 '아버지가 살아 계신데 어머니를 위한다[부재위모(父在爲母)]'는 조항에 해당된다.[4] 그에 따라 왕세자가 국상을 주관하고 삼년상이 아닌 기년상으로 치러져야 한다. 왕세자인 이방석(李芳碩, 1382~1398)이 국상을 주관했음은 신덕왕후가 승하한 지 25개월이 되는 달에 그가 '길복(吉服)을 입었다'는 기사에서 알 수 있다.[5] 이렇듯 국상의 주체는 규정에 부합하여 문제가 되지 않았다.

문제는 국상 기간이었다. 신덕왕후는 1396년 8월 13일에 승하하여, 2년 뒤 1398년(태조 7) 8월 13일에 대상재를 베풀고 이날 왕세자가 길복으로 갈아입었다. 25개월의 상기를 마쳤기 때문에 그녀의 국상은 기년상으로 치러진 것이 아니었다. 아직 조선이 건국된 지 얼마 지나지 않아 유교적 상장례가 정착되지 못했기 때문으로 이해된다.

그뿐 아니라 신덕왕후의 국상에서는 문헌에서 확인되지 않는 여러 의절이 있었다. 혼전에 신주를 봉안한 뒤 지내는 우제(虞祭), 우제를 마친 뒤 곡을 끝내는 졸곡제(卒哭祭), 승하한 지 첫 번째 기일에 지내는 소상(小祥), 대상 뒤에 지내는 담제(禫祭)에 관한 기록은 보이지 않는다. 그 밖에 주목되는 점은 승하한 지 두 번째 기일날 사찰에서 대상재를 베풀었다는 사실이다. 이는 조선 왕실의 상장례에서 불교적 의례가 강고하게 잔존하고 있음을 보여주는 모습이다.

그 다음으로 치러진 것이 태조의 국상이다. 태조가 1408년(태종 8) 5월 24일에 승하하자 상장 절차는 한결같이 주희(朱熹, 1130~1200)의 『주자가례(朱子家禮)』를 따라 치르기로 결정했다.[6] 『주자가례』의 「상례(喪禮)」 조목은 다음과 같다.

초종(初終), 목욕(沐浴)·습(襲)·전(奠)·위위(爲位)·반함(飯含), 영좌(靈座)·혼백(魂帛)·명정(銘旌), 소렴단(小斂袒)·괄발(括髮)·문(免)·좌(髽)·전(奠)·대곡(代哭), 대렴(大斂), [전(奠)], 성복(成服), 조석곡전(朝夕哭奠)·상식(上食), 조(弔)·전(奠)·부(賻), 문상(聞喪)·분상(奔喪), 치장(治葬), [각지석(刻誌石), 조명기(造明器), 하장(下帳), 포(苞), 소(筲), 앵(罌), 대여(大轝), 삽(翣), 작주(作主)], 천구(遷柩)·조조(朝祖)[대곡(代哭)]·전(奠)·부(賻)·진기(陳器)·조전(祖奠), 견전(遣奠), 발인(發引), 급

묘(及墓)·하관(下棺)·사후토(祠后土)·제목주(題木主)·성분(成墳), 반곡(反哭), 우제(虞祭), 졸곡(卒哭), 부(祔), 소상(小祥), 대상(大祥), 담(禫), 거상잡의(居喪雜儀), 치부전장(致賻奠狀), 사장(謝狀), 위인부모망소(慰人父母亡疏), 부모망답인소(父母亡答人疏), 위인조부모망계장(慰人祖父母亡啓狀), 조부모망답인계장(祖父母亡答人啓狀) 등이다.[7]

태조가 승하하자 곧바로 경외(京外)에서 음악을 연주하지 못하고, 도살(屠殺)과 가취(嫁娶)를 금하며, 대소례(大小禮)와 조시(朝市)를 정지했다.

태조의 국장 절차는 대략 다음과 같이 진행되었다. 종묘에 태조의 승하 사실을 고하고, 소렴, 대렴, 성복(成服), 곡림(哭臨), 거려(居廬), 명나라에 부음을 고하고 시호(諡號)를 청하며, 산릉 자리의 결정 및 건원릉(健元陵) 조성, 시호와 묘호(廟號) 결정, 계빈제(啓殯祭), 조전(祖奠), 견전례(遣奠禮), 발인, 건원릉에 장례 치름, 반혼(返魂), 초우제(初虞祭)~칠우제(七虞祭), 졸곡제, 소상제(小祥祭), 대상제(大祥祭), 담제, 부묘 등의 절차를 순차적으로 밟았다.

태조의 국상 과정은 이와 같이 『주자가례』의 「상례」 조목과 크게 다르지 않았다. 이를 통해 조선에서 국상 절차를 마련하면서 『주자가례』를 주요 텍스트로 삼았음을 알 수 있다. 단, 중종대의 기사 가운데 영사(領事) 남곤(南袞, 1471~1527)이 『국조오례의』가 『개원례(開元禮)』를 본떠서 편찬했지만 국휼 제도만은 『개원례』에 누락되어 있어서 두우(杜佑, 735~812)가 편찬한 『통전(通典)』을 따랐다고 했다.[8] 그렇다면 『통전』과 『주자가례』와의 상관성, 특히 상례와 관련해서는 밀접한 관련이 있다고 여겨지는데 여기에 대해서는 별도의 검토가 필요할 것이다.

문제는 『주자가례』가 왕례(王禮)가 아닌 '사례(士禮)' 중심의 예서라는 점이다. 그 때문에 제후에 해당하는 조선의 국왕에게 맞지 않는 절차들이 있

〈도판 1〉 태조의 건원릉 ⓒ 국립문화재연구소

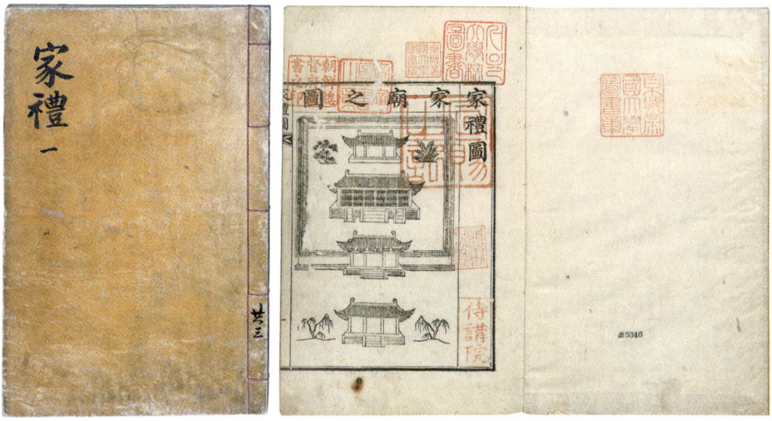

〈도판 2〉『가례』 ⓒ 규장각한국학연구원

었다. 그러자 당시 태조의 국장 담당자들은 제후에 걸맞게 수정하면서 그러한 문제들을 해결해나갔다. 가령, 3개월이 아닌 5개월만에 장례를 치른다거나 우제를 삼우제, 오우제가 아닌 칠우제까지 지낸 점, 졸곡 다음에 부묘를 고하는 절차를 없애고 대상 다음에 부묘례를 거행한 데서 알 수 있다.

천자와 제후, 대부(大夫)·사(士)라는 신분에 따른 의례 규정은『예기』에 잘 정리되어 있다. 예를 들면, 천자는 7개월, 제후는 5개월, 대부·사는 3개월만에 장례를 치르고,[9] 제후는 칠우제를, 대부는 오우제(五虞祭)를, 사는 삼우제(三虞祭)를 지낸다고 한 규정이다.[10] 태조의 국상은 제후의 위상에 맞게 치러졌음을 알 수 있다.

그중 제후와 대부·사의 가장 큰 차이가 바로 졸곡 다음에 부묘를 고하는[고부(告祔)] 절차를 행하느냐의 여부였다.『주자가례』에는 졸곡 다음에 「부(祔)」라 하여 부묘를 하기 전에 고부하는 절차가 기재되어 있고,[11] 조선에서는 이를 '사례(士禮)'라 하여 제후인 태조에게는 적용할 수 없다고 판단했다. 결국 고부하는 절차 없이 삼년상이 끝나가는 대상을 기다린 뒤에 영원히 종묘에 부묘하는 예를 거행하기로 결정했다.[12]

이렇듯 『주자가례』를 따라 국상을 치르면서도 제후의 위상에 걸맞게 의례를 수정한 것은 상례에 대한 조선 지식인들의 예학에 대한 조예가 뒷받침되었기에 가능했다. 특히 『예기』는 고려시대에 국왕과 신하가 학문과 정사를 논하는 경연(經筵)에서 강론되기도 하는 등 주목을 받은 경학서 중 하나였다. 그리고 조선이 건국되기 직전인 1391년 3월부터 1406년(태종 6) 11월까지 오랜 기간 동안 권근(權近, 1352~1409)이 『예기천견록(禮記淺見錄)』을 편찬했다.[13]

중요한 것은 태조가 승하하기 직전인 1408년 5월 19일 태종이 권근에게 명하여 『예기』에 실려 있는 상제(喪制)를 베껴서 올리라고 한 사실이다.[14] 권근은 태조의 국상이 실제로 일어나자 상복색(喪服色) 제조, 국장도감 제조를 역임하기도 했다.[15] 이로써 적어도 조선의 지식인들이 『예기』에 규정된 내용을 알고 있었고 이를 태조의 국상에 적용했을 것으로 추정된다.

태조의 국상은 이렇듯 기본적으로 유교적 예제에 따른 상장 절차를 밟고자 했다. 그렇다고 불교적 의례를 완전히 배제한 것은 결코 아니었다. 한편 태종은 태조의 국상 과정을 문안(文案)으로 작성하여 뒷 사람들에게 전하라고 예조에 명했으며,[16] 향후 일어난 국상에서는 태조의 국상 과정을 준수하고 이를 벗어나지 않았다.

이후 1412년(태종 12) 정종의 비 정안왕후(定安王后, 1355~1412), 1419년(세종 1) 정종, 1420년(세종 2) 태종의 비 원경왕후(元敬王后, 1365~1420), 1422년(세종 4) 태종의 상이 연달아 일어났다. 이들 중 정안왕후와 정종의 국상은 역월제(易月制: 이일역월以日易月의 줄임말로, 날을 달로 바꾸는 제도)를 택하여 시행했다.

정안왕후는 상주(喪主)가 25일만에 상복을 벗고[석복(釋服)], 백의(白衣)·오모(烏帽)·흑대(黑帶)·백화(白靴) 차림을 했다가 100일이 되어서 길복으로 갈아입었다.[17] 정종은 승하한 지 13일 되는 날에 소상, 25일 되는 날에 대상, 27일 되는 날에 담제를 지낸 뒤 상복을 벗고 길복으로 갈아입었다.[18]

원경왕후의 상에는 세종이 역월제가 아닌 제대로 된 상례 절차를 밟고자 했다. 곧, 세종은 부친인 태종이 살아있기 때문에 어머니를 위해 자최기년복(齊衰朞年服)을 입고 기년상을 치러야 한다. 그러나 태종의 명으로 산릉에 원경왕후를 장사지낸 뒤 곧바로 상복을 벗었다.[19] 그런데 원경왕후의 장례는 정안왕후와 마찬가지로 승하한 지 5개월이 아닌 3개월 만에 산릉에서 치러졌고,[20] 결국 세종은 어머니를 위해 3개월 만에 길복을 입은 셈이었다. 세종은 한·당 이후 시행해 온 역월제 대신 유교적 상제를 시행하고자 했으나 원경왕후의 상에는 관철시키지 못했다. 그러다가 태종의 국상에 이르러서야 마침내 실행에 옮길 수 있었다.[21]

태종대의 태조와 정안왕후, 세종대의 정종, 원경왕후, 태종 등 태종과 세종 초에 국상이 잇따라 발생했다. 기본적으로 『주자가례』를 따라 유교적 예제에 맞게 이들의 상례를 치르고자 했고, 그런 가운데 조선 왕실의 국장 절차가 마련되어 갔다. 다만, 그 과정에서 고려시대부터 내려오는 역월제를 따르기도 하고 불교적 의례를 행하기도 했다.[22]

삼국시대 중국에서 불교가 들어온 뒤 고려시대까지 불교는 국가 종교로서 확고한 지위를 유지해 왔다. 조선이 비록 불교를 억누르고 유교 이념을 내세우며 국가에서 정책적으로 불교 의례를 배척하려 했으나 왕실에서 이를 실행하고 있었기 때문에 불교적 요소가 쉽사리 사라지지 않았다. 고려

말기에 주희의『주자가례』를 수용하면서 불교 의례의 배제와 유교적 예제(禮制)의 실천이 강조되는 가운데 조선 사회는 점차 불교 대신 유교 문화로 대체해 나갔다. 본서에서 다루려는 영조와 문효세자, 의소세손의 국상을 치르는 18세기에는 당연히 유교적 예제에 따라 상을 치르는 시기였다.

제2절
『국조오례의(國朝五禮儀)』의 흉례 절차

조선의 국가전례는 태종대부터 정비하기 시작하여 세종대에 본격적으로 정리되었다. 이때 정리한 책이 바로 1451년(문종 1)에 편찬된 『세종실록오례(世宗實錄五禮)』이다. 서명에서 알 수 있듯이 조선의 국가전례는 길례(吉禮), 가례(嘉禮), 빈례(賓禮), 군례(軍禮), 흉례(凶禮)의 순서로 된 오례(五禮) 체제를 갖추었다. 이때 흉례는 태조, 정안왕후, 정종, 원경왕후, 태종의 상을 치르면서 정비한 내용을 반영했다고 볼 수 있다.

『세종실록오례』의 체제는 두우의 『통전』을 따랐다. 내용은 서례(序例)와 의식(儀式)으로 구성되어 있는데, 오례마다 서례를 실은 뒤 의식을 수록하는 방식이었다. 곧, 길례서례(吉禮序例)·길례의식(吉禮儀式), 가례서례(嘉禮序例)·가례의식(嘉禮儀式), 빈례서례(賓禮序例)·빈례의식(賓禮儀式), 군례서례(軍禮序例)·군례의식(軍禮儀式), 흉례서례(凶禮序例)·흉례의식(凶禮儀式)의 순서이다.

서례는 의례를 행할 때 갖추어야 할 제도나 규례, 참고 사항을 기록한 것으로, 예를 들면 제사의 등급, 제사지내는 날짜, 축문에 쓰는 방식, 재계(齋戒)하는 절차, 제사 담당자 및 행례 장소의 각종 건물, 제기(祭器), 제복(祭服), 악기(樂器), 의장(儀仗) 등의 도설이 실렸다. 의식은 행사의 구체적인 절차를 시간 순서에 따라 설명한 것으로 의주(儀註)를 말한다. 이렇듯『세종실록오례』는 오례의 서례와 의주를 분리시키지 않고 묶어서 기술했다는 점이 특징이다.[23]

그중 흉례서례와 흉례의식을 중점적으로 살펴보고자 한다. 흉례서례에는 상복(喪服), 명기(明器), 복완(服玩), 거여(車輿), 길장(吉仗), 흉장(凶仗), 집사관(執事官)이 항목으로 있고, 여기에 그림과 함께 설명이 덧붙여져 있다. 그러면서 도형 가운데 다른 의례에서 설명한 것은 생략했으며,[24] 길장 역시 가례의 노부(鹵簿)에 나타나 있기 때문에 도설이 빠져 있다고 한다.[25]

다음은 흉례의식으로, 흉례의 여러 절차를 시행하는 의주를 기록했다. 의주 부분은 이후 편찬될『국조오례의』·『국조속오례의』·『국조상례보편』에서『세종실록오례』의 흉례의식을 바탕으로 변화하므로 여러 국가전례서

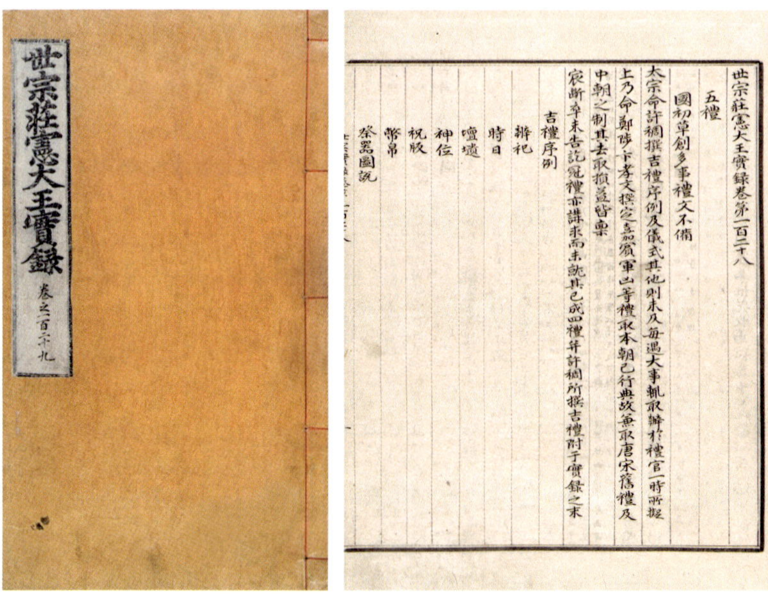

〈도판 3〉『세종실록오례』 ⓒ 규장각한국학연구원

용어 설명

* 상복(喪服): 상중에 입는 의복으로 최복(衰服)이라고도 한다.
* 명기(明器): 무덤에 매안하는 신명(神明)의 그릇이나 악기(樂器), 병기(兵器) 등이다. 『국조오례서례(國朝五禮序例)』에는 살아서 사용하던 것을 형상화하여 만들되 크기는 더 작고 거칠며 조악하게 제작한다고 되어 있다.[26]
* 복완(服玩): 죽은 이를 위하여 무덤 속에 넣는 의복 및 그와 관련한 물품이다. 『국조오례서례』에는 복완에 사용되는 물품이 주로 '의대(衣襨)'와 '목기(木器)' 등이고, 평상시 사용하는 것의 절반 크기로 만든다고 되어 있다.[27] 그런데 정조의 국장에서는 새로 제작할 경우 평상시에 사용하던 것[상제(常制)]의 5분의 1로 한다고 되어 있다.[28] 시대가 흐르면서 복완의 규격이 달라졌음을 알 수 있다.
* 거여(車轝): 상장례에 필요한 가마이다.
* 길장(吉仗): 국왕이 중국 황제의 조칙을 맞이할 때, 사직(社稷)과 종묘에서 친히 제사지낼 때, 선농(先農)에서 친히 제사지낼 때 등등에 동원되는 각종 의장물과 수행 인원을 말한다. 흉례에서는 발인반차도(發引班次圖)에서 신백련(神帛輦) 앞에 늘어놓은 의장을 가리킨다.
* 흉장(凶仗): 발인반차도 중 신련(神輦) 뒤에서 따라가는 각종 의장물과 수행 인원을 말한다.
* 집사관(執事官): 각종 의식 때 일을 맡아 주관하는 사람들이다.
* 노부(鹵簿): 국왕이 거둥할 때 갖추는 의장이다.

에 수록된 흉례의 일반적인 내용을 먼저 살펴보려 한다. 그리고 마지막에 국가전례서별로 흉례의식의 조목(條目)을 도표로 정리해서 전반적인 변화 과정을 보여주고자 한다(〈표 1〉 참조).

단, 주의할 점은 앞서도 언급했듯이 『세종실록오례』의 흉례 절차들은 유교적 예제에 따른 것임에 틀림없지만, 왕실에서 실제 행례할 때에는 불교 의례를 병용했던 까닭에 반드시 그대로 실천했다고 볼 수는 없다는 것이다.

『세종실록오례』를 바탕으로 1474년(성종 5) 『국조오례의』가 편찬되었다.

『국조오례의』는 조선에서 편찬된 대표적인 국가전례서로, 고려의 유습이 남아 천자국의 전례가 포함된 『세종실록오례』와는 달리[29] 제후국에 걸맞는 예서로 재편되었다.

『국조오례의』의 내용 중 「흉례」는 『세종실록오례』의 그것과 크게 달라지지 않았다. 다만, 체제면에서 오례마다 서례와 의주를 묶어서 찬집한 『세종실록오례』와 달리, 『국조오례의』는 둘을 분리시켜서 서례는 서례끼리, 의주는 의주끼리 묶어서 편집했다. 그리하여 의주를 모아 기록한 『국조오례의』(8권 6책)와 서례만을 묶은 『국조오례서례(國朝五禮序例)』(5권 2책)라는 각각의 책자로 성종에게 올려졌다.

『국조오례서례』의 흉례 부분에는 재계(齊戒), 집사관, 염빈도설(斂殯圖說), 상복도설(喪服圖說), 명기도설(明器圖說), 복완도설(服玩圖說), 의장도설

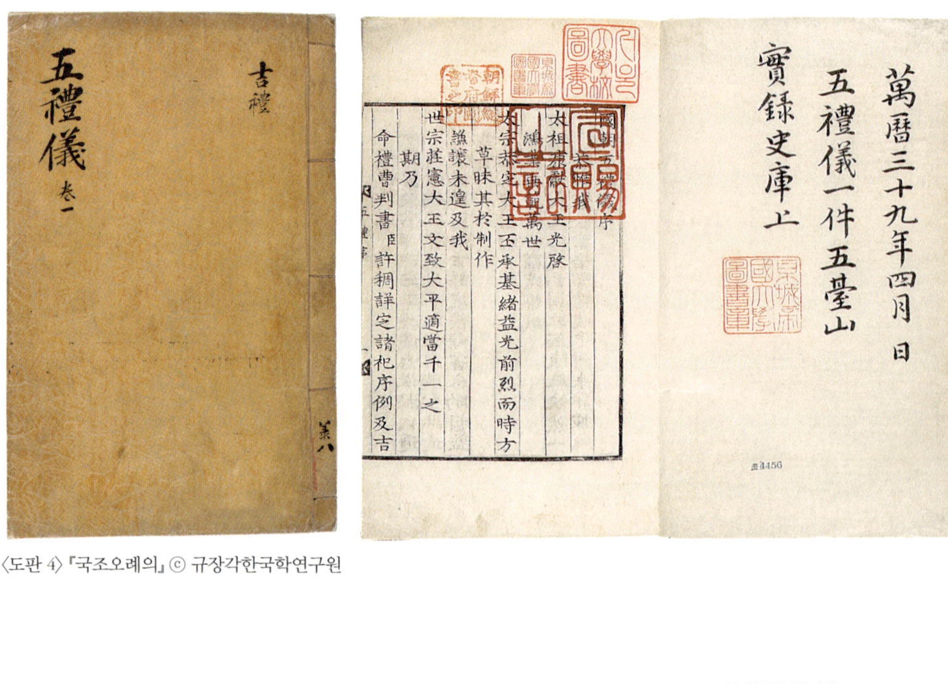

〈도판 4〉『국조오례의』 ⓒ 규장각한국학연구원

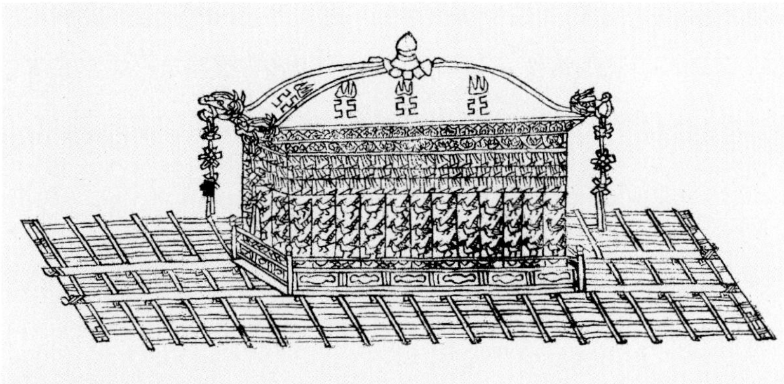

〈도판 5〉「대여(大轝)」, 『국조오례서례』, 규장각한국학연구원
발인할 때 돌아가신 국왕과 왕비의 관인 재궁(梓宮) 혹 세자 · 세자빈의 관인 재실(梓室)을 담아 운반하는 큰 가마이다.

(儀仗圖說), 거여도설(車轝圖說), 신주도설(神主圖說), 예찬주준도설(禮饌酒尊圖說), 대부사서인장광구장강상거횡강하관지형(大夫士庶人葬壙口長杠上去橫杠下棺之形), 광내곽상거횡강하관지형(壙內槨上去橫杠下棺之形), 대부사서인율주(大夫士庶人栗主) 등의 항목이 있고, 여기에 그림과 설명이 달려 있다. 항목들은 『세종실록오례』보다 더 세밀해졌고, 같은 항목이라도 내용이 훨씬 더 상세하게 갖추어져 있다. 추가된 것은 염빈도설과 신주도설 이하 항목들이다.

다음으로 『국조오례의』에 수록된 흉례의 의주 부분이다. 『국조오례의』는 조선의 대표적인 국가전례서인 만큼 유교적 예제만을 서술해놓았다. 그러나 『국조오례의』가 편찬되었음에도 성종이 승하한 뒤 중종대에 이르기까지 왕실에서는 여전히 불교 의례를 행했다.

그러다가 중종대에 들어서 1515년(중종 10) 중종의 계비 장경왕후(章敬王后, 1491~1515)의 상, 1530년(중종 25) 성종의 계비 정현왕후(貞顯王后, 1462~

1530)의 상에서 불교적 의례가 사라지고 유교적 예제에 맞춰 장례를 치렀다.[30] 국가적 상장례를 치를 때 유교적 예제를 강조하면서도 왕실에서 제대로 실천하지 않았던 것이 중종대에 이르러 마침내 사라진 것이었다.

제3절

『국조상례보편(國朝喪禮補編)』의 흉례 절차

『국조오례의』는 이후에도 기본적인 국가전례서로 그 지위를 계속 유지했다. 그러다가 임진·병자 양란을 겪으면서 국가전례의 수정이나 보완이 불가피한 상황을 맞았다. 시대가 변화하면서 국가의식 가운데 퇴이한 것이 생기기도 하고 수정이 필요하거나 새로운 제도들이 생기게 되면서 기존 전례서만으로 해결할 수 없는 한계 상황에 이르렀고 흉례도 마찬가지였다.

특히 상장례는 매우 복잡하고 변례(變禮)가 많이 생겨 다른 의례에 비해 많은 논란을 불러일으켰다. 조선 왕실에서는 적장자로서 대통(大統)을 잇는 경우가 아닐 때 주변 인물들과의 관계 설정이 애매할 때 표면화되었고, 국왕과 신하들간에 첨예한 정치적 대립을 유발한 복제(服制) 논쟁이 대표적이다. 여기에는 국왕의 왕위 계승의 정통성이라는 중대한 문제가 내재해 있었기 때문에 대통을 이은 자를 중심으로 왕실 구성원들은 사자(死者)를 위해 어떤 상복을 입을 것인가가 매우 중요했던 것이다.

그렇다고 매번 그러한 것은 아니고 관련 규정을 기록한 『예기』나 『의례』에 적합하지 않은 사례가 발생했을 때 정치적으로 논란이 일었다. 이러한 변례를 해결하기 위해 특별법으로 볼 수 있는 '수교'가 계속해서 내려지기도 했다. 그러다가 영조대에 이르러 본격적으로 국가 의례를 정비하면서 몇 차례에 걸쳐 국가전례서가 편찬되었다.

먼저 영조는『국조오례의』가 편찬된 뒤 새롭게 제정된 국가 전례를 담아 1744년(영조 20)『국조속오례의』를 편찬했다. 이 책 역시 서명에서도 알 수 있듯『국조오례의』의 속편 격으로, 수정보다는 보완하는 성격이 강했다. 그 때문에 체제는 의주와 서례가 분리된『속오례의주(續五禮儀註)』(5권),『서례(序例)』(1권),『고이(考異)』(1권)로 나뉘었다.[31]

특히『국조속오례의』가운데 복제를 제외한 나머지는 모두 새롭게 추가된 조목들이었다.『국조속오례의서례(國朝續五禮儀序例)』에도 '국휼복제도설(國恤服制圖說)'이라 하여 '상복도설'만 실었기에 그 외 서례의 내용에는 큰 변화가 없다고 보아야 할 것이다. 또『국조오례의』내용 중 시간이 흐름에 따라 명목(名目)이나 의절이 달라졌다 해도『국조오례의』를 수정할 수는 없었기에『국조오례의고이(國朝五禮儀考異)』를 편찬했다.[32]『국조오례의고이』「흉례고이(凶禮考異)」에는 '국휼초종(國恤初終)', '목욕(沐浴)', '습(襲)', '복제', '치장(治葬)', '천전의(遷奠儀)', '부태묘의(祔太廟儀)' 등에서 바뀐 부분을 기록해놓았다.

영조는『국조속오례의』를 편찬한 뒤 이를 보완하고자 1751년(영조 27)『국조속오례의보(國朝續五禮儀補)』와『국조속오례의보서례(國朝續五禮儀補序例)』를 편찬하고 간행했다. 두 책은 길례와 가례만 다루었고 빈례, 군례, 흉례는 수록되어 있지 않다.

『세종실록오례』부터『국조속오례의』까지 국왕의 대상(大喪)을 위주로 의주가 기술된 반면 왕후의 내상(內喪)은 간략하게 주석으로 나타냈다.[33] 그런데 영조대에는 국왕과 세 왕후의 국장, 그리고 세자·세자빈·세손의 예장을 겪었다. 국왕은 영조가 즉위하면서 치른 경종의 국상이고, 세 왕후는 경종의 계비 선의왕후(宣懿王后, 1705~1730), 영조의 비 정성왕후(貞聖王后, 1692~1757), 숙종의 두 번째 계비 인원왕후(仁元王后, 1687~1757)를 가리킨다. 세자는 영조의 첫째 아들 효장세자(孝章世子, 1719~1728), 세자빈은 효장세자의 빈 현빈(賢嬪, 1715~1751), 세손은 의소세손을 말한다.

그에 따라 영조는 국왕 위주로 정리되어 있는 기존 국가전례서만으로 임시방편으로 대처하기가 어렵다는 사실을 절감했다. 마침내 국왕과 왕후가 아닌 다른 왕실 구성원의 상장례를 치르기 위해 흉례만을 위한 별도의 국가전례서를 편찬하도록 명하기에 이르렀다.

결정적인 계기는 1751년 현빈과 이듬해인 1752년 의소세손의 상에서 비롯되었다. 『국조오례의』와 『국조속오례의』에 세자빈과 세손 관련 흉례 의절이 기록되어 있지 않기 때문에 1752년 왕실 상장례의 미비한 점을 보충하고자 5권 4책의 『국조상례보편』(이하 '1752년본 『국조상례보편』')을 편찬했다.[34]

1752년본 『국조상례보편』의 중요한 특징 몇 가지를 들면 다음과 같다. 먼저 체제이다. 그간 편찬된 국가전례서는 오례마다 서례와 의주를 묶어서 찬집하거나 둘을 분리시켜서 편집했다. 이에 반해, 1752년본 『국조상례보편』은 각 조목마다 조목명 · 의주 · 제구(諸具) · 도설의 순서로 기술했다. 이러한 기술 방식은 의주와 서례가 섞여 있다고 볼 수 있으며, 하나의 절차를 전반적으로 이해하는 데 매우 편리한 장점이 있다.

다음은 의주를 기록한 방식이다. 1752년본 『국조상례보편』은 세자의 예장 위주로 기록되어 있다. 곧 세자의 소상 의주는 전문(全文)을 수록한 반면, 국왕의 대상은 전문을 실은 의주도 있지만 주로 보충하거나 바뀐 부분을 위주로 간략히 제시했다. 의궤나 등록을 통해서만 알 수 있었던 소상 의

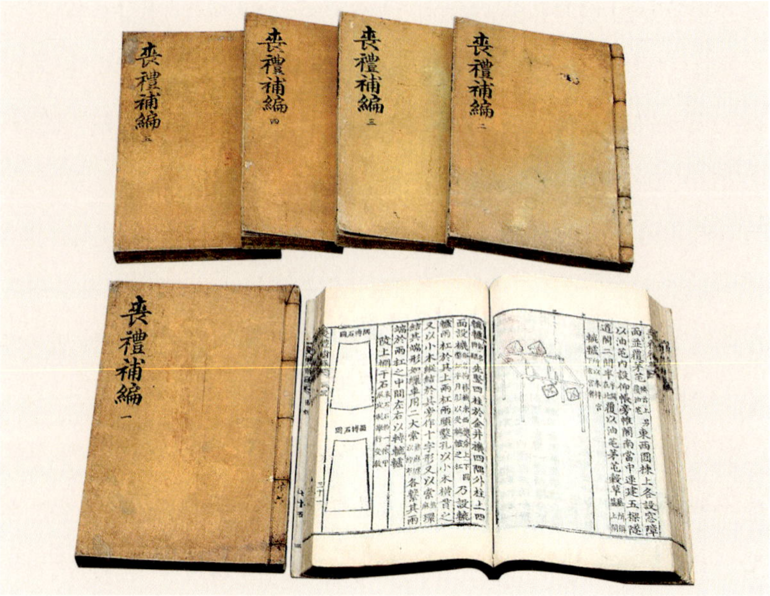

〈도판 6〉『국조상례보편』ⓒ 국립고궁박물관

절을 처음으로 국가전례서에 성문화했다는 점이 특징적이었다.

다음은 제구와 도설의 수록이다. 각 조목에 따른 의절을 수행하기 위해서는 갖가지 물품이 필요한데, 그러한 물품을 조목마다 일일이 나열하고 그중 물품을 그림으로 그리고 설명을 덧붙인 도설은 향후 일어날 왕실의 행사에 상당한 도움을 줄 수 있다. 또 기존 국가전례서에 수록된 의물(儀物) 중에서 달라진 것을 위주로 그림을 그림으로써 그 변화 과정을 파악할 수 있다.

한편, 1752년본『국조상례보편』이 이와 같은 장점이 있음에도 미흡한 점이 있었다. 바로 국왕의 대상과 왕후의 내상이 발생했을 때였다. 국왕의 국장 위주로 서술된『국조오례의』와『국조속오례의』를 함께 검토해야 하는 불편함이 있었던 것이다.

5년 뒤인 1757년(영조 33) 2월 영조의 비 정성왕후의 상이, 3월 숙종의 계비 인원왕후의 상이 연달아 생겼다. 1752년본『국조상례보편』을 참고하려는 데 앞서 언급했던 그 불편함이 곧바로 문제화되었고, 이를 해결하고자 영조는 기존의 국가전례서[원문(原文)]와 1752년본『국조상례보편』을 서로 참조하고 증산(增刪)하여 새로운 국가전례서를 편찬하도록 지시했다. 그 결과 이듬해인 1758년 본문 6권 5책, 도설 1책으로 총 6권 6책의『국조상례보편』(이하 '1758년본『국조상례보편』')이 세상에 나오게 되었다.[35]

1758년본『국조상례보편』의 중요한 특징 몇 가지를 들면 다음과 같다. 먼저 체제이다. 조목마다 조목명·의주·제구의 순서로 기록하되 도설만 별도로 모아서 1책으로 만들었다. 조목마다 조목명·의주·제구의 순서로 수록한 점은 1752년본『국조상례보편』과 다르지 않았다. 이 책을 매우 실용적인 전례서로 평가할 수 있는 부분이라 할 수 있겠다.

다음은 의주를 기록한 방식이다.『국조오례의』처럼 국왕의 대상 위주로 서술하되 왕후의 내상과 세자의 소상, 세자빈의 소내상을 주(註)로 처리하여, 한눈에 서로 비교해서 보기에 편리하도록 되어 있다. 이는 1758년본『국조상례보편』의 주요 특징이라고 볼 수 있다.

다음은 조선 왕실의 상장 의례를 최종적으로 정비했다는 점이다. 향후 상장 관련 국가전례서는 더 이상 편찬하지 않았고, 1758년 이후 일어난 상장은 이 책을 주요 텍스트로 삼아 치렀다. 본서에서 다루고자 하는 영조·문효세자·의소세손의 상장례 역시 그러하다.

영조는 성종대에『국조오례의』가 편찬된 이후 이를 수정, 보완하는 국가전례서를 여러 차례 편찬하고 간행했다. 그러나 새로이 편찬된 전례서들이 새로 정비한 문구를 위주로 작성했기 때문에 어떤 일이 발생했을 때 원서(原書)인 『국조오례의』를 포함하여 여러 책을 함께 고찰해야 전말을 파악할 수 있었다. 예외적으로 『국조상례보편』은 흉례에 한정되지만 그러한 단점을 보완한 성격의 전례서였다. 이후 1788년(정조 12)에 편찬된 『국조오례통편(國朝五禮通編)』과 『춘관통고(春官通考)』에 실린 『국조상례보편』은 모두 1758년본 『국조상례보편』이었다.[36]

위에서 살펴본 『세종실록오례』 흉례부터 1758년본 『국조상례보편』까지 국가전례서에 수록된 국장 절차의 조목을 비교하면 〈표 1〉과 같다.

〈표 1〉 국가전례서에 수록된 국장 절차 조목 비교[37]

세종실록오례	국조오례의	국조속오례의	국조상례보편(1752)	국조상례보편(1758)
고명(顧命)	국휼고명(國恤顧命)		고명	고명
초종(初終)	초종		초종	초종
복(復)	복		복	복
				전(奠)
역복불식(易服不食)	역복불식		역복불식	역복불식
계령(戒令)	계령		계령	계령
목욕(沐浴)	목욕		목욕	목욕
습(襲)	습		습	습
전(奠)	전		전	전
위위곡(爲位哭)	위위곡		위위곡	위위곡
거림(擧臨)	거림		거림	거림
함(含)	함		함	함
설빙(設氷)	설빙		설빙	설빙
영좌(靈座)	영좌		영좌	영좌
명정(銘旌)	명정		명정	명정
고종묘(告宗廟)[38]	고사묘(告社廟)		고사묘	고사묘
[소렴(小斂)][39]	소렴		소렴	소렴
전(奠)	전		전	전
치벽(治椑)	치벽		치벽	치벽
대렴(大斂)	대렴		대렴	대렴
전(奠)	전		전	전
성빈(成殯)	성빈		성빈	성빈
[전(奠)][40]	전		전	전
여차(廬次)	여차		여차	여차

세종실록오례	국조오례의	국조속오례의	국조상례보편(1752)	국조상례보편(1758)
성복(成服)	성복		성복	성복
복제(服制)	복제	국휼복제(國恤服制)	복제	복제
사위(嗣位)	사위		사위	사위
반교서(頒敎書)	반교서		반교서	반교서
고부청시청승습(告訃請諡請承襲)	고부청시청승습		고부청시청승습	고부청시청승습
조석곡전급상식의(朝夕哭奠及上食儀)	조석곡전급상식의		조석곡전급상식의	조석곡전급상식(朝夕哭奠及上食)
삭망전(朔望奠)	삭망전		삭망전	삭망전
의정부솔백관진향의(議政府率百官進香儀)	의정부솔백관진향의		의정부솔백관진향의	의정부솔백관진향의
치장(治葬)	치장		치장	치장
		재궁가칠시곡림의(梓宮加漆時哭臨儀)	재궁가칠시곡림의(속의)(梓宮加漆時哭臨儀(續儀))	재궁가칠의(속의)(梓宮加漆儀(續儀))
		재궁상자서사시곡림의(梓宮上字書寫時哭臨儀)	재궁상자서사시곡림의(속의)(梓宮上字書寫時哭臨儀(續儀))	재궁서상자의(속의)(梓宮書上字儀(續儀))
		재궁결과시곡림의(梓宮結漆時哭臨儀)	재궁결과시곡림의(속의)(梓宮結裹時哭臨儀(續儀))	재궁결과의(속의)(梓宮結裹儀(續儀))
청시종묘의(請諡宗廟儀)	청시종묘의		청시종묘의	청시종묘의[41]
상시책보의(上諡冊寶儀)	상시책보의		상시책보의	상시책보의[42]
	내상청시(內喪請諡)		내상청시의(內喪請諡儀)	
상시책보의(上諡冊寶儀)	상시책보의		상시책보의	
계빈의(啓殯儀)	계빈의		계빈의	계빈(啓殯)
				조조의(朝祖儀)
조전의(祖奠儀)	조전의		조전의	조전(祖奠)
견전의(遣奠儀)	견전의		견전의	견전(遣奠)
발인반차(發引班次)	발인반차		발인반차	발인반차
발인의(發引儀)	발인의		발인의	발인의
		발인시봉사의(發引時奉辭儀)	발인시봉사의(속의)(發引時奉辭儀(續儀))	발인봉사의(속의)(發引奉辭儀(續儀))
노제의(路祭儀)	노제의		노제의	노제(路祭)
		영가지능소봉안의(靈駕至陵所奉安儀)[43]		
천전의(遷奠儀)	천전의		천전의	천전의
		하현궁시망곡의(下玄宮時望哭儀)	하현궁시망곡의(속의)(下玄宮時望哭儀(續儀))	하현궁시망곡의(속의)
입주전의(立主奠儀)	입주전의		입주전의	입주전(立主奠)
		산릉우제시망곡의(山陵虞祭時望哭儀)		[산릉우제시망곡의][44]

세종실록오례	국조오례의	국조속오례의	국조상례보편(1752)	국조상례보편(1758)
반우반차(返虞班次)	반우반차		반우반차	반우반차
반우의(返虞儀)	반우의		반우의	반우의
		반우시지영곡배의(返虞時祗迎哭拜儀)	반우시지영곡배의(속의)(返虞時祗迎哭拜儀(續儀))	반우지영의(속의)(返虞祗迎儀(續儀))
안릉전의(安陵奠儀)	안릉전의		안릉전의	안릉전(安陵奠)
산릉조석상식의(山陵朝夕上食儀)	산릉조석상식의		산릉조석상식의	산릉조석(곡급)상식(山陵朝夕(哭及)上食)45
혼전우제의(魂殿虞祭儀)	혼전우제의		혼전우제의	우제(虞祭)
졸곡제의(卒哭祭儀)	졸곡제의		졸곡제의	졸곡제(卒哭祭)
혼전조석상식의(魂殿朝夕上食儀)	혼전조석상식의		혼전조석곡급상식의(魂殿朝夕哭及上食儀)46	혼전조석(곡급)상식(魂殿朝夕(哭及)上食)
혼전사시급납친향의(魂殿四時及臘親享儀)	혼전사시급납친향의		혼전사시급납친향의	사시급납친향혼전의(四時及臘親享魂殿儀)47
섭사의(攝事儀)	섭사의		섭사의	섭사의
혼전정지삭망급속절친향의(魂殿正至朔望及俗節親享儀)	혼전속절급삭망친향의(魂殿俗節及朔望親享儀)		혼전속절급삭망친향의	속절급삭망친향혼전의(俗節及朔望親享魂殿儀)
섭사의(攝事儀)	섭사의		섭사의	섭사의
산릉사시급납정지속절제의(山陵四時及臘正至俗節祭儀)	사시급납속절삭망향산릉의(四時及臘俗節朔望享山陵儀)		사시급납속절삭망향산릉의	사시납급속절삭망향산릉의(四時臘及俗節朔望享山陵儀)
산릉친행제의(山陵親行祭儀)	친향산릉의(親享山陵儀)		친향산릉의	친향산릉의
영사시제급조부의(迎賜諡祭及弔賻儀)	영사시제급조부의		영사시제급조부의	영사시제급조부의
사부의(賜賻儀)	사부의		사부의	사부의
사시의(賜諡儀)	사시의		사시의	사시의
분황의(焚黃儀)	분황의		분황의	분황의
사제의(賜祭儀)	사제의		사제의	사제의
연제의(練祭儀)	연제의		연제의	연제(練祭)
상제의(祥祭儀)	상제의		상제의	상제(祥祭)
담제의(禫祭儀)	담제의		담제의	담제(禫祭)
부묘의(祔廟儀)	부묘의		부묘의	부묘의
제위판의(題位版儀)	제위판의			
부문소전의(祔文昭殿儀)	부문소전의			
		천릉의(遷陵儀)		
		장릉복위의(莊陵復位儀)		
		온릉복위의(溫陵復位儀)		
				소상입묘의(小喪入廟儀)

위 〈표 1〉을 통해, 국가전례서에 수록된「흉례」조목들이 시기별로 어떻게 변화했는지 개략적인 변화 과정을 파악할 수 있다. 기존에 있던 조목 가운데 사라진 것도 있고 새로 생긴 것도 있음이 한눈에 파악되며,『세종실록오례』「흉례」에 수록된 각 조목이 이후에 크게 변화하지 않았음도 알 수 있다.

그 밖에『주자가례』를 바탕으로 조선의 국가전례서가 정비되었으나 제후에게만 시행할 수 있는 절차들이 있다는 것도 알려준다.「(국휼)고명」,「계령」,「사위」,「반교서」,「고부청시청승습」,「청시종묘의」,「상시책보의」,「노제(의)」,「영사시제급조부의」,「사부의」,「사시의」,「분황의」,「사제의」등이다. 다섯 국가전례서에 모두 수록된 것은 아니지만「제위판의」와「부문소전의」,「장릉복위의」,「온릉복위의」역시 제후에게 시행할 수 있는 의주라 볼 수 있다.

한편, 국가전례서별로 의주 내용을 대조해보면, 동일한 조목명이라고 하더라도 의주의 내용이 변한 것이 있다. 의주 하나하나 구체적으로 살펴보기는 쉽지 않지만 시대의 변화를 반영하여 의주의 내용이 조금씩 변화한 곳이 있기 때문이다. 예컨대, 1752년본『국조상례보편』「재궁가칠시곡림의」(속의)이다. 이 의주는『국조속오례의』「재궁가칠시곡림의」와 조목명은 같지만 의주의 내용은 달랐고, 조목명이 다른 1758년본『국조상례보편』「재궁가칠의」(속의)의 의주 내용과 거의 동일했다.[48]

이를 통해 1752년본『국조상례보편』이『국조속오례의』에서 1758년본『국조상례보편』으로 가는, 과도기적인 모습을 보인 전례서라고 볼 수 있다. 〈표 1〉에서 1752년본『국조상례보편』과 1758년본『국조상례보편』에 '속의(續儀)'라고 표기한 다섯 의주가 여기에 해당했다. 1758년본『국조상례보편』

의 조목을 중심으로 본다면, 「재궁가칠의」 이외에 「재궁서상자의」·「재궁결과의」·「발인봉사의」·「하현궁시망곡의」·「반우지영의」 등이다.

제 2 장

국왕의 국장(國葬) - 영조(英祖)

제1절

『국조상례보편』의 국장 규정

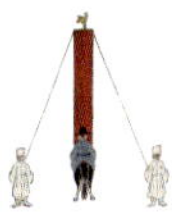

숙종대 경종의 세자빈인 단의빈(端懿嬪, 1686~1718. 후일 단의왕후로 추존)을 시작으로 경종대 숙종(1720, 경종 즉위), 영조대 경종(1724, 영조 즉위)과 효장세자(1728, 영조 4), 선의왕후(1730, 영조 6), 현빈(1751, 영조 27), 의소세손(1752, 영조 28), 정성왕후(1757, 영조 33년 2월), 인원왕후(1757, 영조 33년 3월)의 순으로 상이 각각 발생했다.

조선 왕실에서는 국왕의 대상 위주로 흉례가 정리되어 있는 『국조오례의』만으로 해결할 수 없어서 이를 보충하는 『국조속오례의』가 1744년에 편찬되었다. 하지만 세자, 세자빈, 세손의 상례를 치르기에는 여전히 미진하여 1752년·1758년에 각각 『국조상례보편』이 편찬되기에 이르렀다.

영조는 그 당대에 1758년본 『국조상례보편』을 편찬함으로써 왕실의 상장례를 정비했고, 그가 죽고 난 뒤 그의 상장례 또한 이를 참고해서 치러졌다. 그렇다면 1758년본 『국조상례보편』에 규정된 흉례 조목들을 살펴볼 필요가 있다.

고명(顧命), 초종(初終), 복(復), 전(奠), 역복불식(易服不食), 계령(戒令), 목욕(沐浴), 습(襲), 전(奠), 위위곡(爲位哭), 거림(擧臨), 함(含), 설빙(設氷), 영좌(靈座), 명

정(銘旌), 고사묘(告社廟), 소렴(小斂), 전(奠), 치벽(治椑), 대렴(大斂), 전(奠), 성빈(成殯), 전(奠), 여차(廬次), 성복(成服), 복제(服制), 사위(嗣位), 반교서(頒敎書), 고부청시청승습(告訃請諡請承襲), 조석곡전급상식(朝夕哭奠及上食), 삭망전(朔望奠), 의정부솔백관진향의(議政府率百官進香儀), 치장(治葬), 재궁가칠의(梓宮加漆儀), 재궁서상자의(梓宮書上字儀), 재궁결과의(梓宮結裹儀), 청시종묘의(請諡宗廟儀), 상시책보의(上諡冊寶儀), 계빈(啓殯), 조조의(朝祖儀), 조전(祖奠), 견전(遣奠), 발인반차(發引班次), 발인의(發引儀), 발인봉사의(發引奉辭儀), 노제(路祭), 천전의(遷奠儀), 하현궁시망곡의(下玄宮時望哭儀), 입주전(立主奠), [산릉우제시망곡의(山陵虞祭時望哭儀)], 반우반차(返虞班次), 반우의(返虞儀), 반우지영의(返虞祗迎儀), 안릉전(安陵奠), 산릉조석(곡급)상식(山陵朝夕(哭及)上食), 우제(虞祭), 졸곡제(卒哭祭), 혼전조석(곡급)상식(魂殿朝夕(哭及)上食), 사시급납친향혼전의(四時及臘親享魂殿儀), 섭사의(攝事儀), 속절급삭망친향혼전의(俗節及朔望親享魂殿儀), 섭사의(攝事儀), 사시납급속절삭망향산릉의(四時臘及俗節朔望享山陵儀), 친향산릉의(親享山陵儀), 영사시제급조부의(迎賜諡祭及弔賻儀), 사부의(賜賻儀), 사시의(賜諡儀), 분황의(焚黃儀), 사제의(賜祭儀), 연제(練祭), 상제(祥祭), 담제(禫祭), 부묘의(祔廟儀), 소상입묘의(小喪入廟儀).

모두 74조목이다. 여기에는 의식 절차가 아닌 의물 조성과 설치 방법을 제시한「영좌」나「명정」과 같은 조목도 있고, 행사 전에 미리 그 광경을 그림으로 나타내 참여하는 이들이 각자의 역할을 익힘으로써 착오가 없도록 하기 위해 만들어진「발인반차」·「반우반차」에 관한 조목도 들어가 있다. 마지막에 세자의 소상을 위한「소상입묘의」조목도 포함되어 있다.

영조는 1776년에 승하하여 그의 국장은 1758년본『국조상례보편』을 따라 국장을 치르게 될 최초의 국왕이 되는 셈이다. 따라서 제2절에서 영조의 국장 절차를 날짜별로 구체적으로 살펴보면서,「소상입묘의」를 제외한 나머지 절차들이 과연 1758년본『국조상례보편』에서 규정한 조목 그대로 시행했는가를 확인해 볼 필요가 있다. 현실에서 국장을 치를 때에는 국가 전례서의 규정대로 지키기 어려운 상황이 발생할 수도 있기 때문이다.

제2절

국장 절차

1. 승하(昇遐) – 대렴(大斂)

1776년 3월에 들어서면서 영조의 건강이 매우 악화되었다. 3월 4일 혼미한 증세가 더욱 심해지고 맥박[맥도(脈度)]이 거의 가망이 없게 되자 왕세손[후일 정조]이 궁관(宮官)과 여러 승지, 시·원임 대신들을 입시하도록 하령(下令)했다. 이윽고 종묘와 사직, 산천에 속히 기도를 드리도록 하고, 궁성(宮城)을 호위하도록 했다.

영조가 승하하기 직전이므로 이제 마지막으로 해야 할 가장 중요한 일이 바로 다음 왕위를 이을 자에 대한 공식적인 선언이었다. 영의정 김상철(金尙喆, 1712~1791)이 유교(遺敎)를 쓰도록 청하자, 도승지 서유린(徐有隣, 1738~1802)이 "왕세손에게 대보(大寶)를 전하라."는 영조의 유교를 작성했다.

유교의 작성 이후, 영조의 숨이 끊어졌는가를 확인하는 속광(屬纊) 절차를 거행했다. 햇솜을 입과 코 사이에 얹어두고 솜이 움직이는가를 살피는 것을 속광이라고 한다. 마침내 한림 이심연(李心淵)이 '상대점(上大漸)' 세

글자를 써서 외정(外廷)에 두루 보였다. 대점은 병이 크게 진전되어 위태하다는 뜻이다.[1] 영조의 행장(行狀)에는 질병이 위태하다는 뜻으로 대점을 썼으나[2] 『승정원일기』에는 '죽음'을 가리키는 뜻으로 쓰였다.[3] 마침내 영조가 경희궁의 집경당(集慶堂)에서 승하했고, 이때가 3월 5일 묘시(卯時)였다.[4]

영조가 승하하자, 영조의 국장은 대보를 전해 받은 왕세손인 정조가 주관했다. 영조의 맏아들 효장세자가 1728년(영조 4) 11월 16일에 훙서했고,[5] 둘째 아들 사도세자 또한 1762년(영조 38) 윤5월 21일에 훙서하여[6] 세손인 정조가 영조의 대통(大統)을 이으면서 국상을 맡게 되었다. 정조는 황급한 때에는 모든 일이 전도되고 틀리기 쉬우므로 『상례보편』을 참고하는 것이 좋겠다고 말했다.[7] 이때의 『상례보편』은 1758년본 『국조상례보편』을 가리키는 것으로, 영조의 국장에 이 전례서가 주요 텍스트로 결정되었다.

영조가 3월 5일 묘시에 승하하자, 이때부터 오시(午時)까지 여러 의례를 거행했다.[8] 먼저 내시가 지붕에 올라가 영조의 몸에서 떠난 혼(魂)을 다시 돌아오라고 부르는 복(復) 절차를 행했다. 영조가 평상시 입던 웃옷[상어상

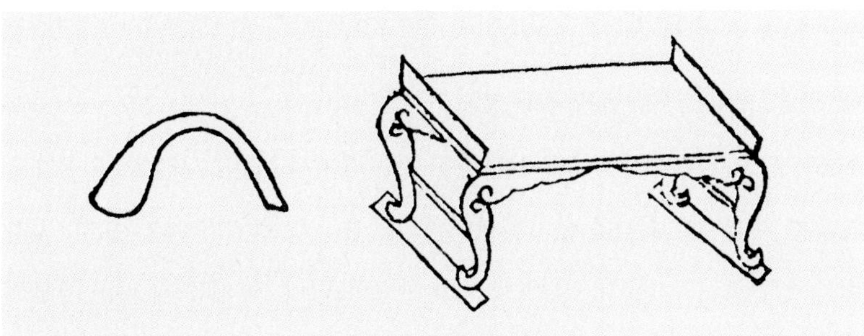

〈도판 7〉「각사(角柶)」·「연궤(燕几)」, 『국조상례보편』, 규장각한국학연구원
각사와 연궤는 복할 때 내시(內侍)가 사용하는 도구이다. 각사는 치아를 떠받치기 위해 사용하는데[설치(楔齒)], 중앙 부분이 입 속으로 들어가고 양쪽 끝은 위를 향하게 한다. 연궤는 발을 묶어두기 위한 것으로[철족(綴足)], 세워서 사용한다.

복(常御上服)]을 가지고 북쪽을 향해 "상위복(上位復)"이라고 세 번 외쳤다.[9]

고복(皐復) 절차를 거행한 뒤 비로소 슬픔을 표하는 거애(擧哀), 상복(上服) 대신 소복(素服)으로 바꾸어 입는 역복(易服) 절차를 차례로 거행했다. 그리고 수상(首相)을 원상(院相)으로 칭하며 대소사를 처리하게 하고, 좌의정 신회(申晦, 1706~?)를 상장에 관한 모든 일을 총괄하는 총호사(摠護使)로 삼았다.

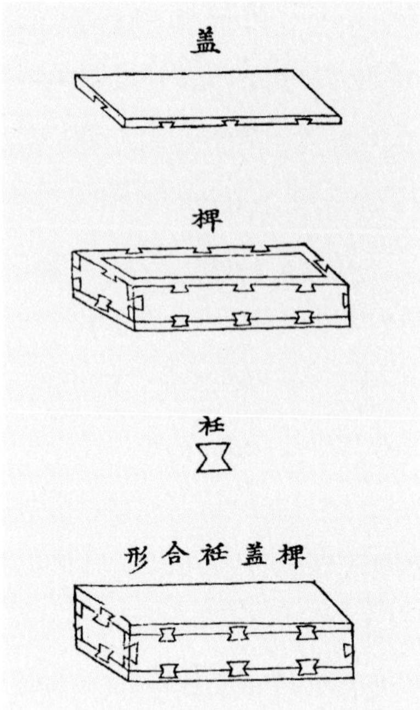

〈도판 8〉「벽(椑)」, 『국조상례보편』, 규장각한국학연구원

벽은 국왕 또는 왕후의 시신을 넣는 관, 즉 재궁이다. 조선의 국왕에게 사용한 벽은 즉위하는 해에 소나무 황장판(黃腸板)을 재료로 삼아 만들었다. 영조 국장에 사용한 재궁이 그림으로 남아 있지 않아 1758년본『국조상례보편』에 그려져 있는 것을 참조했다.

이어서 산릉에 가서 장례를 치르기 전까지 시신을 봉안하는 빈전을 경희궁의 편전인 자정전(資政殿)으로 정했다. 또 초상부터 졸곡까지 크고 작은 국가의 제사를 모두 정지하며, 국왕의 시신을 넣는 재궁은 운자 재궁(雲字梓宮)을 쓰기로 결정했다. 재궁은 크기가 다른 운자·등자(騰字)·양자(陽字) 가운데 '운자'로 낙점한 것이었다.[10] 재궁의 재는 나무의 미칭(美稱)이고, 궁은 생시에 거처한 곳을 형상화한 말이다.[11] 그리고 방의 온돌이 너무 뜨겁고, 습(襲)을 하려면 시간이 많이 남아 있어서 시신 아래에 얼음을 넣는 설빙례(設氷禮)를 먼저 시행했다.[12]

〈도판 9〉 재궁(梓宮) ⓒ 국립고궁박물관(좌①) | 재궁 안 모습 ⓒ 이현진(우②)

① 현재 실물로 남아 있는 재궁의 모습이다. 20세기 초에 만들어진 것으로 추정되고, 규격은 220×67×67cm이다.[13]

② 재궁의 뚜껑을 열었을 때의 모습이다. 칠성판(七星板)으로 보이는 판 위에 출자(出字)를 써서 붙였다. 칠성판은 출(朮)을 태운 재 위에 안치하는 기물로, 북두(北斗)의 형상과 같이 7개의 구멍을 뚫었다.[14] 출자는 재궁의 규격으로 추정된다.

오시에 영조의 시신을 목욕시키고, 목욕을 마치자 시신에 수의(壽衣)를 입히는 습 절차를 행했다. 이어서 영조의 입 속에 쌀과 진주를 넣는 반함(飯含)을 거행한 뒤, 영조의 신백(神帛)을 담은 신백함(神帛函)을 임시로 두는 영좌를 설치하고 전례(奠禮)를 행했다.[15] 예서에 따르면, 반함하기 이전에 전을 올리고 자리를 만들어 곡을 하는 위위곡(爲位哭)을 거행해야 하는데, 반함 절차가 체중(體重)하기 때문에 이번에는 반함을 먼저한 뒤 전을 설행하기로[설전(設奠)] 정한 것이었다.[16]

『보편』에 돌아가신 당일에 「복」, 「역복」, 「목욕」, 「습」, 「전」, 「위위곡」, 「반함」, 「설빙」, 「영좌」 등의 절차를 거행한다고 되어 있다. 비록 순서가 바뀐 것은 있으나 영조의 국장 절차도 이 규정을 준수했다. 그리고 다음날 3월 6일부터 신하들이 정조에게 계속 왕위를 계승하도록[사위(嗣位)] 청했고, 정조는 그때마다 사양했다.

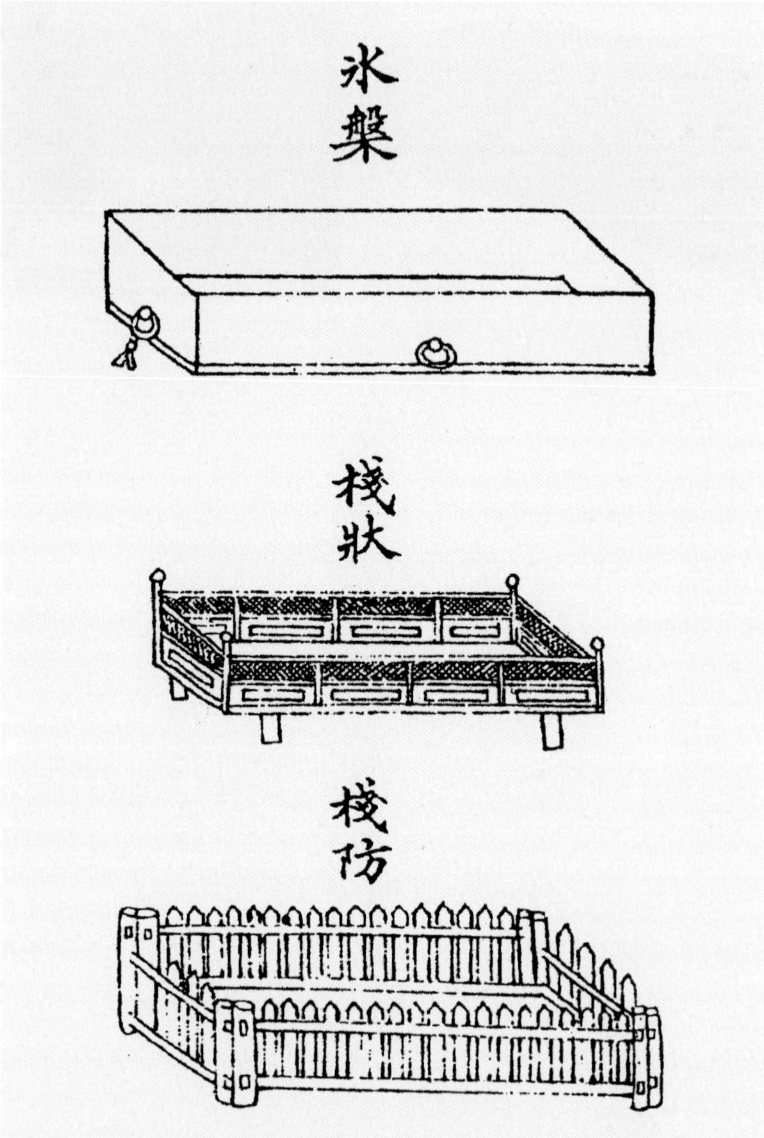

〈도판 10〉「빙반(氷槃)」·「잔상(棧牀)」·「잔방(棧防)」,『춘관통고』, 규장각한국학연구원
빙반 · 잔상 · 잔방은 설빙례에 필요한 기물이다. 빙반은 얼음을 담는 용기이다. 잔상은 반(槃) 위에 설치하는 것이고, 잔방은 상(牀)의 4면에 설치해 주변을 돌아가며 얼음을 쌓아두는 기물이다. 위 그림에서 잔상을 '棧狀'으로 표기했는데, 『국조오례서례』에는 '棧牀'으로 되어 있다.[17]

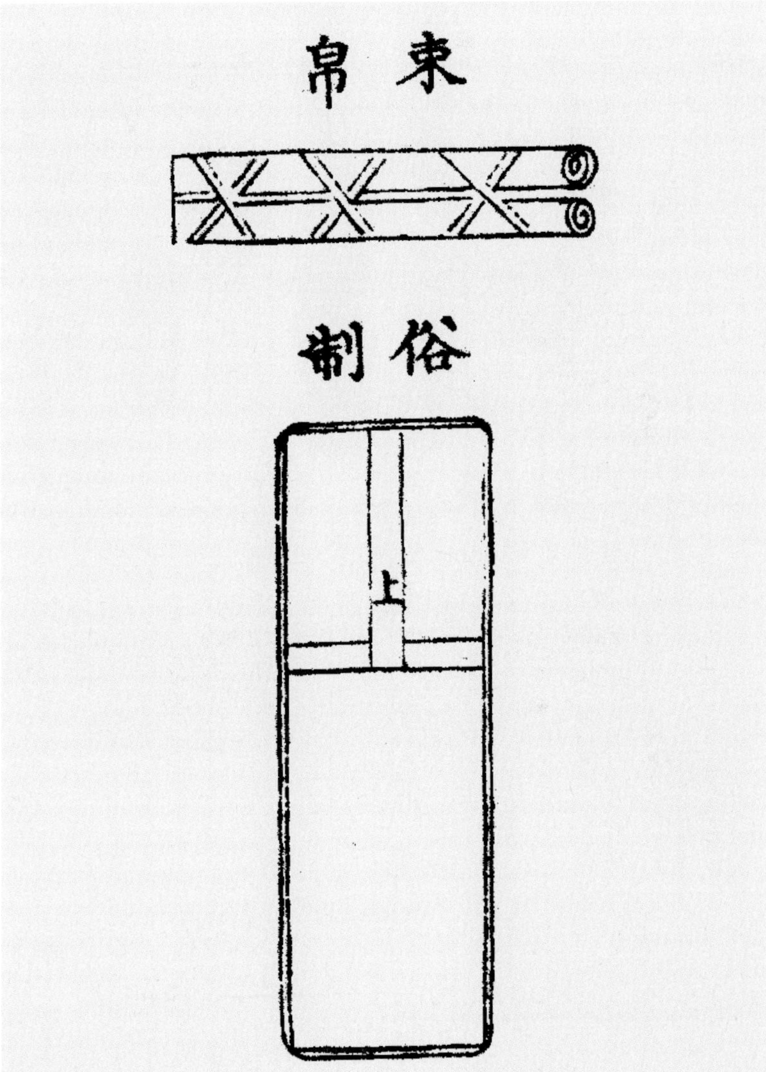

〈도판 11〉「속백(束帛)」·「속제(俗制)」, 『국조상례보편』, 규장각한국학연구원

신백은 고제(古制)에서는 속백(束帛)이라고 했다. 신백은 또 '혼백(魂帛)'이라고도 하는데, 신주를 만들기 전에 비단을 묶어서 신(神)이 의지하도록 만든 의물이다. 그런데 영조가 수교(受教)를 내려 이 당시에는 속제(俗制)를 썼다.[18] 속제는 그림에서 보듯 신백에 상자(上字)를 써서 속백과는 그 형태가 전혀 달랐다.

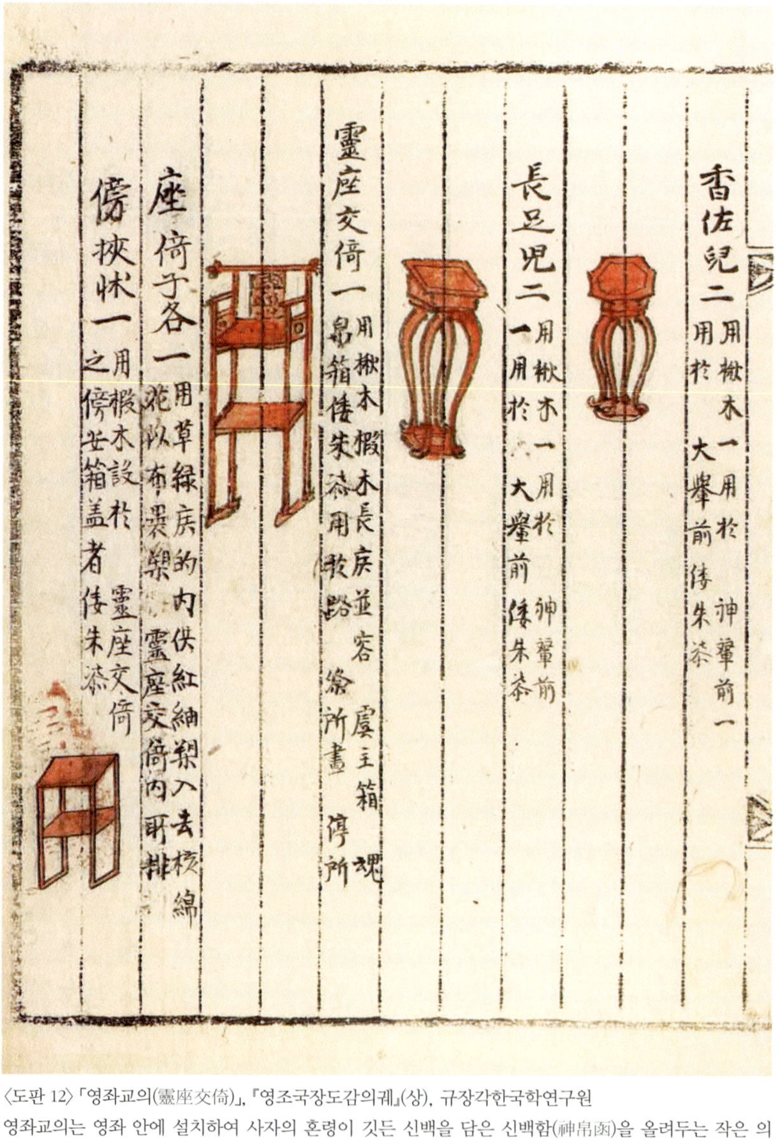

〈도판 12〉「영좌교의(靈座交倚)」, 『영조국장도감의궤』(상), 규장각한국학연구원

영좌교의는 영좌 안에 설치하여 사자의 혼령이 깃든 신백을 담은 신백함(神帛函)을 올려두는 작은 의자이다. 사자의 혼령을 모시는 자리인 영좌 안에 영좌평상(靈座平牀)을 설치하고, 그 위에 영좌교의를 안치한 뒤 그 위에 신백함을 모셨다. 이때에는 당주칠(唐朱漆)을 하나, 성빈 후에는 왜주칠(倭朱漆)을 하여 구별했다.19

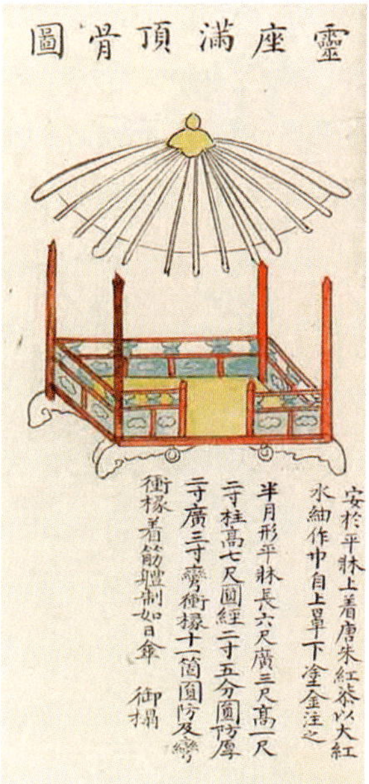

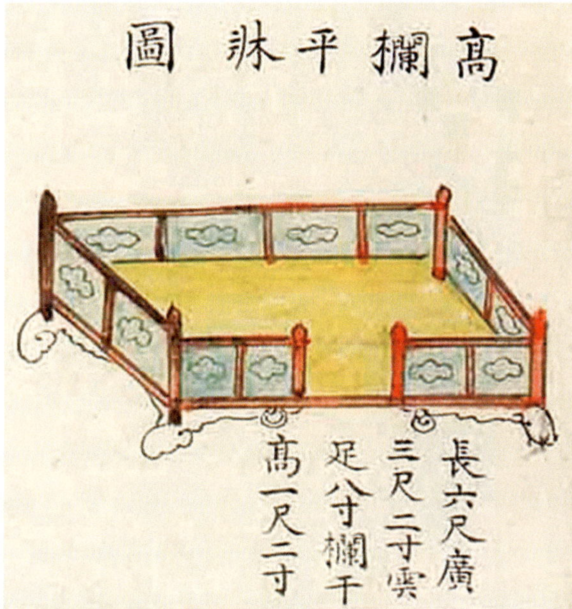

〈도판 13〉「영좌만정골(靈座滿頂骨)」(좌①) · 「고란평상(高欄平牀)」(우②), 『영조빈전도감의궤』, 규장각 한국학연구원

① 영좌만정골은 고란평상 위에 만정골을 설치한 그림이다. 영좌는 사자의 혼령이 깃든 신백을 안치하는 자리이다. 만정은 고란평상 위에 설치하는 기물이고, 만정골은 그 만정의 틀을 말한다.[20]

② 고란평상은 영좌교의를 안치하는 평상이다. 일반적으로 사방에 2층의 난간(欄干)을 두르고 난간 네 귀퉁이마다 기둥을 세우는데 여기서의 고란평상은 소란평상(小欄平牀)처럼 1층의 난간을 두르고 기둥도 없다.[21]

3월 6일 옷과 이불로 시신을 두르고 메우는 소렴(小斂)을 행했다. 소렴할 때의 염의(斂衣)는 19칭(稱)이었다.[22] 이후 내시가 영상(靈床)을 설치하여 신백을 봉안하고, 영좌의 오른쪽에 대홍광직(大紅廣織)으로 만든 명정(銘旌)을 설치했다. 이때 마련한 명정은 초명정(初銘旌)으로, 초명정에는 일반적으로 '대행왕재궁(大行王梓宮)'이라고 쓰는데, 만약 존호(尊號)가 있으면 '대행' 위에 존호를 썼다.[23] 곧, '존호+대행(대)왕+재궁'의 순서로 썼다.

영조의 명정에는 행 부사직 김한기(金漢耆, 1728~1792)가 니금(泥金)을 가

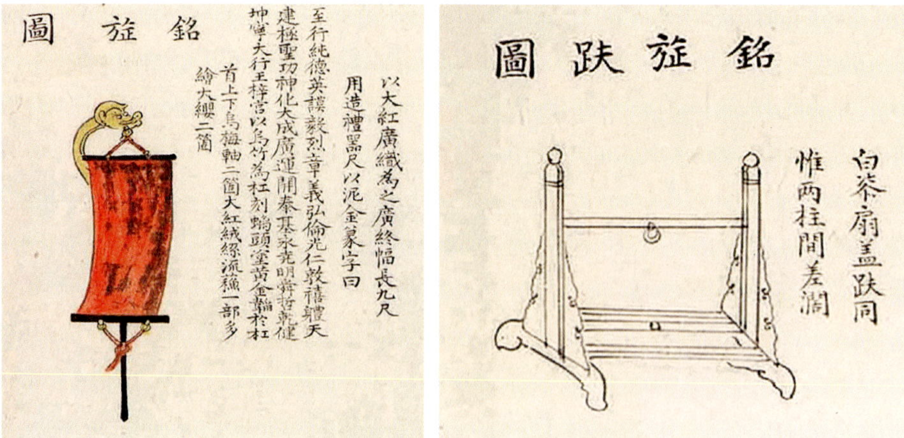

〈도판 14〉「명정(銘旌)」·「명정부(銘旌趺)」, 『영조빈전도감의궤』, 규장각한국학연구원
명정은 죽은 자가 누구인지 알리기 위해 그의 관직과 성명 등을 적어 영좌 오른쪽에 설치하는 붉은 깃발[기(旗)]이다. 명정부는 명정을 꽂을 수 있게 만든 받침대이다.

지고 전자(篆字)로 '지행순덕영모의열장의홍륜광인돈희체천건극성공신화대성광운개태기영요명순철건건곤녕대행(대)왕재궁(至行純德英謨毅烈章義弘倫光仁敦禧體天建極聖功神化大成廣運開泰基永堯明舜哲乾健坤寧大行(大)王梓宮)'이라고 썼다.[24] 조선의 국왕에게 올리는 존호는 8글자인데, 영조는 생전에 신하들이 그에게 다섯 번의 존호를 올렸고 이것을 모두 명정에 반영해 썼기 때문에 위와 같이 길어졌다.

종척(宗戚) 집사가 소렴전(小斂奠)을 올렸다.[25] 『보편』에 "국왕과 왕후의 소렴은 승하한 지 3일째 되는 날에 행한다."고 되어 있는데,[26] 영조의 경우 3월 7일에 거행되어야 함에도 실제는 이렇듯 하루 앞당겨 진행되었다.

3월 7일 여전히 신하들은 정조의 사위를 청했다. 그 다음날 3월 8일에야 비로소 정조는 "자교(慈敎)를 받들고 뭇 사람들의 정[군정(羣情)]을 따라서 부득이 힘써 따르겠다[면종(勉從)]."고 답했다.[27] 이때의 자교는 영조의 계비 정순왕후(貞純王后, 1745~1805)의 교지이다.

3월 9일 인시(寅時)에 영상 곁에 나아가 이불을 걷고 봉심하고 나왔다. 진시(辰時)에 영상을 소란상(小欄床)에 싣고 집경당에서 자정전으로 가서 봉안했다. 영상을 옮겨 봉안할 때 대신(大臣) 이하부터 하인(下人)에 이르기까지 모두 곡하며 따랐다. 사시(巳時)에 대렴을 행했다. 대렴할 때의 염의는 90칭이었다.[28]

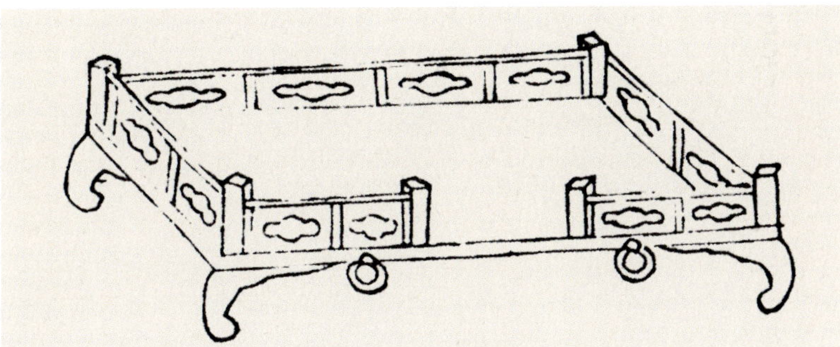

〈도판 15〉「소란상(小欄牀)」, 『국조상례보편』, 규장각한국학연구원
소란상은 습(襲)과 염(斂)을 하는 전각이 빈전에서 약간 멀면 시신을 이안(移安)하기 위해 사용하는 평상이다. 곧, 승하한 곳[집경당]이 빈전[자정전]과 거리가 떨어진 곳일 때 소란상을 사용했다. 만드는 방법은 고란상(高欄牀)과 동일하나 네 기둥과 연꽃잎 1층이 없다.[29]

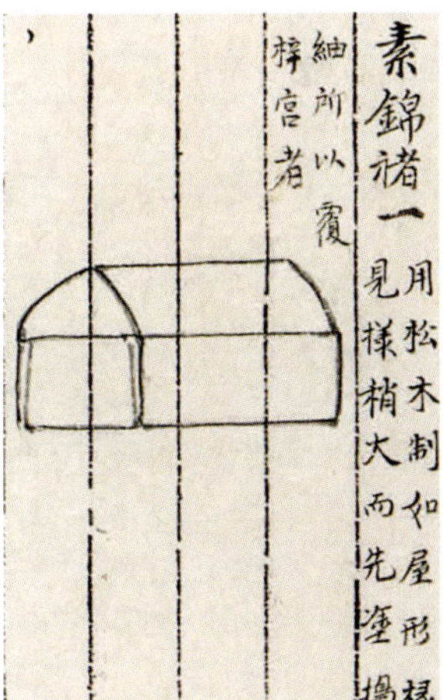

〈도판 16〉「소금저(素錦褚)」, 『영조국장도감의궤』(상), 규장각한국학연구원
소금저는 재궁을 덮을 때 쓰는 집 형태의 기물로 재궁의 견양(見樣)보다 조금 더 크게 만들었다.[30] 승하한 집경당에서 빈전인 자정전으로 영상을 옮겨 봉안할 때 소금저로 덮어서 이동했다.[31] 그 밖에 소금저는 발인할 때에도 사용했는데, 전문(殿門)이 협착하여 상장(上裝)이 들어갈 수 없기 때문에 빈전에 봉안되어 있는 재궁을 받들어 순(輴)에 올린 뒤 소금저로 덮을 때,[32] 산릉에 오른 뒤[상산릉(上山陵)] 순에 안치되어 있는 재궁을 윤여(輪轝)로 받들어 내어 퇴광(退壙)의 산륜(散輪) 위에 안치할 때 소금저로 덮었다.[33]

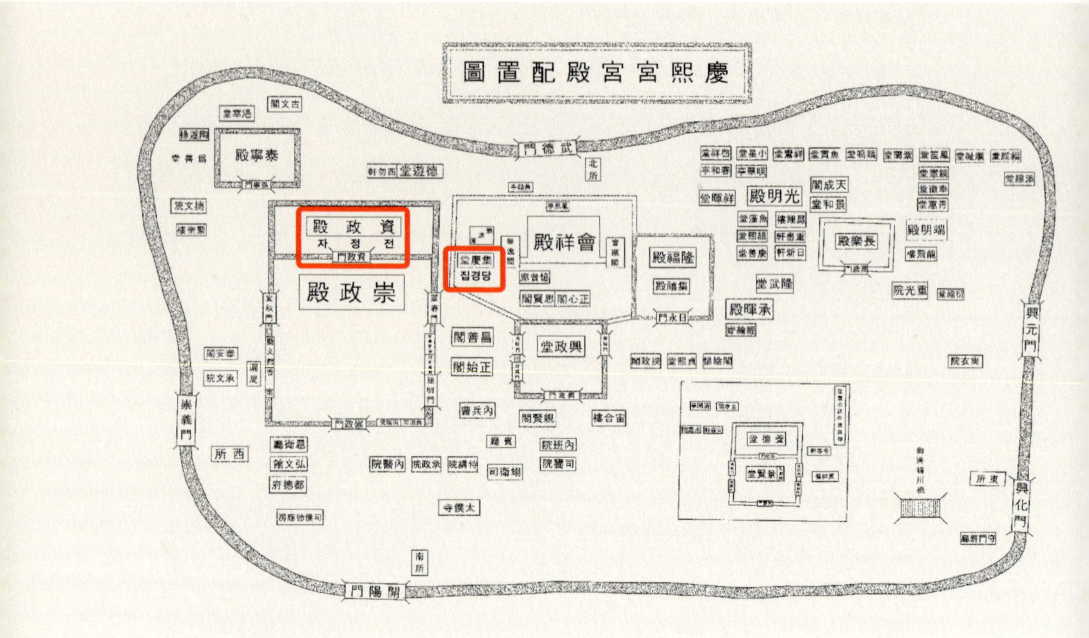

〈도판 17〉「경희궁궁전배치도(慶熙宮宮殿配置圖)」, 『경희사림(慶熙史林)』(山口政之, 1940)
1940년 경희궁의 전각과 궁문(宮門) 등 전체 모습을 보여주는 배치도이다. 집경당은 영조가 승하하신 곳이고, 자정전은 영조의 시신을 봉안한 빈전이다.

2. 성빈(成殯) – 발인(發靷)

3월 9일 신시(申時)에 내시가 재궁을 받들어 재궁보다 조금 크게 만든 찬궁(欑宮)[34] 안에 들여 놓았다. 자문감(紫門監: 시어소時御所에서 각 전殿·당堂과 궁내 각사 건물의 보수를 담당하는 부서)에서 만든 찬궁은[35] 재궁을 모셔두는 구조물로, 빈전 안에 재궁을 그대로 봉안하지 않고 찬궁에 재궁을 넣어서 두었다.

이때 평소에 빠진 치아와 머리털 및 깎은 손톱을 여섯 개의 주머니에 담

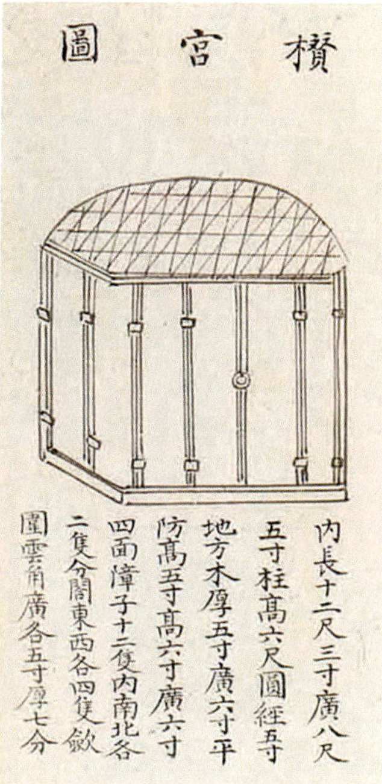

〈도판 18〉「찬궁(欑宮)」, 『영조빈전도감의궤』, 규장각한국학연구원
찬궁은 국왕이나 왕후의 시신을 봉안한 재궁을 왕릉에 안장하기 전까지 담아서 보관하는 집 형태의 기물이다. 찬궁은 빈전 이외에도 발인 중에 묵어가는 숙소인 행궁(行宮), 왕릉의 정자각(丁字閣) 등에 각각 설치되었다.

아서 재궁 안 네 귀퉁이에 넣었고, 또 '입재궁(入梓宮: 재궁을 넣음)'이라 쓴 보자기와 '납우재궁내당중(納于梓宮內當中: 재궁 안 한가운데에 들임)'이라 쓴 보자기를 재궁 안에 넣었다. 열 글자는 모두 영조가 직접 쓴 어필이었다.

찬궁 앞에 영좌 혹은 혼궁(魂宮)을 배설하고, 선(扇)·개(蓋)를 좌·우변에 세우고 상탁(床卓)을 두었다. 여기서 등장하는 혼궁은 짚고 넘어가야 할 표현이다. 『승정원일기』와 『영조실록』에는 '혼궁', 『일성록』에는 '영좌'라고 되어 있다. 혼궁은 일반적으로 세자나 세자빈이 죽은 뒤 반혼하는 곳이다.[36] 주로 궁궐의 전각에 그것을 마련하는데, 이때의 혼궁은 공간이 아닌 『일성록』의 기록처럼 망자의 혼이 깃든 '영좌'를 가리킨다고 보아야 할 것이다. 찬궁 안에 시신이 있고, 그 앞에 혼령이 놓이는 것이 합리적인 의물의 배치이기 때문이다.

대렴 이후 있었던 이상의 과정을 '성빈(成殯)'이라고 한다.[37] 이윽고 대렴전(大斂奠)과 성빈전(成殯奠)을 함께 설행했다. 『보편』에 국왕·왕후의 대렴과 성빈은 승하한 지 5일째 되는 날에 행한다고 되어 있는데,[38] 영조의 대렴과

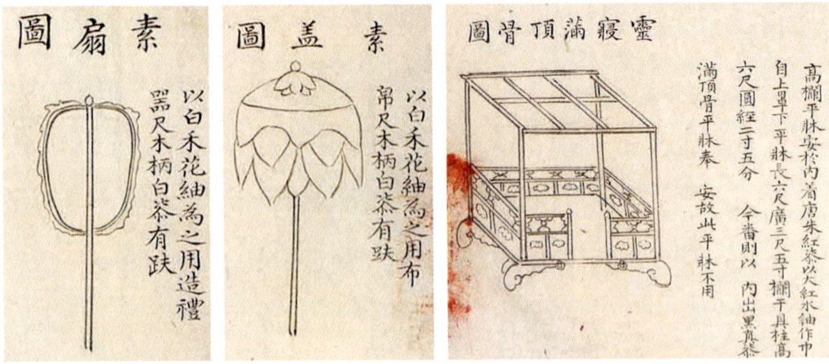

〈도판 19〉 「소선(素扇)」(좌①) · 「소개(素盖)」(중②) · 「영침만정골(靈寢滿頂骨)」(우③), 『영조빈전도감의궤』, 규장각한국학연구원

① 소선은 흰색 비단[백주(白紬)]으로 만든 부채의 일종이다. 주로 국장에서는 빈전에, 예장에서는 빈궁에 설치되었다.

② 소개는 흰색 비단으로 만든 국장에 사용하는 일산(日傘)이다. 주로 국장에서는 빈전에, 예장에서는 빈궁에 설치되었다.

③ 영침만정골은 도설에서 '영침만정골도'라고 명명했지만 이 그림은 고란평상을 그 안에 안치한 '영침평상(靈寢平牀)'이라고 해야 정확한 표현이다. 영침은 신백에 깃든 사자의 혼령이 쉬거나 잠자는 곳이다. 영침 안에 영침평상을 설치하고, 영침평상 위에 신백을 신백함에 담아 모셨다.

성빈은 규정에 맞게 시행되었다.

한편, 습부터 성빈까지 각 전(奠)을 담당한 기관은 다음과 같다. 전은 우제를 지내기 전까지 죽은 자에게 음식을 올리는 절차이다. 습전(襲奠)은 봉상시(奉常寺)에서, 소렴전은 내섬시(內贍寺)에서, 대렴전은 내자시(內資寺)에서, 성빈전은 봉상시에서 담당하여 마련했다. 그렇다면 전(奠)과 제(祭)는 어떻게 다를까? 둘 다 돌아가신 이에게 음식을 올리는 것은 다르지 않으나 전은 우제 이전까지 올렸다. 제는 우제 이후부터 지내되 신에게 희생을 바치는 것을 의미했다. 전을 올리고 제를 지내는 시점 및 희생을 사용하는지의 여부가 둘의 큰 차이라고 볼 수 있다.[39]

그 밖에 습전 이하 각 제전(祭奠)은 다음과 같이 맡기로 결정되었다. 성복전(成服奠)은 내섬시에서 담당했다. 조석전(朝夕奠)은 성빈한 뒤 초차(初次)

3일은 봉상시에서, 재차(再次) 3일은 내섬시에서, 삼차(三次) 3일은 내자시에서 각각 맡았다. 주다례(晝茶禮)는 초차 3일은 봉상시에서, 재차 3일은 내섬시에서, 삼차 3일은 내자시에서 담당했다. 삭망전(朔望奠)은 3월 망전은 봉상시에서, 4월 삭전은 내섬시에서, 4월 망전은 내자시에서 맡았다.[40]

다음날 3월 10일, 왕세손 이하 상복을 입어야 하는 사람들이 각각 상복을 입는 성복례(成服禮)를 행했다.[41] 국상을 주관하는 왕세손은 참최삼년복(斬衰三年服)을 입었고, 정순왕후도 참최삼년복을 입었으며, 혜빈(惠嬪, 혜경궁) 및 왕세손빈도 모두 참최삼년복을 입었다.[42] 『보편』에 국왕과 왕후가 승하한 지 6일째 되는 날 성복한다고 되어 있으므로,[43] 6일째 되는 날인 10일에 복을 입었기에 『보편』의 규정을 준수했다.

성복하는 예가 끝나자, 오시에 왕위를 계승하는 의식, 곧 즉위 의식을 거행했다. 사왕(嗣王) 세손이 면복(冕服)을 입고 경희궁의 태령전(泰寧殿) 남행각(南行閣)에 마련된 여차(廬次)[44]에서 나와 빈전의 정문(正門) 밖 욕위(褥位)에 나아가 눈물을 흘리며 대보(大寶)를 받고 경희궁의 숭정문(崇政門)으로 가서 그곳에서 즉위했다.[45] 이로써 정조는 영조의 적통(嫡統)으로서 왕위를 승계했음을 대내적으로 천명했다. 미시(未時)에 재궁의 은정(銀釘)에 가칠을 시작했는데, 3월 28일까지 하루 걸러 10번 칠했다.[46]

이날[3월 10일]에는 그 밖에도 영조의 상장을 담당할 빈전·국장·산릉 세 도감을 설치하고, 그 담당자들을 차출했다. 이는 대상(大喪)날로부터 처음 설치한 것이었다.[47] 국장 전체를 총괄하는 총호사를 포함하여 국장도감·빈전도감·혼전도감·산릉도감의 제조(提調)와 도청(都廳), 낭청(郎廳), 감조관(監造官) 등의 담당자와 재직 시기 및 직책 변동 상황은 각 의궤의 「이조별단(吏曹別單)」이나 「좌목(座目)」 조항에 자세히 기록되어 있다(〈표 5〉 참조).[48]

여기에서 주목되는 점은 총호사가 다른 국장에 비해 여러 번 교체되었다는 사실이다. 원래 총호사는 좌의정 1명을 임명하는 것이 원칙인데[49] 영조의 국장에서는 이를 그대로 지키지 않았다. 3월 5일 총호사에 임명되는 날부터 7월 28일 직책을 수행하는 마지막 날까지 총호사를 담당한 사람과 재직 시기 및 직책 변동 상황은 〈표 2〉가 참조된다.

〈표 2〉 총호사 담당자와 재직 시기 및 직책 변동 상황[50]

담당직책	이름	관직명	재직 시기와 직책 변동 상황
총호사	신회(申晦)	좌의정	1776년 3월 5일 임명[달하(達下)]. 3월 19일 파직
	김상철(金尙喆)	영의정	1776년 3월 19일 제수. 3월 20일 사직[면부(勉副)]. 4월 22일 좌의정으로 제수. 6월 25일 파직. 7월 5일 좌의정으로 제수. 7월 28일까지 재직
	김양택(金陽澤)	영의정	1776년 3월 20일 제수. 4월 22일 사임[허부(許副)]
	정존겸(鄭存謙)	우의정	1776년 6월 26일 임명[계하(啓下)]. 7월 5일 사임[허부]

3월 5일 신회가 총호사에 임명되었다가 그달 19일에 파직되자 다음날 20일에 곧바로 김양택이 그 직책에 제수되었다. 김양택이 4월 22일까지 근무한 뒤 사임하자, 이날 좌의정에 제수된 김상철이 총호사를 맡았다. 김상철이 6월 25일까지 재직한 뒤 파직되자, 다음날 26일 정존겸이 그 직책에 임명되었다. 정존겸이 7월 5일 사임하자 이날 다시 좌의정에 제수된 김상철이 총호사직을 맡았고 이달 28일까지 재직했다.

총호사의 교체가 잦다는 사실은 정조 초반이 정치적 격변기임을 드러내는 일면으로 이해된다. 물론 정치적 성격으로 보는 해석이 지나치다고 할 수도 있겠지만 총호사라는 직책의 성격상 한 번쯤 짚고 넘어갈 필요는 있다. 가령, 신회가 파직된 표면적인 이유는 그가 추천한 상지관(相地官) 세 사람이 감여가학(堪輿家學)에 어둡다는 것이었다.[51] 하지만 그 이면에는 그가 추천한 상지관이 정조의 정적(政敵)인 정후겸(鄭厚謙, 1749~1776)의 사인(私人)이라는 점과[52] 그가 형 신만(申晩, 1703~1765)의 아들 신광수(申光綏) 등과 함께 임오화변 양성의 주역으로 거론되어서였다.[53]

3월 10일에는 또 고부청시청승습사(告訃請諡請承襲使)를 차정했다. 이들은 중국에 조선의 국왕이 죽었다는 부고를 알리고, 그 국왕의 시호를 청하며, 새로 즉위한 국왕의 즉위를 인정해줄 것을 청하는 세 임무를 띤 사신이었다. 신회를 고부겸청시승습사(告訃兼請諡承襲使)로, 정창순(鄭昌順, 1727~?)을 부사(副使)로, 이진형(李鎭衡, 1723~1781)을 서장관(書狀官)으로 삼았다.[54] 이후 열흘 뒤 3월 21일, 신회 대신 봉조하 김치인(金致仁, 1716~1790)을 고부청시청승습겸진주사(告訃請諡請承襲兼陳奏使)로 교체했고, 부사와 서장관은 그대로 차정했다.[55] 3월 19일 총호사 좌의정 신회가 파직되었기 때문이다.[56]

3월 11일 혹은 12일, 우주(虞主)를 조성하고 이를 봉안할 전각으로 창경궁 명정전(明政殿)을 택했다. 우주의 조성은 봉상시에서 담당하고 국장도감 삼방(三房)에서 검찰했다.[57] 우주의 조성과 봉안처는 으레 비어 있는 궁궐 전각에 설치하는 데 이번에는 명정전으로 정했다.[58]

이날[3월 11일]에는 영조의 시신을 매안(埋安)할 산릉에 관한 논의가 비로소 발의되었다. 산릉도감에서 "1757년에 영조의 첫 번째 비 정성왕후의 무덤을 홍릉(弘陵)에 조성하면서 그때 당시 오른쪽을 비워두는 제도[허우지제(虛右之制)]를 실시하도록 한 영조의 유교가 있었고, 그 당시 돌에 새겨서 재혈(裁穴)한 곳에 표시를 해 두었으므로 그곳에 자리를 정해야 한다."고 아뢰었다.[59] 영조의 유교는 홍릉을 조성할 때 나중에 영조 자신도 이곳에 묻히고자 홍릉의 오른쪽을 비워두라는 내용이었다. 그래서 산릉도감은 영조의 산릉을 정성왕후의 홍릉에 조성하기 위해 아뢴 것이었다.

3월 12일 여러 신하들이 빈청에 모여 영조의 시호와 묘호, 전호(殿號), 능호를 정했다. 참고로 시호는 앞서 언급했듯이 죽은 뒤 이름을 대신하여 부르는 명칭이고, 묘호는 승하한 국왕의 신위를 종묘에 봉안할 때 일컫는 추존 칭호이다. 전호는 혼전의 전각 이름이고, 능호는 왕릉의 명칭을 가리킨다. 시호는 '익문선무희경현효(翼文宣武熙敬顯孝)', 묘호는 '영종(英宗)', 전호는 '효명(孝明)', 능호는 '홍릉'이라 의정했다.

여기서 두 가지를 짚고 넘어갈 필요가 있다. 먼저 묘호 영종이다. 영종이 누구나 아는 영조로 바뀌게 되는 때는 1890년(고종 27)이다.[60] 따라서 그 이전까지 모든 문헌에는 영종이라고 기록되어 있다.

다음은 능호이다. 왕후가 먼저 승하하여 왕후의 능호를 그대로 사용한 인조의 장릉(長陵)과 숙종의 명릉(明陵)을 전례(前例)로 삼아 정성왕후의 능호인 홍릉을 그대로 영조의 능호로 삼았다.[61] 영조의 능호는 나중에 산릉을 다른 곳에 조성하면서 '원릉(元陵)'으로 새로 정했다. 그런데 처음부터 능호를 원릉으로 정한 것처럼 기록한 문헌도 있다.[62]

3월 13일 총호사 신회가 홍릉에 가서 표석(標石)을 보고 온 뒤 영조의 묏자리가 적당하지 않다고 보고했다. 곧, 을(乙) 자리[을좌(乙坐)]로 할 경우 청룡(青龍)은 튼튼하지만 백호(白虎)가 문제가 있다는 것이었다.[63] 다음날 14일에는 원상 김상철이 을(乙) 자리에 신(辛) 방향[을좌신향(乙坐辛向)]으로 한다면 청룡변(青龍邊)이 흘러내릴 염려가 있다고 아뢰었다.[64] 이때부터 정조는 홍릉의 허우(虛右) 자리가 적합하지 않다고 판단하여 여러 곳으로 사람을 보내어 영조의 산릉 자리를 간심(看審)하게 했다.

3월 17일 혼전은 창경궁의 문정전(文政殿)에 마련하기로 했다. 그보다 앞

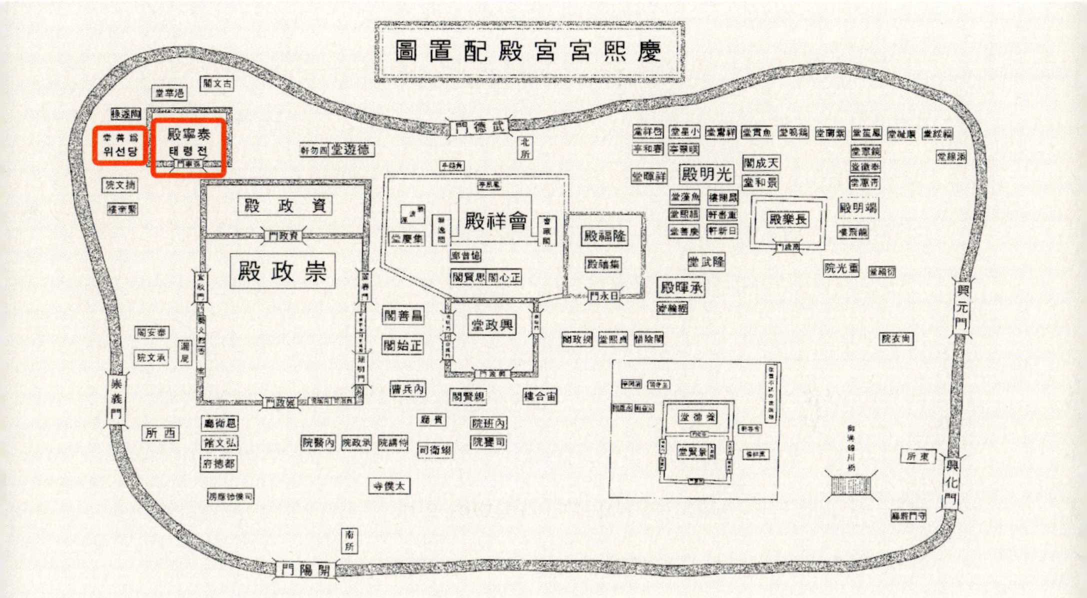

〈도판 20〉「경희궁궁전배치도」,『경희사림』(山口政之, 1940)
태령전은 영조의 신주를 봉안한 혼전을 마련한 전각이고, 위선당은 진종과 효순왕후의 혼전 전각이다.

서 3월 6일에 경희궁의 태령전, 계성당(啓星堂), 창덕궁이 혼전으로 거론되었지만[65] 이때에 이르러 최종 문정전으로 결정되었다. 그로 인해 이미 문정전에 있었던 정성왕후의 혼전인 휘령전(徽寧殿)을 강서원(講書院)으로 옮기게 되었다.[66] 그 뒤 4월 14일 혹은 15일에 정조의 뜻이 아닌 오로지 정순왕후의 의지로 혼전을 경희궁의 태령전에 마련하기로 다시 정했고,[67] 그로 인해 휘령전은 강서원으로 옮기지 않고 그대로 문정전에 남게 되었다.

참고로 영조의 혼전은 그 뒤에 변동이 있었다. 1777년(정조 1) 7월 28일 존현각(尊賢閣)에 도둑이 들었다.[68] 이틀 뒤 7월 30일에 정조는 8월에 창덕궁으로 이어하겠으니 영조의 혼전을 창경궁의 문정전으로, 진종(眞宗)의 신위(神位: 신주)를 경희궁의 위선당(爲善堂)으로 이봉하라고 명했다.[69]

이날[7월 30일] 영조의 혼전만이 아니라 다른 혼전도 함께 움직여야 했기에 혼전을 옮기는 시각과 장소에 대해 논의를 좀 더 구체화시켰다. 곧, 8월 3일 진시에 진종과 효순왕후(孝純王后, 1715~1751)의 혼전인 연복전(延福殿)을 경희궁의 위선당에 임시로 봉안하고, 미시에 휘령전을 연복전으로 이봉하며, 8월 6일 오시에 효명전을 창경궁으로 이봉한 뒤 연복전을 당일 태령전으로 이안하기로 결정했다.[70]

8월 3일 진종의 신위는 홍화문(弘化門)을 경유하여 경희궁의 위선당으로 이봉했고,[71] 이날 휘령전의 신주는 연복전으로 옮겨 봉안했다.[72] 이때 휘령전과 연복전에서의 고동가제(告動駕祭)는 정조가 직접 지내지 않고 섭행했다.[73] 고동가제는 혼전에서 신주를 받들어 내어 신련(神輦)에 싣고 출발하겠다는 뜻을 고하는 제사이다.

진종과 효순왕후의 혼전, 연복전

진종과 효순왕후의 혼전인 연복전이 마련된 경위는 다음과 같다. 정조가 영조의 뒤를 이어 즉위하자, 정조는 곧바로 영조의 뜻을 이어받아 영조의 맏아들이자 자신에게 백부가 되는 효장세자를 진종으로 추존하여 종묘에 모시기로 결정했다. 사도세자가 뒤주에 갇혀 죽은 뒤 세손이 죄인의 자식으로서 대통을 이을 수 없었기에 영조가 세손을 효장세자의 후사로 들어가게 했고, 정조는 즉위하자 양부모인 효장세자와 현빈을 진종과 효순왕후로 각각 추숭했던 것이다.[74]

효장세자와 현빈의 신주는 창의궁(彰義宮)의 효장묘(孝章廟)에 봉안되어 있었다.[75] 그러다가 정조가 즉위하여 국왕과 왕후로 추숭하자 신주를 종묘에 봉안해야 하는데, 영조와 정성왕후와 함께 종묘에 봉안하기 위해 창경궁 연복전에 신주를 봉안했다. 이때 효장묘에 봉안했던 신주는 이들의 무덤인 영릉(永陵)에 매안하고 연복전을 혼전으로 삼아 봉안한 신주는 새로 조성한 신주였다.[76] 연복전의 위치는 『정조실록』에는 '창경궁에 있는 효순묘(孝純廟)의 옛 혼전'이라고 되어 있는데,[77] 이곳은 효장세자의 혼궁과 경종의 비 단의왕후의 혼전이 마련된 곳이기도 했다.[78]

3일 뒤 8월 6일 이른 새벽[효두(曉頭)]에 정조가 효명전에서 고동가제를 친행한 뒤 창덕궁으로 이어했다.[79] 효명전은 『정조실록』에는 문정전으로 옮겨간 기사가 확인되지 않지만 『승정원일기』에서 볼 수 있다. 단, 주의할 점은 이처럼 혼전의 전각이 바뀌었더라도 '효명전'이라는 혼전의 전호는 그대로라는 점이다. 물론 이때 옮긴 다른 혼전 또한 마찬가지이다.

3월 17일, 18일, 19일에는 홍릉의 비워둔 오른쪽 자리가 합당한가의 여부를 판단하기 위해 계속해서 간심하고 그것을 보고하는 논의가 지속되었다.[80] 정조는 신하들의 보고가 하나로 귀일되지 않는 것을 보면서 의심했고, 그러자 봉조하 홍봉한(洪鳳漢, 1713~1778)·김치인, 영중추부사 김상복(金相福, 1714~1782) 등은 정조의 뜻을 헤아려 다시 찾아보는 것이 좋겠다고 아뢰었다.[81]

이윽고 3월 20일, 장릉(長陵)과 순릉(順陵), 창릉(昌陵)을 먼저 간심하도록 하교했다.[82] 또 정조는 지금 홍릉은 다시 의논할 수 없다고 하면서 경릉(敬陵)의 동변을 언급했고, 아울러 신하들의 의견을 구했다. 판부사 한익모(韓翼謨, 1703~?)는 교하(交河)를 거론하고, 봉조하 홍봉한은 동오릉(東五陵)·서오릉(西五陵)을 혈(穴)마다 간심할 것을 제안했다.[83] 그러자 정조는 서오릉을 먼저 간심한 뒤 점칠 만한 곳이 없으면 동오릉에서 구해야 한다고 답했다.

이렇듯 홍릉 이외 다른 곳으로 영조의 산릉 자리를 물색하자, 3월 22일 황해도사 이현모(李顯模)가 영조의 유지(遺志)를 받들어 간산(看山)의 명을 거두고 홍릉으로 정하자는 소를 올리기도 했다.[84] 3월 27일부터는 영조의 생모 숙빈 최씨의 무덤인 소령원(昭寧園)의 청룡 두 번째 등성이의 높은 준령인 앵봉산(鶯峯山) 아래가 좋다는 말이 나오면서 이곳을 간심하게 되었고,[85]

용어 설명

* 장릉(長陵): 인조와 인열왕후 한씨(仁烈王后韓氏)의 능호이다.
* 순릉(順陵): 성종의 원비(元妃) 공혜왕후 한씨(恭惠王后韓氏)의 능이다.
* 창릉(昌陵): 예종과 계비 안순왕후 한씨(安順王后韓氏)의 능을 가리킨다.
* 경릉(敬陵): 성종이 추존한 덕종(德宗)과 그의 비 소혜왕후 한씨(昭惠王后韓氏)의 능이다.
* 동오릉(東五陵): 태조 이성계의 건원릉(健元陵)을 시작으로 주변에 한두 기의 왕릉이 더해지면서 '동오릉(東五陵)', '동육릉(東六陵)', '동칠릉(東七陵)', '동팔릉(東八陵)' 등으로 불리다가 1855년(철종 6)에 익종(翼宗)의 수릉(綏陵)을 양주의 용마봉(龍馬峰)에서 옮겨오면서 마침내 동구릉(東九陵)이 되었다. 현재 경기도 구리시 인창동에 위치해 있는 동구릉은 건원릉, 문종과 현덕왕후의 현릉(顯陵), 선조와 의인왕후, 인목왕후의 목릉(穆陵), 인조 계비 장열왕후의 휘릉(徽陵), 현종과 명성왕후의 숭릉(崇陵), 경종비 단의왕후의 혜릉(惠陵), 영조와 정순왕후의 원릉(元陵), 헌종과 효현왕후, 효정왕후의 경릉(景陵), 익종과 신정왕후의 수릉을 가리킨다.
* 서오릉(西五陵): 덕종과 소혜왕후의 경릉(敬陵)을 시작으로 예종과 안순왕후의 창릉, 숙종의 원비 인경왕후의 익릉(翼陵), 숙종과 인현왕후, 인원왕후의 명릉(明陵), 영조비 정성왕후의 홍릉을 말한다.

29일에도 거듭 소령원을 간심하고 다시 세 번째 등성이까지 간심하기에 이르렀다.[86]

정조는 이렇듯 여러 곳에 산릉을 물색하는 이유가 홍릉이 부족한 부분이 많기 때문이라고 했다.[87] 이후 여러 번 소령원을 간심했으나 좋은 결과를 얻지 못하자, 4월 7일 금성위 박명원(朴明源, 1725~1790)이 이제 동오릉 밖에 달리 방도가 없다고 아뢰었고, 이로써 동오릉으로 간심하러 나갔다.[88]

4월 8일과 9일, 정조는 10여 곳을 간심했음에도 완정(完定)하지 못하자 초조해했다. 동오릉을 간심한 결과 마침내 건원릉의 국내(局內)에 있는 옛 영릉(寧陵, 효종과 인선왕후의 능) 자리가 매우 좋다는 말을 듣게 되었다. 건원릉의 오른쪽 두 번째 언덕에 있는 옛 영릉 자리를 간심하게 한 결과, 상지관을 포함하여 간심하러 간 모든 사람들이 '십전지원(十全之原)'이자 '천성지지(天成之地)'라고 극찬했다. 이곳으로 영조의 묏자리가 최종 결정되었고,[89] 상지

〈도판 21〉 영조와 정순왕후의 원릉 ⓒ 국립문화재연구소

관 김기량(金基良)은 이곳이 홍릉보다 훨씬 낫고 건원릉보다 나쁘지 않다고 평했다.[90]

영조의 산릉 자리가 결정되자, 4월 10일 정성왕후의 홍릉을 새로운 능[신릉(新陵)]으로 옮겨 봉안하려는 말이 없지 않았으나 끝내 성사되지 못했다.[91] 다음날 4월 11일, 홍릉이 아닌 다른 곳으로 영조의 묏자리를 결정하자 능호를 다시 의논하지 않을 수 없었고 '원릉'으로 의논해 올렸다.[92] 4월 19일 혹은 20일, 마침내 산릉 조성 공사를 시작했다.[93]

4월 20일, 빈전에 시호를 올리는 절차를 『국조오례의』가 아닌 『상례보편』을 따라 거행하기로 결정했다.[94] 한편, 3월 30일부터 4월 6일까지 이틀

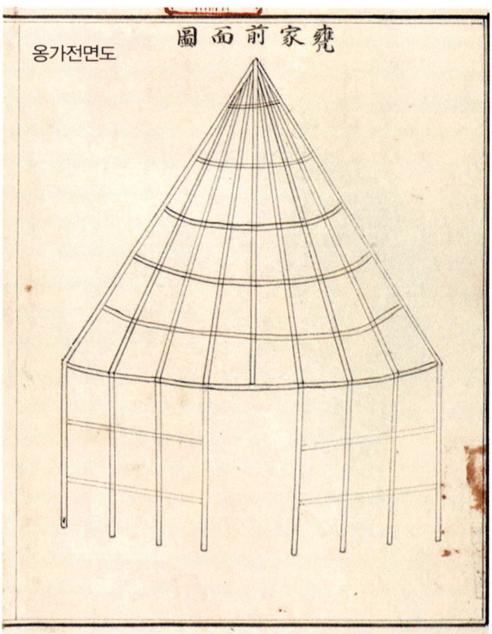

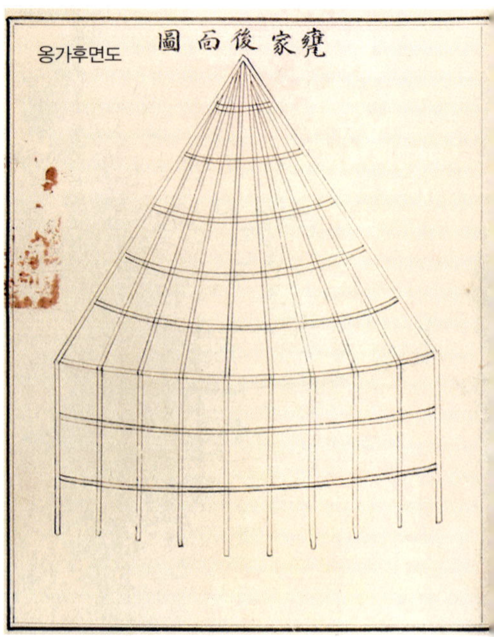

〈도판 22〉 「옹가(甕家)」, 『영조원릉산릉도감의궤』(상), 규장각한국학연구원
옹가는 왕릉의 봉분을 조성할 때까지 비와 눈 등을 피하기 위하여 현궁(玄宮) 위에 세우는 임시 건물로 '능상각(陵上閣)'이라고도 한다.

걸러 재궁의 칠포(漆布)에 3번 가칠(加漆)하고, 4월 9일부터 4월 21일까지 하루 걸러 칠포 위에 7번 가칠했다.[95] 그리고 4월 27일부터 5월 10일까지 이틀 걸러 5번 재궁 전체에 가칠했다.[96]

5월 7일 혹 8일, 정조가 태령전에 나아가 현궁에 넣을 명정[현궁명정(玄宮銘旌)]에 '영종지행순덕영모의열장의홍륜광인돈희체천건극성공신화대성광운개태기영요명순철건건곤녕익문선무희경현효대왕재궁(英宗至行純德英謨毅烈章義弘倫光仁敦禧體天建極聖功神化大成廣運開泰基永堯明舜哲乾健坤寧翼文宣武熙敬顯孝大王梓宮)'[97]이라고 직접 써서 내렸다.[98] 『보편』에 "시호를 올린 뒤 명정을 고치니, 존호 위에 묘호를, 존호 아래에 시호를 쓰며, 대행자(大行字)를 쓰지 않는다. 현궁의 명정도 같다."라고 되어 있는데,[99] 영조의 현궁명정에도 묘호와 존호, 시호의 순서대로 쓰고 '대행'자를 쓰지 않았다.

5월 8일, 정조가 재궁에 상자(上字)를 직접 쓸 날짜를 5월 15일로, 재궁을 결과(結裹)할 날짜를 5월 19일로 정했다.[100] 5월 15일 정조가 빈전으로 나아가 재궁의 위아래가 바뀌지 않도록 재궁의 윗면에 상자를 친히 썼다.[101] 5월 19일 신영(申英)과 허규(許圭)가 재궁을 묶고 싸는 동안 정조는 그 과정을 직접 살폈다.[102] 6월 14일 외재궁(外梓宮)을 받들고 능소(陵所)로 나아갔다.[103]

7월 20일 빈전에 시책(諡冊)과 시보(諡寶)를 올리고,[104] 이어서 빈전에 나아가 직접 향을 올렸다[진향(進香)]. 이윽고 이날 미시에 경희궁 숭정전(崇政殿)에서 명정을 고치고[개명정(改銘旌)],[105] 새 명정에 '현궁명정'에 썼던 것과 동일하게 썼다. 명정을 새로이 고치면서 초명정은 숭정전의 남쪽 계단[남계(南階)] 위에서 불태웠다.[106]

7월 24일 우주의 조성이 끝나고 이날 진시에 명정전에 우주를 봉안

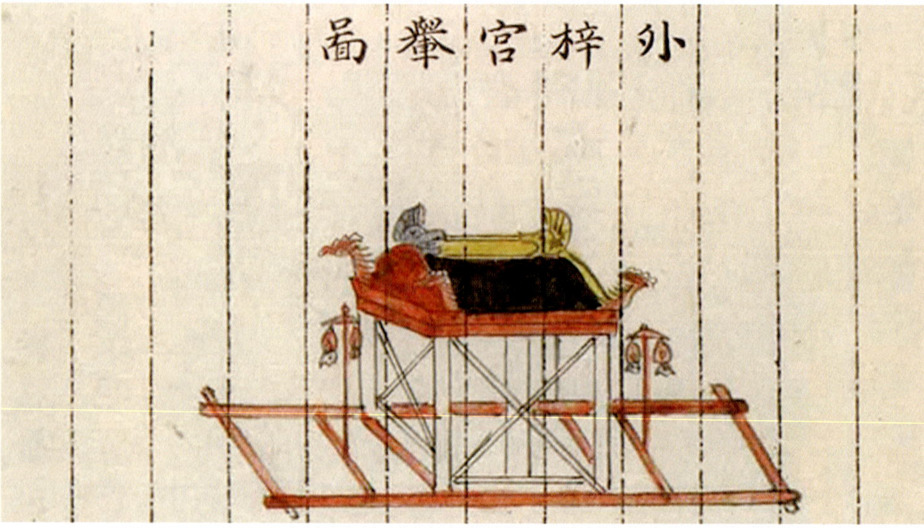

〈도판 23〉「외재궁여(外梓宮轝)」, 『영조국장도감의궤』(상), 규장각한국학연구원
외재궁여는 국장에서 외재궁을 싣고 가는 가마이다. 외재궁은 왕릉에서 국왕과 왕후의 관인 재궁을 보호하는 바깥쪽의 더 큰 재궁이다. 망자의 시신을 직접 넣는 안쪽의 재궁을 일반적으로 재궁 혹은 벽이라 하고, 이를 보호하는 바깥쪽의 큰 재궁을 외재궁이라 한다. 영조의 국장에 사용한 외재궁의 견양은 바깥 길이[外長]는 8자[尺] 3치[寸], 높이와 너비는 각각 3자 7치이다.[107]

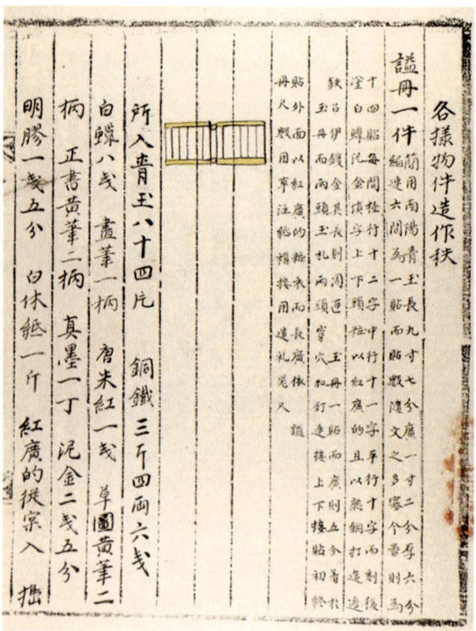

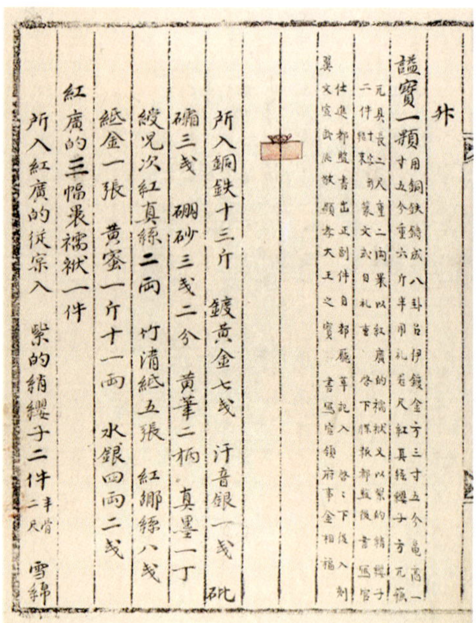

〈도판 24〉「시책(諡冊)」(좌①) · 「시보(諡寶)」(우②), 『영조국장도감의궤』(하), 규장각한국학연구원
① 시책은 옥 조각[옥간(玉簡)]에 시호를 정해 올린 내용을 새긴 후 책 모양처럼 엮은 옥책(玉冊)이다.
② 시보는 시호를 새긴 도장이다.

했다.[108] 다음날 25일 묘시에 빈전을 열고[계빈(啓殯)] 제사를 지내고, 그 안에 봉안되어 있던 찬궁을 열고 별전(別奠)을 올렸다.[109] 이어서 길 신에게 올리는 조전(祖奠) 및 석상식(夕上食)·석전(夕奠)을 거행했다.[110] 발인 전후에 거행하는 각 제전의 거행 시기와 담당 기관은 〈표 6〉이 참조된다.

『보편』에 따르면, 조전에 앞서 신백을 받들고 사당에 가서 조알하는 조조례(朝祖禮)를 행해야 했다. 그런데 정조가 조조례에 관해 『상례보편』「조조의」와 수교(受敎) 문권을 가져 오라고 지시한 7월 8일부터 이 의례의 시행 여부에 대해 신하들과 논의를 거친 7월 21일까지 신중을 기한 끝에 최종 정조의 논단으로 시행하지 않는 것으로 결론지었다.[111] 조조례는 영조가 처음 제정한 의례이지만 당장 영조의 국장에서부터 시행하지 않았고, 이후에도 끝내 시행되지 않았다.[112]

3. 발인(發靷) - 입주전(立主奠)

7월 26일 인시, 마침내 빈전의 호(戶) 밖에서 견전(遣奠)을 올리고, 이어서 대여(大轝)에 재궁을 안치한 뒤 산릉을 향해 출발했다[발인].

정조는 흥인문(興仁門)의 노제소(路祭所)에 나아갔고, 신여(神轝)가 노제소에 도착하자 정조는 곡하면서 하직하는 예[봉사례(奉辭禮)]를 행한 뒤 환궁했다. 영가(靈駕)는 흥인문을 나와서 노제소에 이르러 노제(路祭)를 지내고, 다시 출발하여 주정소(晝停所)에 이르러 잠깐 머물렀다가 다시 출발하여 산릉에 도착했다. 이어서 정자각(丁字閣)에 미리 설치해놓은 찬궁에 재궁을 봉안했다[성빈].[113] 이때에도 재궁을 그대로 봉안하지 않고 찬궁에 재궁을 넣어서 봉안했다.

주목할 점은 궁궐에서 재궁을 실은 대여가 이렇듯 간단하게 원릉에 도착한 것은 아니라는 사실이다. 발인할 때 재궁을 실은 대여를 메기 위해 필요한 여사군(轝士軍)의 수는 1운(運)마다 200명이 동원되었다. 그런데 가마의 무게가 가볍지 않아 산릉까지 가는 동안 처음에 대여를 멘 사람들이 계속해서 멜 수 없고 중간에 여러 차례 교체해야 했다. 영조의 경우는 12운으로 마련했다.[114] 곧, 12곳을 거쳐 원릉에 도착했는데, 그 노선은 다음과 같다.

(자정전) → 흥화문(興化門) 밖 → 흥인문(興仁門) 안 → 보제원(普濟院) 노제소 → 사아리(沙阿里) → 장위고개[우장현(雨裝峴)] 밑[저(底)] → 소송계(小松溪) 건너편[월변(越邊)] → 묘동(廟洞) 주정소 → 사고개(沙古介) → 소망우리(小忘憂里) 고개 밑 → 냉천(冷川) → 인장리(茵匠里) → 독음평(禿音坪) → 능소[115]

『예기』에 제후는 5개월만에 능에서 장례를 치른다고 규정되어 있고,[116] 조선의 국가전례서에도 국왕과 왕후는 5개월만에 장례를 치른다고 되어 있다. 영조는 3월에 승하하고 7월에 장례를 치렀기 때문에 이러한 규정을 준수했다.

7월 26일 산릉의 정자각에 재궁을 봉안한 뒤 대내에서는 별전(別奠)을 거행했다.[117] 다음날 7월 27일 진시에 산릉에서 찬궁을 열고, 유시(酉時)에 현궁에 재궁을 내렸다[하현궁(下玄宮)].[118] 이때 국상을 주관하는 정조는 산릉에 따라가지 않았기 때문에 산릉에서 영조의 재궁을 현궁에 내릴 때, 그는 최복(衰服)을 입고 여차가 있는 태령전의 남행각에 나아가 망곡례(望哭禮)를 행했다.[119]

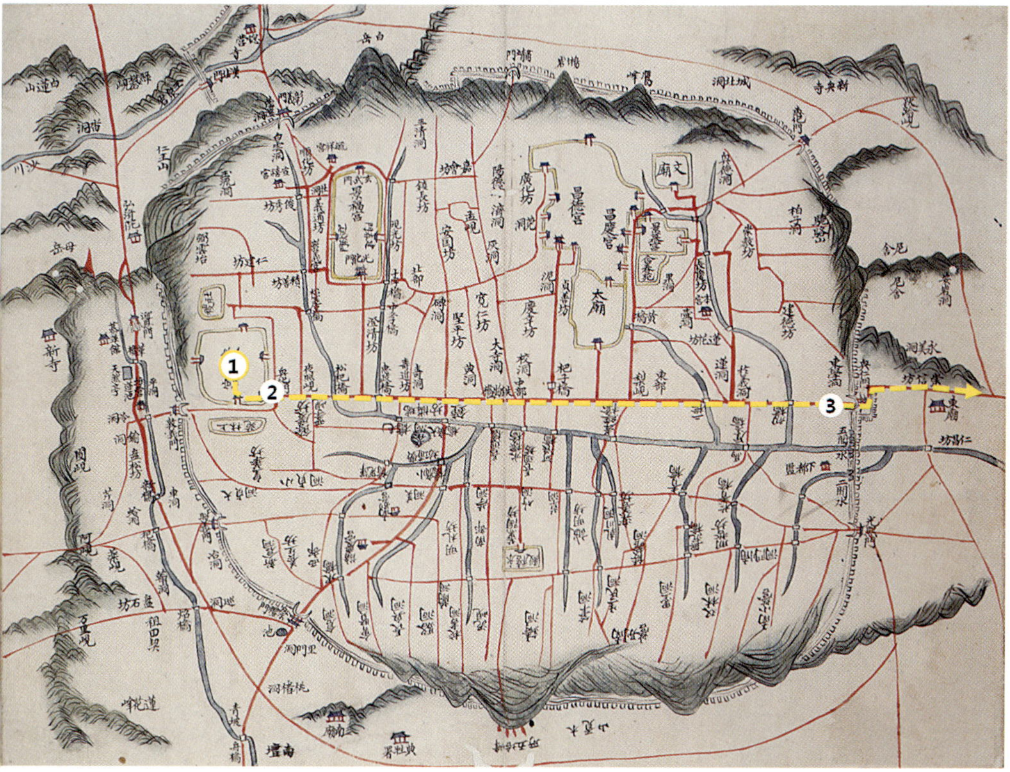

〈도판 25〉 지도를 통해 본 발인 행렬 동선, 『동여도』, 규장각한국학연구원

『동여도(東輿圖)』「도성도(都城圖)」를 통해 본 도성 내에서의 발인 행렬이다. 1_경희궁 자정전, 2_흥화문, 3_흥인문. 노란색 점선은 이동 경로의 표시이고, 아래도 같다.

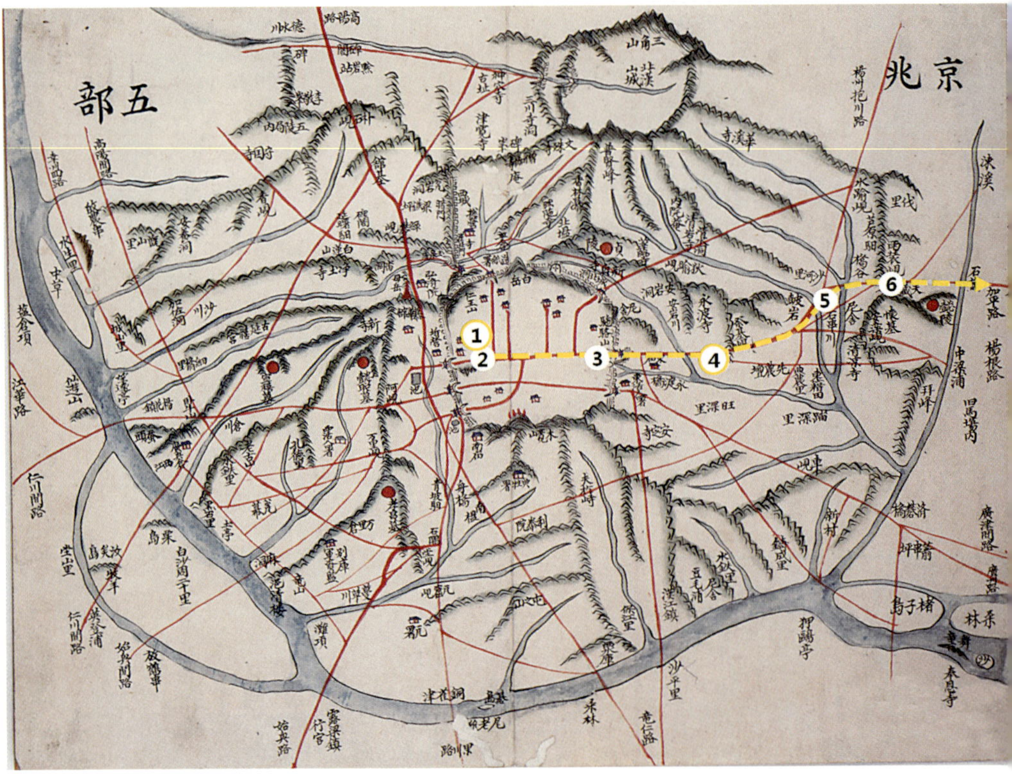

〈도판 26〉 지도를 통해 본 발인 행렬 동선, 『동여도』, 규장각한국학연구원
『동여도』「경조오부(京兆五部)」를 통해 본 궁궐 안에서 도성 밖까지의 발인 행렬의 동선이다. 1_경희궁 자정전, 2_흥화문, 3_흥인문, 4_보제원, 5_사아리, 6_우장현.

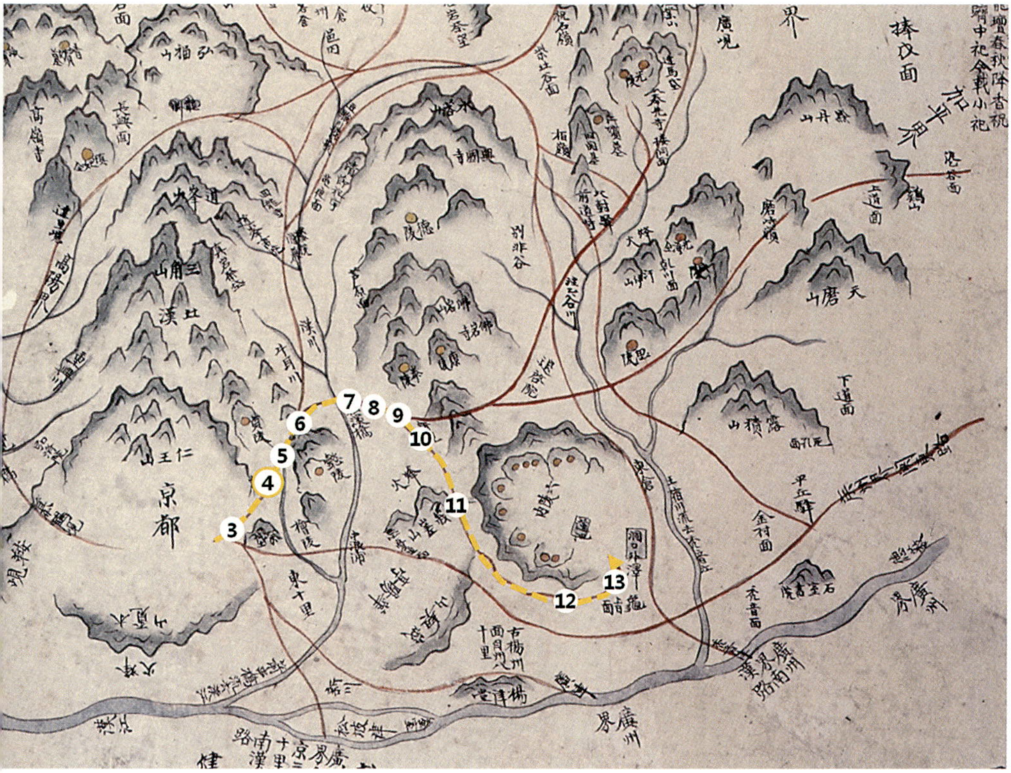

〈도판 27〉 지도를 통해 본 발인 행렬 동선, 『해동지도』, 규장각한국학연구원

『해동지도(海東地圖)』 경기도 양주목(楊州牧) 지도를 통해 본 도성 밖에서부터 산릉까지의 발인 행렬의 움직임이다. 3_흥인문, 4_보제원, 5_사아리, 6_우장현, 7_소송계 건너편, 8_묘동, 9_사고개, 10_소망우리, 11_냉천, 12_인장리, 13_독음평. 이중에서 8_묘동, 9_사고개, 11_냉천, 13_독음평은 지도에 위치가 정확하게 나오지 않아서 추정하여 표시했는데, 13_독음평의 경우는 「팔도군현지도(八道郡縣地圖)」에 독음면(禿音面)의 위치를 본다면 추정지가 크게 틀리지 않은 듯하다.[120]

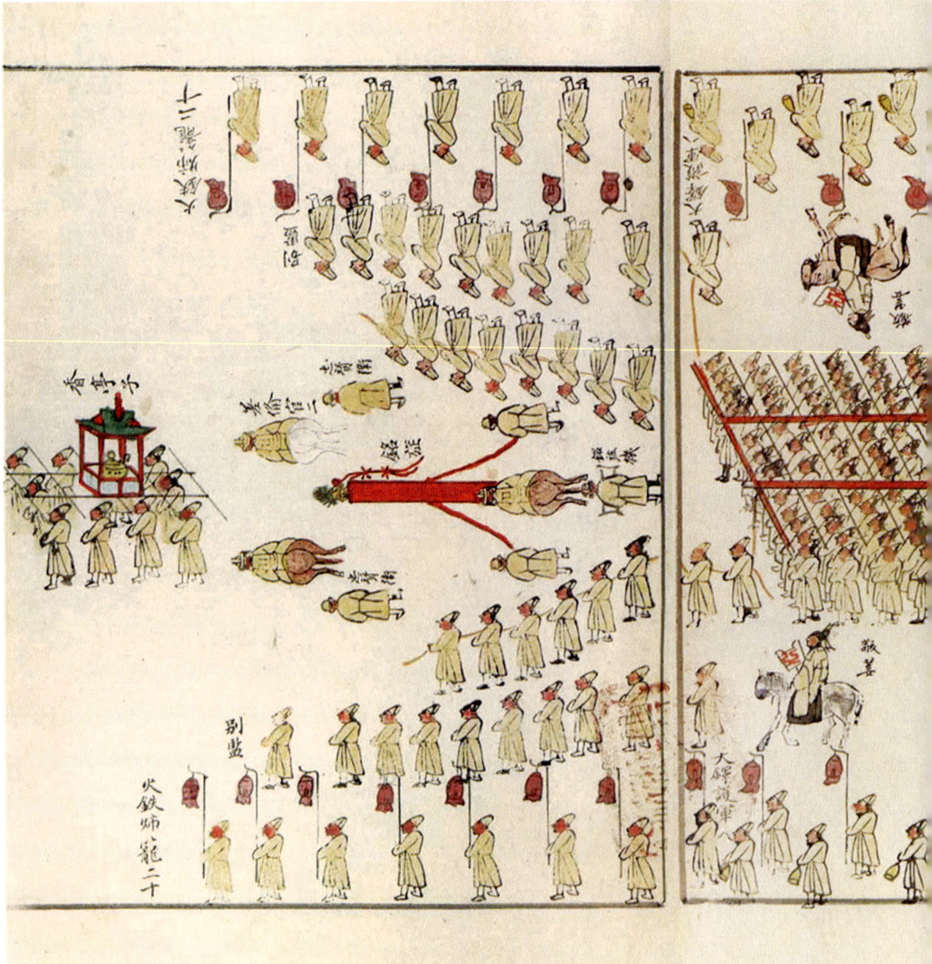

〈도판 28〉「발인반차도(發引班次圖)」, 『영조국장도감의궤』(상), 규장각한국학연구원

영조의 발인 행렬을 보여주는 발인반차도의 일부이다. 발인반차도는 궁궐의 빈전에서 재궁을 받들어 내어 산릉에 장례를 치르기 위해 가는 행렬을 보여주는 그림이다. 반차도는 왕실 행사의 주요 장면을 그림으로 표현하여 행사에 동원된 인원과 의장(儀仗) 등의 순서 및 각자 서야 할 위치를 보여주는 그림이다. 향로(香爐)와 향합(香盒)을 담아 운반하는 작은 가마인 향정자(香亭子), 그 뒤를 이어 죽은 자가 영조임을 나타내는 명정이 가운데에서 나아가고 있다.

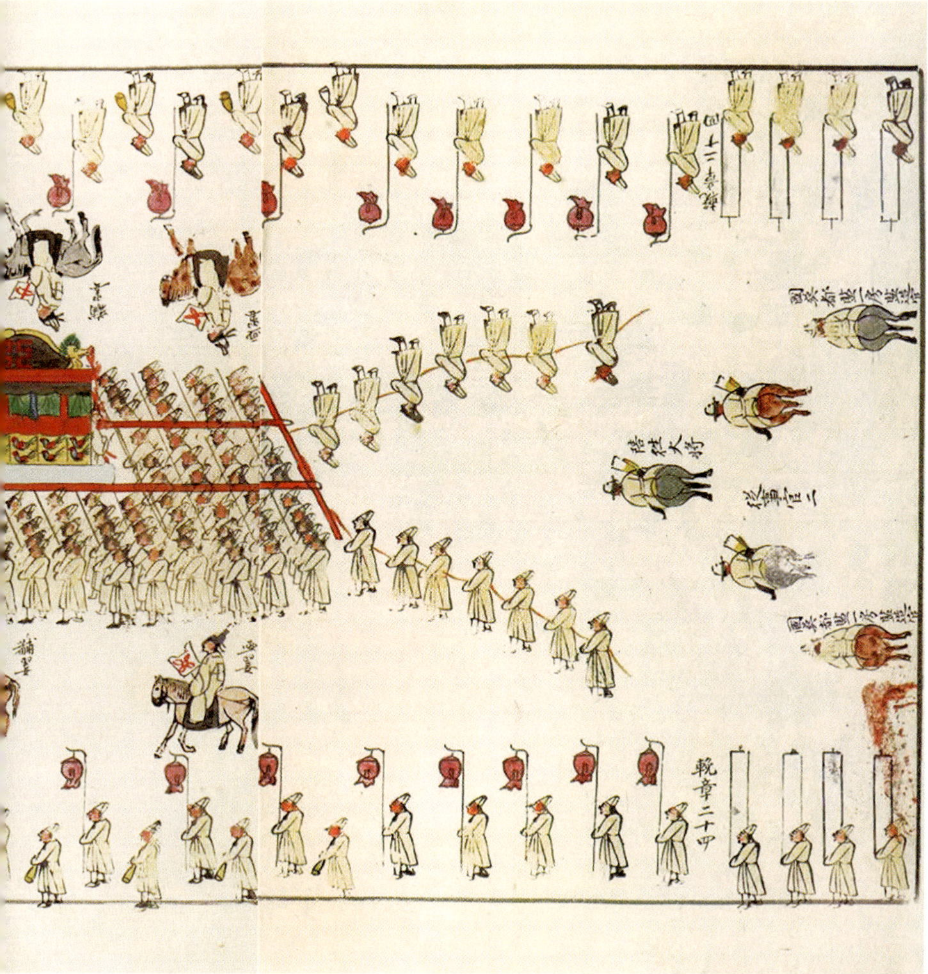

대여가 가운데에 서고, 불삽(黻翣) · 보삽(黼翣) · 화삽(畫翣) 각 2개가 대여 좌우로 나뉘어 섰다. 삽은 재궁을 가리는 데 사용하는 부채 모양의 의물이다.

〈도판 29〉「사수도(四獸圖)」, 『영조원릉산릉도감의궤』(상), 규장각한국학연구원
사수는 청룡(青龍)·백호(白虎)·주작(朱雀)·현무(玄武)를 가리키는 동물로, 사자(死者)의 공간을 지키는 상징성을 띠는 동물이다. 찬궁 안 4면에 방위를 따라 사수를 그린 그림을 붙였는데, 찬궁 왼쪽 면에는 청룡, 오른쪽 면에는 백호, 앞면에는 주작, 뒷면에는 현무를 붙였다.

상주(喪主)인 정조가 산릉에 따라가는 것이 원칙이지만 그렇지 못할 경우 하현궁(下玄宮)할 때 국왕이 궁궐에서 망곡하는 예를 행했다. 이러한 망곡례는 1575년(선조 8) 명종비 인순왕후(仁順王后, 1532~1575)의 국상이 발생했을 때 선조가 처음으로 시행한 의절로, 현궁에 재궁을 내릴 때 능에 따라가지 못하여 백관을 거느리고 산릉을 바라보며 곡하는 절차를 행한 데서 비롯되었다.[121] 영조의 재궁을 내릴 때 대내에서는 또 별전을 올렸다.[122]

인산 절차가 끝나자, 정자각의 서쪽에 남쪽을 향하도록 설치한 길유궁(吉帷宮)에서 봉상시에서 미리 준비해서 가져간 신주인 우주에 '[영종]지행순덕영모의열장의홍륜광인돈희체천건극성공신화대성광운개태기영요명순철건건곤녕익문선무희경현효대왕([英宗]至行純德英謨毅烈章義弘倫光仁敦禧體天建極聖功神化大成廣運開泰基永堯明舜哲乾健坤寧翼文宣武熙敬顯孝大王)'[123]이라고 쓰는 절차를 거행했다.[124] 우주에 쓰는 내용에서 『국장도감의궤』에는 묘호가 빠져 있고, 『빈전도감의궤』에는 들어가 있기 때문에 맨 앞에 '[英宗]'이라고 표기했다. 신주에 글을 쓰는 서사관(書寫官)은 좌승지 이재간(李在簡)이 맡았다.

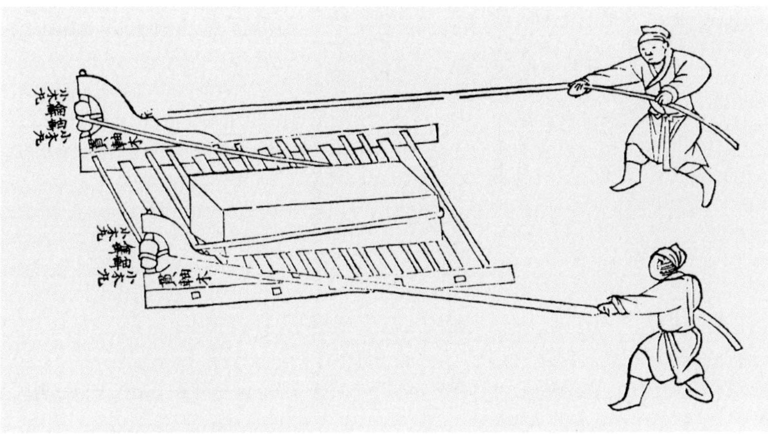

〈도판 30〉「재궁상윤여추입지도(梓宮上輪轝推入之圖)」, 『국조상례보편』, 규장각한국학연구원
재궁을 윤여(輪轝)에 올려서 퇴광으로 밀어 넣는 그림이다. 퇴광은 재궁을 현궁 안에 봉안할 때 통로 역할을 하는 곳으로 이후에는 여기에 명기, 복완 등을 묻었다. 윤여는 재궁을 받들어 견여(肩轝)와 대여에 올리고 내릴 때 사용하는 운반용 기구이다.

〈도판 31〉 증옥(贈玉) ⓒ 국립문화재연구소

정조가 승하한 뒤 처음 조성한 건릉(健陵)의 초장지(初葬地)에서 출토된 증옥이다. 길이 33.4cm, 너비 8.3cm, 두께 8.5cm, 무게 6.2kg이다.125 증옥은 죽은 사람에게 예물로 바치는 옥이다. 증백과 함께 짝을 이루어 발인할 때 받들고 산릉에 가서 퇴광에 매안했다.

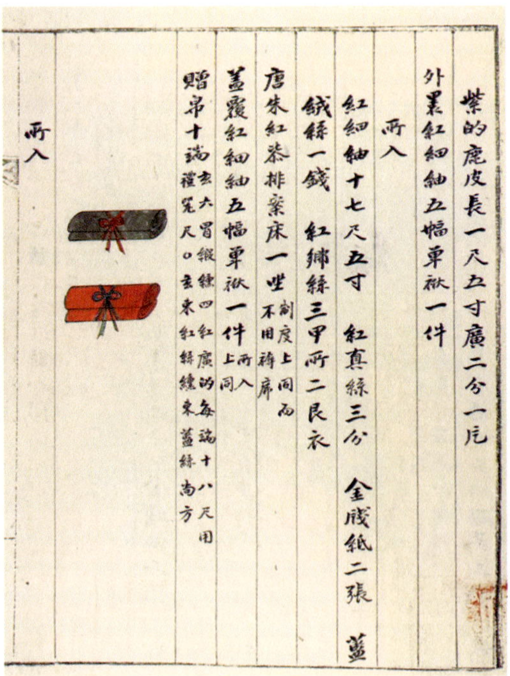

紫的鹿皮長一尺五寸廣二分一片
外裹紅細紬五幅單袱一件
所入
紅細紬十七尺五寸 紅真絲三分 金箋紙二張 藍
鐵絲一錢 紅綿絲三甲所二艮衣
唐朱紅漆排案床一坐 前度上同而不用褥席
蓋覆紅細紬五幅單袱一件 所入上同
贈帛十端 玄六冒緞纁四紅廣的每端十八尺用禮器尺○玄束紅綠纁束藍綠尚方
所入

〈도판 32〉 「증백(贈帛)」, 『순조국장도감의궤』(상), 규장각한국학연구원
『순조국장도감의궤』에 실린 증백 그림이다. 국가전례서와 『영조국장도감의궤』에 증백을 보여주는 도설이 수록되어 있지 않아서 순조의 국장에 사용했던 것을 참고로 제시했다. 증백은 죽은 사람에게 예물로 바치는 폐백으로, 증옥과 함께 짝을 이루어 발인할 때 받들고 산릉에 가서 퇴광에 매안했다. 영조의 국장에 사용된 증백은 상의원(尙衣院)에서 예기척(禮器尺)으로 길이가 18자인 증백 10단(段)을 봉상(捧上)하여 국왕이 그것을 본 뒤 가지고 와서 도감에 두었다.126

〈도판 33〉 명기(明器) ⓒ 국립문화재연구소
정조가 승하한 뒤 처음 조성한 건릉의 초장지에서 출토된 명기이다.127 명기는 무덤에 매안하는 신명의 그릇이나 악기, 무기 등으로 부장품의 한 종류이다.

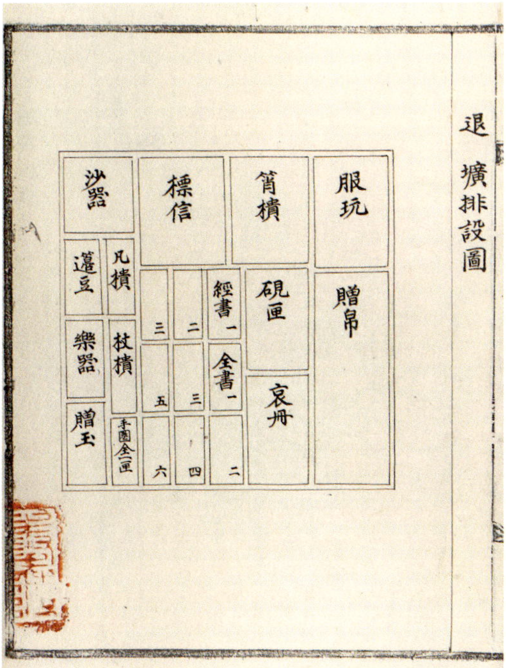

〈도판 34〉「퇴광배설도(退壙排設圖)」 『정조건릉산릉도감의궤』(하), 규장각한국학연구원
퇴광배설도는 현궁에 재궁을 내린 뒤 퇴광에 물품을 배설할 때 각각의 위치를 보여주는 그림이다. 국가전례서와 『영조원릉산릉도감의궤』에 퇴광배설도가 수록되어 있지 않아서 정조의 건릉(健陵)에 사용하기 위해 그린 그림으로 대체했다.

우주에 쓰는 방식에 대해 국가전례서에는 '모호대왕(某號大王)'으로 쓴다고 명시되어 있다.[128] 영조의 우주에는 「입주전의(立主奠儀)」에 '존호시호대왕(尊號謚號大王)'으로 쓴다고 구체적으로 기록되어 있다.[129] 여기에 따른다면 '영종'이라는 묘호가 빠져야 할 듯한데, 위에서 본 것처럼 다른 문헌에는 묘호가 들어가 있으므로 영조의 우주에 쓴 내용은 주의가 필요하다.

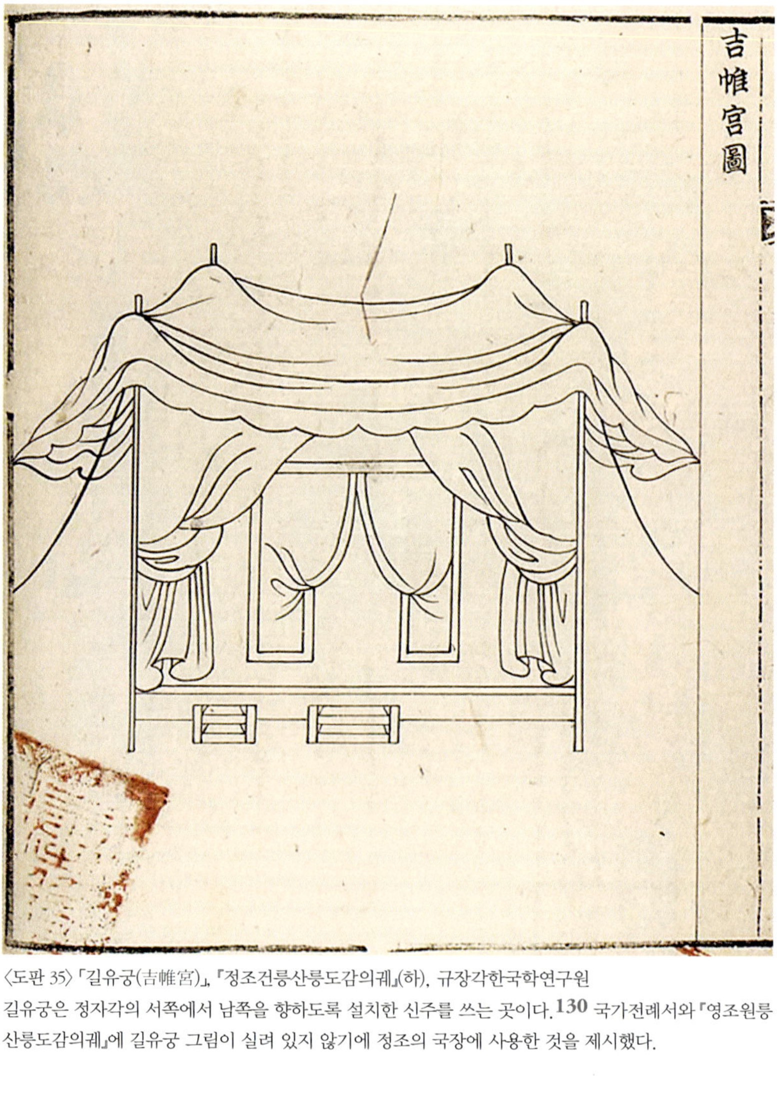

〈도판 35〉「길유궁(吉帷宮)」, 『정조건릉산릉도감의궤』(하), 규장각한국학연구원

길유궁은 정자각의 서쪽에서 남쪽을 향하도록 설치한 신주를 쓰는 곳이다.[130] 국가전례서와 『영조원릉산릉도감의궤』에 길유궁 그림이 실려 있지 않기에 정조의 국장에 사용한 것을 제시했다.

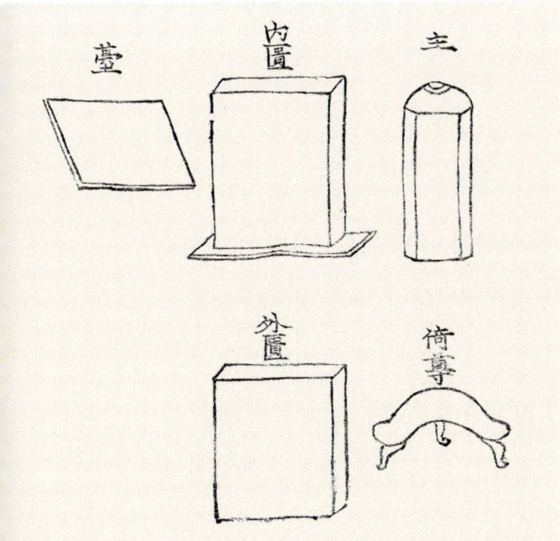

〈도판 36〉「주(主)」·「의준(倚尊)」·「내궤(內匱)」·「외궤(外匱)」·「대(臺)」, 『국조오례서례』, 규장각한국학연구원

① 주는 여기서 우주를 가리킨다. 우주는 뽕나무로 만들고, 산릉에서 신주에 글을 쓴 뒤 첫 번째 기일 때까지 혼전에 봉안하는 신주이다. 우주는 길이는 1자, 사방은 5치, 상정(上頂)의 지름은 1치 8푼[分], 네 모서리는 각각 1치 1푼씩 깎고, 네 귀퉁이는 각각 1치씩 깎으며, 상하 사방에 지름이 9푼인 구멍을 냈다.131

② 의준은 제례를 봉행할 때 망자의 혼이 깃든 신주의 뒤에 설치하여 신주가 기댈 수 있게 한 의물이다. 그림에는 '의준(倚尊)'이라고 쓰여 있는데, 설명에는 의궤(倚几)라고 되어 있다.

③ 내궤는 우주를 봉안하는 기물이다.

④ 외궤는 내궤를 덮어씌우는 궤이다.

⑤ 대는 궤(匱)를 올려놓는 기물이다.

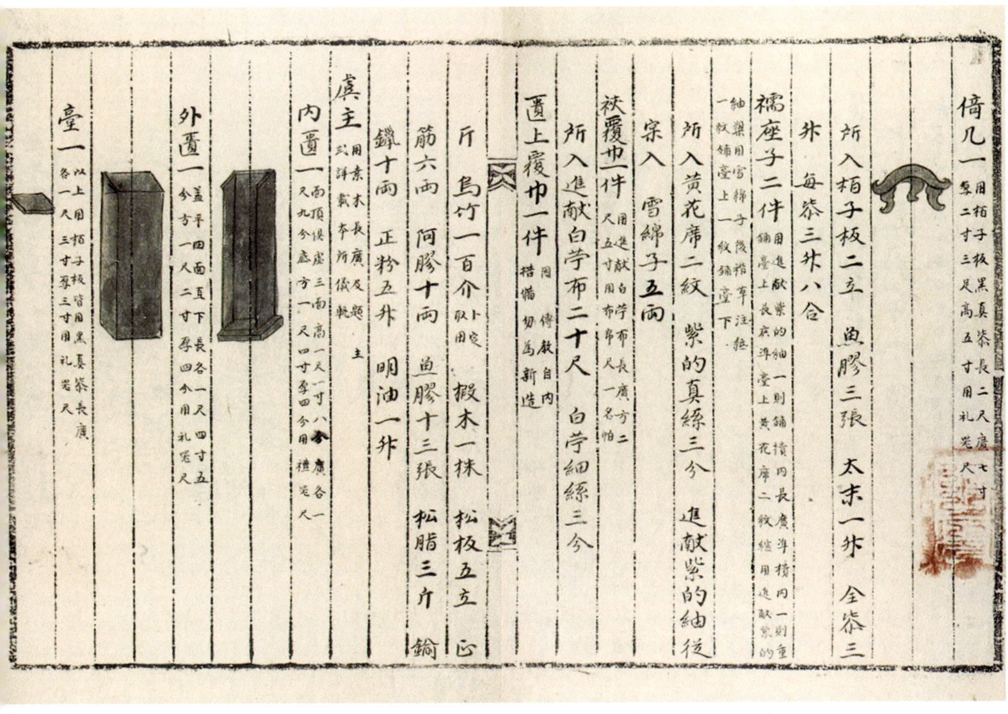
倚几一 用栢子板黑真柒長二尺廣七寸厚二寸三尺高五寸用礼器尺
所入 栢子板二立 魚膠三張 太末一升 全柒三
升 每柒三升八合
褥座子二件
所入 黃花席二紋 紫的真絲三分 進獻紫的紬從
宗入 雪綿子五兩
所入 進獻白苧布二十尺 白苧細絲三分
袱覆巾一件
匱上覆巾一件 用傳教自內措備勿為新造
斤 烏竹一百介 椴木一株 松板五立 心
筋六兩 阿膠十兩 魚膠十三張 松脂三斤 鍮
鑞十兩 正粉五升 明油一升
虞主 用栗木長廣及式詳載本所儀軌
內匱一
外匱一
臺一

〈도판 37〉「내궤(內匱)」·「외궤(外匱)」·「대(臺)」·「의궤(倚几)」, 『영조국장도감의궤』(하), 규장각한국학연구원

『영조국장도감의궤』에 수록된 신주와 관련된 의물들이다. 신주 그림은 수록되어 있지 않다. 내궤와 외궤, 대, 의궤의 규모가 『국조오례서례』의 그것과 비교해보면 약간의 차이가 있을 뿐 거의 비슷하다. 그 차이는 내궤의 앞면이 막혔느냐 그렇지 않느냐이다. 내궤는 병자호란을 겪은 뒤 새로 조성하면서 신주의 출납을 편리하게 하기 위해 앞면을 비워두기로 결정하면서 이전과 달라지게 되었다.132

이러한 현상은 국가전례서에 '모호대왕'이라 하여 애매하게 규정한 것에도 기안한다. 그래서인지 실제 국왕의 우주에 쓸 때에는 '묘호+시호+대왕', '시호+대왕', '존호+시호+대왕' 등 여러 방식으로 써 왔다.[133] 그렇다면 영조의 우주에 묘호 '영종'이 들어가는 것은 하등 문제될 것이 없다. 다만, 영조의 우주에 영조가 살아 생전에 신하들이 그에게 다섯 차례 올린 존호를 모두 반영하여 써서, 역대 국왕의 우주 가운데 앞면에 가장 많은 내용을 넣은 점이 특징적이었다.

우주에 글을 쓴 뒤, 그날 산릉에서 곧바로 초우제(初虞祭)를 지냈다. 우제의 '우(虞)'는 편안히 한다는 뜻으로, 장례를 치른 뒤 우제를 거행하여 방황하는 혼(魂)을 편안하게 한다는 의미이다. 본래 초우제는 산릉에서 신주에 글을 쓴 뒤 우주를 모시고 궁궐로 돌아와 혼전에 우주를 봉안한 뒤 지낸다. 그런데 영조의 경우는 현궁에 재궁을 내리는 시각이 유시였기 때문에 그날 안으로 궁궐로 반우(返虞)할 수 없어서 부득이하게 산릉에서 초우제를 지낼 수밖에 없었다.[134] 초우제는 장례치른 그날에 지내야 하기에 능소의 길유궁에서 거행한 것이었다. 산릉에서 초우제를 지내므로 정조가 직접 제사를 주관할 수가 없어서 다른 이가 섭행했다.[135]

4. 반우(返虞) – 부묘(祔廟)

다음날 7월 28일(丁酉), 산릉에서 우주를 모시고 궁궐로 돌아왔다[반우]. 정조가 홍인문에 나아가 반우하는 신련(神輦)을 지영(祗迎)했다.[136] 우주는 태령전에 마련한 혼전[효명전]에 봉안되었다. 신시에 정조가 최복을 입고 효명전에 나아가 재우제(再虞祭)를 직접 지냈다.[137] 재우제를 지내기 위한 축문의 친압(親押)은 이날 묘시에 정조가 현모문(顯謨門)에 나아가 했다.[138]

정조는 그보다 앞서 7월 24일에 반우 및 재우부터 칠우(七虞)·졸곡(卒哭)에 이르기까지 예문(禮文)에 의거하여 모두 친제(親祭)를 지내겠다고 예조에 분부했고,[139] 그대로 실천하고 있었다. 그리고 그는 앞으로 있을 삼우제(三虞祭)부터 졸곡제까지 축문에 모두 친압하되 하루 전날 숭정전의 월대(月臺)에서 하도록 전교했다.[140]

7월 29일(戊戌) 혹은 30일(己亥) 정조가 최복을 입고 효명전으로 가서 삼우제를 친행했다. 7월 29일에 효명전에서 삼우제를 지냈다는 문헌은 『정조실록』과 『승정원일기』이고,[141] 7월 30일에 삼우제를 지냈다고 한 자료는 『일성록』이다.[142] 8월 2일(辛丑) 효명전에서 사우제(四虞祭)를, 8월 4일(癸卯) 오우제(五虞祭)를 정조가 직접 지냈다. 그리고 8월 5일 정조의 건강이 좋지 않아 육우제(六虞祭)의 축문에 대압(代押)하고,[143] 다음날 6일(乙巳)에 대신(大臣)을 효명전에 보내어 육우제를 섭행하게 했다.

8월 6일 정조가 칠우제(七虞祭)의 축문에 친압했다.[144] 그러나 정작 7일(丙午)에 칠우제를 지낼 때에는 정조가 친행하지 않고 다른 사람을 보내어 대신 지내게 했다.[145] 이로써 재우부터 칠우까지 우제를 모두 친행하겠다고 한 약속은 지키지 못했다. 제후는 칠우까지만 지낸다고 『예기』에 규정되어 있고,[146] 조선의 국왕은 제후왕에 해당하기 때문에 영조의 우제는 칠우제까지만 지냈다.

일반적으로 초우제를 지낸 뒤 재우제부터 육우제까지는 유일(柔日)에, 칠우제는 강일(剛日)에 지냈다. 십간의 갑(甲)·병(丙)·무(戊)·경(庚)·임(壬)에 해당하는 양일(陽日)이 강일이고, 을(乙)·정(丁)·기(己)·신(辛)·계(癸)에 해당하는 날이 유일이다.

영조의 우제는 재우제를 지낸 7월 28일(정유)이 유일, 삼우제를 지낸 7월 29일(무술)/30일(기해)이 강일/유일, 사우제를 지낸 8월 2일(신축)이 유일, 오우제를 지낸 8월 4일(계묘)이 유일, 육우제를 지낸 8월 6일(을사)이 유일, 칠우제를 지낸 8월 7일(병오)이 강일이었다. 삼우제를 29일인 강일에 지냈다면 규정에 어긋나지만 30일인 유일에 지냈다면 모두 규정을 지켰다고 볼 수 있다.

칠우제를 모두 효명전에서 지낸 뒤, 8월 9일(戊申) 효명전에서 나아가 정조가 직접 졸곡제를 지냈다.[147] 조선에서는 칠우제를 지낸 뒤 강일에 해당하는 날 졸곡제를 지낸다고 국가전례서에 규정되어 있다.[148] 8월 9일(무신)이 강일이므로 영조의 졸곡제는 규정에 어긋나지 않게 지냈다. 졸곡제를 지내면서 그동안 무시(無時)로 곡하던 것을 그치고 아침저녁 두 번 혼전에서 상식(上食)할 때만 곡했다.

이로써 복잡한 상장 절차가 어느 정도 마무리되었다. 이후 8월 18일 진주정사(陳奏正使) 김치인과 부사 정창순이 자신들의 임무였던 '고부청시청승습'의 일을 마치고 연경을 출발한다고 치계했다.[149] 치계 가운데 청 황제가 영조의 시호를 '장순(莊順)',[150] 진종의 시호를 '각민(恪愍)'[151]으로 의정했다는 내용이 있었다. 사실 이들이 연경으로 출발하기 전 고부·승습을 요청하는 일 뿐 아니라 효장세자의 진종으로의 추숭을 주청하는 문제도 겸하고 있었기 때문에[152] 청 황제가 진종의 시호도 함께 내려준 것이었다.

이때 청 황제는 시호만이 아니라 제사와 부물(賻物)도 내려주었다. 다만, 조선의 사신에게 이를 전하게 하지 않고 청에서 직접 사신을 조선에 파견하여 그들이 영조와 진종의 혼전에 나아가 황제의 명으로 내렸다. 그리고

청 황제는 새로 즉위한 조선 국왕의 승습을 공식적으로 인정하는 칙서(勅書)와 고명(誥命)도 내려주었으므로 조선에서는 청 사신의 접대에 심혈을 기울일 수밖에 없었다. 승정원에서 칙사를 접견할 때 대화할 내용을 규례에 따라 써서 들였지만 정조가 다시 더 가다듬자고 한 데서 짐작된다.[153]

9월 4일 정조는 칙서를 맞이하는 영칙의주(迎勅儀註), 조문을 내리는 사조의(賜弔儀), 제사를 내리는 사제의(賜祭儀)를 전례대로 거행하라고 명했다.[154] 9월 29일 영칙의주를 마련하고, 영칙하는 장소는 숭정전으로 정했다.[155] 10월 21일 영접도감에서 칙사 일행이 이달 27일에 한양으로 들어온다고 보고했다.[156]

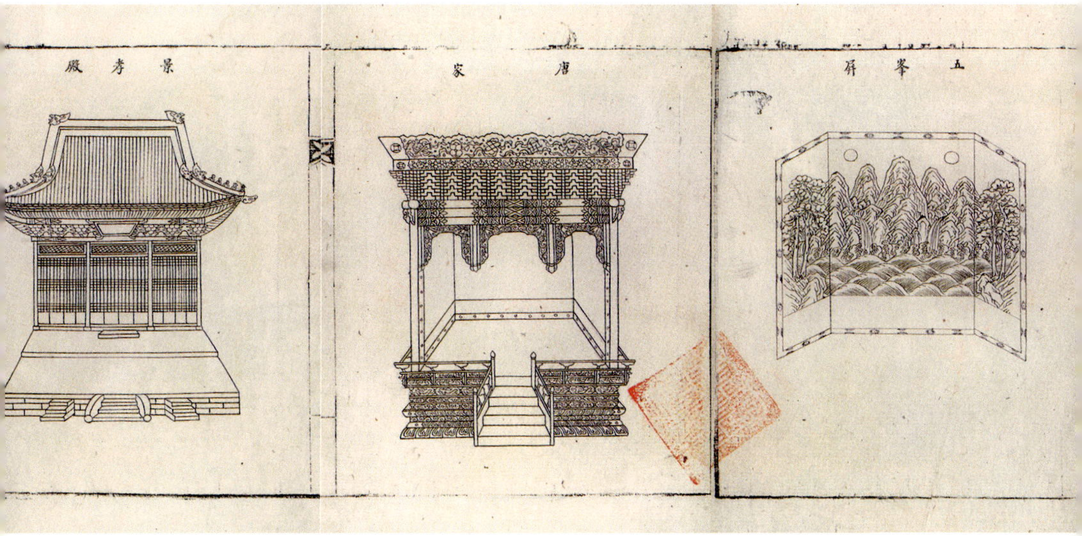

〈도판 38〉「경효전(景孝殿)」·「당가(唐家)」·「오봉병(五峯屛)」,『경운궁중건도감의궤』(상), 규장각한국학연구원

고종 비 명성황후의 혼전인 경효전과 그 안에 설치한 당가와 오봉병의 모습이다. 혼전 전각을 보여주는 그림이 매우 드문데 영조의 혼전인 효명전 또한 그림이 전하지 않아, 경운궁(慶運宮)에 마련한 명성황후의 혼전 그림으로 대신했다. 혼전의 실내 전체 모습을 보여주는 도설이나 사진은 전하지 않지만 대개 어탑(御榻), 당가(唐家), 신탑(神榻), 오봉산병(五峯山屛) 등을 설치했다.

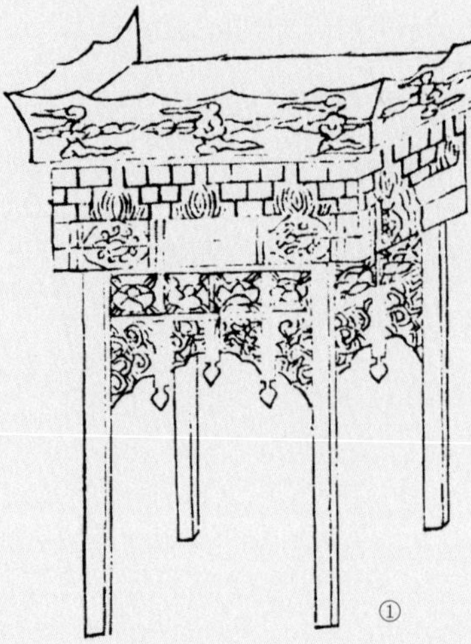

①

②

③

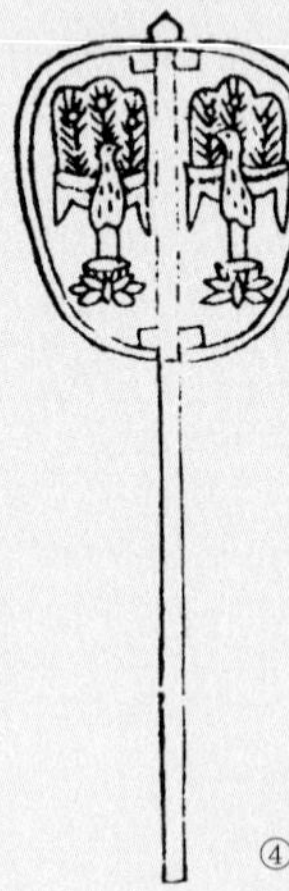

④

⑤

⑥

⑦

〈도판 39〉「당가(唐家)」·「좌탑(座榻)」·「봉선(鳳扇)」·「작선(雀扇)」·「홍개(紅蓋)」·「청자준(青磁尊)」·「아가상(阿架床)」, 『국조상례보편』, 규장각한국학연구원

1758년본 『국조상례보편』에 따르면, 혼전에는 당가, 좌탑, 신탑(神榻), 신좌교의(神座交椅), 봉선, 작선, 청개, 청자준, 아가상 등의 의물을 설치했다. 그중 도설이 전하는 것만 제시하면 왼쪽과 같다.

① 당가는 어탑(御榻) 위에 설치하는 지붕 모양의 의물이다. 네 모퉁이에 기둥을 세워서 좌탑의 구멍에 끼우게 한다.

② 좌탑은 곧 어탑이다. 네 모퉁이에 구멍을 뚫어 당가의 네 기둥을 끼우도록 한다. 만드는 방법은 신탑과 동일하나 신탑의 몸체가 작다. 좌탑 위에 신탑을 설치하고, 신탑 위에 신좌교의를 설치하고, 신좌교의 위에 신주를 넣은 신주궤(神主匱)를 안치했다. 신좌교의를 만드는 방법은 영좌교의와 같았다.

③ 봉선은 다섯 가지 색채로 봉황을 그려 넣은 의례용 부채이다. 선을 만드는 방법은 빈전에 설치하는 소선(素扇)과 동일하나 소선은 흰색 비단[백주(白紬)]을 사용하고, 봉선은 혼전에 설치하되 붉은 비단[홍초(紅綃)]을 사용해서 만들었다. 봉선은 신탑 앞쪽에 좌우 양 옆으로 각각 하나씩 세워두었다.

④ 작선은 다섯 가지 색채로 공작(孔雀)을 그려 넣은 의례용 부채이다. 선을 만드는 방법은 빈전에 설치하는 소선과 동일하나 소선은 백주를 사용하고, 작선은 혼궁에 설치하되 홍초를 사용해서 제작했다. 작선은 신탑 앞쪽에 좌우 양 옆으로 각각 하나씩 세워두었다.[157]

⑤ 홍개는 국왕과 왕후의 국장에서 혼전에 설치하는 붉은 비단[홍초(紅綃)]으로 만든 의장용 일산이다. 개를 만드는 방법은 빈전에 설치하는 소개(素蓋)와 같지만 소개는 백주를 사용해서 제작했다. 신탑 앞쪽에 좌우 양 옆으로 각각 하나씩 세워두었다.

⑥ 청자준은 회회청(回回青)으로 쌍룡(雙龍)과 운기(雲氣)를 그려넣은 자준(磁尊)으로, 화룡자준(畵龍磁尊)이라고도 한다. 자준은 백토(白土)를 구워 만든 술동이인데, 예주(醴酒)를 담아 혼전 안 아가상(阿架床) 위에 올려두었다.

⑦ 아가상은 (청)자준(磁尊)을 올려놓는 상으로 혼전·혼궁에 설치했다. 국왕이나 왕후의 국장에는 왜주칠(倭朱漆)을 하고 세자의 예장에는 흑진칠(黑眞漆)을 했다.

정조는 그 다음날 10월 22일 칙사의 조제(弔祭)를 내전(內殿)이 아니면서 가혼전(假魂殿)에서 설행한 사례가 없는지를 물었다. 좌부승지 김종수(金鍾秀, 1728~1799)가 그렇다고 대답하자 정조는 칙사가 조제할 때 우주를 바라본다면 미안하지 않을까 걱정했다. 김종수가 조제할 때 앞에는 과품(果品)을 차려 놓을 것이고, 또 신주를 넣어두는 감실(龕室)은 깊고 멀어서 바라볼 염려가 없을 것이라고 아뢰었다.[158]

정조는 청 사신이 우주에 쓰여 있는 묘호를 볼까 염려한 것이 아닌가 추정된다. 가령, 1545년(인종 1) 중종의 국장 때 명에서 파견한 명사(明使)의 수행원인 두목(頭目)들이 사제(賜祭)할 때 우주에 쓰여 있는 '중종'이라는 묘호 두 글자를 볼까 조선측에서 염려한 적이 있었기 때문이다.[159]

10월 23일, 정조는 마침내 가우주(假虞主)의 전례가 있는지 물었다. 우의정 정존겸(鄭存謙, 1722~1794)이 내전인 경우 '가혼전'의 전례는 있었지만 외전(外殿)의 경우 '가우주'의 전례는 없다고 아뢰었다. 그리고 예조참판 심이지(沈履之, 1720~1780)가 전거로 삼을 만한 등록이 없고 예전에 가혼전을 두었을 때 칙사들이 그 진가(眞假)를 식별하지 못했으니 우주를 바라볼 염려가 없을 듯하다고 아뢰었다.[160] 이후 청의 칙사가 왔을 때 정조의 우려는 현실화되지 않았고, 조선 정부에서는 그들의 영접을 무사히 마칠 수 있었다.

10월 27일 칙사가 도착하자, 정조가 모화관(慕華館)에 나아가 칙서, 고명, 제문(祭文)을 지영(祗迎)했다. 경희궁의 숭정전에 나아가 조서(詔書)를 선포하고[선조(宣詔)] 보(寶)를 받는 의식을 거행했으며, 이어서 효명전에 나아가 조문을 받고[수조(受弔)] 치제례(致祭禮)를 거행했다.[161] 이로써 정조는 대외적으로 그의 왕위 승계를 공식적으로 인정받았고, 청 칙사의 공식적인 절차도 모두 끝났다.

이제 영조의 3년간의 국장 절차 중 연제(練祭), 상제(祥祭), 담제(禫祭), 부묘례(祔廟禮)가 남았다. 먼저 연제이다. 연제는 승하한 지 1년이 되는 첫 번째 기일에 지내는 제사로 '소상제(小祥祭)'라고도 한다. 이듬해 1777년(정조 1)

〈도판 40〉「심이지 초상」, 『진신화상첩(搢紳畵像帖)』, 규장각한국학연구원

3월 1일, 밤나무를 재료로 한 영조의 연주(練主)가 이틀 뒤 3월 3일에 조성을 마치면 봉심한 뒤 창경궁 명정전에 봉안하기로 결정했다.[162]

이어서 연주에 글을 쓰는 절차를 두고 염려한 정조가 두 가지 점에서 마음을 썼다. 먼저 시각을 조정했다. 제주관(題主官) 심이지가 글자를 잘 쓰지만 연주에 쓸 자수(字數)가 너무 많아 촛불 아래에서 쓰기가 쉽지 않을 것이므로 제주(題主)할 시각을 조금 앞당겨서 해시(亥時)에 하기로 했다.[163] 또 다른 해결 방안으로 정조는 심이지에게 안경(眼鏡)을 착용하도록 권했다.[164] 신주의 앞면에 한 줄로 글자를 쓰야 하는데 명정과 우주에서 쓴 것처럼 영조는 여느 국왕들과 달리 자수가 많아서 글자의 크기가 작을 수밖에 없었다. 혹시라도 쓸 때 실수를 할까 염려한 정조가 시각을 조정한다거나 제주관에게 안경을 착용하도록 권한 것이었다.

연제를 지내기 하루 전 3월 4일 오시에 정조가 경희궁 흥화문으로 나아가 연주를 실은 신여를 지영했다.[165] 미시에 연사(練祀) 때 반드시 사서(士庶)·민서(民庶)들이 궐 밖 곡반(哭班)에 와서 참여해야 하므로 순라(巡邏)에게 금령을 늦추도록 지시했다. 또 연제를 지낸 뒤 그 역할을 다한 우주는 천명(天明)을 기다려 매안하도록 명했다.[166]

민서들의 궐 밖 곡반 참여가 다른 국장에도 있는 행사인지 좀 더 확인이 필요하지만 적어도 국가전례서에는 나오지 않는다. 이들의 국장 참여는 국장이 그야말로 나라의 장례임을 실증하는 것이라 볼 수 있다. 신시에 숭정전의 월대에 나아가 연제를 지낼 때의 축문에 친압했다.[167]

3월 4일 혹은 5일, 정조가 최복을 입고 효명전에 나아가 연제를 친행했다. 『정조실록』에는 3월 5일에, 『일성록』에는 3월 4일에, 『승정원일기』에는 3월 4일 사경(四更)에 연제를 지낸 것으로 기록되어 있다.[168]

연제를 지내기 바로 직전, 심이지가 영조의 연주에 글을 쓰는 절차를 행했다. 영조의 연주에 '영종지행순덕영모의열장의홍륜광인돈희체천건극성공신화대성광운개태기영요명순철건건곤녕익문선무희경현효대왕(英宗至行純德英謨毅烈章義弘倫光仁敦禧體天建極聖功神化大成廣運開泰基永堯明舜哲乾健坤寧翼文宣武熙敬顯孝大王)'이라고 썼다.[169] 연주에 쓰는 방식은 효종대 인조의 연주부터 '묘호+시호+대왕'의 형식으로 썼다. 다만, 영조처럼 그의 생전에 신하들이 올린 존호를 반영해서 쓰는 경우도 있었다.[170]

〈도판 41〉 영조, 정성왕후, 정순왕후의 신주 ⓒ 전혜원
종묘 정전에 봉안되어 있는 영조, 정성왕후, 정순왕후의 신주이다. 신주를 봉안하는 순서는 서쪽 끝에 국왕의 신주를 두고 그 왼쪽(동쪽)으로 왕후의 신위를 차례로 두었다.

밤나무 신주의 재목을 채취하는 법전의 규정

봉상시에서 신주를 만들 재목인 밤나무가 생산되는 곳에 경차관(敬差官)과 범철관(泛鐵官)을 파견한다. 경상도에서는 식년(式年)[3년]마다 한 번씩 채취하도록 하고 충청도와 전라도에서는 간식년(間式年)[6년]에 한 번씩 채취하도록 한다. 강원도에서는 국용(國用)이 부족할 때 간혹 별도로 베어 오도록 한다.[171]

이윽고 연제를 지낸 뒤 3월 5일 축시(丑時)에 정조가 흥화문 안에서 우주를 지송(祇送)하고, 우주는 종묘 정전의 후원(後苑) 북쪽 계단[북계(北階)]에 매안했다.[172] 이로써 영조의 혼전인 효명전에는 우주가 아닌 연주가 봉안되었고, 연주가 후일 종묘에 봉안되었다. 연주는 우주와 형태가 같으나 우주는 재료가 뽕나무이고 연주는 밤나무라는 차이가 있다.

다음은 상제이다. 그보다 앞서 1778년(정조 2) 영조의 배향 공신을 봉안할 공신당(功臣堂)의 증축과 배향 공신의 선정 논의가 있었다. 2월 3일 정조가 공신을 배향할 처소가 매우 좁다고 들었는데 어떻게 할 것인지 묻자, 행도승지 홍국영(洪國榮, 1748~1781)은 신위의 배치를 겹줄[중행(重行)]로 하자는 논의도 있으나 이는 타당하지 않으며 증축 논의는 중난(重難)한 사안이

〈도판 42〉 공신당 ⓒ 이현진
역대 군왕들이 재위에 있을 때 가장 공이 있다고 평가받은 사람들의 위판(位版)을 모신 곳이다.

므로 가벼이 처리할 수 없다고 답했다.[173]

2월 5일 영의정 김상철은 공신당이 매우 좁지만 다섯 신위를 배향할 경우 다시 영건할 필요가 없다고 아뢰었다. 이에 정조는 다섯 신위를 배향한 뒤 남는 자리가 없으므로 향후 봉안할 신위를 고려하여 첨건(添建)하는 것이 좋겠다고 하며 신하들과 입장을 달리했다.

이때 어느 시점에 어느 규모로 증건(增建)했는지 명확하지 않다. 『정조실록』에는 2월 6일에 증건을 완료했다고 되어 있고,[174] 『부묘도감의궤』에는 4월 10일에 시역(始役)한다고 되어 있어서 기록이 일정하지 않다.[175] 그리고 1802년(순조 2)에 정조의 배향 공신을 봉안하기 위해 공신당을 수리할 때 당시 공신당이 6칸이라고 한 것으로 보아,[176] 이 당시 3칸 혹은 1칸을 증건한 것으로 보인다. 공신당을 증건하기 이전 칸수에 대해 문헌마다 차이를 보이지만 3칸 혹은 5칸이라고 되어 있기 때문이다.[177]

2월 5일 이날, 김상철은 또 공신당 이외에 영조의 배향신에 대해 자신의 사견(私見)을 정조에게 피력했다. 그는 영조의 배향신으로 우선 조문명(趙文命, 1680~1732), 김재로(金在魯, 1682~1759), 민진원(閔鎭遠, 1664~1736) 등 세 사람을 거론하고, 또 '한 사람의 힘으로 나라를 지탱했다[일사부정(一絲扶鼎)]'는 하교가 있었던 최규서(崔奎瑞, 1650~1735)까지 모두 배향해야 할 듯하다고 아뢰었다.[178] 주목할 점은 김상철이 영조의 배향신 네 사람을 거론하면서 송시열(宋時烈, 1607~1689)을 효묘(孝廟, 효종)의 묘정(廟庭)에 배향해야 한다는 사실도 함께 아뢰었다는 사실이다.

사실 정조가 즉위한 지 얼마 지나지 않은 1776년 4월에 정조가 효종의 묘정에 송시열이 배향되지 못한 것을 결전(缺典)으로 여긴다고 하며, 그의 추배(追配)를 마땅히 해야 할 일이요 평소 자신의 뜻이라고 추배의 당위성을 역설한 바 있었다.[179] 이후 5월 22일에 사학유생(四學儒生)과 경기유생들이 소를 올려 송시열을 효종의 묘정에 추배하여 춘추 대의를 밝히기를 주청하자,[180] 이틀 뒤 5월 24일에 정조는 황희(黃喜, 1363~1452)를 세종의 묘정에, 김안국(金安國, 1478~1543)을 인종의 묘정에 추배한 전거를 들며 좌의

〈도판 43〉「김재로 초상」, 『선현영정첩(先賢影幀帖)』, 규장각한국학연구원

정 송시열을 종묘 정전의 제9실에 봉안되어 있는 효종의 묘정에 추배하라고 하교했었다.[181]

송시열이 효종의 배향신으로 결정되자 유생들이 몇 차례에 걸쳐 소를 올려 송준길(宋浚吉, 1606~1672)의 배향도 청했다.[182] 그러나 정조는 두 사람의 차이를 강조하며 계속 반대했고, 송준길은 결국 효종의 배향신으로 선정되지 못했다.

정조가 즉위한 해(1776)가 바로 노론당의 정치원칙이 승리했음을 의미하는 병신처분(丙申處分)이 내려진 지 60주년이 되는 해였다. 병신처분은 1716년(숙종 42) 송시열과 윤증(尹拯, 1629~1714)의 대립에서 송시열이 옳다고 판정한 숙종의 처분이다. 이를 기회로 노론 청명당(淸明黨)의 실질적인 최고지도자였던 김종수가 정조가 신임하는 홍국영과 손을 잡고 노론의 정치원칙을 재천명함으로써 소론과 남인계 정파의 입지를 대폭 좁히고자 노론의 영수 송시열을 효종의 배향신으로 선정했다.[183] 한편으로 이는 정조가 주자-송시열의 학문 전통에서 단련된 인물이었기에 송시열의 우위를 판정한 숙종의 병신처분을 따른 조치이기도 했다.[184]

송시열이 효종의 배향신으로 채택되었지만 곧바로 공신당에 들어간 것은 아니었다. 아직 국가가 상중(喪中)에 있었고 부례(祔禮)를 행하지 않았기에 삼년을 기다린 뒤 영조의 공신을 제배(躋配)할 때 행하는 것이 좋겠다는 대신들의 견해를 수용하여 뒤로 미루어졌다.[185] 그로 인해 부묘할 시기가 다가온 이즈음, 김상철이 송시열의 배향을 거론한 것이었다.

1778년 2월 25일 빈청에서 영조의 배향 제신(諸臣)을 회권(會圈)하여 9점을 받은 영의정 최규서, 좌의정 민진원, 좌의정 조문명, 영의정 김재로 네 사람을 초계(抄啓)했다.[186] 그런데 정조가 상신(相臣) 김창집(金昌集,

1648~1722)이 선정되지 않은 것을 달가워하지 않자, 약방 부제조 홍국영이 그가 결책대의(決策大義) 및 순신위충(殉身危忠)한 점은 묘정에 배향하는 것이 합당하지만 영조가 국왕이 되기 전 1722년(경종 2)에 졸하여 영조를 국왕으로 섬긴 적이 없다는 점 때문에 여러 대신들이 망설인다며 그의 배향신으로서의 자격이 부적합함을 대변했다.[187]

그러자 정조는 중신(重臣) 민진후(閔鎭厚, 1659~1720)가 1720년(숙종 46)에 졸하여 경종을 국왕으로 섬긴 적이 없었지만 경종의 배향신으로 선정된 사례를 들며 뜻을 굽히지 않았다.[188] 마침내 빈청에서 다시 회권했고, 그 결과 10점을 받은 영의정 김창집, 9점을 받은 영의정 최규서, 좌의정 민진원, 좌의정 조문명, 영의정 김재로 다섯 사람을 최종 영조의 배향신으로 뽑았다.[189] 최규서는 무신란을 최초로 고변해서, 조문명과 김재로는 탕평대신(蕩平大臣)이므로, 김창집은 노론계 신임의리를 대표해서 각각 배향신으로 채택될 수 있었다.[190]

3월 5일 정조가 효명전에 나아가 직접 상제를 지냈다.[191] 상제는 승하한 지 2년이 되는 두 번째 기일에 지내는 제사로, '대상제(大祥祭)'라고도 한다. 그리고 그보다 앞서 2월 20일에 상제를 지낸 뒤 부묘도감의 당상과 낭청을

〈도판 44〉 김창집, 최규서, 민진원, 조문명, 김재로 위판 ⓒ 전혜원
현재 공신당에 봉안되어 있는 영조의 배향신인 김창집, 최규서, 민진원, 조문명, 김재로 등의 위판이다.

차출하도록 결정했는데[192] 상제를 지낸 이날 도제조(都提調)와 제조, 낭청 등을 차출했다(〈표 5〉 참조).[193] 이로써 본격적으로 부묘 준비에 돌입했다.

4월 19일에는 휘령전에 봉안되어 있던 정성왕후의 신주를 고쳐 쓰는 절차를 거행했다. 그보다 앞서 정성왕후에게 '단목장화(端穆章和)'라는 휘호를 추상했고,[194] 이때 이르러 휘호를 신주에 반영하기 위해 신주를 '혜경장신강선공익인휘단목장화정성왕후(惠敬莊愼康宣恭翼仁徽端穆章和貞聖王后)'라고 고쳐 썼던 것이다.[195]

5월 1일 정조가 효명전에 나아가 직접 담제를 지냈다. 담제는 상복을 벗을 때 지내는 제사로, 상제를 지내고 2개월 뒤에 지냈다. 담제를 지내면서 상복을 벗기 때문에 이로부터 영조의 삼년상을 모두 마치게 된다. 담제의 담은 담담하게 평안히 한다는 뜻이다. 담제를 지낸 이날, 부묘하기 하루 전에 거행하는 고동가제를 함께 지냈다. 이때 휘령전과 연복전(延福殿, 진종·효순왕후의 혼전)의 고동가제는 효명전과 동시에 거행하되 대신을 보내 지냈다.[196]

이제 국장의 마지막 절차인 부묘이다. 혼전에 봉안되어 있던 신주를 종묘에 봉안하면 27개월간의 상기(喪期)가 모두 끝난다. 담제를 지낸 다음날인 5월 2일, 영조·정성왕후·진종·효순왕후의 부묘례를 거행했다. 영조의 부묘에서 몇 가지 주목해야 할 점이 있다.

첫째, 1757년에 승하한 정성왕후와 함께 부묘한다는 점이다. 정성왕후는 『의례(儀禮)』의 '아버지가 살아계신 데 돌아가신 어머니를 위해 입는 상복[부재위모(父在爲母)]' 조항에 해당되어, 그녀의 국상은 삼년상이 아닌 기년상으로 치러졌다. 그래서 승하한 지 11개월만에 연제, 13개월만에 대상제, 15개월만에 담제를 지내고, 이후 곧바로 종묘에 부묘되지 않고 혼전에 계속 남아 있다가 남편인 영조가 승하하고 27개월 국상을 모두 마친 뒤 부묘할 때 이르러 비로소 함께 부묘되었다.[197] 국왕보다 먼저 승하한 왕후의 국상은 모두 이와 같이 진행되었다.

둘째, 아들 내외인 진종과 효순왕후를 같은 날 함께 부묘한다는 점이다. 영조를 부묘하기 전에 진종을 추존했기 때문에 영조와 진종을 같은 날에 부묘하게 되었다. 그 때문에 일반적으로 국왕과 왕후를 부묘할 때보다 절

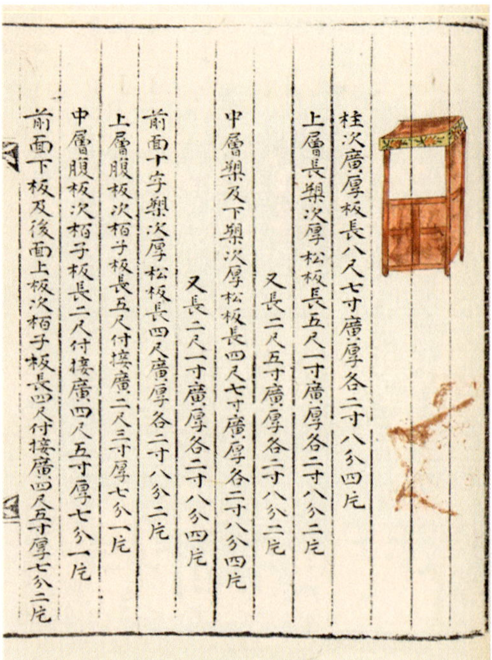
柱次廣厚板長八尺七寸廣厚各二寸八分四片
上層長槊次厚松板長五尺一寸廣厚各二寸八分二片
又長二尺五寸廣厚各二寸八分二片
中層槊及下槊次厚松板長四尺七寸廣厚各二寸八分四片
又長二尺一寸廣厚各二寸八分四片
前面十字槊次厚松板長四尺廣厚各二寸八分二片
上層腹板次栢子板長五尺付接廣二尺三寸厚七分一片
中層腹板次栢子板長二尺付接廣四尺五寸厚七分一片
前面下板及後面上板次栢子板長四尺付接廣四尺五寸厚七分二片

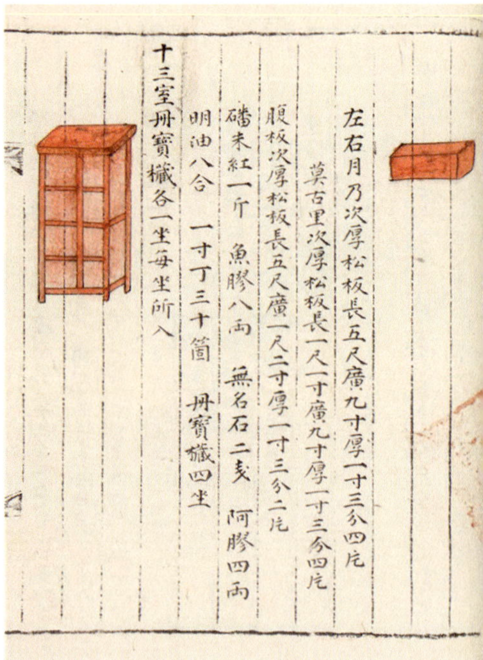
左右月乃次厚松板長五尺廣九寸厚一寸三分四片
莫古里次厚松板長一尺一寸廣九寸厚一寸三分四片
腹板次厚松板長五尺廣一尺二寸厚一寸三分二片
磻朱紅一斤 魚膠八兩 無名石二戔 阿膠四兩
明油八合 一寸丁三十箇 冊寶欌四坐
十三室冊寶欌各一坐每坐所入

〈도판 45〉「십삼실신장(十三室神欌)」(좌①) · 「십삼실책보장(十三室冊寶欌)」(우②), 『영조정성왕후진종효순왕후부묘도감의궤』, 규장
한국학연구원

① 신장은 신주를 넣어두는 의물로 신주장(神主欌)이라고도 한다. 이때 종묘 정전의 제13실 신장에 영조와 정성왕후의 신주를 봉안했
② 영조와 정성왕후의 신주를 봉안하는 제13실의 신장 좌우에 책장과 보장을 두었다. 감실 안 정중앙에 신장을, 서쪽에 책장(冊欌)을,
쪽에 보장(寶欌)을 각각 둔 것이다. 책장에는 왕과 왕후에게 올려진 옥책과 세자와 세자빈에게 올려진 죽책(竹冊)을 보관했다. 책은 옥
각과 대나무 조각에 존호나 시호를 정해 올린 내용을 새기거나 쓴 뒤 책 모양으로 엮은 의물이다. 보장에는 왕과 왕후에게 올려진 보(
와 세자와 세자빈에게 올려진 인(印)을 보관하는 의물로, 보와 인은 시호나 존호를 새긴 도장이다.

도판 46〉 현재 종묘 정전 제12실 영조의 신실 ⓒ 전혜원
현재 종묘 정전 제12실에 영조와 정성왕후, 정순왕후의 신주가 나란히 봉안되어 있다.

차가 좀 더 복잡해졌다.

셋째, 부묘하는 날짜이다. 『국조오례의』에는 종묘의 오향대제(五享大祭)를 거행하는 시기에 맞춰 부묘례를 행한다고 규정되어 있지만 영조가 그 규정을 수정했다. 곧, 담월(禫月)이 사맹삭(四孟朔, 1·4·7·10월) 및 납일(臘日)에 해당하면 종묘의 오향대제와 겸행하고, 중동(仲冬, 11월)에 해당하면 1달을 넘겨 납향과 겸행하고, 삼계삭(三季朔, 3·6·9월)이면 중동의 예에 따라 1달을 넘겨 대향을 기다렸다가 겸행하고, 삼중삭(三仲朔, 2·5·8월)이면 두 달을 기다려야 대향과 겸행할 수 있는데 그럴 수 없기 때문에 담월인 그 달에 부묘를 거행한다는 것이었다.[198]

영조의 경우는 담월이 5월이었기에 이 규정을 따른다면 5월에 부묘를 해야 했다. 담제를 지낸 다음날인 5월 2일에 부묘를 거행하여, 영조의 부묘는 새 부묘 규정을 따라 행례했다.

넷째, 배향 공신을 공신당에 봉안하는 문제이다. 공신의 배향은 일반적으로 국왕을 부묘하는 날에 함께 이루어졌다. 영조의 배향신 역시 영조를

〈도판 47〉「부묘반차도(祔廟班次圖)」, 『영조정성왕후진종효순왕후부묘도감의궤』, 규장각한국학연구원
삼년상을 모두 마친 뒤 효명전에 있던 영조의 신주를 종묘에 봉안하기 위해 종묘로 나아가는 행렬을 보여주는 부묘반차도의 일부이다. 신련(神輦)은 영조와 정성왕후의 신주를 싣고 가는 가마이다. 배향신요여(配享臣腰轝) 다섯은 영조의 배향신인 김창집, 최규서, 민진원, 조문명, 김재로의 위판을 싣고 가는 가마이다. 요여(腰轝)는 시책 · 시보 · 교명 등을 싣는 가마로, 네 면에 모란을 그려서 명기 · 복완 · 증옥 · 증백 등을 싣는 가마인 채여(彩轝)와 구별되었다.

종묘 정전에 부묘할 때 공신당에 봉안하면 되었다. 그런데 앞서 언급했듯이 송시열을 효종의 묘정에 추배하는 일도 함께 거행해야 하므로, 부묘하는 당일 움직이는 영조의 배향신과 다르게 진행되면서 별도의 논의를 수반했다.[199] 진종은 국왕으로 즉위한 적이 없는 추존 국왕이므로 그의 배향신은 선정하지 않았다.[200]

영조 · 정성왕후와 진종 · 효순왕후를 종묘에 부묘하기 전 종묘 정전과 영녕전에 신위가 봉안된 상황은 〈표 3〉과 같다.

〈표 3〉 영조와 진종을 부묘하기 전 신위 봉안 상황

〈종묘 정전〉 (제13 · 14 · 15실은 비어 있음)

1실	2실	3실	4실	5실	6실	7실	8실	9실	10실	11실	12실	13실	14실	15실
태조	태종	세종	세조	성종	중종	선조	인조	효종	현종	숙종	경종			
태조	불천지주							1세	1세	1세	1세			

〈영녕전〉 (점선은 형제 관계를 나타냄)

서협실				정 전				동협실			
5실	6실	7실	8실	1실	2실	3실	4실	9실	10실	11실	12실
정종	문종	단종	덕종	목조	익조	도조	환조	예종	인종	명종	원종

5월 2일에 영조와 정성왕후를 제13실에 먼저 부묘한 뒤 진종과 효순왕후를 제14실에 부묘했다.[201] 영조와 정성왕후를 부묘할 때 영조는 경종과 형제지간이므로 영조를 제13실에 봉안하기만 하면 문제될 것이 없었다. 형제는 1세로 헤아리므로 제후 5묘 제도를 위배하지 않았고, 〈표 4〉에서 보듯 경종과 영조를 점선으로 표시해서 구별했다.

이어서 진종을 제14실에 부묘할 때 고조인 효종이 친진(親盡: 제사 지내는 대代의 수가 다 되는 것)에 이르렀다. 그런데 효종의 신위는 그보다 앞서 숙종 대에 불천지주(不遷之主)가 되었기 때문에 종묘 정전에 그대로 남았다.[202] '불천지주'란 후대의 국왕과 신하들이 친진에 이른 국왕의 공덕을 평가한 뒤 영원히 옮기지 않기로 결정한 신주를 말한다. 결국 영조와 진종을 부묘하더라도 영녕전으로 옮겨갈 신위는 없었던 것이다.

영조·정성왕후와 진종·효순왕후를 부묘한 뒤 종묘 정전에 신위가 봉안된 상황은 〈표 4〉와 같다.

〈표 4〉 영조 · 정성왕후와 진종 · 효순왕후를 부묘한 뒤 신위 봉안 상황

〈종묘 정전〉 (제15실은 비어 있음. 점선은 형제 관계를 나타냄)

1실	2실	3실	4실	5실	6실	7실	8실	9실	10실	11실	12실	13실	14실	15실
태조	태종	세종	세조	성종	중종	선조	인조	효종	현종	숙종	경종	영종	진종	
태조	불천지주								1세	1세	1세		1세	

영조의 승하 직전부터 신주를 종묘에 부묘하기까지 영조의 국상 전 기간을 날짜별로 살펴보았다. 각각 거행한 의절을 정리하면 〈표 7〉과 같은데, 여기에는 본문에서 언급하지 않은 절차들도 포함되어 있다. 그런데 관찬 자료와 의궤, 등록 등 여러 자료를 대조해 본 결과, 날짜가 일치하지 않거나 시각이 일치하지 않는 경우가 많아 〈표 7〉에 일일이 구별해서 제시했다.

제3절

영조 국장의 특징

앞에서 정리한 내용을 바탕으로 영조의 국장 절차에서 드러나는 특징을 제시하고자 한다.

첫째, 1758년에 왕실 상장례를 최종 정비하여 편찬한『국조상례보편』을 근거로 국장을 치른 최초의 사례가 바로 영조의 국장이었다. 승하부터 부묘까지 위에서 살펴본 결과, 대체로 1758년본『국조상례보편』에 기록된 규정을 준수했다고 볼 수 있다. 주목할 점은 1758년본『국조상례보편』에 처음으로 등록된「복후전(復後奠)」과「조조의」,「소상입묘의」세 의절의 시행 여부이다.

「복후전」은「복」을 거행한 뒤 평상시에 국왕에게 올리던 음식으로 설행하는「전」을 말한다.[203]「복후전」이 영조의 국장에서 실제 거행했는지는 분명하지 않으나『영조빈전도감의궤』「의주」조목에 나타나 있는 것으로 보아 시행한 것으로 추정된다.[204] 다음은「조조의」로,『국조상례보편』에 기록되어 있는 의주 가운데 실행되지 않은 절차가 바로 이「조조의」였다.「소상입묘의」는 예장에 해당하는 의절이므로, 이는 영조의 국장에서는 해당하지 않는 의주이고 본서 제3장 '문효세자'의 예장과 제4장 '의소세손'의 예장에서 다룰 것이다.

둘째, 『보편』에는 실려 있지 않지만 정조가 시행하기를 바라는 두 절차가 있었다. 먼저 「재궁결과후별전(梓宮結裹後別奠)」이다. 이 절차는 1720년(경종 즉위) 숙종 국장, 1724년(영조 즉위) 경종 국장, 1757년(영조 33) 정성왕후·인원왕후 국장에는 거행했음에도 『보편』에 의주가 실려 있지 않다. 그 이유에 대해 예조판서 정상순(鄭尙淳, 1723~1786)도 분명히 알지 못하고 있었으나 그의 건의로 영조의 국장에서는 『보편』의 「삭망속절별전의(朔望俗節別奠儀)」를 따라 재궁을 결과한 뒤 별전을 설행하도록 결정했다.[205]

그런데 정조는 재궁을 결과하는 시기가 자신이 진향(進香)하는 날과 겹쳐서 거듭 설행할 필요가 없다고 판단하여, 재궁을 결과한 뒤 행하는 별전을 제외하라고 명하여 이번 영조의 국장에서 이 절차는 시행하지 않았다.[206] 다만, 정조는 진향 날짜와 겹쳐서 별전을 거행하지 않을 뿐 이번의 일을 원용하여 예(例)로 삼을 수 없음을 강조했다. 이후 순조 초 정조의 국장에서 이 절차를 설행한 것으로 보아,[207] 영조의 국장에서만 시행되지 않았던 것으로 보인다.

다음으로 「개명정후별전(改銘旌後別奠)」이다. 명정을 고쳐 쓴 뒤 올리는 별전인데, 이 의주는 『보편』과 『국조오례의』에 실려 있지 않지만 『예조등록』에 명백하게 기록되어 있어서 정조는 『보편』의 「삭망속절별전의」에 따라 의주를 마련하여 들이고 등록에 싣도록 하교했다.[208] 그리고 홍국영에게 「속절별전」과 같기 때문에 백관들 역시 정렬하여 대기[정대(整待)]하라고 분부했다.

셋째, 새 국왕의 즉위가 가지는 의미가 국장에서 매우 중요한 것은 널리 알려진 사실이다. 특히 정조는 즉위 과정부터 순탄하지 못하여 그와 같은 측면에 강조점을 두었다. 자신이 즉위하자 양부모인 진종과 효순왕후를 국왕과 왕후로 추존한 것 또한 그러한 맥락하에 취해진 조치였다.

정조는 부친인 사도세자가 뒤주에 갇혀 죽는 비운을 겪었고, 영조 연간에 세손이었던 자신의 대리청정(代理聽政)을 둘러싼 찬반의 소용돌이도 겪으면서 즉위 초반 그의 왕권은 취약할 수밖에 없었다. 그리고 즉위 후 외척 풍산 홍씨와 경주 김씨를 정계에서 축출하는 일련의 일이 있었고, 풍산 홍씨의 잔여 세력이 정조를 살해하려는 역모사건이 일어나는 등 정치적으로 어려운 일들이 영조의 국장 기간 내에 발생했다.[209] 1777년(정조 1) 3월에 편찬된 『명의록(明義錄)』과 1778년(정조 2) 2월에 완료된 『속명의록(續明義錄)』의 편찬이 저간의 사정을 보여주는 결과물이다.

『명의록(明義錄)』

1776년(정조 즉위) 세손 정조의 대리청정(代理聽政)을 반대한 홍인한(洪麟漢)·정후겸(鄭厚謙) 등을 사사하고 세손을 옹위한 홍국영(洪國榮)·정민시(鄭民始)·서명선(徐命善) 등의 충절을 선양한 뒤, 이 사건의 전말을 공표하여 충역(忠逆)을 밝히고자 편찬한 책이다.

『속명의록(續明義錄)』

1778년(정조 2) 홍상범(洪相範) 등의 역모 사건을 1777년 7월부터 1778년 2월까지 시간순으로 사건의 처결을 상세하게 서술한 다음 조정 신하들의 의견을 수록한 책이다. 『명의록』의 속편으로 정조의 명을 받아 김치인(金致仁) 등 12명이 편찬에 참여했다.

영조의 국장 기간 동안 발생한 복잡한 정치적 상황이 국장 절차 자체에 직접적인 영향을 미치지는 않았다. 다만, 각 절차를 진행할 때마다 정조는 영조의 왕위를 정통적으로 계승한 자로서 취약한 왕권을 영조의 국장 과정을 통해 직·간접적으로 회복하고자 노력했다. 특히 국장을 치르는 가운데 매우 중요한 절차 중 하나가 바로 '즉위의식'인데, 이때 즉위 과정에서 구체적으로 어떤 행동을 취한 것은 아니지만 이 의식은 그 자체로 왕위 계승의 정통성을 표방하고 국왕으로 공인받는 자리였기에 정조는 이 절차를 십분 활용했을 것이 분명하다.

그 밖에 진종의 양자로서 그를 국왕으로 추존하여, 손자 정조가 할아버지 영조의 왕위를 잇는 것이 아니라 영조(조)-진종(부)-정조(손)로 이어져 왕통만이 아니라 혈통까지 정립한 점과 3년 동안 거행하는 각종 상장 절차에서 대신들을 입시하게 한 가운데 그가 '직접' 거행한 점에서 포착할 수 있다. 이러한 정국 동향 속에서 정조의 영조 국장 주관은 다른 국왕의 국장에 비해 매우 신중하면서도 심혈을 기울일 수밖에 없었다.

넷째, 국장을 담당하는 사람과 승하한 국왕의 배향 공신을 선정하는 과정에서 새로 즉위한 국왕의 입김이나 집권 세력의 정치성이 뚜렷하게 드러났다. 이러한 모습은 국왕의 국장에서는 흔한 현상이라고 치부할 수 있겠지만 영조의 국장에서는 비슷하면서도 그 양태가 조금 달랐다. 먼저 국장 담당자이다. 의궤의 항목 중 「좌목(座目)」을 보면 국장 담당자가 당시 집권 세력들로 구성됨을 볼 수 있는데, 영조의 국장에서는 특히 국장을 총괄하는 총호사의 교체가 여느 국장과 달리 단기간에 빈번하게 이루어졌다는 점이 주목되었다. 그리고 그 속에는 장헌세자의 죽음과 관련된 사람이 교체되는 모습을 볼 수 있었다.

다음 배향 공신이다. 일반적으로 배향 공신의 선정은 신하들이 의논해서 높은 점수를 얻은 몇 사람을 국왕에게 보고한 뒤 국왕의 윤허를 받아 결정되었다. 간혹 국왕의 요청으로 추후로 올리는 인물도 있고, 심지어 집권 세력에 의해 공신당에 봉안되어 있는 공신을 내친 사례도 있었다.[210] 영조의 배향신은 정조 초반에 집권한 신하들이 선정했지만 국왕 정조의 주장으로 회권을 다시 하여 정조가 원하는 사람을 추가했고, 그때 신하들이 추가한 배향신에게 최고점을 준 점이 눈에 띈다고 볼 수 있다.

정조는 '영조를 국왕으로 섬긴 적이 없다.'는 이유로 김창집이 배향신으로 부적합하다고 생각하는 신하들에게 "고 상신 김창집은 비록 선조(先朝)를 미처 섬겼던 사람은 아니지만 이미 대리청정할 당시에 살아 있었으니, 그 역시 섬겼다고 말하지 않을 수 없다. 또 그가 참혹한 화(禍)를 입은 것은 단지 왕세자를 책봉하는 한 가지 일 때문이었다. 이미 왕사(王事)를 위해 죽었으니, 더욱 다른 사람들과는 다르다."고 주장하며 자신의 뜻을 관철시켰다. 그런 점에서 영조의 배향신 선정에는 국왕 정조의 입김이 강하게 들어갔음을 부인할 수 없다.

다섯째, 국상 기간 중 진종과 효순왕후를 추존한 것은 드문 사례였다. 성종대 덕종(德宗), 인조대 원종(元宗)의 추숭은 국상 기간에 이루어지 않았다. 그 때문에 진종과 효순왕후를 영조의 국상 기간에 추존한 것은 전례가 없던 일이었다. 또 영조와 정성왕후를 부묘할 때 이들을 함께 부묘한 사실 역시 조선이 건국된 이래 처음이었다.

정조가 즉위하자마자 진종과 효순왕후를 추숭했지만 그들을 곧바로 종묘에 봉안하지 않고 영조와 정성왕후를 부묘할 때 함께 거행했다. 기존의 방식대로라면 진종을 추존한 뒤 곧바로 종묘에 부묘하고, 삼년상이 모두 끝난 뒤 영조를 부묘해야 하는데 정조는 추존 국왕의 부묘 방식에 변화를 주었던 것이다. 단, 같은 날 부묘하면서도 영조와 정성왕후를 먼저 부묘한 뒤 진종과 효순왕후를 부묘함으로써 부모와 자식 간에 선후의 차이를 두었다.

정조가 추존 국왕의 부묘 방식에 변화를 준 것은 이후 헌종대에도 나타났다. 헌종이 부친인 효명세자(孝明世子, 1809~1830)를 익종(翼宗)으로 추숭하고 할아버지 순조와 같은 날 함께 부묘할 때 영조·진종의 부묘 사례가 전례(前例)가 되었다. 전왕(前王)과 추존 국왕을 같은 날 함께 부묘하는 방식이 영조의 국장에서부터 등장하여 항식으로 굳어진 것이었다.[211]

여섯째, 조선에서는 역대 이래로 국왕을 종묘에 부묘할 때 그 국왕의 배향신을 공신당에 봉안하는 것이 일반적인 관례였다. 그런데 송시열처럼 나중에 배향신으로 추배된 경우 그의 위판(位版)을 공신당에 봉안하는 방식이 조선에서는 흔한 사례가 아니었다. 그 때문에 추배한 배향신의 배향 방법을 두고 여러 논의를 수반할 수밖에 없었다. 송시열은 정조가 즉위했을 때 효종의 배향신으로 선정되었고, 선정되자마자 위판을 조성하여 공신당에 봉안하지 않았다. 영조의 배향신을 공신당에 배향하는 시기에 맞춰 2년을 기다린 뒤에야 공신당에 봉안될 수 있었다. 영조의 배향신 위판을 실은 요여(腰轝)가 영조를 부묘하는 당일에 영조의 신련 뒤를 따랐던데 반해, 송시열의 위판은 부묘 하루 전에 먼저 종묘로 나아갔다.

일곱째, 영조 국장 관련 여러 문헌의 기록이 서로 일치하지 않고 차이를 보이는 경우가 많았다. 물론 다른 국왕이나 왕후의 국장에서도 그러할 것으로 추정되지만 본서의 작성을 위해 참조했던 각각의 자료 및 실록, 『승정원일기』, 『일성록』까지 각 의절을 거행할 때마다 날짜가 일치하지 않거나 시각이 일치하지 않는 등 자료마다 일일이 대조해야만 하는 경우가 적지 않았다. 일곱째는 특징이라기 보다 영조 국장의 한계로 지적할 수 있겠다.

이상의 특징을 통해, 영조의 국장이 다른 국장에 비해 여러 가지로 주목되는 측면이 있었다. 하지만 다른 국왕의 국장과 비교할 때 더 뚜렷하게 드러날 것이며, 이는 추후의 과제라고 생각된다. 그리고 이보다 앞서 조선 후기에 새로이 등장하는 의절을 정리한 『국조속오례의』의 흉례조에 수록된 의주 하나하나의 유래 및 『국조상례보편』에 실려 있지 않은 의절의 시행 이유 등이 선행으로 밝혀져야 할 듯하다. 이 또한 의궤나 등록을 통해 보완해야 하는 과제로서 후일을 기약하고자 한다.

〈표 5〉 각 도감 담당자와 재직 시기 및 직책 변동

국장도감 담당자와 재직 시기 및 직책 변동 상황[212]

담당직책	이름	관직명	재직 시기와 직책 변동 상황	비고
총호사	신 회(申 晦)	좌의정	1776년 3월 5일 임명[계하(啓下)]. 3월 19일 파직	3월 5일자 임명은 계하가 아닌 달하(達下)라고 해야 함
	김상철(金尙喆)	영의정	1776년 3월 19일 제수. 3월 20일 사직[면부(勉副)]. 4월 22일 제수. 6월 25일 파직. 7월 5일 제수. 7월 28일까지 재직	
	김양택(金陽澤)	영의정	1776년 3월 20일 제수. 4월 22일 사임[허부(許副)]	
	정존겸(鄭存謙)	우의정	1776년 6월 26일 임명. 7월 5일 사직	
제조	채제공(蔡濟恭)	행 호조판서	1776년 3월 5일 임명. 7월 28일까지 재직	
	이휘지(李徽之)	병조판서	1776년 3월 5일 임명. 7월 28일까지 재직	
	윤동섬(尹東暹)	행 부사직	1776년 3월 5일 임명. 3월 10일 산릉도감당상 김종정과 서로 바꿈[상환(相換)]	계사질(啓辭秩) 3월 10일자 기사 참조해서 보충
	김종정(金鍾正)	공조판서	1776년 3월 10일 국장도감당상 윤동섬과 서로 바꿈. 3월 27일 파직. 4월 14일 임명. 6월 6일 상중(喪中)에 있음[재상(在喪)]	계사질 3월 10일자 기사 참조해서 보충
	조명정(趙明鼎)	행 사직	1776년 4월 3일 임명. 4월 17일 파직. 6월 6일 임명. 6월 22일 유배[찬배(竄配)]	『일성록』에는 4월 2일에 차하(差下)[213]
	정홍순(鄭弘淳)	행 부사직	1776년 3월 28일 임명. 4월 3일 삭직	
	서명선(徐命善)	행 예조판서	1776년 6월 26일 임명. 7월 6일 면직[감하(減下)]	
	한광회(韓光會)	행 사직	1776년 7월 6일 임명. 7월 11일 산릉도감당상 이중호와 서로 바꿈	계사질 7월 11일자 기사 참조해서 보충
	이중호(李重祜)	이조판서	1776년 7월 11일 국장도감당상 한광회와 서로 바꿈. 7월 28일까지 재직	계사질 7월 11일자 기사 참조해서 보충

담당직책		이름	관직명	재직 시기와 직책 변동 상황	비고
도청		서유방(徐有防)	홍문관부응교	1776년 3월 5일 임명. 7월 28일까지 재직	
		유의양(柳義養)	시강원 필선	1776년 3월 5일 임명. 6월 19일 고신(告身)을 뺏김[탈고신(奪告身)]	
낭청		김기후(金基厚)	호조정랑	1776년 3월 5일 임명. 6월 9일 쫓겨남[태거(汰去)]	
		이석제(李奭濟)	예조정랑	1776년 3월 5일 임명. 7월 28일까지 재직	
		박도상(朴道翔)	병조정랑	1776년 3월 5일 임명. 3월 25일 병으로 체직[병체(病遞)]	
		송지경(宋持敬)	형조정랑	1776년 3월 5일 임명. 6월 20일 지방관으로 관직을 옮김[외임천전(外任遷轉)]	
		정지검(鄭志儉)	공조좌랑	1776년 3월 5일 임명. 6월 20일 면직	
		이 채(李 采)	한성부 주부	1776년 3월 5일 임명. 7월 10일 고신을 뺏김	
		이득로(李得老)	부사과	1776년 3월 26일 임명. 7월 28일까지 재직	
		성덕우(成德雨)	형조정랑	1776년 6월 9일 임명. 7월 28일까지 재직	
		김재균(金載均)	제용감 판관	1776년 6월 14일 임명. 7월 1일 지방관으로 관직을 옮김	
		이헌태(李憲泰)	한성부 주부	1776년 7월 11일 임명. 7월 28일까지 재직	
		구 응(具 膺)	공조좌랑	1776년 7월 11일 임명. 7월 28일까지 재직	
		정창기(鄭昌期)	상의원 별제	1776년 7월 11일 임명. 7월 28일까지 재직	
감조관	물망후보	송약흠(宋約欽)	전 봉사		
		정철순(鄭喆淳)	전 참봉		
		남인로(南寅老)	내자시 봉사		
		이관성(李觀城)	전 도사		
	분차감조관	이보영(李普榮)	봉상시 참봉	1776년 3월 10일 관원을 나누어 배치할 때 감조관으로 임명[분차(分差)]. 6월 15일 근무 평가에서 제일 낮은 성적을 받음[하고(下考)]	표석소 감조관
		이양보(李陽普)	봉상시 주부	1776년 6월 16일 관원을 나누어 배치할 때 감조관으로 임명. 7월 28일까지 재직	표석소 감조관
		전좌천(全佐天)	봉상시 봉사	1776년 3월 10일 관원을 나누어 배치할 때 감조관으로 임명. 7월 28일까지 재직	우주소 감조관

빈전도감 담당자와 재직 시기 및 직책 변동 상황[214]

담당직책	이름	관직명	재직 시기와 직책 변동 상황	비고
총호사	신 회(申 晦)	좌의정	1776년 3월 5일 임명[달하]	
제조	조중회(趙重晦)	행 예조판서	1776년 3월 5일 임명	
	김한기(金漢耆)	공조판서	1776년 3월 5일 임명. 3월 10일 파직	
	정존겸(鄭存謙)	형조판서	1776년 3월 5일 임명	
도청	홍국영(洪國榮)	홍문관 응교	1776년 3월 5일 임명	
	정민시(鄭民始)	홍문관 교리	1776년 3월 5일 임명	
낭청	정익검(鄭益儉)	호조정랑	1776년 3월 5일 임명	
	한 선(韓 澔)	예조정랑	1776년 3월 5일 임명	
	남학문(南鶴聞)	병조정랑	1776년 3월 5일 임명	
	박성원(朴星源)	형조정랑	1776년 3월 5일 임명	
	홍원섭(洪元燮)	공조정랑	1776년 3월 5일 임명	
	정동협(鄭東協)	한성부 판관	1776년 3월 5일 임명	

혼전도감 담당자와 재직 시기 및 직책 변동 상황[215]

담당직책	이름	관직명	재직 시기와 직책 변동 상황	비고
총호사	신 회(申 晦)	좌의정	1776년 3월 5일 임명[달하]. 3월 19일 파직	
	김상철(金尙喆)	영의정	1776년 3월 19일 제수. 3월 20일 사직[면부]. 4월 22일 좌의정으로 제수. 6월 25일 파직. 7월 5일 좌의정으로 제수.	
	김양택(金陽澤)	영의정	1776년 3월 20일 제수. 4월 22일 사직	
	정존겸(鄭存謙)	우의정	1776년 6월 26일 임명[계하]. 7월 5일 사임[허부]	
제조	조중회(趙重晦)	행 예조판서	1776년 3월 5일 임명[달하]. 3월 11일 파직	
	서명선(徐命善)	행 이조판서	1776년 3월 11일 임명[계하]. 3월 19일 체직 허락[허체(許遞)]	
	김한기(金漢耆)	행 부사직	1776년 3월 21일 임명[계하]. 7월 28일까지 재직	
	정상순(鄭尙淳)	지돈녕	1776년 3월 11일 임명[계하]. 7월 28일까지 재직	
	정존겸(鄭存謙)	형조판서	1776년 3월 5일 임명[달하]. 3월 28일 좌상 제수	
	황경원(黃景源)	행 부사직	1776년 3월 28일 임명[계하]. 7월 7일 파직	
	이 연(李 溎)	형조판서	1776년 7월 8일 임명[계하]. 7월 28일까지 재직	

<table>
<tr><th colspan="2">담당직책</th><th>이름</th><th>관직명</th><th>재직 시기와 직책 변동 상황</th><th>비고</th></tr>
<tr><td colspan="2" rowspan="5">도청</td><td>홍국영
(洪國榮)</td><td>홍문관 응교</td><td>1776년 3월 5일 임명[달하]. 3월 13일 승지 제수[제배승지(除拜承旨)]</td><td></td></tr>
<tr><td>송환억
(宋煥億)</td><td>전 교리</td><td>1776년 3월 13일 임명[계하]. 4월 3일 대직(臺職)으로 옮겨 제수[이배대직(移拜臺職)]</td><td></td></tr>
<tr><td>임득호
(林得浩)</td><td>부사과</td><td>1776년 4월 3일 임명[계하]. 6월 17일 승지 제수</td><td></td></tr>
<tr><td>정민시
(鄭民始)</td><td>홍문관 교리</td><td>1776년 3월 5일 임명[달하]. 4월 2일 승지 제수</td><td></td></tr>
<tr><td>이병모
(李秉模)</td><td>홍문관 교리</td><td>1776년 4월 2일 임명[계하]. 7월 28일까지 재직</td><td></td></tr>
<tr><td rowspan="7">낭청</td><td rowspan="4">이방낭청</td><td>정동협
(鄭東協)</td><td>한성부 판관</td><td>1776년 3월 5일 임명[달하]. 4월 16일 전교로 인해 면직[감하]. 영조낭청(營造郎廳)으로 옮겨 감[이거(移去)]</td><td></td></tr>
<tr><td>이보첨
(李普瞻)</td><td>예빈시 주부</td><td>1776년 4월 16일 임명[계하]. 4월 21일 쫓겨남[태거]</td><td></td></tr>
<tr><td>윤광부
(尹光孚)</td><td>공조정랑</td><td>1776년 4월 21일 임명[계하]. 4월 29일 병으로 체직[병체(病遞)]</td><td></td></tr>
<tr><td>홍대용
(洪大容)</td><td>예빈시 주부</td><td>1776년 4월 29일 임명[계하]. 6월 18일 도감의 초기(草記)로 인해 삼방을 겸하여 살핌[겸찰(兼察)]. 7월 28일까지 재직</td><td></td></tr>
<tr><td rowspan="3">삼방낭청</td><td>홍원섭
(洪元燮)</td><td>공조정랑</td><td>1776년 3월 5일 임명[달하]. 4월 16일 전교로 인해 면직. 영조낭청으로 옮겨 감</td><td></td></tr>
<tr><td>한용화
(韓用和)</td><td>의금부 도사</td><td>1776년 4월 16일 임명[계하]. 5월 12일 지방관으로 부임[제배외임(除拜外任)]</td><td></td></tr>
<tr><td>윤귀동
(尹龜東)</td><td>공조정랑</td><td>1776년 5월 12일 임명[계하]. 6월 18일 병으로 체직</td><td></td></tr>
<tr><td colspan="2" rowspan="5">감조관</td><td>유한경
(兪漢炅)</td><td>전 도사</td><td>1776년 3월 10일 임명[계하]</td><td>조성소 감조관</td></tr>
<tr><td>홍양유
(洪亮猷)</td><td>전 참봉</td><td>1776년 3월 10일 임명[계하]. 4월 21일 쫓겨남</td><td>수리소 감조관</td></tr>
<tr><td>김이중
(金履中)</td><td>장원서 봉사</td><td>1776년 4월 21일 임명[계하]. 5월 8일 병으로 체직</td><td>수리소 감조관</td></tr>
<tr><td>박지원
(朴知源)</td><td>돈녕부 참봉</td><td>1776년 5월 8일 임명[계하]</td><td>수리소 감조관</td></tr>
<tr><td>정문재
(鄭文在)</td><td>전 참봉</td><td>1776년 3월 10일 임명[계하]</td><td>주성소 감조관</td></tr>
</table>

산릉도감 담당자와 재직 시기 및 직책 변동 상황[216]

담당직책	이름	관직명	재직 시기와 직책 변동 상황	비고
총호사	신 회(申 晦)	좌의정	1776년 3월 5일 임명[달하]. 3월 19일 파직	
	김상철(金尙喆)	영의정	1776년 3월 19일 제수. 3월 20일 사직[면부]. 4월 22일 좌의정으로 제수. 6월 25일 파직. 7월 5일 좌의정으로 제수.	
	김양택(金陽澤)	영의정	1776년 3월 20일 제수. 4월 22일 사직	
	정존겸(鄭存謙)	우의정	1776년 6월 26일 임명[계하]. 7월 5일 사임[허부]	
제조	구윤옥(具允鈺)	행 호조판서	1776년 3월 5일 임명[달하]. 3월 12일 영건도감당상으로 보냄[체(遞)]	계사질 3월 12일자 기사에 영건청 당상(營建廳堂上)으로 차하
	홍낙성(洪樂性)	행 사직	1776년 3월 12일 임명[계하]. 4월 17일 파직. 6월 7일 임명	
	박종덕(朴宗德)	행 공조판서	1776년 4월 17일 임명[계하]. 6월 7일 체직[체(遞)]	
	김종정(金鍾正)	행 공조판서	1776년 3월 5일 임명[달하]. 3월 10일 국장도감당상과 서로 바꿈[상환]	국장도감당상은 윤동섬
	윤동섬(尹東暹)	우참찬	1776년 3월 10일 국장도감당상에서 산릉도감당상으로 바꾸어 임명[환차(換差)]	
	이중호(李重祜)	이조판서	1776년 3월 5일 임명[달하]. 7월 11일 국장도감당상과 서로 바꿈	국장도감당상은 한광회
	한광회(韓光會)	행 사직	1776년 7월 11일 국장도감당상에서 산릉도감당상으로 바꾸어 임명	
도청	이보온(李普溫)	부사과	1776년 3월 5일 임명[달하]	
	유항주(兪恒柱)	부사과	1776년 3월 5일 임명[달하]. 3월 27일 관직 삭탈 및 도성 밖 내쫓김[삭출(削黜)]	
	이의봉(李義鳳)	부사과	1776년 3월 28일 임명[계하]	
낭청	김재균(金載均)	제용감 판관	1776년 3월 5일 임명[달하]. 4월 19일 체직[체]	
	윤귀동(尹龜東)	공조정랑	1776년 4월 19일 임명[계하]. 4월 23일 체직	
	이구영(李耈永)	공조정랑	1776년 4월 23일 임명[계하]	
	한대유(韓大裕)	사도시 주부	1776년 3월 5일 임명[달하]. 4월 19일 체직	
	이의질(李義質)	상의원 주부	1776년 4월 19일 임명[계하]. 4월 23일 체직	

담당직책	이름	관직명	재직 시기와 직책 변동 상황	비고
낭청	서유후(徐有後)	평시서 주부	1776년 4월 23일 임명[계하]	
	정재원(丁載遠)	호조좌랑	1776년 3월 5일 임명[달하]	
	임정주(任靖周)	공조좌랑	1776년 3월 5일 임명[달하]. 6월 20일 지방관으로 부임[외임(外任)]	
	김규상(金奎祥)	병조좌랑	1776년 3월 5일 임명[달하]	
	정 유(鄭 濡)	예조좌랑	1776년 3월 5일 임명[달하]	
	이 래(李 琜)	사옹원 첨정	1776년 4월 16일 임명[계하]. 5월 15일 체직	
	윤희후(尹羲厚)	장악원 주부	1776년 5월 15일 임명[계하]	
	서매수(徐邁修)	형조좌랑	1776년 4월 16일 임명[계하]	
	김재화(金載華)	상의원 주부	1776년 4월 16일 임명[계하]	
	박진우(朴鎭宇)	병조정랑	1776년 4월 18일 임명[계하]	경낭청
감조관	박시영(朴始榮)	부사용	1776년 3월 11일 임명[계하]	
	황 은(黃 檃)	부사용	1776년 3월 11일 임명[계하]	
	윤도동(尹度東)	부사용	1776년 3월 11일 임명[계하]	
	조덕연(趙德淵)	부사용	1776년 3월 11일 임명[계하]	

부묘도감 담당자와 재직 시기 및 직책 변동 상황[217]

담당직책	이름	관직명	재직 시기와 직책 변동 상황	비고
도제조	서명선(徐命善)	우의정	1778년 3월 5일 임명[계하]. 5월 2일까지 재직	
제조	이경호(李景祜)	겸 예조판서	1778년 3월 5일 임명. 5월 2일까지 재직	
	구윤옥(具允鈺)	행 호조판서	1778년 3월 5일 임명. 5월 2일까지 재직	
	홍낙성(洪樂性)	행 공조판서	1778년 3월 5일 임명. 5월 2일까지 재직	
	이휘지(李徽之)	병조판서	1778년 3월 5일 임명. 5월 2일까지 재직	
도청	안성빈(安聖彬)	홍문관 수찬	1778년 3월 6일 임명. 5월 2일까지 재직	
	유항주(兪恒柱)	부사과	1778년 3월 6일 임명. 5월 2일까지 재직	
낭청	이 채(李 采)	호조좌랑	1778년 3월 5일 임명. 5월 2일까지 재직	
	박한규(朴漢奎)	예조좌랑	1778년 3월 5일 임명. 3월 8일 병으로 체직[병체]	
	이관성	공조정랑	1778년 3월 5일 임명. 5월 2일까지 재직	
	이정회(李廷恢)	사복시 첨정	1778년 3월 5일 임명. 5월 2일까지 재직	
	이정환(李晶煥)	장악원 첨정	1778년 3월 5일 임명. 3월 8일 면직[감하]	
	김재악(金載岳)	상의원 첨정	1778년 3월 5일 임명. 5월 2일까지 재직	
	송지경(宋持敬)	사복시 주부	1778년 3월 8일 임명. 5월 2일까지 재직	
	장 홍(張 鴻)	군자감 판관	1778년 3월 8일 임명. 5월 2일까지 재직	
감조관	조형규(趙亨逵)	빙고 별검	1778년 3월 6일 임명. 5월 2일까지 재직	
	여선양(呂善養)	사옹원 봉사	1778년 3월 6일 임명. 5월 2일까지 재직	
	임하철(林夏喆)	내자시 봉사	1778년 3월 6일 임명. 5월 2일까지 재직	
	김익균(金翼均)	제용감 봉사	1778년 3월 6일 임명. 5월 2일까지 재직	
	이헌호(李獻祜)	선공감 부봉사	1778년 3월 6일 임명. 5월 2일까지 재직	
	홍낙연(洪樂淵)	돈녕부 참봉	1778년 3월 6일 임명. 5월 2일까지 재직	
	심건지(沈健之)	부사용	1778년 3월 6일 임명. 5월 2일까지 재직	
	이명규(李命圭)	부사용	1778년 3월 6일 임명. 5월 2일까지 재직	
	윤태국(尹泰國)	부사용	1778년 3월 6일 임명. 5월 2일까지 재직	

〈표 6〉 발인 전후 각 제전의 거행[218]

의 절	거행시기
사직(社稷) · 종묘(宗廟) · 영녕전(永寧殿) · 저경궁(儲慶宮) · 육상궁(毓祥宮) · 휘령전(徽寧殿) 계빈고유문(啓殯告由文)	계빈일(啓殯日) (발인) 3일 전인 다음달 7월 20일 이른 새벽[효두(曉頭)]
사직기청제(社稷祈晴祭)	(발인) 하루 전인 7월 25일 이른 새벽
계빈전(啓殯奠)	7월 25일 조전(朝奠) 겸행(兼行)
계찬궁(啓欑宮)	7월 25일 묘시(卯時)
계빈 뒤 별전(別奠)	7월 25일 때에 따라[수시(隨時)]
조전(祖奠)	7월 25일 때에 따라
조전(朝奠)	7월 26일 아침 상식[조상식]과 겸행하되 때에 따라
견전(遣奠)	7월 26일 자시(子時) 먼저 거행[선행(先行)]
발인(發引)	7월 26일 인시(寅時)
빈전해사제(殯殿解謝祭)	7월 26일 때에 따라
노제(路祭)	7월 26일 때에 따라
각문오십신위제(各門五十神位祭)	7월 26일 때에 따라
교량제(橋梁祭)	7월 26일 때에 따라
명산대천제(名山大川祭)	7월 26일 때에 따라
주정소전(晝停所奠)	7월 26일 때에 따라
산릉정자각(山陵丁字閣) 성빈전(成殯奠)	7월 26일 때에 따라
석상식(夕上食)	7월 26일 때에 따라
석전(夕奠)	7월 26일 때에 따라
조전(朝奠)	7월 27일 때에 따라
조상식(朝上食)	7월 27일 때에 따라
주정전(晝停奠)	7월 27일 오시(午時)
천전(遷奠)	7월 27일 때에 따라
진발(進發)	7월 27일 때에 따라
입주전(立主奠)	7월 27일 때에 따라
사후토제(謝后土祭)	7월 27일 때에 따라
초우제(初虞祭)	7월 27일 때에 따라
석상식(夕上食)	7월 27일 때에 따라
석전(夕奠)	7월 27일 때에 따라
조전(朝奠)	7월 28일 때에 따라
조상식(朝上食)	7월 28일 때에 따라

의 절	거행시기
반우(返虞)	7월 28일 때에 따라
안릉전(安陵奠)	봉릉(封陵)하는 일을 마친 뒤 때에 따라
주정전(晝停奠)	7월 28일 때에 따라
재우제(再虞祭)	7월 28일 반우한 뒤 때에 따라
석상식(夕上食)	7월 28일 때에 따라
삼우제(三虞祭)	7월 30일
사우제(四虞祭)	8월 2일
오우제(五虞祭)	8월 4일
육우제(六虞祭)	8월 6일
칠우제(七虞祭)	8월 7일
졸곡제(卒哭祭)	8월 9일

〈표 7〉 영조 국장의 시기별 의절 거행 내용[219]

거행 날짜	거행 내용	참고문헌 및 비고
1776년 3월 5일	묘시(卯時). 경희궁의 집경당(集慶堂)에서 승하	『국장』·『빈전』
	묘시. 복(復). 발상거애(發喪擧哀)	『승정원일기』[220]
	설빙(設氷)	『승정원일기』[221]
	진시(辰時). 목욕(沐浴)	『빈전』
	오시(午時). 목욕. 습(襲). 반함(飯含). 영좌(靈座) 설치. 전(奠)	『빈전』. 『승정원일기』·『일성록』[222]
1776년 3월 6일	신시(申時). 소렴(小斂)	『빈전』 『영조실록』·『승정원일기』[223]
	신시. 소렴. 영상(靈床) 설치. 신백(神帛) 봉안. 입명정(立銘旌). 소렴전(小斂奠)	『일성록』[224]
1776년 3월 9일	진시. 영상(靈牀)을 자정전(資政殿, 빈전)으로 받들어 옮김[봉이(奉移)]	『빈전』. 『승정원일기』·『영조실록』[225]
	사시(巳時). 대렴(大斂)	『빈전』. 『승정원일기』·『영조실록』·『일성록』[226]
	신시. 재궁(梓宮)을 받들어 내림[하재궁(下梓宮)]. 혼궁(魂宮) 혹 영좌 설치. 대렴전(大斂奠)·성빈전(成殯奠) 함께 설행	『빈전』. 『승정원일기』·『영조실록』·『일성록』[227]
	수시(隨時). 자정전에서 성빈(成殯)	『국장』·『빈전』
1776년 3월 10일	진시. 성복(成服)	『국장』·『빈전』
	사시. 성복	『승정원일기』·『영조실록』·『일성록』[228]
	경희궁의 숭정문(崇政門)에서 즉위	『일성록』[229]
	오시. 경희궁의 숭정문에서 즉위	『정조실록』·『승정원일기』·『영조실록』[230]
	미시(未時). 재궁은정가칠(梓宮銀釘加漆) 초도(初度). 이후 3월 28일까지 하루 걸러 십도(十度)	『국휼등록』·『승정원일기』[231]
1776년 3월 30일	사시. 재궁(梓宮) 칠포(漆布) 가칠(加漆) 초도. 이후 4월 6일까지 이틀 걸러 삼도(三度)	『국휼등록』[232]
1776년 4월 9일	진시. 칠포 위 가칠 초도. 4월 21일까지 하루 걸러 칠도(七度)	『국휼등록』[233]
	건원릉(健元陵) 오른쪽 두 번째 언덕에 있는 옛 영릉(寧陵) 자리로 산릉(山陵) 결정	『승정원일기』·『일성록』[234]
1776년 4월 15일	이른 새벽. 건원릉에 선고사유(先告事由)	『승정원일기』[235]
	진시. 산릉 간심처(看審處)에 벌목(伐木)할 때 고유(告由)	
1776년 4월 19/20일	19일 사시. 산릉 시역(始役)	『산릉』[236]
	20일. 산릉 시역	『승정원일기』·『일성록』[237]
1776년 4월 24일	효두. 선릉고유제(先陵告由祭)	『산릉』[238]
	사시. 참초파토(斬草破土)	
1776년 4월 27일	재궁 전체 가칠. 4월 27일부터 5월 10일까지 이틀 걸러 오도(五度)	『혼전』·『국휼등록』·『승정원일기』·『일성록』[239]
1776년 5월 1일	묘시. 산릉 재실(齋室)의 터 닦기 시작	『일성록』[240]
1776년 5월 7/8일	7일. 현궁에 넣는 명정(銘旌)에 친히 (글을) 씀	『일성록』·『정조실록』[241]
	8일 진시. 현궁에 넣는 명정에 친히 (글을) 씀	『승정원일기』[242]

거행 날짜	거행 내용	참고문헌 및 비고
1776년 5월 11일	대전(大殿)에서 진향(進香)	『일성록』243
	묘시. 대전에서 진향	『승정원일기』·『빈전』244
1776년 5월 15일	재궁에 친히 상자(上字)를 씀	『일성록』·『정조실록』245
	묘시. 재궁에 친히 상자를 씀	『승정원일기』246
	진시. 재궁에 친히 상자를 씀	『혼전』·『국휼등록』247
	의정부에서 진향	『일성록』248
1776년 5월 16일	종친부에서 진향	『일성록』249
	산릉 정자각(丁字閣) 정초(定礎)	『일성록』250
	신시. 정자각 정초	『산릉』251
1776년 5월 17일	의빈부에서 진향	『일성록』252
1776년 5월 19일	재궁을 결과(結裹). 정조가 친히 살핌[친심(親審)]	『일성록』·『정조실록』253
	진시. 재궁을 결과. 정조가 친히 살핌	『승정원일기』·『혼전』254
1776년 5월 20일	진시. 재실 정초	『산릉』255
1776년 5월 22일	돈녕부 진향	『일성록』256
	진시. 옹가(甕家) 시역	『산릉』257
1776년 5월 23일	옹가 필역(畢役). 수도각(隧道閣) 시역	『산릉』258
1776년 5월 24일	효종 묘정(廟庭)에 송시열(宋時烈) 추배(追配)하기로 결정	『승정원일기』·『일성록』·『정조실록』259
1776년 5월 25일	기로소에서 진향	『일성록』260
	수도각 필역	『산릉』261
1776년 5월 26일	충훈부에서 진향	『일성록』262
	산릉 정자각 입주상량(立柱上樑)	『일성록』263
1776년 5월 27일	개성부에서 진향	『일성록』264
1776년 5월 29일	강화부 진향	『일성록』265
1776년 6월 2일	산릉 개금정(開金井)	『일성록』266
1776년 6월 14일	외재궁(外梓宮)을 받들고 능소(陵所)에 나아감	『일성록』267
	오경삼점(五更三點). 외재궁을 받들고 능소에 나아감	『승정원일기』268
1776년 7월 13일	인산(因山) 초도습의(初度習儀) 거행	『일성록』269
1776년 7월 15일	인산 재도습의(再度習儀) 거행	『일성록』270
1776년 7월 16일	인산 삼도습의(三度習儀) 거행	『일성록』·『승정원일기』271
1776년 7월 20일	빈전(殯殿)에 시책(諡冊)과 시보(諡寶)를 올림	『일성록』272
	묘시. 빈전에 시책과 시보를 올림	『승정원일기』273
	빈전에 나아가 친히 진향	『일성록』274
	미시. 명정을 고침[개명정(改銘旌)]	『일성록』275
1776년 7월 24일	우주(虞主)의 조성 마침. 진시에 명정전에 (우주) 봉안	『승정원일기』·『일성록』276
1776년 7월 25일	묘시. 계빈(啓殯)·계빈제(啓殯祭)·계찬궁(啓欑宮)·계찬궁별전(啓欑宮別奠)	『일성록』·『승정원일기』277
	빈전에서 조전(祖奠) 및 석상식(夕上食)·석전(夕奠) 거행	『일성록』278
	빈전에서 조전(祖奠)	『승정원일기』279

거행 날짜	거행 내용	참고문헌 및 비고
1776년 7월 25일	신시. 석상식	『승정원일기』
	유시(酉時). 석전	
1776년 7월 26일	견전(遣奠). 발인(發引). 노제(路祭). 봉사(奉辭)	『정조실록』280
	인시(寅時). 발인	『국장』·『빈전』
	인시. 발인	『승정원일기』281
	묘시. 노제. 봉사	
	인시. 견전. 발인. 봉사. 노제	『일성록』282
	신시. 산릉 정자각에 (재궁) 봉안	『국장』
	수시로 성빈. 성빈은 산릉에 도착한 뒤 수시로 거행하되 곤방(坤方)을 꺼림[기곤방(忌坤方)]	『빈전』
	산릉에서 성빈 후 대내에서 별전(別奠) 거행	『승정원일기』·『일성록』283
1776년 7월 27일	진시. 산릉에서 찬궁을 엶[계찬궁(啓欑宮)]	『빈전』
	유시. 현궁(玄宮)에 재궁을 내림[하현궁(下玄宮), 인산(因山)]	『국장』·『빈전』, 『영조실록』·『일성록』284
	유시. 혼전인 태령전(泰寧殿)에서 정조 망곡례(望哭禮) 거행	『일성록』·『정조실록』·『승정원일기』285
	현궁에 내릴 때 대내에서 별전 거행	『승정원일기』·『일성록』286
	수시. 길유궁(吉帷宮)에서 우주(虞主)에 글을 씀[입주전(立主奠)]. 산릉에서 초우제(初虞祭) 거행	『국장』·『빈전』, 『일성록』·『정조실록』287
1776년 7월 28일	묘시. 반우(返虞). 경희궁의 태령전[효명전(孝明殿)]에 우주 봉안	『국장』·『빈전』
	오시. 반우 지영(祗迎)	『승정원일기』288
	반우 지영	『일성록』·『정조실록』289
	효명전에서 재우제(再虞祭) 친행	『일성록』·『정조실록』290
	신시. 효명전에서 재우제 친행	『승정원일기』291
1776년 7월 29/30일	29일. 효명전에서 삼우제(三虞祭) 친행	『정조실록』292
	29일 사경일점(四更一點). 효명전에서 삼우제 친행	『승정원일기』293
	30일. 효명전에서 삼우제 친행	『일성록』294
1776년 8월 2일	효명전에서 사우제(四虞祭) 친행	『일성록』·『정조실록』295
1776년 8월 3일	오시. 안릉전(安陵奠) 설행	『산릉』296
1776년 8월 4일	효명전에서 오우제(五虞祭) 친행	『일성록』·『정조실록』297
1776년 8월 6일	효명전에서 육우제(六虞祭) 섭행	『일성록』298
1776년 8월 7일	효명전에서 칠우제(七虞祭) 섭행	『일성록』299
1776년 8월 9일	효명전에서 졸곡제(卒哭祭) 친행	『일성록』·『정조실록』300
1777년 3월 4/5일	3월 4일. 효명전에서 연주(練主) 제주(題主). 연제(練祭) 친행	『일성록』301
	3월 4일 사경(四更). 효명전에서 연주 제주. 연제 친행	『승정원일기』302
	3월 5일. 효명전에서 연주 제주. 연제 친행	『정조실록』303
1777년 3월 5일	우주의 지송(祗送)과 매안(埋安)	『승정원일기』·『정조실록』304

거행 날짜	거행 내용	참고문헌 및 비고
1778년 3월 5일	효명전에서 상제(祥祭) 친행	『일성록』·『정조실록』[305]
	자시(子時). 효명전에서 상제 친행	『승정원일기』[306]
1778년 4월 15일	부묘 초도습의 거행. 휘령전(徽寧殿, 정성왕후 혼전)에 책보(冊寶)를 올리고[상책보(上冊寶)] 신주를 고쳐 쓰는[개제주(改題主)] 습의 거행. 부묘 초도습의와 상책보 · 개제주 습의는 함께 거행[겸행(兼行)]	『부묘』
1778년 4월 16일	부묘 재도습의 거행. 의정부(議政府)에서 행례(行禮)	『부묘』
1778년 4월 17일	부묘 삼도습의 거행. 공조(工曹)에서 의정부까지 행례	『부묘』
	진시. 정성왕후에게 휘호(徽號)를 추상(追上)한 뒤 조성한 책보를 대내에 들임[내입(內入)]	『부묘』
1778년 4월 18일	진시. 정성왕후에게 휘호를 추상한 뒤 조성한 책보를 대내에서 내감[내출(內出)]	『부묘』
1778년 4월 19일	진시. 휘령전에 책보를 올림	『부묘』
	오시. 휘령전에서 신주를 고쳐 씀	『부묘』
1778년 5월 1일	효명전에서 담제(禫祭) 친행	『일성록』·『정조실록』[307]
	사경삼점(四更三點). 효명전에서 담제 친행	『승정원일기』[308]
	일포후(日晡後). 제13실, 제14실 장중(欌中)에 책보 봉안	『부묘』
1778년 5월 2일	영조 · 정성왕후 · 진종 · 효순왕후 태묘에 부묘	『부묘』

제 3 장

세자의 예장(禮葬) - 문효세자(文孝世子)

제1절

법전 및 국가전례서의 예장 규정

1474년(성종 5)『국조오례의』가 편찬되면서 오례 가운데 흉례조가 정비되었다.[1] 다만, 세자나 세자빈, 세손 등 국왕과 왕후를 제외한 왕실의 구성원이 죽었을 때 이들을 위한 상장 절차가 수록되어 있지 않다는 점이 앞서도 지적한 단점이었다.

국가전례서만이 아니라 법전에서도 '상복(喪服)' 이외 세자의 예장(禮葬)에 대해 규정한 조목을 싣고 있지 않다. 법전[경국대전(經國大典)]에는 세자의 예장만이 아니라 국왕의 국장에 대해서도 오복(五服)과 상장(喪葬)조 이외에는 별도로 재록하고 있지 않은데, 국장 규정은 국가전례서의 흉례조에 수록되어 있기 때문에 굳이 기록할 필요성이 없었던 것으로 보인다.

조선에서 처음으로 훙서한 세자는 세조의 맏아들 의경세자(懿敬世子, 1438~1457. 후일 덕종으로 추존)였다.[2] 그가 졸하자 여러 신하들이 조계청(朝啓廳)에 모여서 상제(喪制)를 의정하고 염빈(斂殯)·국장(國葬)·조묘(造墓) 세 도감을 설치했다.[3] '예장도감'이 아닌 '국장도감'이라 한 것은『경국대전』에 세자의 소상(小喪)이 예장에 포함되어 있지 않아서 그와 같이 일컬은 것으로 보인다. 이후 명종의 아들 순회세자(順懷世子, 1551~1563)의 상장에서도 국장도감을 설치하는 것으로 보아,[4] 조선전기까지는 세자의 상장을 예장이 아닌 '국장'이라 했음을 알 수 있다.

예장의 범주에 들어가는 대상

예장은 국왕과 왕후의 상장을 가리키는 국장에서 한 등급 낮춘 용어이다. 의궤의 서명을 보면 세자나 세자빈, 세손, 대원군 등의 상장을『예장도감의궤』라 명명한 데서 뚜렷하게 드러난다. 그런데 1485년(성종 16)에 편찬된『경국대전(經國大典)』에는 왕비의 부모, 빈(嬪), 귀인(貴人), 대군(大君)·왕자군(王子君)과 그 부인(夫人)들, 공주·옹주, 의빈(儀賓), 종친(宗親) 종2품 이상, 문관·무관 종1품 이상, 공신 등에게 예장으로 장례를 치르도록 규정되어 있다.[5]

법전에 국왕이나 왕후, 세자, 세자빈, 세손, 세손빈 등의 상장례에 대한 규정을 두지 않은 것은 이들이 법의 규정 밖에 있는 왕실의 사람들이기 때문이다. 그리고 국왕과 왕후의 상장례를 '국장'이라 하므로『경국대전』의 규정과 무관하게 이들보다 지위가 낮은 세자·세자빈·세손·세손빈 등의 상장례를 예장이라 일컫는 것은 어쩌면 당연하다고 볼 수 있다.

『경국대전』에서 규정한 예장에 해당하는 대상은 이후 편찬된 영조대의『속대전(續大典)』(1746, 영조 22)과 정조대의『대전통편(大典通編)』(1785, 정조 9)을 거쳐, 고종대의『대전회통(大典會通)』(1865, 고종 2)으로 법전이 정비되더라도 변함이 없었다. 그런데 헌종대 편찬된 것으로 추정되는『탁지오례고(度支五禮考)』(大阪府立圖書館 소장)에는 약간 다르게 기록되어 있다.

『탁지오례고』에는 대군, 공주, 왕자, 옹주, 제빈(諸嬪), 귀인, 국구(國舅)와 부부인(府夫人), 종친 종2품 이상, 문관·무관 종1품 이상, 의빈, 승빈(承賓), 친공신(親功臣) 등이 상장례를 예장으로 치른다고 규정되어 있다.[6] 곧, 승빈이 추가로 들어가 있다.

참고로 승빈은 세조대부터 확인되는 관직명이다. 1466년(세조 12) 관제를 고쳐 정하면서 부마부(駙馬府)를 의빈부(儀賓府)라 일컫고 정·종 1품을 의빈, 정·종 2품을 승빈이라 했다.[7] 그러다가 1484년(성종 15) 의빈부의 관호를 조정하면서 의빈 2품 이상을 '위(尉)'라 칭하기로 정했고,[8] 이 규정이 『경국대전』에 반영되어 승빈이라는 관직은 마침내 역사에서 사라졌다. 이후의 법전에도 승빈은 나오지 않는데『탁지오례고』에 승빈이 등장한 것은 추후의 연구가 요구된다.

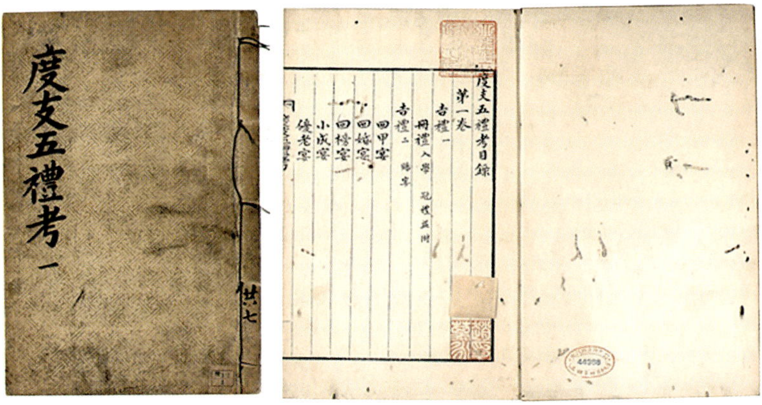

〈도판 48〉 탁지오례고 ⓒ 고려대학교 해외한국학자료센터
『탁지오례고』는 인조대부터 헌종대까지 호조에서 오례(五禮)를 따라 치른 왕실 행사에 들어간 비용을 정리한 책이다. 7권 7책의 필사본으로 현재 오사카부립도서관(大阪府立圖書館)에 소장되어 있다.

다만, 의경세자의 상장 절차는 국가전례서에 규정된 국장보다 한 단계 낮춰서 진행된 것만은 분명했다. 가령, 영조처럼 국왕의 국장에서 대렴할 때 사용한 염의는 90칭인데 반해[9] 의경세자의 상에는 70칭을 사용했으며,[10] 홍서한 지 5개월이 아닌 3개월만에 묘소에 가서 장례를 치렀으며,[11] 우제는 칠우제가 아닌 오우제까지만 지낸 점[12] 등 여러 곳에서 확인할 수 있다.[13]

그런데 이 시기 세자의 상장 절차는 『국조오례의』에 규정되어 있지 않고, 의궤나 등록도 남아 있지 않아 실록을 통해 대략적으로 살필 수밖에 없다. 이후 순회세자의 상장 절차 역시 실록을 제외하고 살펴볼 만한 문헌이 거의 없다. 임란으로 각종 왕실 관련 문헌이 소실되면서 조선전기 왕실 행사의 면모를 파악하기 위해서는 대부분 실록에 의존하고, 그 때문에 구체적인 절차를 살피는 데 한계가 있다.

조선전기에 치른 세자의 예장은 그렇다손 치더라도 문제는 그 이후에 발생하는 세자와 세자빈의 예장을 어떻게 처리할 것인가였다. 성종대에 『국조오례의』가 편찬된 이후 18세기에 이르도록 국가전례와 관련한 후속 보완서들이 편찬되지 않았고, 그 때문에 예장이 발생할 때마다 임시로 대처할 수밖에 없는 상황이 지속되었다. 전례서를 편찬하지 않은 이유는 같은 유형의 의례를 기록한 의궤와 등록이 계속 편찬되었고, 또 국가 의례의 적용 대상이 모든 백성이 아닌 왕실에 한정되어 있어서 시급성이 덜한 측면이 작용한 것으로 보인다.[14]

그럼에도 임진·병자 양란을 겪으면서 조선 사회가 변화했고, 그에 따라 전례의 수정 혹은 보완이 불가피한 상황에 이르렀다. 더 이상 기존 전례서만으로 해결할 수 없는 한계 상황에 맞닥뜨렸던 것이다. 흉례 또한 그러한 흐름 속에서 수정과 보완이 필요했고, 마침내 영조대에 이르러 몇 차례에 걸쳐 국가 의례를 정비하면서 그와 같은 문제들을 해결해 나갔다.

1744년에 편찬된 『국조속오례의』는 『국조오례의』에 변화가 있거나 새롭게 추가된 전례를 정리한 국가전례서로 흉례조는 모두 13조항을 수록했다.[15] 그 때문에 13조항 모두 국왕의 국장과 관련이 있을 뿐이었다. 2년 뒤 1746년에 편찬된 『속대전(續大典)』에는 국장과 예장에 목인(木人)을 영구히 사용하지 말라는 영조의 하교가 추가되었다.[16] 1645년(인조 23) 소현세자(昭顯世子, 1612~1645), 1718년(숙종 44) 단의빈, 1728년(영조 4) 효장세자의 죽음이 있었으나 여전히 세자나 세자빈의 예장 절차 전반에 관한 구체적인 의절은 마련되지 않았다.

앞서 보았듯이 세자나 세자빈의 예장과 관련한 전례서는 1751년(영조 27) 효장세자의 빈 현빈의 홍서를 계기로 이듬해 1752년에 『국조상례보편』이 편찬되면서 해결되었다. 이후 정성왕후와 인원왕후의 국상이 발생하면서

1758년에 국왕·왕후의 국장과 세자·세자빈의 예장을 모두 수록한 『국조상례보편』을 다시 편찬하면서 왕실 상장 의례의 정비가 일단락되었다.

1786년(정조 10) 홍서한 문효세자의 상장 의례는 1758년본 『국조상례보편』을 참조하여 치렀다. 상이 발생하자 곧바로 이미 개수(改修)의 과정을 거쳤다며 1752년본 『국조상례보편』을 세초(洗草)하자는 논의가 있었기 때문이다.[17]

1758년본 『국조상례보편』에는 모두 74조목들을 싣고 있다.[18] 여기서 「소상입묘의」를 제외하면 모두 국장을 중심으로 전문을 작성하여 예장에서 필요하지 않은 조목들이 있다. 「(국휼)고명」, 「사위」, 「반교서」, 「고부청시청승습」, 「청시종묘의」, 「영사시제급조부의」, 「사부의」, 「사시의」, 「분황의」, 「사제의」, 「부묘의」 등이다. 「제위판의」와 「부문소전의」, 「장릉복위의」, 「온릉복위의」가 포함되지 않음은 물론이다.

1758년본 『국조상례보편』에 소상을 위한 의주가 전문으로 수록된 것은 「소상입묘의」가 유일하다. 따라서 이 의주가 수록된 경위를 간략하게 살펴보고자 한다.

「소상입묘의」는 범례에는 1752년의 수교를 따라 첨부(添附)한다고 되어 있다.[19] 그런데 『승정원일기』에는 1757년 9월 홍계희(洪啓禧, 1703~1771)가 '소상입묘(小喪入廟)'가 '대상부묘(大喪祔廟)'와 사건이 각각 다르므로 '대상부묘'에 '소상입묘'를 주석으로 덧붙여 하나의 조항으로 만들기보다 '소상입묘'는 별도로 의주를 만들자고 제안하여 영조가 윤허했다고 되어 있다.[20]

1752년본 『국조상례보편』 「부묘의」 조목에 국왕 중심의 혼전 의주는 보충하거나 바뀐 부분만을 제시하고 소상을 위한 혼궁 의주는 전문을 수록하고 있다.[21] 1752년본 『국조상례보편』의 '소상입묘' 내용을, 1757년에 홍계

희가 '대상부묘'와 별도로 수록하자고 영조에게 제안하여 1758년본『국조상례보편』에 '소상입묘'가 수록된 것으로 이해된다.

그 밖에 주목되는 의례가「조조의」이다. 영조가 처음 제정한 의례이지만 영조의 국장에서조차 정조의 논단으로 시행하지 않은 의절이기 때문이다. 문효세자의 상장에서도 시행 여부의 확인이 반드시 필요한 조목이라고 볼 수 있다. 그렇다면 문효세자의 예장이 각 의절마다 어떻게 진행되는지부터 검토해야 하고, 그 결과 영조의 국장 절차와 어떻게 다른지, 1758년본『국조상례보편』에 규정된 예장대로 시행하는지 등을 확인할 수 있을 것이다.

제2절

예장 절차

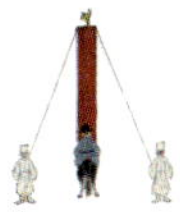

1. 홍서(薨逝) - 대렴

1786년 5월 6일 동궁의 홍진 증세가 평복되어서 고묘(告廟)와 반교(頒赦) 의식을 정했다. 그런데 나흘 뒤 10일에 왕세자의 환후가 갑자기 심해졌고, 이튿날 11일에는 증세가 갈수록 심해져 시약청(侍藥廳)을 설치하고 대신을 파견하여 날을 점치지 않고 종묘와 사직에 기도하게 했다. 재차 기도하게 했지만 이날 미시(未時)에 창경궁의 별당(別堂)에서 세자가 홍서했다.[22]

정조와 신하들이 거애(擧哀)하고 이어서 내시가 왕세자의 상복(尙服)인 흑곤룡포(黑袞龍袍)를 가지고 지붕에 올라가 "왕세자복(王世子復)"이라고 외치는 고복(皐復) 절차를 행했다. 고복한 뒤 행하는, 소위 「복후전」의 시행 여부가 분명하지 않지만 『문효세자빈궁혼궁도감의궤』에 의주가 기록되어 있는 것으로 보아 시행한 것이 아닌가 추정된다.[23] 이어서 세자를 영상(靈床)에 안치하고 얼음을 배설한 다음 거애했다. 오영(五營)에 알려서 궁성을 호위하게 하고 병조에서는 궐내의 각 문(門)을 파수하고 건양문(建陽門)을 닫도록 명했다.[24]

5월 11일 술시(戌時)에 시신을 목욕시키고, 이어서 해시(亥時)에 시신에 수의를 입히는 습 절차를 행했다. 이어서 습전을 행하고, 다음으로 쌀과 진주를 입 속에 넣는 반함 절차를 행했다. 이때 정조가 모두 친림(親臨)하여, 자식에 대한 애틋한 부정(父情)을 표현함과 동시에 각 절차마다 매우 신중을 기하고 있음을 드러냈다.

그 밖에 이날[5월 11일] 판중추부사 서명선(徐命善, 1728~1791)을 빈궁(殯宮)·예장(禮葬)·묘소(墓所) 세 도감의 도제조로 삼았다.[25] 국장의 경우 빈전·국장·산릉 세 도감의 도제조는 좌의정을 임명하고 그를 '총호사'라 부르며, 그가 상장에 관한 모든 일을 맡아 다스리도록 했다.[26] 이에 비해 세자의 소상에서는 도제조가 상장과 관련한 모든 일을 주관하지만 그를 '총호사'라고 칭하지는 않았다.

문효세자의 예장 전체를 총괄하는 도제조를 포함하여 예장·빈궁·혼궁·묘소도감의 제조와 도청, 낭청, 감조관을 맡은 담당자와 그들의 재직기간 및 직책 변동 상황은 각 의궤의 「이조별단」이나 「좌목」에 자세히 기록되어 있다(〈표 9〉 참조). 마지막으로 이날 초상부터 졸곡까지 삭망의 분향(焚香)을 제외한 대사(大祀)·중사(中祀)·소사(小祀)의 제사를 정지했다.[27]

참고로 국가 제사는 시기별 혹은 나라별로 차이가 있기는 하지만 대체로 대사·중사·소사로 구분되었고, 조선 또한 마찬가지였다. 『국조오례서례』의 규정을 보면, 대사에는 사직·종묘·영녕전, 중사에는 풍운뇌우(風雲雷雨)·악해독(嶽海瀆)·선농(先農)·선잠(先蠶)·우사(雩祀)·문선왕(文宣王)·역대시조(歷代始祖), 소사에는 영성(靈星)·노인성(老人星)·마조(馬祖)·명산대천(名山大川)·사한(司寒)·선목(先牧)·마사(馬社)·마보(馬步)·마제(禡祭)·영제(禜祭)·포제(酺祭)·칠사(七祀)·둑제(纛祭)·여제(厲祭) 등이 있다. 이후 대사는 기곡사직(祈穀社稷)이, 소사는 기곡사직(섭행攝行)·계성사(啓聖祠)·관왕묘(關王廟)·선무사(宣武祠)

등이 추가되었고, 그러한 내용이 『국조속오례의서례』에 반영되어 있다.

5월 12일 홍서한 지 2일째 되는 이날, 소렴을 행하고 이어서 소렴전을 올렸다.[28] 소렴할 때 염의는 19칭을 사용했다.[29] 그 다음 신백을 담은 신백함을 임시로 두는 영좌를 설치하고, 영좌의 오른쪽에 "왕세자재실(王世子梓室)"이라고 쓴 명정을 세웠다.[30] 이때의 명정은 초명정이다.

초명정에 글을 쓴 지돈녕부사 서호수(徐浩修, 1736~1799)가 니금을 가지고 '왕세자재실'을 전자로 썼다.[31] 『국조상례보편』에 명정을 쓸 때 대상에는 '전자', 소상에는 '예자(隷字)'로 쓴다고 규정되어 있다.[32] 그 때문에 문효세자의 초명정에 '전자'로 쓴 것이 나중에 문제가 되어 명정을 고쳐 쓸 때에는 '예자'로 쓰기로 결정했다.[33]

5월 12일 이날부터 비로소 조석전(朝夕奠)과 상식(上食)을 설행하기 시작했다. 또 창경궁의 요화당(瑤華堂)을 찬실(欑室)을 두는 빈궁으로 정하며, 찬실의 서변방(西邊房)에 영침(靈寢)을 설치하기로 결정했다.[34] 1728년 효장세자 예장의 전례를 따라 5일 동안 조회를 정지하고 저자를 열지 않기로[정조철시(停朝撤市)] 결정했다.[35] 3일 동안 조회를 정지하는 기년복을 입는 친족[종성기친(宗姓期親)] 및 왕자와는 그 위계의 차이를 엿볼 수 있다.[36]

5월 13일 홍서한 지 3일째 되는 이날, 사직·종묘·영녕전·경모궁(景慕宮)에 중신(重臣)을 보내어 세자의 죽음을 고하게 했다. 국가전례서에는 대상은 3일만에, 소상은 2일만에 사직·영녕전·종묘에 대신(소상은 중신 1품)을 파견하여 고한다고 되어 있다.[37] 문효세자의 경우는 하루 늦은 3일째 되는 날에 거행했다. 이날 오시(午時)에 왕세자의 영상을 빈궁인 요화당으로 옮겨 봉안하고, 미시(未時)에 대렴을 행한 뒤 대렴전을 거행했다. 대렴할 때의 염의는 90칭이었다.[38]

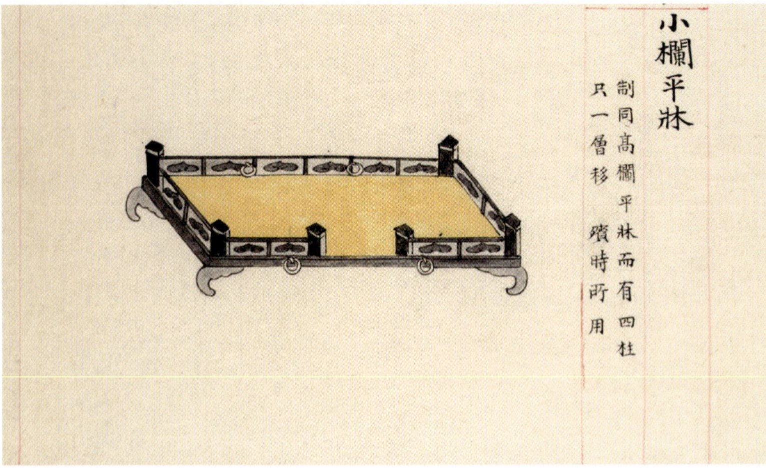

〈도판 49〉 소란평상(小欄平牀), 『문효세자빈궁혼궁도감의궤』(하), 프랑스 국립도서관

소란평상은 습(襲) · 염(斂)을 하는 전각이 빈전에서 약간 멀면 시신을 이안(移安)하기 위해 사용하는 평상으로, 사방에 1층의 난간을 둘렀다. 프랑스 국립도서관 소장 어람용 『문효세자빈궁혼궁도감의궤』에는 "만드는 방법은 고란평상(高欄平牀)과 같고 네 귀퉁이에 세우는 기둥이 있다. 난간이 1층이다. 빈궁으로 이안할 때 사용한다."라고 되어 있다.[39] 그런데 규장각한국학연구원 소장 분상용 『문효세자빈궁혼궁도감의궤』에는 소란평상에 대한 설명이 어람용과 다르지 않으나 '네 귀퉁이에 세우는 기둥이 없다.'라고 한 부분이 차이를 보였다.[40]

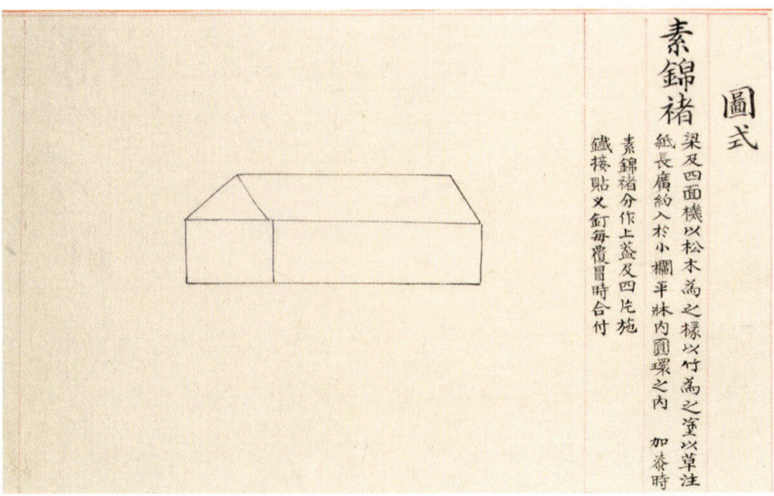

〈도판 50〉 「소금저(素錦褚)」, 『문효세자빈궁혼궁도감의궤』(하), 프랑스 국립도서관

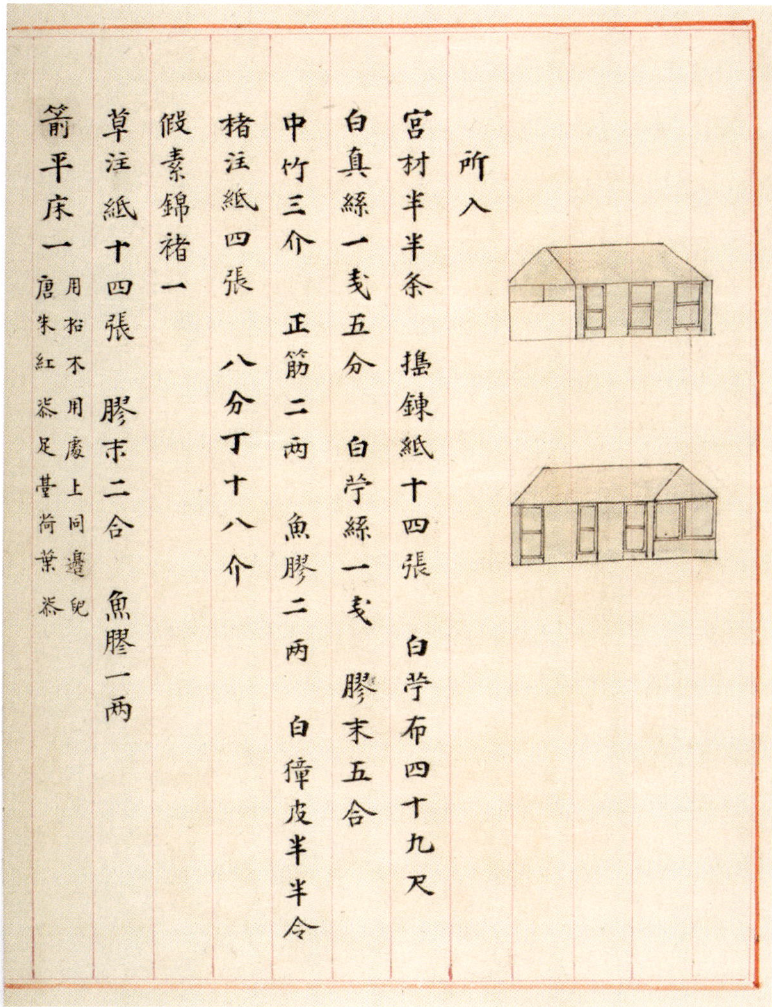

所入

宮材半半条 搗鍊紙十四張 白苧布四十九尺

白真絲一戔五分 白苧絲一戔 膠末五合

中竹三介 正筋二兩 魚膠二兩 白獐皮半半令

楮注紙四張 八分丁十八介

假素錦褚一

草注紙十四張 膠末二合 魚膠一兩

箭平床一 用松木用處上同邊兒 唐朱紅漆足臺荷葉漆

〈도판 51〉「소금저(素錦褚)」, 『문효세자예장도감의궤』(상), 프랑스 국립도서관

문효세자가 훙서한 창경궁 별당에 있던 영상을 빈궁인 요화당으로 옮겨 봉안할 때 소금저로 덮어서 했다.[41] 규모는 소란평상 안에 들어갈 수 있을 정도로 제작했다.[42] 『예장도감의궤』(위)와 『빈궁혼궁도감의궤』(왼쪽)에 실린 소금저의 모습이 조금 달라 둘 다 제시했다.

2. 성빈 - 발인

5월 13일 대렴을 한 뒤, 신시(申時)에 찬실에 재실을 내리고[하재실(下梓室)], 이어서 성빈과 성빈전을 차례대로 행했다.[43] 대렴과 하재실을 거행할 때에도 정조가 모두 친림했다. 빈궁에 설치한 각종 의물은 아래 그림과 같다. 3일 후 궁성 호위를 철파한 효장세자의 전례를 따라 이날 궁성의 호위를 철파했다.

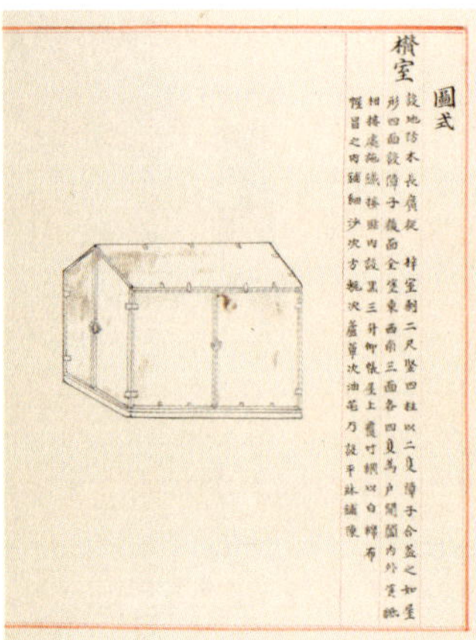

찬실(欑室)

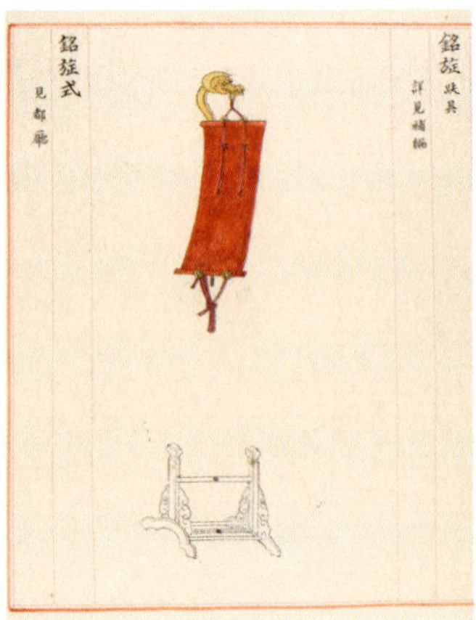

명정(銘旌)
명정부(銘旌趺)

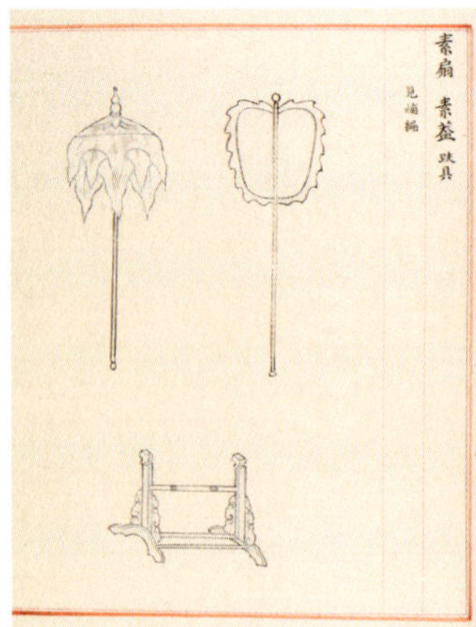

소선(素扇)
소개(素盖)
소선 · 소개부(素扇素盖趺)

〈도판 52〉「찬실(欑室)」·「명정 · 명정부」·「소선 · 소개 · 부(趺)」,『문효세자빈궁혼궁도감의궤』(하), 프랑스 국립도서관
찬실은 세자나 세자빈의 시신을 안치하는 재실을 발인하기 전까지 담아서 보관하는 기물이다. 곧, 찬궁에서 등급을 낮춘 의물이다. 크기는 재실의 규모에 따르되 2자 정도 크게 한다.[44] 명정과 소선 · 소개는 영조의 국장에서 설명한 것과 다르지 않다.

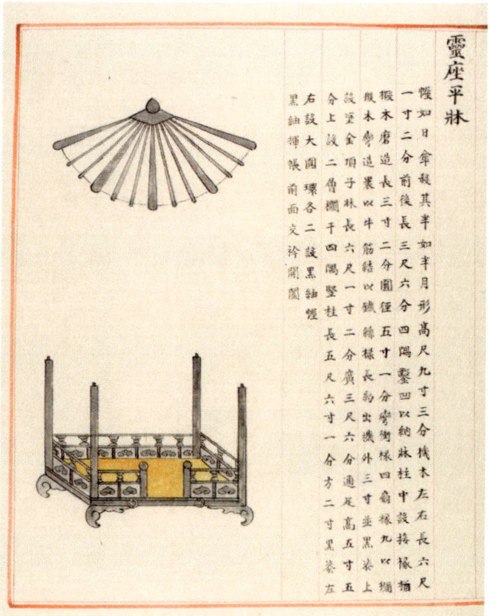

영좌평상(靈座平牀)

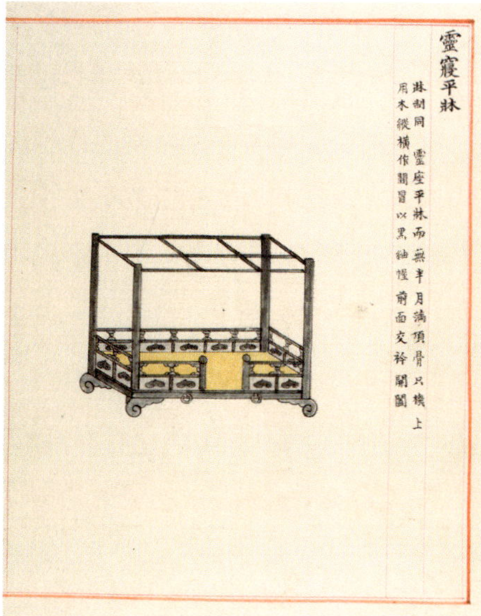

영침평상(靈寢平牀)

〈도판 53〉「영좌평상(靈座平牀)」·「영침평상(靈寢平牀)」, 『문효세자빈궁혼궁도감의궤』(하), 프랑스 국립도서관

① 영좌평상은 『문효세자빈궁혼궁도감의궤』(서울대학교 규장각한국학연구원 소장)에는 의물명이 '영좌평상악(靈座平牀幄)'으로 쓰여 있다. 또 세속에서는 '만정골악(滿頂骨幄)'이라 부른다고 한다.[45] 이는 그림의 윗부분을 설명한 것이다. 그 아래의 그림에 대해서는 의물의 명칭을 제시하지 않았으나 이는 고란평상이다. 따라서 위의 「영좌평상」은 좀 더 엄밀하게 명명한다면 윗 그림은 '영좌만정골'이고, 아랫 그림은 '고란평상'인 것이다.

② 영침평상은 영침 안에 설치되어 사자의 혼령을 모시는 평상이다. 영침은 '사자의 혼령이 쉬거나 잠자는 자리'로서, 영침 안에 영침평상을 설치하고, 그 위에 망자의 혼령이 깃든 신백(神帛)을 신백함(神帛函)에 담아 밤새 모셔두었다. 영좌와 함께 빈궁 내부에 설치했다. 문효세자의 예장에 사용한 이 영침평상은 만드는 방법은 영좌평상과 동일했으나 반달 모양의 만정골이 없다.

그 밖에 이날 중요한 논의가 있었는데, 다음날 성복할 때 입을 상복 제도[복제]에 관한 안건이었다. 국제(國制)에 국왕이 세자를 위해 '자최기년복(齊衰朞年服)'을 입는다고 되어 있고, 효장세자의 상에도 영조가 '자최기년복'을 입었는데, 『국조상례보편』(1752·1758년본)에 '참최삼년복(斬衰三年服)'

을 입는 것으로 되어 있기 때문에 논란이 일었다.

정조는 여러 신하들의 견해를 들은 뒤, 영조가 『국조상례보편』의 수교(受敎)에서 『의례주소(儀禮注疏)』에 근거한 '정체(正體)'의 설에 대해 명백하게 지적하지 않아서 영조의 뜻이 어떠한지 알 수 없고 '체부정(體不正)'·'정불체(正不體)'의 문제는 지금까지도 혐의스럽기 때문에 영조의 수교 준봉은 오늘날 의논할 것이 아니라고 하교했다. 그 결과 예조에서 정조의 상복은 '자최기년'으로 의정하고, 내전(內殿) 및 백관들의 상복 또한 무신년(1728, 영조 4) 효장세자 때 행한 예를 따라 마련하기로 했다.[46]

사실 문효세자는 5살의 어린 나이로 요절했기 때문에 『의례』의 규정에 비추어 본다면 상복을 입지 않아야 한다. 곧, '불만팔세이하(不滿八歲以下) 개위무복지상(皆爲無服之殤)'에 해당하여 복(服)은 없고 곡(哭)만 할 뿐이었다.[47] 그런데 조선의 세자가 훙서한 경우 국가전례서나 법전에 그와 같은 규정이 기록되어 있지 않고, 실제 문효세자의 상장을 치르는 과정에서도 『의례』의 이 규정은 논란조차 제기된 적이 없었다.

다음날 5월 14일은 훙서한 지 4일째 되는 날이다. 이날 진시(辰時)에 요화당에 나아가 성복했다. 정조와 중궁은 '자최기년복'을, 왕대비는 '시마복(緦麻服)'을, 혜경궁은 '대공복(大功服)'을 각각 입었다.[48] 성복한 뒤 성복전을 올렸고, 이때에도 정조는 친림했다.[49]

혜경궁은 정조의 생모이지만 정조가 진종과 효순왕후의 후사로 들어갔기 때문에 혜경궁과 정조는 모자지간이 아닌 숙모와 조카의 관계가 되었다. 그에 따라 문효세자의 상에 혜경궁은 본복(本服)인 '대공복'이 아닌 강등해서 '소공복(小功服)'을 입어야 했다. 그 때문에 나중에 혜경궁의 복제가 잘못되었음을 알고 논란이 일기도 했지만 다시 소공복을 입는 것이 아

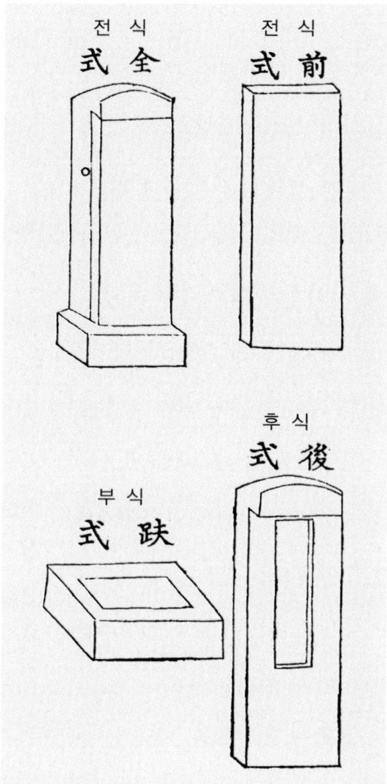

〈도판 54〉「신주(神主)」,『국조상례보편』, 규장각한국학연구원
신주는 밤나무를 사용하여 만들고 주신(主身)과 받침대[부(趺)]로 구성되어 있다. 주신은 전신(前身)과 후신(後身)으로 나뉘고 둘을 합친 뒤 받침대에 꽂는다. 위 그림에서 신주의 앞모습을 보여주는 전식(前式)과 뒷모습을 보여주는 후식(後式)을 합치면 온전한 신주의 모습인 전식(全式)이 되고, 이를 받침대에 끼웠다. 세자의 신주는 이러한 형태로, 종묘에 봉안하는 국왕과 왕후의 신주와는 모양과 규격이 전혀 다름을 볼 수 있다.

니라 정조가 공제(公除)하는 5월 26일에 혜경궁도 함께 공제하는 것으로 일단락되었다.[50]

성복한 이날, 그 밖에 몇 가지 일이 더 있었다. 먼저 시호의 의정이다. 임신년(1752, 영조 28) 의소세손(懿昭世孫) 상(喪)의 전례를 따라 성복 이후에 문효세자의 시호를 의정하라는 전교가 있었다. 그에 따라 성복례가 끝난 뒤 신하들이 빈청에 모여 '온효(溫孝)', '양의(良懿)', '돈선(敦宣)'으로 시호의 망단자를 올렸고 정조가 '온효'에 낙점했다.[51]

다음으로 서오릉의 국내(局內)에 봉표해 둔[치표(置標)] 언덕을 묘소로 택정하고자 간심하게 했다. 또 재실에 덧칠[가칠(加漆)]을 하기 시작했다. 다음날[5월 15일] 결정된 일이지만 재실의 덧칠은 50회[도(度)]에 준하도록 결정되었다.

마지막으로 신주의 조성 및 봉안처는 경희궁의 위선당으로 정했다.[52] 국왕과 왕후의 신주는 뽕나무로 만든 '우주'와 밤나무로 만든 '연주'를 조성하고, 종묘에는 연주를 봉안했다.[53] 이와는 다르게 세자의 신주는 밤나무로 만들고 '신주'라고 일컬었다.[54] 곧 세자의 신주는 '신주' 이외에 다른 신주를 조성하지 않고 처음 만든 '신주'를 그대로 사당에 봉안했다.

문효세자의 신주 역시 '신주'라고 일컫고 밤나무로 만들었다.[55] 그러나 『일성록』과 『승정원일기』, 의궤에는 '우주'라고 쓴 기록이 간간이 보인다.[56] 이는 영조대 편찬된 『국조상례보편』에서 규정한 것과 달리 국왕이나 왕후의 국장에서 쓰던 기왕의 관례대로 기록한 데서 비롯된 것으로 이해된다.

문효세자 신주의 규모는 '신주소의궤(神主所儀軌)'에 상세하게 실려 있다고 한다.[57] 하지만 여기에는 신주를 조성하는 데 들어가는 물품들이 제시되어 있을 뿐이다.[58] 그 모양은 의궤에 그려져 있지 않아 『국조상례보편』의 도설이 참조된다(〈도판 54〉참조). 신주를 제외한 외궤(外匱), 내궤(內匱), 대(臺), 의궤(倚几)의 그림은 『문효세자예장도감의궤』에 실려 있다(〈도판 55〉참조).

5월 16일, 시마복을 입은 자전(慈殿)이 이날 공제(公除)했다.[59] 공제는 날수로 달수를 계산하는 '이일역월(以日易月)'의 제도를 적용하여 성복한 날로부터 계산하는데, 시마복을 입는 이는 3일만에 공제했다.[60] 이틀 전 14일에 성복했으므로 3일째되는 이날 자전이 공제한 것이었다.

4일 뒤 5월 20일, 임신년의 전례를 따라 묘소에서 재실을 넣을 찬실을 마련하지 않기로 했다. 그런데 발인한 뒤 묘소에 도착해서 찬실에 재실을 넣어 성빈전을 거행하는 것으로 보아 찬실을 마련한 것으로 보인다.[61]

5월 22일 교리 심낙수(沈樂洙, 1739~1799)를 고부재자관(告訃賫咨官)으로 차정했다. 이 일은 맡은 임무가 중요하기 때문에 옥당을 지낸 사람으로 차송(差送)하도록 결정하여 그가 제수되었다. 국왕이 승하하면 '고부청시청승습사(告訃請諡請承襲使)'를 파견하지만 세자는 부고만 알렸으며, 세자의 시

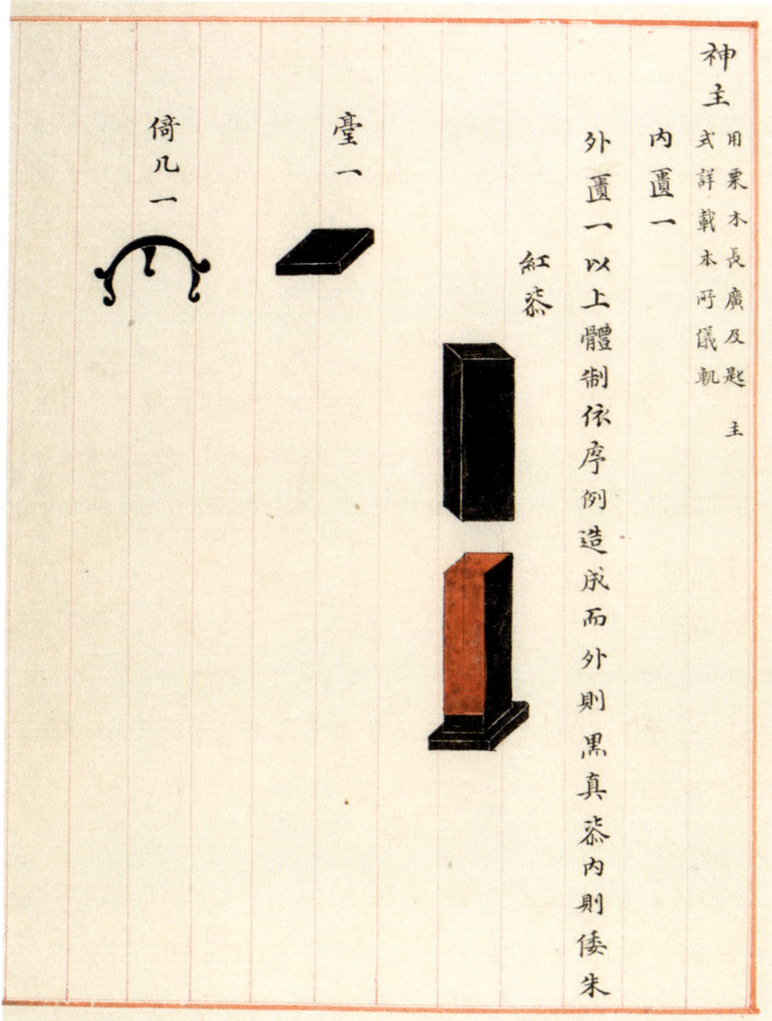
神主 用栗木長廣及題主式詳載本所儀軌
內匱一
外匱一以上體制依序例造成而外則黑真漆內則倭朱
紅漆
臺一
倚几一

〈도판 55〉「내궤(內匱)」·「외궤(外匱)」·「대(臺)」·「의궤(倚几)」,『문효세자예장도감의궤』(하), 프랑스 국립도서관
내궤, 외궤, 대, 의궤의 순으로 글씨가 쓰여 있으나 그림은 외궤, 내궤, 대, 의궤의 순서로 그려져 있다. 전체가 통으로 된 궤가 외궤이고, 윗면과 앞면이 트인 것이 내궤이다.

호는 앞서 보았듯이 조선의 국왕이 정해 내렸다.

이날[5월 22일] 또 영부사 김상철이 '온효'라고 정한 문효세자의 시호를 개정할 것을 건의했다. 시호의 뜻이 '대체는 좋지만 진미(盡美)하지는 못하다.'는 것이 개정을 요청한 이유였다. 정조가 윤허하자, 신하들이 다시 논의한 끝에 '문효(文孝)', '안효(安孝)', '양효(良孝)'의 삼망(三望)으로 정해 올렸다. 정조는 '강유상제(剛柔相濟)', '자혜애친(慈惠愛親)'이라는 뜻을 지닌 '문효'에 낙점했다.[62]

5월 24일 판부사 서명선에서 영돈녕 홍낙성(洪樂性, 1718~1798)으로 도감의 도제조를 교체했다. 삼도감의 공역이 장대(張大)해지고 있는데 물력(物力)이 제대로 구획(區劃)되지 못하여 모든 절차의 거행이 차질을 빚고 있었기 때문이다.[63]

이날은 또 경기도 고양(高陽) 율목동(栗木洞)의 산지(山地)를 간심(看審)하고 돌아와 묏자리에 대해 논의했다. 율목동이 길지(吉地)로 거론되었으나 그렇지 않다는 의견도 있었고, 두모포(豆毛浦)가 가장 좋다는 지사(地師)들의 말도 있었다. 두모포는 명당자리였지만 장지로 선정될 경우 헐어내야 할 민가가 너무 많아 결국 채택하지 않기로 했다.[64]

5월 25일 묏자리로 태릉(泰陵: 중종의 계비 문정왕후文定王后의 능)·강릉(康陵: 명종과 인순왕후仁順王后의 능)·혜릉(惠陵: 경종의 비 단의왕후端懿王后의 능)이 거론되었고, 26일에는 창릉이 물망에 올랐다. 그런데 영조가 가깝고 편리하다[편근(便近)]는 이유로 장헌세자의 영우원(永祐園)과 의소세손의 의소묘(懿昭墓) 자리를 선정한 것처럼 정조는 문효세자의 장지 역시 편근한 곳으로 정하기를 원했다. 이에 율목동이 가장 적합하다는 쪽으로 논의가 모아졌고, 이곳에 봉표함으로써 문효세자의 묘소 자리가 최종 결정되었다.[65]

이날에는 또 혼궁을 경희궁의 태령문(泰寧門) 안 정당(正堂)에 마련하기로 정했다.66

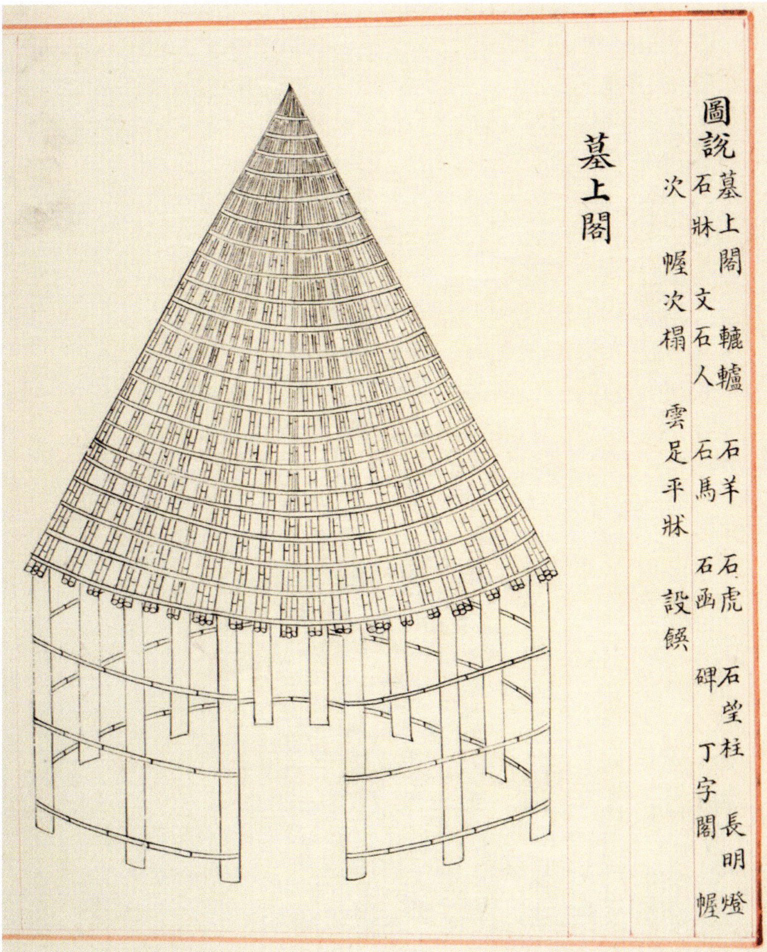

〈도판 56〉「묘상각(墓上閣)」, 『문효세자묘소도감의궤』(상), 프랑스 국립도서관
묘상각은 묘소의 봉분을 조성할 때까지 비바람과 눈 등을 피하기 위해 구덩이[현실(玄室)] 위에 세우는 임시 건축물이다. 속명(俗名)은 옹가(甕家)이다. 옹가는 무덤의 형태에 따라 달리 일컫는데 능(陵)이라면 능상각, 원(園)이라면 원상각, 묘(墓)라면 묘상각이라 한다. 문효세자의 무덤은 묘이기 때문에 묘상각이라 한 것이다.

間左右以轉轆轤

石羊 ①

石羊刻立形高三尺廣一尺三寸長三尺八寸四脚中間不鑿而刻草形臺石入地八寸面與地齊

石虎 ②

石虎刻蹲形高前二尺七寸後一尺五寸廣一尺二寸長三尺臺石入地五寸面如地齊

石望柱

③

柱臺上高五尺五寸以上端九寸爲圓首次以五寸作八面雲角(每面五寸自雲角至臺石皆作八面)次以尺一寸作廉隅(每面四寸)次以三尺作柱身(每面三寸)內面刻細虎(左柱陞形右柱降形)下端五寸圓斲植於臺石鑿中臺高二尺上層一尺分上下上刻覆蓮葉下刻牧丹(每面六寸)次以五寸作腰(每面五寸)下層(四面二尺)一尺入地中

長明燈

④

燈蓋高二尺五寸以上端五寸爲圓首次以四寸爲覆蓮葉次以尺六寸爲屋形(方二尺二寸自蓋石至臺石皆作四面)鑿其底以受體石體石長五尺上端一寸納于蓋石鑿中其下一尺(方一尺)每面通鑿(方五寸)各設小窓次以一尺爲隅石(方尺四寸)刻牧丹次以五寸(方一尺)刻草龍次以尺五寸爲臺石(方同隅石)上刻覆蓮葉次刻雲角下刻雲足下端一尺作地臺入地中

石牀

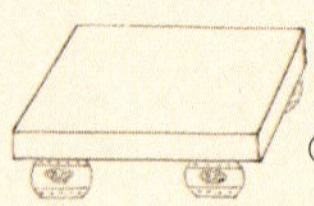

⑤

牀(俗名魂遊石)長五尺二寸廣三尺四寸厚尺五寸先設臺石(卽傅石)二各長二尺六寸廣三尺四寸厚尺五寸次設足石(一名鼓石)於四隅高一尺上下圓徑一尺腹圓徑尺三寸狀如鼓四面刻羅魚頭設牀於其上

文石人

⑥

文石刻冠帶執笏之象長六尺五寸廣上尺五寸下二尺厚上尺三寸下尺七寸臺石入地尺八寸面與地齊

石馬

⑦

石馬高三尺廣尺四寸長四尺七寸四脚刻制及臺石同石羊

石函(有二制)

〈도판 57〉「석양(石羊)」·「석호(石虎)」·「석망주(石望柱)」·「장명등(長明燈)」·「석상(石牀)」·「문석인(文石人)」·「석마(石馬)」, 『문효세자묘소도감의궤』(상), 프랑스 국립도서관
① 석양은 봉분의 양 측면과 뒷면에 석호(石虎)와 짝을 이루어 함께 설치하는 양 모양의 석의(石儀)이다.
② 석호는 석양과 짝을 이루어 함께 설치하는 호랑이 모양의 석상(石像)이다.
③ 석망주는 봉분의 앞쪽에 좌우로 설치하는 긴 돌기둥으로, 무덤이 시작되는 것을 표시하는 기능을 했다. '화표주(華表柱)', '망주석(望柱石)'이라고도 불렀다.
④ 장명등은 무덤에서 제사를 봉행할 때 봉분의 정면에 불을 밝힐 수 있도록 설치한 석등(石燈)이다.
⑤ 석상은 왕실 무덤에서 봉분의 앞쪽에 설치한 돌로 만든 장방형의 평상으로, 속명은 혼유석(魂遊石)이다. 혼유석은 사자(死者)의 혼령이 노니는 석물이다. 사대부의 무덤에서는 석상이 제사를 지낼 때 제수(祭需)를 차리는 평상으로 사용되지만 왕실의 무덤에서는 정자각에서 제례를 봉행하기에 혼유석의 역할을 담당했다.
⑥ 문석인은 석마(石馬)와 함께 1쌍으로 조성하여 왕실 무덤에서 봉분의 앞쪽 좌우에서 서로 마주보게 설치한 문관(文官) 복장을 한 석인상(石人像)이다. '문인석(文人石)', '문석(文石)'이라고도 한다.
⑦ 석마는 문석인 · 무석인(武石人)과 함께 1쌍으로 조성하여 왕실 무덤에서 봉분의 앞쪽 좌우에서 서로 마주보게 설치한 말 모양의 석상이다. 문효세자의 무덤에는 무인석이 배설되지 않았다.

〈도판 58〉 문효세자의 무덤 ⓒ 김민규

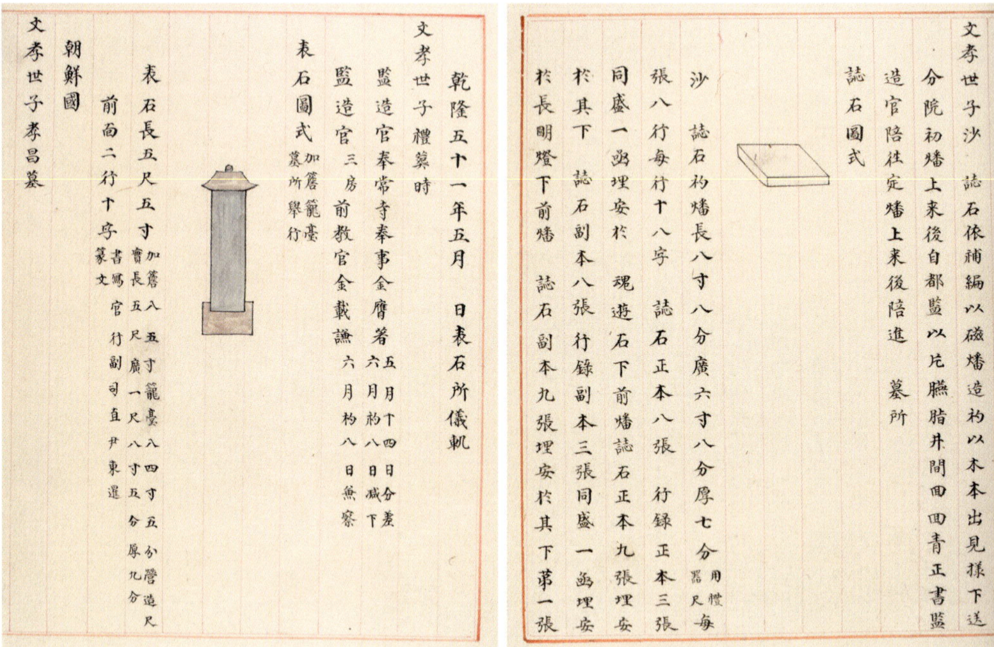

乾隆五十一年五月 日表石所儀軌
文孝世子禮葬時
監造官奉常寺奉事金膺著 五月十四日分差 六月初八日減下
監造官三房前教官金載謙 六月初八日無察
表石圖式 加簷籠臺 墓所舉行
表石長五尺五寸 加簷入五寸籠臺入四寸五分營造尺 實長五尺廣一尺八寸五分厚九分
前面二行十字 書寫官行副司直尹東暹 篆文
朝鮮國
文孝世子孝昌墓

文孝世子沙誌石依補編以磁燔造初以本本出見樣下送
分院初燔上來後自都監以片臙脂井間田田青正書監
造官陪往定燔上來後陪進 墓所
誌石圖式
沙誌石初燔長八寸八分廣六寸八分厚七分 用禮器尺每
張八行每行十八字 誌石正本八張 行錄正本三張
同盛一函埋安於 魂遊石下前燔誌石正本九張埋安
於其下 誌石副本八張行錄副本三張同盛一函埋安
於長明燈下前燔 誌石副本九張埋安於其下第一張

〈도판 59〉「표석도식(表石圖式)」·「지석도식(誌石圖式)」, 『문효세자예장도감의궤』(하), 프랑스 국립도서관

① 표석은 죽은 사람의 성명, 생년 · 사망 연월일, 본관, 관직 등을 적은 음기(陰記)가 있는 비석이다. 앞면 2행 10자는 행 부사직 윤동섬(尹東暹)이 전자(篆字)로 "조선국(朝鮮國) 문효세자효창묘(文孝世子孝昌墓)"라고 썼다. 뒷면 5행 121자는 정조가 직접 지었으며, 서사관은 행 부사직 서유린(徐有隣)이다. 뒷면의 내용은 문효세자의 탄생, 원자(元子) 정호(定號), 세자 책봉, 죽음, 묏자리 위치, 시호, 사당과 무덤의 칭호 등이다.

② 지석은 죽은 사람의 행적을 적어서 퇴광과 장명등(長明燈) 사이에 매안하는 판석(板石)이다. 지석을 묻을 때에는 지석함(誌石函)이라는 돌로 만든 상자에 담아서 묻었다.

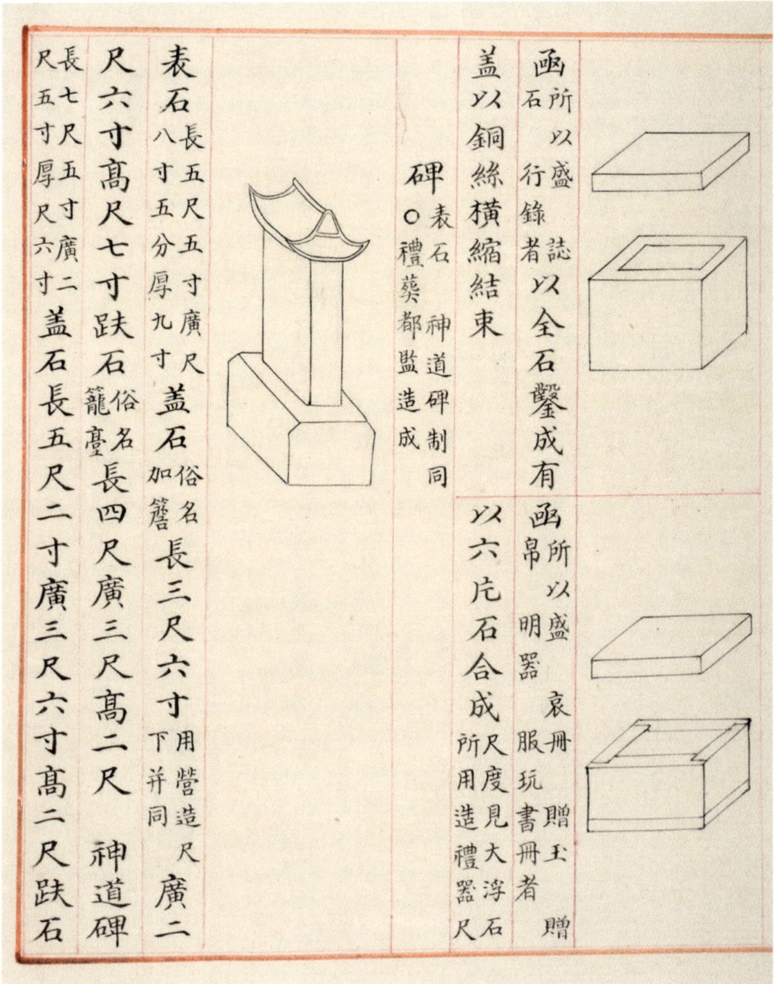

〈도판 60〉「비(碑)」·「석함(石函)」, 『문효세자묘소도감의궤』(상), 프랑스 국립도서관

① 비는 곧 표석(表石)이다. 문효세자의 비는 만드는 방법은 신도비(神道碑)와 같고, 예장도감에서 조성했다. 글자를 새긴 몸체 부분인 비신(碑身)과 덮개돌인 개석(蓋石), 받침돌인 부석(趺石)의 세 부분으로 구성되어 있다. 개석은 '가첨석(加簷石)', 부석은 '농대석(籠臺石)'이라고도 부른다. 비각을 설치하여 비를 보호했다.

② 석함은 지석 · 행록(行錄)을 담는 돌로 만든 상자[지석함]로, 이때의 석함은 통째의 돌[전석(全石)]을 쪼아서 제작했다. 석함 2개 중 위의 것을 가리킨다.

5월 26일 정조와 혜경궁이 공제(公除)했다.[67] 기년복을 입는 이는 13일 만에 공제하므로,[68] 성복한 5월 14일로부터 13일이 되는 날이 이날이었다.

이후 6월 19일까지 만장(挽章)은 80축(軸)에 준해서 마련, 묘소에서 거행하는 각 항목의 택일(擇日), 우제를 지내는 횟수 의정, 정자각 상량문의 작성 여부, 하현실(下玄室)·반우·초우제의 거행 시기, 백관의 곡반(哭班) 위치, 노제소의 위치, 예장에 사용한 물품의 소화(燒火), 선시(宣謚) 날짜, 제도(諸道)의 영읍(營邑)에서 하는 망곡례(望哭禮), 발인 전후 제전(祭奠)의 택일, 진향(進香) 담당 기관, 옹가(甕家) 완성, 진향 시기, 혼백(魂帛)의 매안 처소 의정, 개명정 서사(書寫) 및 초명정 소화 처소 결정, 수도각(隧道閣) 완성, 예장 때 쓰고 난 제구(諸具)의 소화 등등을 논의 혹은 결정했다. 그대로 지켜지는 경우도 있었지만 이후에 다른 사정으로 인해 바뀌는 경우도 있었다.

6월 20일과 21일, 문효세자의 사당과 무덤의 칭호 및 조성 형태에 대해 논의했다. 내묘(內廟)·외묘(外墓)의 칭호는 소현세자·효장세자처럼 시호를 그대로 쓴 전례를 따르지 않고 각각 의정하기로 했고, 사당과 무덤의 형태는 궁(宮)·원(園)이 아닌 묘(廟)·묘(墓)로 하기로 결정했다.

소현·효장세자의 시호 및 묘호(廟號)·묘호(墓號)

소현세자는 소현(昭顯)·장의(莊懿)·장목(章穆)의 삼망 중 수망(首望)인 '소현'으로 시호가 결정되었다.[69] 그에 따라 묘호(廟號)와 묘호(墓號)는 시호를 써서 소현묘(昭顯廟)와 소현묘(昭顯墓)라고 했다.

효장세자는 장효(莊孝)·효장(孝章)·장헌(章獻)의 삼망 중 영조가 두 번째인 효장으로 시호를 정하라고 하교했다. 수망인 장효가 좋기는 하지만 '효'가 백가지 행실의 으뜸이기 때문에 '효장'으로 정한 것이었다.[70] 그에 따라 사당과 무덤의 칭호는 시호를 써서 효장묘(孝章廟)와 효장묘(孝章墓)라고 했다.

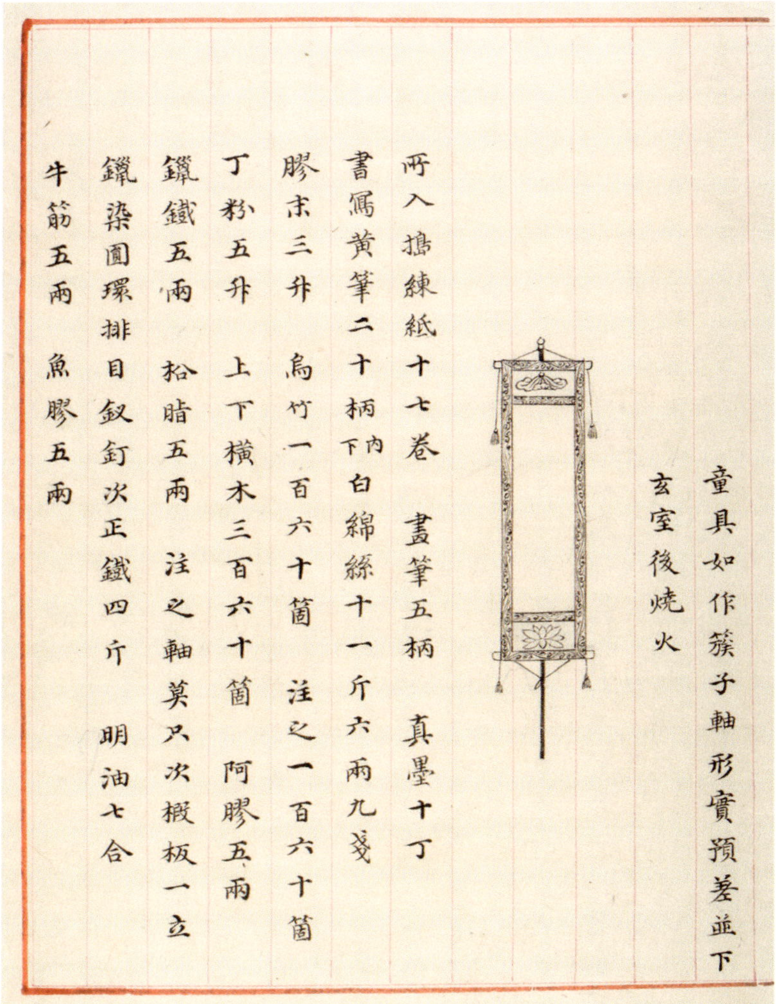

童具如作簇子軸形實預差並下
玄室後燒火

所入擣鍊紙十七卷　畫筆五柄　真墨十丁
書寫黃筆二十柄[內下]　白綿絲十一斤六兩九戔
膠末三升　烏竹一百六十箇　注之一百六十箇
丁粉五升　上下橫木三百六十箇　阿膠五兩
鑞鐵五兩　松脂五兩　注之軸莫只次椴板一立
鑞染圓環排目釵釘次正鐵四斤　明油七合
牛筋五兩　魚膠五兩

〈도판 61〉「만장(挽章)」,『문효세자예장도감의궤』(하), 프랑스 국립도서관
만장은 죽은 자를 애도하며 지은 글을 적어 족자(簇子) 모양으로 만든 장례용 의물이다. 국가전례서에 국장에는 96축, 소상에는 80축을 만든다고 되어 있다.[71] 문효세자의 만장은 80축을 만들고 예비용[예차(預差)]이 10축이며, 그 밖에 빈객(賓客)과 각신(閣臣), 원임(原任), 춘방(春坊)을 위해 80축을 더 만들었다.[72] 자루는 오죽(烏竹)을 사용해서 만들었다. 문효세자의 예장에 사용된 만장은 실제로 사용한 것과 예비용으로 만든 것 모두 현실에 재실을 내린 뒤 불태웠다. 영조의 국장에서는 96축을 만들고 예비용으로 4축을 만들었다.[73]

문효세자의 사당과 무덤 칭호를 논의한 결과, 묘호(廟號)는 '문희(文禧)', '효의(孝懿)', '원희(元禧)' 중 '문희'로, 묘호(墓號)는 '효창(孝昌)', '의효(懿孝)', '유녕(裕寧)' 중 '효창'으로 의정했다.[74] 이때 문·희·효·창 네 글자 각각의 뜻에 대해서는 문헌에서 찾아지지 않는다. 그중 '문희묘'는 사당이 건립되지 않았음에도 '문효세자'를 가리키는 대명사로 많이 사용되었다.

이후 1830년(순조 30)에 홍서한 순조의 아들 효명세자의 사당과 무덤 또한 궁원이 아닌 '문호묘(文祜廟)'와 '연경묘(延慶墓)'로 조성하여,[75] 세자에게 '궁원제'를 적용한 것은 장헌세자의 경모궁과 영우원(후일 현륭원)에 그치고 조종의 전례로 정착되지 못했음을 알 수 있다.[76]

6월 24일 종묘·경모궁에서 세자에게 선시(宣謚)한다는 내용으로 고유제(告由祭)를 지내고, 영녕전에 고유했다.[77]

다음날 6월 25일, 빈궁에서 세자의 시호를 선포하는 절차를 거행했다. 국장에서는 빈전에 시책과 시보를 올리는 「상시책보의(上謚冊寶儀)」를 거행한 반면, 소상에서는 시책과 시인(謚印)을 빈궁에 내렸다. 이때 정조의 명령에 따라 도감에서 시책과 시인을 대내에 들이고 내가는[내입(內入)·내출(內出)] 절차는 거행하지 않았다.[78]

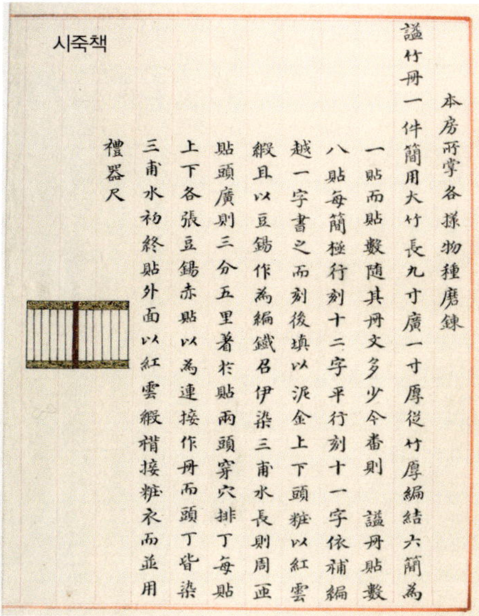

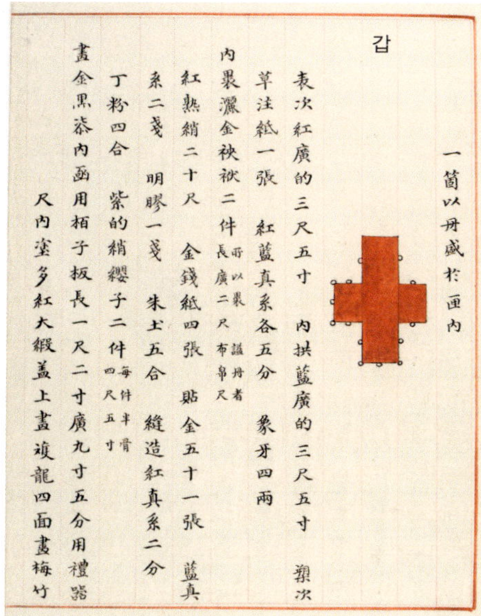

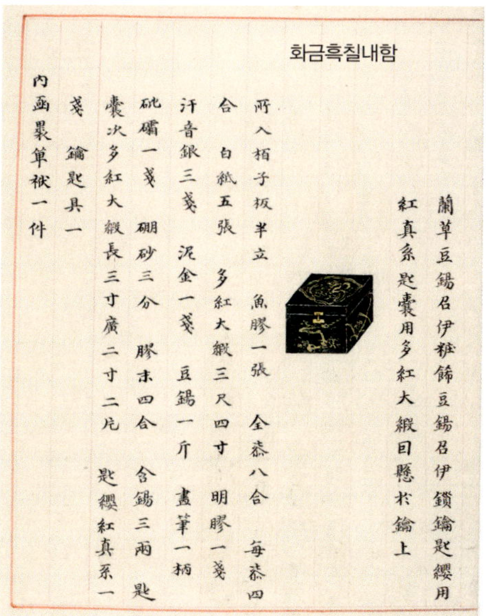

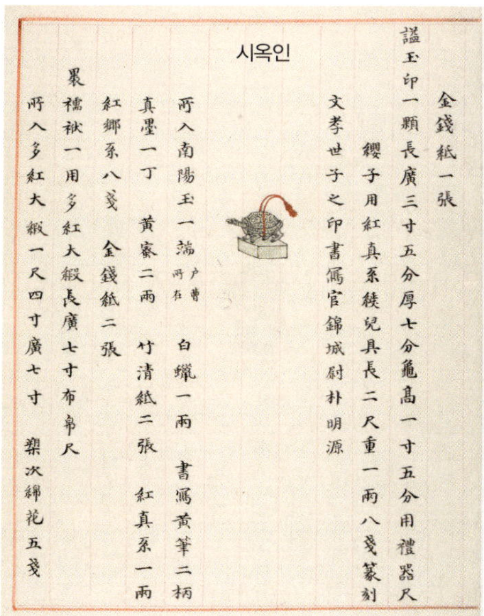

〈도판 62〉「시죽책(謚竹冊)」·「갑(匣)」·「화금흑칠내함(畵金黑漆內函)」·「시옥인(謚玉印)」,『문효세자예장도감의궤』(하), 프랑스 국립도서관

① 시죽책은 문효세자의 시호를 정해 올린 내용을 죽간(竹簡: 대나무 조각)에 적은 후 책 모양으로 엮은 의물이다. ② 갑은 옥책이나 죽책을 감싸서 수납하는 십자형 보자기이다. ③ 화금흑칠내함은 표면에 검은색 옻칠을 하고 금이나 니금(泥金)으로 문양을 그려 넣은 안쪽 상자이다. ④ 시옥인은 시호를 새긴 옥으로 만든 도장으로, 국왕과 왕후의 도장은 보(寶), 세자와 세자빈은 인(印)이라 하여 구별지었다.

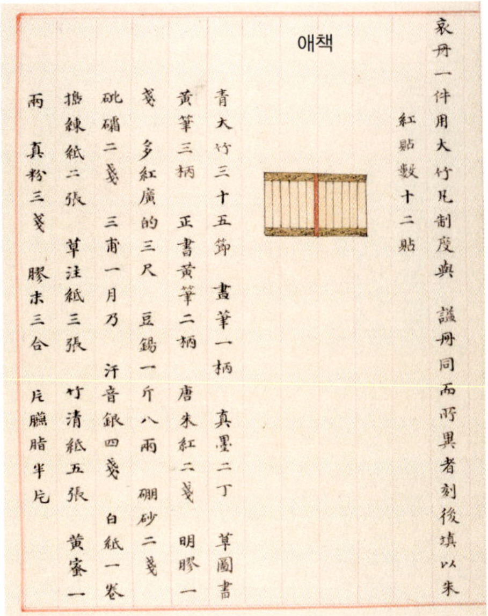

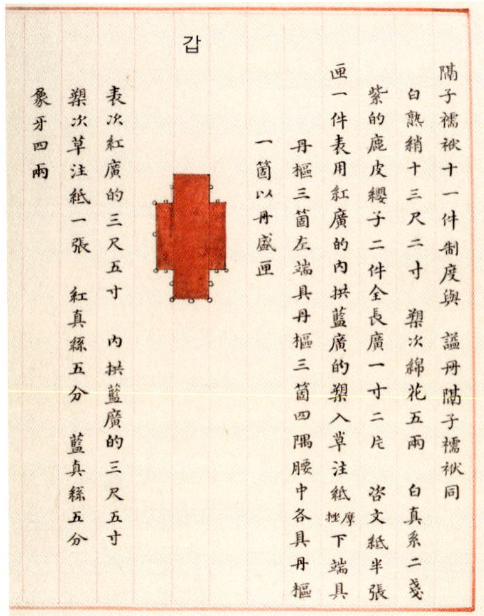

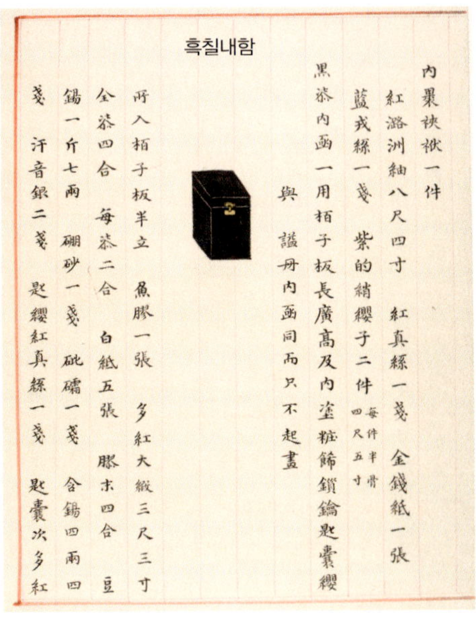

〈도판 63〉「애책(哀冊)」·「갑(匣)」·「흑칠내함(黑漆內函)」, 『문효세자예장도감의궤』(하), 프랑스 국립도서관

① 애책은 옥간이나 죽간에 죽은 이를 애도하고 생전의 덕을 찬양한 내용을 새기거나 적은 후 책 모양처럼 엮은 옥책이나 죽책이다. 여기서는 국왕이 아닌 세자의 애책이므로 푸른 대나무[청대죽(青大竹)]를 사용해서 만들었다.

② 갑은 옥책이나 죽책을 감싸서 수납하는 십자형 보자기이다.

③ 흑칠내함은 검은책 칠을 한 안쪽 상자로, 검은색 칠을 한 바깥쪽 상자인 흑칠외궤(黑漆外櫃)와 짝을 이루어 사용되었다.

빈궁에서 세자의 시호를 선포하는 절차

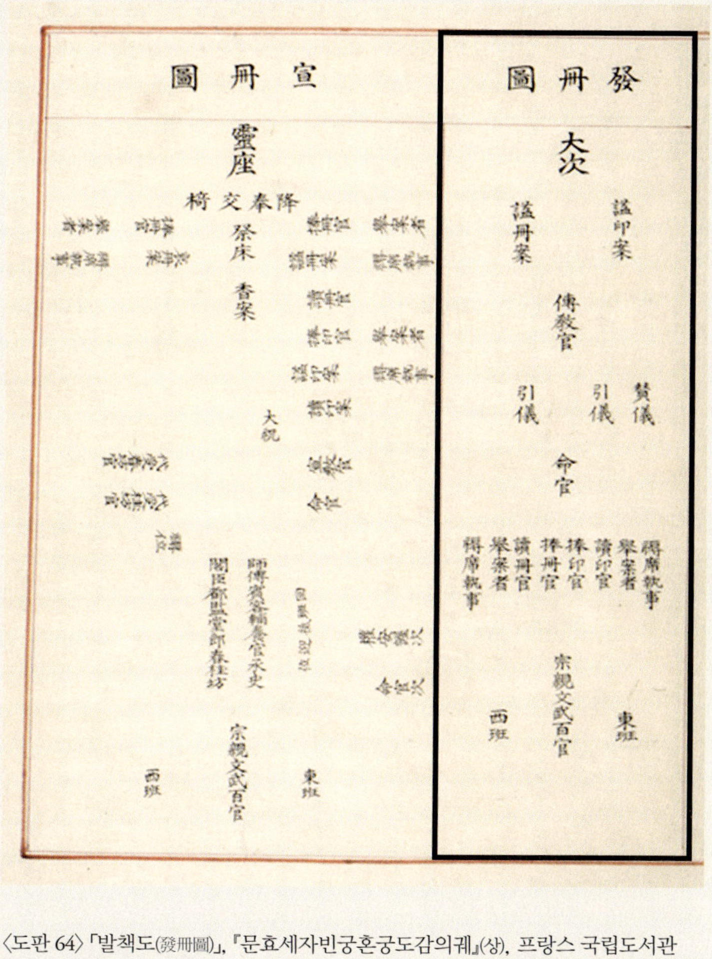

〈도판 64〉「발책도(發冊圖)」,『문효세자빈궁혼궁도감의궤』(상), 프랑스 국립도서관

발책도는 정조가 문효세자에게 시호를 내리는 책문(冊文)을 반포할 때 정조가 시책(諡冊)을 가지고 빈궁에 직접 가지 않고 그 시책을 신하에게 전해줄 때의 모습을 문자로 도식화해 놓은 반차도이다.

시호는 죽은 뒤 살아서의 이름을 대신해서 부르는 칭호이다. 생전의 공덕을 칭송하여 시호를 지었다는 내용을 옥책이나 죽책 등에 적은 것이 시책이다. 이 그림은 문효(文孝)라고 시호를 정한 뒤 정조가 신하에게 시책을 전해줄 때의 모습인데, 그림으로 그리지 않고 당시 담당관들의 각자 위치에 직명(職名)만을 써 놓았다. 책문을 발표하기 위해 신하를 빈궁에 보내어 시책을 전하도록 하는 것은 전하(殿下)가 하는 의식이고, 신하가 빈궁에 가서 책문을 선포하는 선책(宣冊)과 국왕이 내린 제사를 받는 것 등은 빈궁에서의 의식이다. 이처럼 발책과 선책을 거행하는 장소는 달라야 하는데 문효세자의 경우는 발책하는 처소를 빈궁 근처로 하여 해당 예조당상이 처벌을 받았다.79

반차도를 설명하면 다음과 같다.
임금의 막차인 대차(大次)가 맨 위 북쪽 가운데에 있다. 대차의 남쪽에 대차를 기준으로 시책안(諡冊案)이 서쪽에, 시인안(諡印案)이 동쪽에 각각 놓여 있다. 시책안·시인안의 남쪽에 전교관(傳敎官)이 가운데에 있다. 전교관의 남쪽에 전교관을 기준으로 인의(引儀)가 서쪽에, 인의·찬의(贊儀)가 동쪽에 각각 자리하고 있다. 인의와 인의·찬의의 남쪽에 명관(命官)이 가운데에 있다. 명관의 남쪽에 명관을 기준으로 서쪽에 봉책관(捧冊官)·독책관(讀冊官)·거안자(擧案者)·욕석집사(褥席執事)가, 동쪽에 봉인관(捧印官)·독인관(讀印官)·거안자·욕석집사가 각각 자리하고 있다. 봉책관·독책관·거안자·욕석집사 및 봉인관·독인관·거안자·욕석집사의 남쪽에 종친(宗親)과 문무백관(文武百官)이 가운데에 위치해 있다. 또 종친·문무백관의 서쪽에 서반(西班)이, 동쪽에 동반(東班)이 자리하고 있다.
동서남북의 방향은 대차가 북쪽에서 남면(南面)하므로 맨 위를 북쪽으로 하고, 그 반대가 남쪽, 대차의 오른쪽을 서쪽, 대차의 왼쪽을 동쪽으로 하였다.

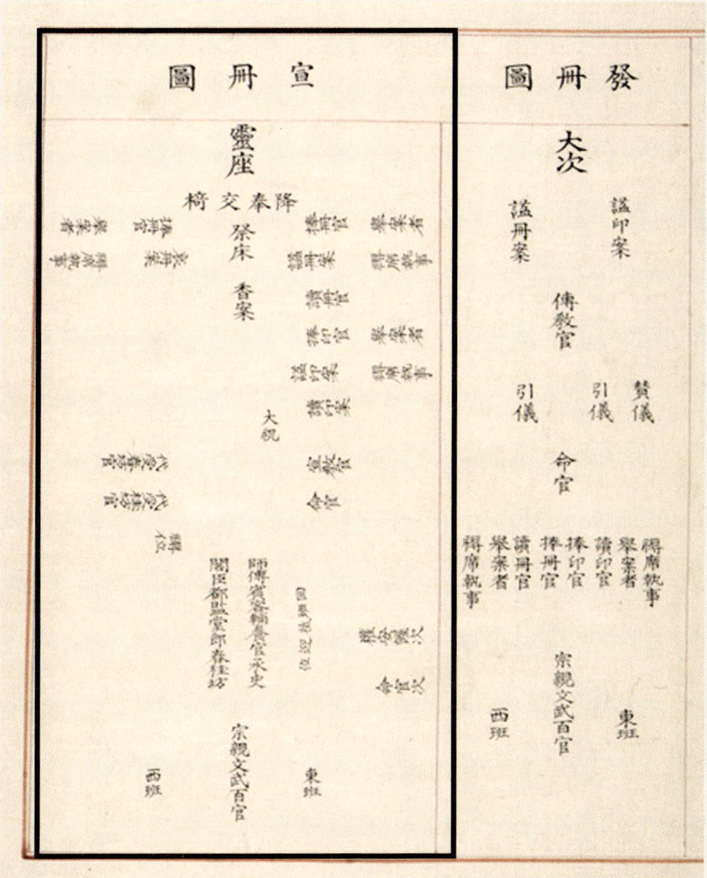

〈도판 65〉「선책도(宣冊圖)」, 『문효세자빈궁혼궁도감의궤』(상), 프랑스 국립도서관

선책도는 정조가 문효세자에게 시호를 내리는 책문을 선포할 때 정조가 신하에게 시책을 전해준 뒤 시책을 받은 신하가 문효세자의 시신을 봉안하고 있는 빈궁(殯宮)에 와서 책문을 선포할 때의 모습을 문자로 도식화한 반차도이다. 이 그림은 문효라고 시호를 정하고 이어서 정조가 신하에게 시책을 전해준 뒤 그 신하가 빈궁에 와서 책문을 선포하는 모습인데, 그림으로 그리지 않고 당시 담당관들의 각자 위치에 직명(職名)만을 써 놓았다.

반차도를 설명하면 다음과 같다.

문효세자의 신백을 담은 신백함을 임시로 두는 영좌가 맨 위 북쪽 가운데에 있다. 영좌의 남쪽에 강봉교의(降奉交椅), 강봉교의의 남쪽에 제상(祭床), 제상의 남쪽에 향안(香案)이 각각 가운데에 놓여 있다. 강봉교의·제상의 서쪽에 애책안(哀冊案)이 있다. 애책안의 서쪽에 욕석집사가 있고, 욕석집사의 남쪽에 거안자가, 거안자의 남쪽에 봉책관이 각각 자리하고 있다. 강봉교의·제상의 동쪽에 시책안이 있고 시책안을 기준으로 북쪽에 봉인관이, 남쪽에 독책관이 있다. 또 봉인관의 동쪽에 거안자가 있고 시책안의 동쪽에 욕석집사가 있다. 다음 제상·향안 사이의 동쪽에 시인안이 있고 시인안을 기준으로 북쪽에 봉인관이, 남쪽에 독인안(讀印案)이 있다. 또 봉인관의 동쪽에 거안자가 있고 시인안의 동쪽에 욕석집사가 있다. 다음으로 향안의 서쪽에 대수춘방관(代受春坊官)이, 대수춘방관의 남쪽에 대수계방관(代受桂坊官)이 각각 자리하고 있다. 향안의 동쪽에는 대축(大祝)이 있다. 대축의 동쪽에 선교관(宣敎官)이 있고, 선교관의 남쪽에 명관이 있다. 다음은 향안의 남쪽 가운데에 두 줄로 줄지어 서 있는 신하들이 있다. 서쪽 줄에는 각신(閣臣)·도감당랑(都監堂郞)·춘계방(春桂坊)이, 동쪽 줄에는 사부(師傅)·빈객(賓客)·보양관(輔養官)·승사(承史)가 위치해 있다. 각신의 서쪽에 욕위(褥位)가 있다. 사부·빈객·보양관·승사 줄의 동쪽에 회반지영위(回班祗迎位)가 자리하고 있다. 다음은 각신·도감당랑·춘계방 및 사부·빈객·보양관·승사의 두 줄 남쪽 가운데에 종친과 문무백관이 자리하고 있다. 또 각신·도감당랑·춘계방 및 사부·빈객·보양관·승사의 두 줄과 종친·문무백관의 사이에서 그 동쪽에 권안악차(權安幄次)가 있고, 권안악차의 남쪽에 명관의 막차[명관차(命官次)]가 있다. 또 종친·문무백관의 서쪽에 서반이, 동쪽에 동반이 각각 자리하고 있다.

동서남북의 방향은 영좌가 북쪽에서 남면하므로 맨 위를 북쪽으로 하고, 그 반대가 남쪽, 영좌의 오른쪽을 서쪽, 영좌의 왼쪽을 동쪽으로 하였다.

이어서 이날[6월 25일] 개명정 서사관인 창성위 황인점(黃仁點, ?~1802)이 행로(行路)에 사용할 명정에 니금으로 '문효세자재실(文孝世子梓室)'을 예자로 쓴 뒤 영좌의 왼쪽에 세웠다. 초명정은 혼궁 문 밖 정결(淨潔)한 곳에서 불태웠다. 또 광(壙)에 넣을 광중명정(壙中銘旌)에는 정조가 직접 니금을 가지고 '문효세자재실'을 예자로 썼다.[80]

6월 28일 빈궁에 와서 향을 올리는 대상에 관해 논의했다. 전례서의 규정에 소상에는 의정(議政)·종친(宗親)·의빈(儀賓)·돈녕(敦寧)·충훈부(忠勳府)만 진향하는 것으로 되어 있다.[81] 그런데 이번 문효세자의 빈궁에 진향하는 것은 신하가 충성을 바치는 성의라고 여겨서 신하들이 지방의 번신(藩臣)에게도 진향할 기회를 주도록 청했고, 정조가 허락했다.[82] 이후 7월 17일에는 모든 도(道)의 도신(道臣)에게도 진향을 특별히 허락했다.[83]

7월 5일 문효세자의 대여를 메는 군인[대여군(大轝軍)]을 재운(再運)으로 마련하도록 결정했다. 국장에는 대여를 메는 여사군의 수가 운(運)마다 200명이 동원되는데,[84] 소상에는 별도의 규정이 마련되어 있지 않다.

발인하는 길[인로(靷路)]이 주교(舟橋)를 따라 대여현(大轝峴)을 넘는다면 성문(城門)의 체운소(替運所)에서 묘소까지의 거리가 성문에서 궐문까지의 거리보다 가깝기 때문에 2운으로 하기로 했다. 곧, 빈궁에서 효창묘까지의 거리가 가까워 재실을 실은 대여를 메는 대여군을 두 번 교체하도록 한 것이었다. 그 결과 대여 담배군(大轝擔陪軍)이 체운하는 곳은 초운은 선인문(宣仁門)에서 숭례문(崇禮門) 밖까지, 재운은 숭례문 밖에서 묘소까지로 정했다.[85] 외재실(外梓室) 담배군은 이보다 앞서 2운[장생전~숭례문 밖, 숭례문 밖~묘소]으로 마련했던 것을[86] 1운으로 줄여서 거행하기로 했다.

7월 6일 효창묘에 있는 정자각의 상량문을 지어서 내렸다. 7월 19일에는 3년 안에 들어가는 제수(祭需) 비용 9만 4천 냥을 마련하는 방안을 논의하고, 24일에는 의조(儀曹)에서 발인과 반우할 때의 응행절목(應行節目: 마땅히 거행해야 할 절목)을 올려서 다가올 행사를 대비했다.

7월 26일 빈궁에서 판돈녕부사 김종수가 정조에게 세자의 죽음에 대해 의관(醫官)과 유모(乳母)가 결탁했을지도 모른다는 자신의 추측에 대해 아

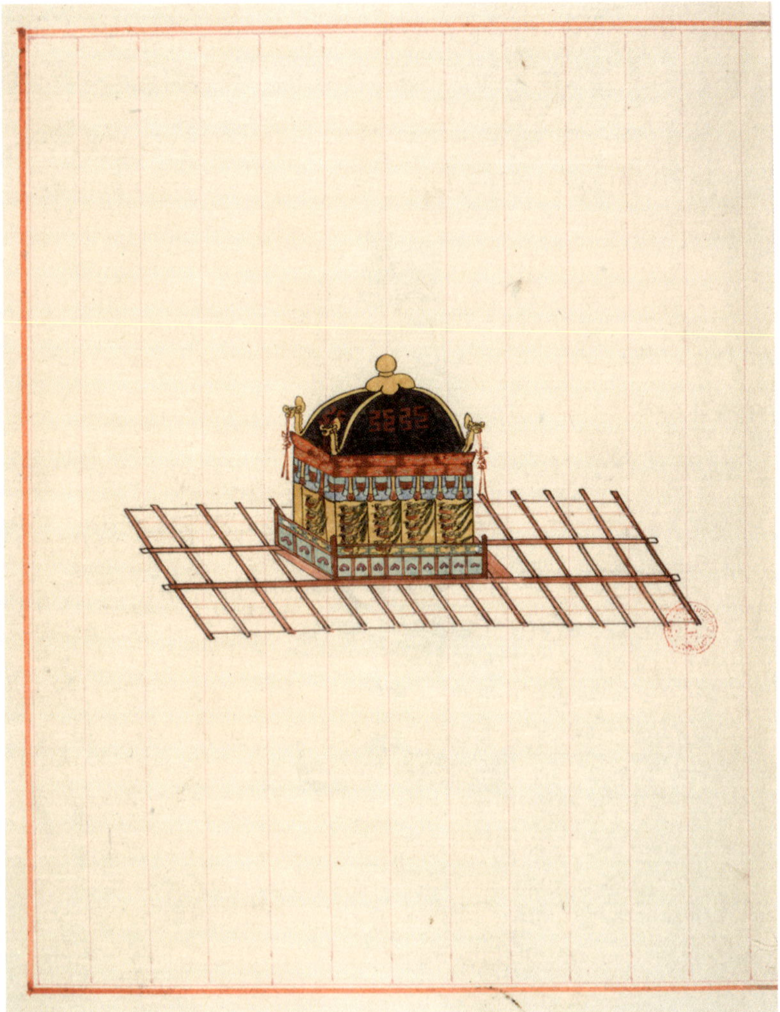

〈도판 66〉「대여(大轝)」, 『문효세자예장도감의궤』(상), 프랑스 국립도서관
대여는 발인할 때 돌아가신 세자 · 세자빈의 관인 재실(梓室)을 담아 운반하는 큰 가마이다.

〈도판 67〉「견여(肩轝)」,『문효세자예장도감의궤』(상), 프랑스 국립도서관
견여는 발인할 때 재궁 혹 재실을 받들어 대여에 올리고 내릴 때 사용하는 가마로, 순(輴)이라고도 불렀다.

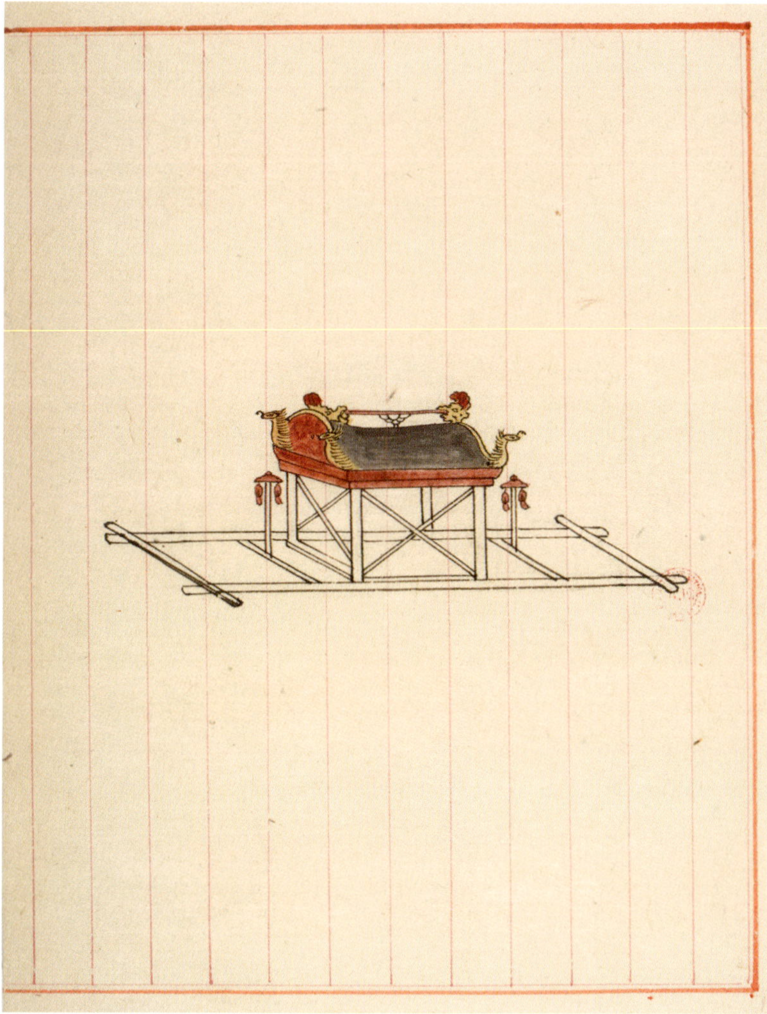

〈도판 68〉「외재실여(外梓室轝)」, 『문효세자예장도감의궤』(상), 프랑스 국립도서관
외재실여는 예장에서 외재실을 운반할 때 사용하는 가마이다. 외재실은 무덤에서 왕세자와 왕세자빈의 관인 재실을 담아 보호하는 바깥쪽 큰 재실이다. 국왕과 왕후의 경우는 외재궁이라 한다.

本房所掌 神帛腰轝神輦內排無趺交倚各一坐取色

次全漆六合進排事奉甘爲乎旀差備官後錄以稟爲去

乎依此差出之意吏曹及兵曹良中捧甘何如 手決內依

神輦前侍衛武兼八員

攝通禮二員 攝司僕僉正二員

陪衛忠贊衛十人 烏紗帽黑角帶

魂帛腰轝取來看審是乎則蓋兒及諸處不可不修補故

後錄仰稟依此捧甘取用何如 堂上手決內依

所入

〈도판 69〉「좌의자(坐倚子)」, 『문효세자예장도감의궤』(상), 프랑스 국립도서관

좌의자는 신백요여(神帛腰轝), 신련 안에 설치하는 무부교의(無趺交倚)이다. 무부교의는 다리 부분[부(趺)]이 없는 작은 의자로, 신백을 담는 상자인 신백함을 임시로 안치하는 데 사용되었다. 규장각한국학연구원 소장 『문효세자예장도감의궤』(奎 13921)본에는 좌의자(座倚子)라고 표기되어 있다.

되었다.[87] 국왕이나 왕후, 세자, 세자빈 등 왕실 구성원이 죽으면 신하들이 의관의 처벌을 요청하는 것은 으레 있는 일이고, 문효세자의 경우도 예외가 아니었다. 그런데 문효세자가 홍서한 뒤부터 줄기차게 의관의 처벌을 요구해 왔는데, 급기야 젖을 끊은 유모와의 내통까지 거론하며 김종수는 역모로 몰아갔다.

윤7월 5일 우의정 김익(金熤, 1723~1790)도 의관과 유모의 잠통(潛通: 몰래 내통함)에 대해 추측이지만 자신의 생각을 정조에게 전달했다.[88]

정조는 김종수나 김익의 견해에 계속 동조하지 않지만 이들은 세자의 죽음의 원인을 홍진이 아닌 다른 데로 몰아가는 분위기를 조성했다.

윤7월 8일, 묘시(卯時)에 정조가 니금으로 재실 상우판(上隅板)에 '상(上)' 자를 친히 쓰고 별전(別奠)을 올렸다. 사시(巳時)에 재실을 결과(結裹)하고 또 다시 별전을 올렸다.[89]

윤7월 13일 시마복 3개월을 입는 자전의 상복 기한이 이달에 끝나는 문제에 대해 논의했다.[90] 윤달을 제외하면 문효세자가 홍서한 지 3개월이 되므로 제복(除服)해야 하는데 제복하는 기일에 대해 수의(收議)가 지체되어 윤7월 19일 초우제를 지낸 뒤에 왕대비가 대내의 별전에서 곡림한 뒤 시마복을 벗고 길복을 입기로 결정되었다.[91] 윤7월 13일부터는 발인과 반우에 대한 습의(習儀)를 행했다.

윤7월 16일, 종묘·영녕전·경모궁·사직에서 '빈궁에서 찬실을 연다.'는 고유제를 지냈다. 이날 문효세자의 신주가 조성되어 경희궁의 위선당에 임시로 봉안했다.[92]

다음날 17일에는 발인 행렬이 종묘를 지날 때의 의절에 대해 의논했다. 정조 초 영조의 국장을 치를 때 신중하게 논의한 끝에 정조의 결단으로 조조례를 시행하지 않기로 결정했는데,[93] 이는 문효세자의 상에도 그대로 지켜졌다. 신백을 받들고 종묘에 가서 조알하는 대신 『상례보편』을 따라 신련과 영여(靈轝) 모두 방향을 되돌려 잠시 머무르는 것으로 결정되었다.[94]

윤7월 18일 사직단에서 기청제(祈晴祭: 날이 맑기를 기원하는 제사)를 지냈다. 이어서 묘시에 경희궁의 위선당에서 우주를 받들어 내어 요여에 싣고 빈궁에 이르러 신백의 뒤에 봉안했다.[95] 묘시에 조전(朝奠)할 때 계찬(啓欑) 고유(告由)를 함께 행하고, 사시에 계찬실전(啓欑室奠)과 별전을 차례대로 행했다. 이때부터 발인까지 대곡(代哭)하는 소리가 끊이지 않았다. 신시에 길신[노신(路神)]에게 올리는 조전(祖奠)을 거행했다.[96]

발인 전후에 거행하는 각 제전의 거행 시기와 담당 기관은 〈표 10〉이 참조된다. 그 밖에 이날[윤7월 18일] 평안도 관찰사 조준(趙瑍)이 중국 예부에서 문효세자에게 치제(致祭)할 칙사를 파견하겠다고 통보한 사실을 보고했다.[97] 칙사는 정사 공부시랑 소릉아(蘇凌阿)와 부사 내각학사 서보(瑞保)였다.

3. 발인 - 입주전

윤7월 19일 축시, 먼저 빈궁의 호(戶) 밖에서 견전을 올리고, 이어서 대여에 재실을 안치한 뒤 묘소를 향해 출발했다[발인]. 발인할 때 행렬이 지나가는 문로(門路)는 다음과 같다.[98]

> 정당남장(正堂南墻), 태안문(泰安門), 연희문(延喜門), 숭지문(崇智門), 집례문(集禮門), 경화문(景化門), 선인문(宣仁門), 숭례문(崇禮門), 주교대로(舟橋大路).

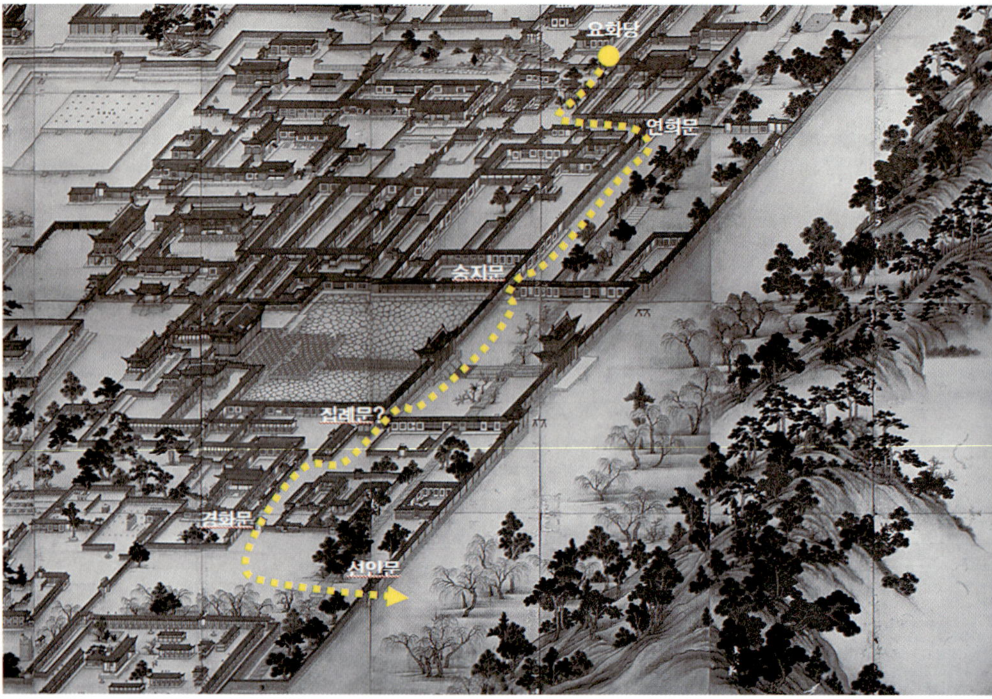

〈도판 70〉「동궐도」를 통해 본 발인 행렬 동선, 고려대학교 박물관

이때 문이 좁아서 대여가 통과하기 어려울 경우에는 담장을 허물거나 벽을 헐고 땅을 파서 길을 만들었다가 발인한 뒤 다시 쌓았다.[99] 빈궁인 요화당에서 궁궐을 나오기까지 발인 행렬의 동선은 위의 「동궐도(東闕圖)」에서 확인된다.[100]

대여와 신련, 영여가 종묘 앞길에 이르자 잠시 머물렀다가 출발했다. 이어서 축시에[101] 숭례문 밖 서변(西邊)에 마련된 노제소(路祭所)[102]로 가서 노제를 지낸 뒤 묘소를 향해 갔다. 인시에[103] 영여가 묘소의 작문(作門) 안에 도착해서 정조가 묘소에 이를 때까지 기다렸다. 정조가 도착하자 영여에서 재실을 받들어 내려 정자각에 봉안한 뒤 성빈전을 올렸다.[104]

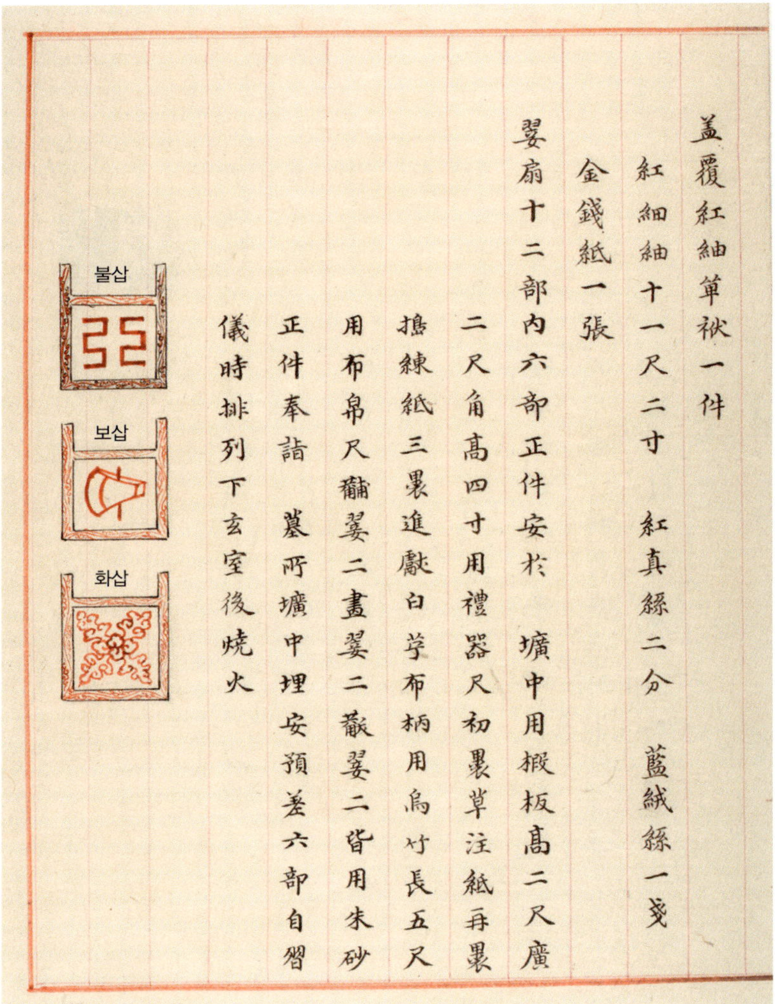

〈도판 71〉「삽선(翣扇)」,『문효세자예장도감의궤』(하), 프랑스 국립도서관

삽선은 재궁이나 재실을 가리는 데 사용하는 부채 모양의 의물이다. 맨 위 불삽(黻翣)은 두 개의 궁(弓)자를 서로 등대게 한 모양을, 가운데 보삽(黼翣)은 도끼 모양을, 맨 아래 화삽(畵翣)은 구름 무늬를 그렸다. 문효세자의 상에서 삽선은 정건(正件) 6부(部)와 예비용 6부를 만들었는데, 정건 6부는 묘소의 광중(壙中)에 매안하고, 예비용 6부는 습의(習儀)할 때 배열하고 재실을 현실에 내린 뒤 불태웠다. 자루는 오죽(烏竹)을 사용해서 만들었다. 참고로 규장각한국학연구원 소장『문효세자예장도감의궤』(奎 13921)에는 보삽에서 도끼의 날이 반대로 그려져 있다.105

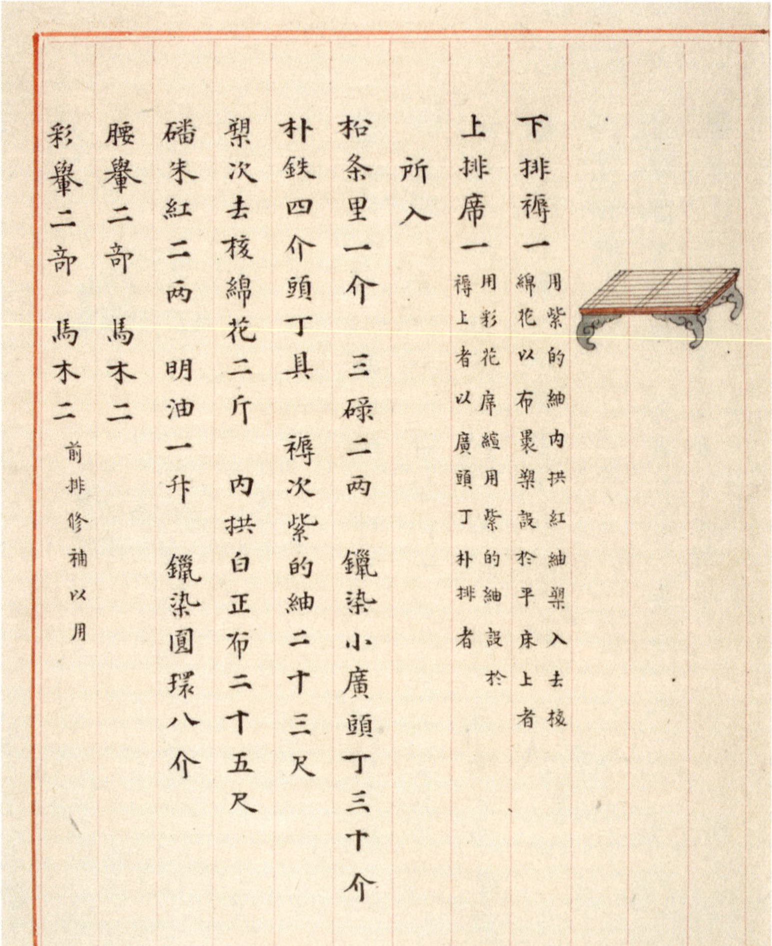

下排褥一 用紫的紬內拱紅紬槊入去核綿花以布裹槊設於平床上者
上排席一 用彩花席縇用紫的紬設於褥上者以廣頭丁朴排者
所入
松条里一介 三碌二兩 鑞染小廣頭丁三十介
朴鉄四介頭丁具 褥次紫的紬二十三尺
槊次去核綿花二斤 內拱白正布二十五尺
磻朱紅二兩 明油一升 鑞染圓環八介
腰轝二部 馬木二
彩轝二部 馬木二 前排修補以用

〈도판 72〉「살평상(箭平床)」, 『문효세자예장도감의궤』(상), 프랑스 국립도서관
살평상은 상판(床板) 위에 여러 개의 살대를 설치한 평상으로, 발인할 때 노제소나 주정소에 머물 경우 신백을 이 위에 임시로 안치했다.

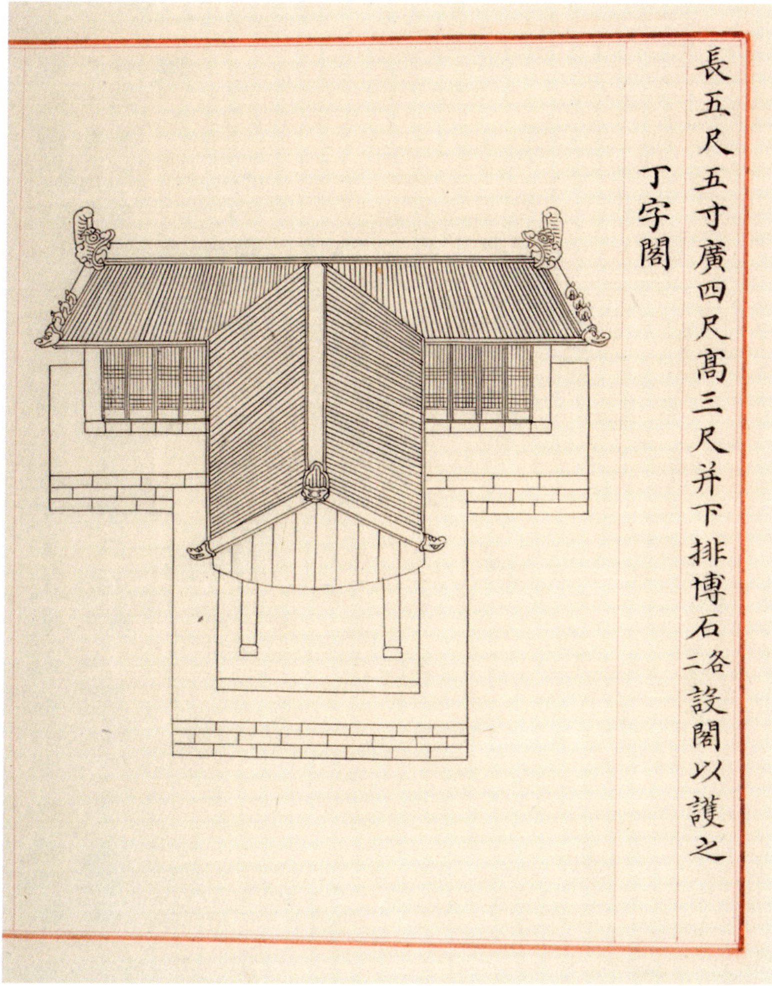

〈도판 73〉「정자각(丁字閣)」, 『문효세자묘소도감의궤』(상), 프랑스 국립도서관
정자각은 조선 왕실 무덤인 왕릉과 원소(園所), 묘소에서 제향을 올리기 위해 건립한 '정(丁)'자 모양의 건물로 침전(寢殿)이라고도 한다. 『국조오례서례』에는 능실(陵室)의 남쪽에 있되 북쪽에 앉아 남쪽을 향하는 3칸 짜리 건물이라고 되어 있다. 제향을 지낼 때에는 북쪽 신문(神門)을 열어놓고 능상(陵上)이 바라보이게 했다.

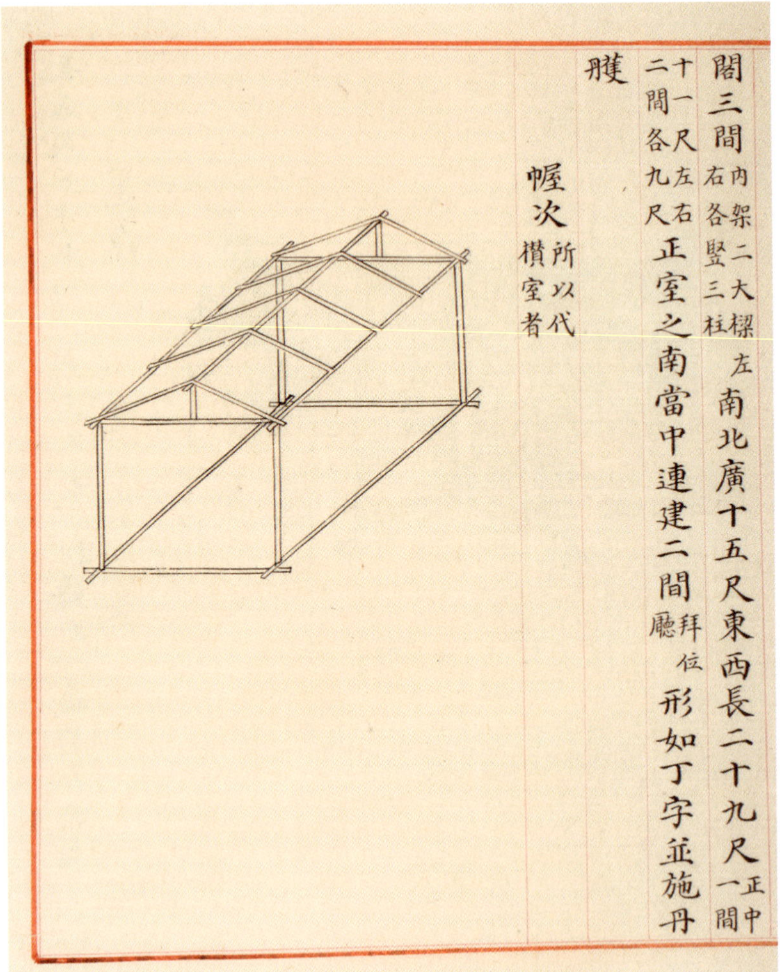

閣三間內架二大樑左右各竪三柱南北廣十五尺東西長二十九尺正中一間十一尺左右二間各九尺正室之南當中連建二間拜位廳形如丁字並施丹雘

幄次所以代攢室者

〈도판 74〉「악차(幄次)」, 『문효세자묘소도감의궤』(상), 프랑스 국립도서관
악차는 일반적으로 왕실 의례에서 사용되는 장막이나, 여기서는 찬실을 대체하는 의물로 사용되었다.

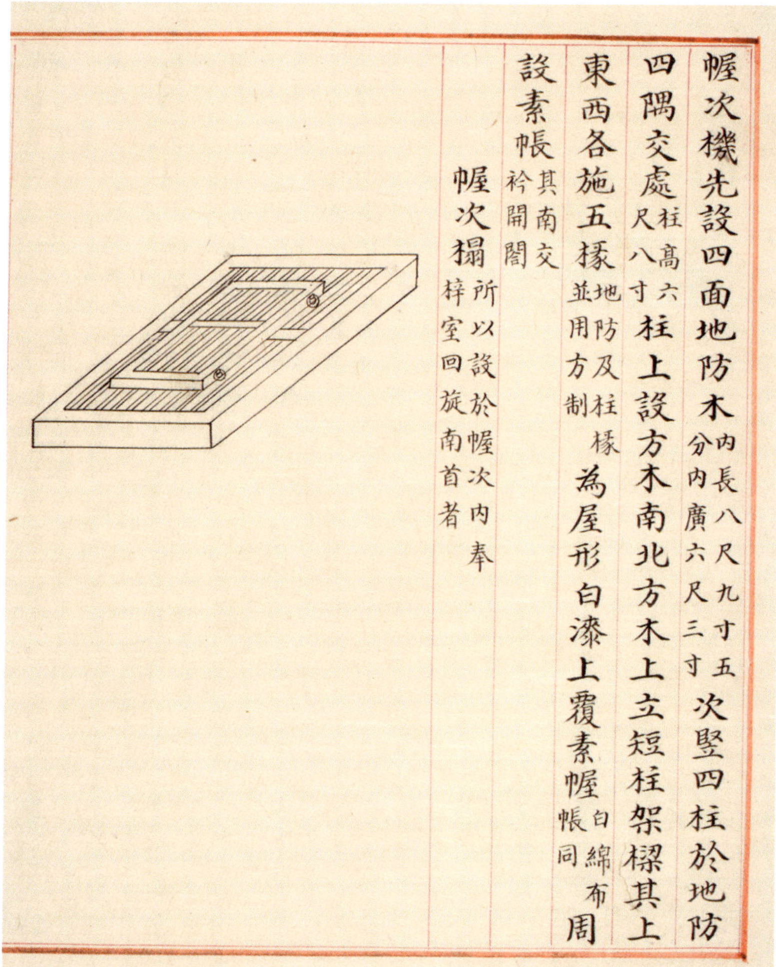

幄次機先設四面地防木 內長八尺九寸五分 內廣六尺三寸 次竪四柱於地防
四隅交處 柱高六尺八寸 柱上設方木南北方木上立短柱架樑其上
東西各施五椽 地防及柱椽並用方制 爲屋形白漆上覆素幄帳 白綿布 同周
設素帳 其南交衿開闔
幄次搨 所以設於幄次內奉梓室回旋南首者

〈도판 75〉「악차탑(幄次搨)」, 『문효세자묘소도감의궤』(상), 프랑스 국립도서관
악차탑은 악차 안에 설치하여 재실을 그 위에 올려서 사자의 머리가 남쪽을 향하도록 재실의 방향을 돌리는 데 사용하는 평상이다. 민간에서는 '회남수평상(回南首平牀)'이라고 불렀다[속명]. 국왕이 나라를 다스릴 때는 북쪽에서 남면(南面)하는데, 죽어서도 그러하도록 악차탑을 이용하여 재실의 방향을 조정한 것이었다.

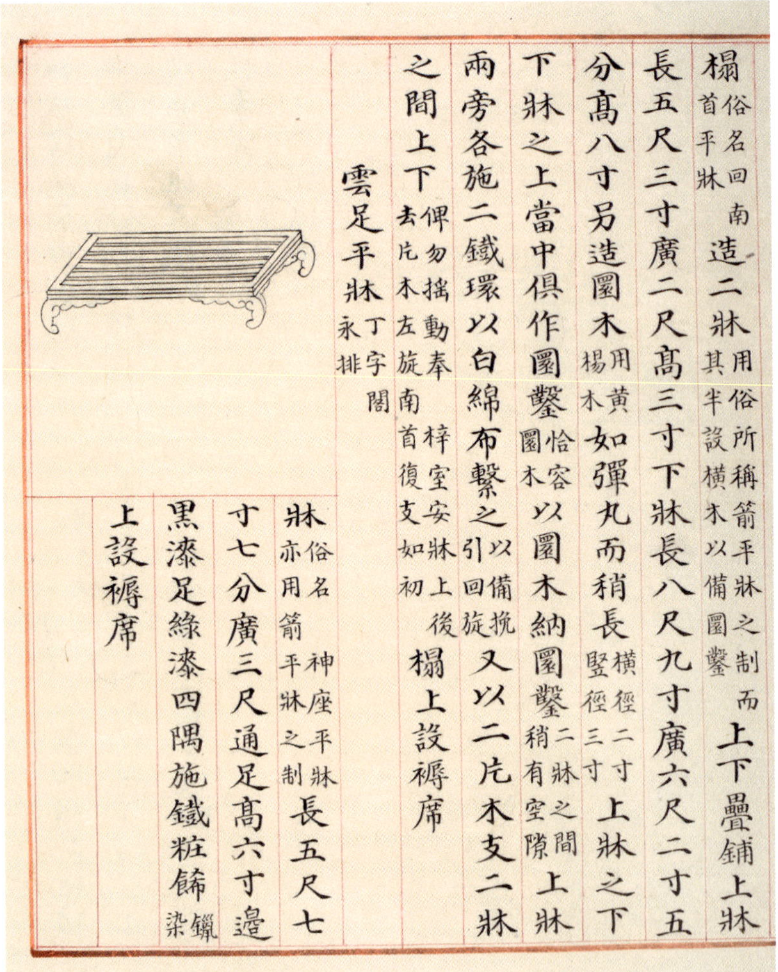

榻(俗名回首平牀)南造二牀(用俗所稱箭平牀之制而其半設橫木以備圈鑿)上下疊鋪上牀長五尺三寸廣二尺高三寸下牀長八尺九寸廣六尺二寸五分高八寸另造圈木(用黃楊木)如彈丸而稍長(橫徑二寸竪徑三寸)上牀之下下牀之上當中俱作圈鑿(恰容圈木)以圈木納圈鑿(二牀之間稍有空隙)上牀兩旁各施二鐵環以白綿布繫之(以備挽引回旋)又以二片木支二牀之間上下(俾勿搖動奉梓室安牀上後去片木左旋南首復支如初)榻上設褥席

雲足平牀(丁字閣永排)

牀(俗名神座平牀亦用箭平牀之制)長五尺七寸七分廣三尺通足高六寸邊黑漆足緣漆四隅施鐵粧餙(鑞染)上設褥席

〈도판 76〉「운족평상(雲足平牀)」, 『문효세자묘소도감의궤』(상), 프랑스 국립도서관

운족평상은 구름 모양의 다리가 달린 평상이다. 사자의 혼령을 모시는 평상이지만 이 위에 신백이나 신주와 같은 별도의 의물을 올려두지는 않았다. 조선 왕실 무덤인 왕릉과 원소, 묘소에서 제향을 올리기 위해 건립한 정자각의 북쪽 신문(神門) 안에 항상 배설한 의물이다. 『국조상례보편』에는 국왕이나 왕후의 국장에 사용하는 '신어평상(神御平牀)'과 구분하여 소상에는 '신좌평상(神座平牀)'이라 한다고 되어 있는데,[106] 『문효세자묘소도감의궤』에는 "속명이 신좌평상이다."라고 기록되어 있다.[107] 제작할 때에는 살평상의 제도를 사용했다.

문효세자의 발인 때 동원된 군사

빈궁부터 묘소까지의 거리가 짧지만 발인할 때 얼마나 많은 사람이 동원되는지를 정조 10년 7월 5일자 『일성록』의 기록이 참조된다. 소개하면 다음과 같다.

혼궁도감

영좌 제구(靈座諸具) 담지군(擔持軍) 8명, 예차군(預差軍) 4명.

영침 제구(靈寢諸具) 담지군 8명, 예차군 4명. 영침 제구 이하에 대해 하교하기를, "원래 싣고 가는 예가 없으니 감하(減下)하라." 하였다.

가자군(架子軍) 실차(實差)와 예차(預差) 합 6명인데, 감하.

소선(素扇) 2개의 부구(趺具) 담지군 4명. 이에 대해 하교하기를, "길이 멀지 않으니 2명을 감하하라." 하였다. 예차군 1명.

소개(素蓋) 2개의 부구 담지군 4명인데, 2명 감하. 예차군 1명.

평상(平床) 2개의 담지군 각 6명인데, 감하. 예차군 각 1명인데, 감하.

별가자군(別架子軍) 8명, 예차군 2명.

대내에서 내가는 유대야(鍮大也)와 유소라(鍮所羅)의 부지군(負持軍) 2명. 이에 대해 하교하기를, "원래 싣고 가는 예가 없으니 감하하라." 하였다.

명정봉지줄(銘旌奉持乼) 부구(趺具) 부지군 6명인데, 3명 감하.

소상(小床) 부지군 4명인데, 감하. 예차군 1명인데, 감하.

우비군(雨備軍)의 실차와 예차 합 15명인데, 5명 감하.

제상(祭床) 8개의 부지군 12명, 예차군 2명.

고족상(高足床) 2개의 부지군의 실차와 예차 합 4명인데, 감하.

옥등군(玉燈軍) 1명인데, 감하.

마목군(馬木軍) 30명. 층교군(層橋軍) 5명. 우비(雨備) 및 봉지랑군(奉持郎軍) 7명. 내왕판군(來往板軍) 25명. 지목군(支木軍) 2명. 격판군(隔板軍) 2명. 금야지군(金也只軍) 1명. 소침군(小枕軍) 1명. 소윤축군(小輪軸軍) 1명. 내지목군(內支木軍) 1명. 난간군(欄干軍) 4명. 족대군(足臺軍) 1명. 가윤대군(假輪臺軍) 4명. 배판군(拜板軍) 1명. 예차 횡강군(橫杠軍) 4명. 유합군(鍮榼軍) 1명. 유쟁반군(鍮錚盤軍) 1명. 유첩시군(鍮貼匙軍) 1명. 소금저군(素錦褚軍) 6명, 우비군 1명.

견여 2운(運)은 운마다 담배군(擔陪軍)이 44명씩으로 88명, 전인군(前引軍) 30명, 시민(市民) 후인군(後引軍) 10명, 시민 마목군 30명, 지목군 2명, 답판군(踏板軍) 2명, 우비 및 봉지랑군 7명, 예비 횡강군 4명, 내왕판군 17명, 격판군 1명.

혼백 요여군(腰轝軍) 10명, 우비군 1명, 마목군 2명.
시인 본인(諡印本印) 요여군(腰轝軍) 10명, 우비군 1명, 마목군 2명.
시책·교명(敎命)·죽책 요여군 10명, 우비군 1명, 마목군 2명.
애책 채여군(彩轝軍) 10명, 우비군 1명, 마목군 2명.
복완·증옥(贈玉)·증백(贈帛) 채여군 10명, 우비군 1명, 마목군 2명.
명기 채여군 10명. 이에 대해 하교하기를, "복완 채여에 함께 담고, 군(軍)은 감하하라." 하였다. 우비군 1명, 마목군 2명.
향정자군(香亭子軍) 10명, 우비군 1명, 마목군 2명, 향좌아군(香坐兒軍) 1명, 향족아군(香足兒軍) 1명인데, 이상 모두 감하.
잡물 거자(雜物車子) 인예군(引曳軍) 150명은 시민이다. 이에 대해 하교하기를, "본 도감으로 하여금 잘 헤아려 수를 감하하게 하라." 하였다.
방상시군(方相氏軍) 56명.
시민 주렴군(朱簾軍) 3명인데, 감하.
주렴기군(朱簾機軍) 10명인데, 감하.
윤여군(輪轝軍) 200명. 위군(衛軍) 마목군(馬木軍) 110명. 위군 내왕판군(來往板軍) 110명. 위군 혼백련(魂帛輦) 담배군 34명, 우비군 2명.
향정자군 10명, 우비군 1명, 마목군 2명. 향좌아군(香佐兒軍) 1명인데, 감하. 장족아군(長足兒軍) 1명인데, 감하.
혼백 교의군(交椅軍) 4명, 우비군 1명. 방협상군(傍挾床軍) 2명, 우비군 1명. 평교군(平轎軍) 10명, 우비군 1명. 살평상군(箭平床軍) 10명. 도유군(都遊軍) 15명. 상묘군(上墓軍) 66명.
이상의 군은 도합 1565명이다.
이방(二房)
죽산마(竹散馬) 6필의 군(軍) 96명. 안롱군(按籠軍) 6명. 우비군 6명. 행유장(行帷帳) 2부(部)의 죽군(竹軍) 28명, 삭군(索軍) 28명. 병풍(屛風) 6좌(坐)의 군 12명. 우산(雨傘) 2개의 군 2명. 우보(羽葆) 1개의 군 3명. 기군(機軍) 2명. 작선(雀扇) 4개의 군 4명. 정(旌) 2개의 군 2명. 모절(旄節) 2개의 군 2명.
은립과(銀立瓜) 1개의 군 2명. 금립과(金立瓜) 1개의 군 2명. 은횡과(銀橫瓜) 1개의 군 2명. 금횡과(金橫瓜) 1개의 군 2명. 은장도(銀粧刀) 1개의 군 2명. 금장도(金粧刀) 1개의 군 2명. 은등자(銀鐙子) 2개의 군 3명. 금등자(金鐙子) 2개의 군 3명. 은립과에서 금등자까지에 대해 하교하기를, "길이 가깝고, 다른 차비를 마련하는 것과 형평이 맞지 않으니, 각각 1명을 감하하라." 하였다.

영자기(令字旗) 2개의 군 2명. 표골타(豹骨朶) 2개의 군 2명. 백학기(白鶴旗) 1개의 군 3명. 현학기(玄鶴旗) 1개의 군 3명. 백택기(白澤旗) 2개의 군 6명. 기린기(麒麟旗) 2개의 군 6명.

은교의(銀交椅) 1개의 군 1명인데, 감하. 가귀선인기(駕龜仙人旗) 2개의 군 6명. 각답(脚踏) 1개의 군 1명인데, 감하. 마궤(馬机) 1개의 군 1명인데, 감하.

청양산(靑陽繖) 1개의 군 2명. 청선(靑扇) 2개의 군 2명. 청개(靑蓋) 2개의 군 2명. 금(金) 1개의 군 1명. 고(鼓) 1개의 군 2명. 의장(儀仗) 우비군(雨備軍) 6명. 방등(方燈) 4개의 군 4명.

삼색 초롱(三色燭籠) 6의 군 7명. 이에 대해 하교하기를, "전교에서 더 정한 수대로 더 마련하라." 하였다.

우비군 2명.

대등(大燈) 2개의 군 2명.

대초롱(大燭籠) 20부(部)의 군 22명. 이에 대해 하교하기를, "전교에서 더 정한 수대로 더 마련하라." 하였다.

우비군 2명.

청자수안롱군(靑紫繡鞍籠軍) 12명. 작선기(雀扇機) 2개의 군 3명. 청개기(靑蓋機) 2개의 군 3명. 도유군(都遊軍) 100명. 포연군(鋪筵軍) 80명인데, 감하.

이상의 군은 도합 492명이다.

삼방(三房)

만장 봉지군(奉持軍) 153명, 우비군 10명. 이에 대해 하교하기를, "만장에 어찌 우구(雨具)를 두겠는가. 감하하라." 하였다.

배안상(排案床) 4개의 봉지군 8명에 우비군 2명. 증옥안(贈玉案) 1개의 봉지군 1명. 증백안(贈帛案) 1개의 봉지군 2명. 죽피방상자안(竹皮方箱子案) 1개의 봉지군 1명에 우비군 1명. 삽선 우비군(雨備軍) 1명. 제주탁(題主卓) 3의 봉지군 6명. 답장(踏掌) 3의 봉지군 3명에 우비군 2명. 도유군 20명.

이상의 군은 도합 210명이다.

별공작(別工作)의 각양(各樣)의 상탁군(床卓軍) 30명.

분장흥고(分長興庫)의 각양의 우비군 및 포연군 80명.

분전설사(分典設司)의 각양의 차장(遮帳) 부지군 30명.

조주소(造主所)의 상탁군 8명, 답장군 3명, 반이군(盤匜軍) 1명. 지석 봉안 채여(誌石奉安彩轝) 1부의 군 16명인데, 8명 감하. 마목군 2명, 인로군(引路軍) 2명, 표석 예운군(表石曳運軍) 70명.

상의원(尙衣院)이 배설(排設)할 고족상(高足床) 5좌(坐), 연갑(硯匣) 4부, 식건함(拭巾函)의 부지군 12명.

선공감(繕工監)의 촛대(燭臺) 부지군 15명.

이상은 269명이다.

배왕대장(陪往大將)의 군(軍) 200명.

이상의 여사군은 도합 2816명이다.

외재실군(外梓室軍) - 운(運)의 수효는 아직 마련하지 않았다. - 에 대해 하교하기를, "마련하기를 기다려 별단에 써서 들이라." 하였다.

부사초군(浮莎草軍) - 많고 적음은 한결같이 묘소도감이 봉감(捧甘)한 대로 진배한다. - 에 대해 하교하기를, "부사(浮莎)와 보토(補土)를 막론하고 여정(餘丁) 전원을 묘소도감에 획송(劃送)한 뒤에 해청(該廳)으로 하여금 초기하게 하라." 하였다.

○ 병조의 계목(啓目)에,

"발인할 때는 일방(一房) 여사군 1313명, 이방 여사군 422명, 삼방 여사군 422명, 별공작 여사군 30명, 혼궁도감 여사군 150명으로 정하여 들이라고 예장도감에서 이문(移文)했습니다. 화정(火丁)과 복직(卜直) 10명을 1명씩 차정하여 공급하면 467명이 되는데, 상의원 배설 수운군(排設輸運軍) 12명, 선공감 촛대 부지군 15명, 유청(有廳) 차비군과 화정(火丁), 복직(卜直) 18명, 전어군(傳語軍) 200명, 배왕대장 예비군 200명을 모두 합하면 실제 3249명입니다. 전부터 도감이 혹 그때 가서 더 차정하는 수가 있지만, 그 사이에 질병으로 군인의 액수가 줄어드는 근심이 없지 않습니다. 한성부로 하여금 엄히 신칙하게 하여 누락되는 폐단이 없게 하소서. 무덤에 올라갈[상묘(上墓)] 때의 사역은 여사 여군(轝士餘軍) 및 각 차비군으로 추이(推移)하여 조용(調用)합니다. 이번에는 한성부에서 경중(京中)의 여사군의 실제 수를 자세히 알아낸 뒤에 도감에 의논하여 그때 가서 변통하되 경중의 각사(各司) 제원(諸員), 장인(匠人), 악공(樂工), 악생(樂生) 등을 규례대로 조용하게 하소서. 반우할 때는 예장도감이 일방 여사군 201명, 이방 여사군 186명, 삼방 여사군 28명, 별공작 여사군 30명을 규례대로 상묘군(上墓軍) 및 발인할 때의 여사군으로 옮겨 쓰게 하소서. 응행 절목(應行節目)은 마련하여 뒤에 기록했으니, 이대로 거행하게 하소서. … 이하 응행 절목은 생략.

○ 여사청이 아뢰기를,

"대여 이하 각 차비 여사군 3084명과 인예(引曳) 시민 60명은 초실호(稍實戶)에서 덜어내고 그 밖의 여정(餘丁) 1만 19명은 사목대로 한성부로 이송하겠습니다." 하였다. - 24일이다.

발인할 때 지나가는 각 문(門)과 도로, 교량, 명산대천 중 제사를 설행한 곳은 선인문, 대광통석교(大廣通石橋), 숭례문, 청파천(靑坡川), 멀리 바라보이는[通望] 청계산(淸溪山), 관악산(冠嶽山), 용산강(龍山江) 등이다. 숭례문에서는 오십신위(五十神位)에게 제사를 지냈다. 이들 제사는 발인할 때 먼저 설행했으며, 담당 관서는 봉상시였다.[108]

발인할 때 지나가는 도로는 다음과 같다.

> 연희문, 숭지문, 경화문, 선인문, 신석교(新石橋), 이현(梨峴), 판전병문(板前屛門), 종묘 동구 앞길(宗廟洞口前路), 창덕궁 동구 앞길(昌德宮洞口前路), 통운교(通雲橋), 종루 앞길(鍾樓前路), 대광통석교(大廣通石橋), 소광통석교(小廣通石橋), 구리고개병문 앞길(九里古介屛門前路), 송현(松峴), 수각석교(水閣石橋), 숭례문 밖 서변 노제소(崇禮門外西邊路祭所), 도저동 앞길(桃楮洞前路), 청파천조교(靑坡川造橋), 석우(石隅), 율동산현(栗東山峴), 묘소 동구(墓所洞口), 묘소(墓所).[109]

정조가 발인 행렬을 따라 효창묘에 직접 갔기 때문에 『국조상례보편』에 실린 「발인봉사의(發引奉辭儀)」, 「하현궁시망곡의(下玄宮時望哭儀)」, 「반우지영의(返虞祇迎儀)」 세 의주는 시행할 필요가 없었다. 세 의주는 영조대 새로 제정한 의주로, 국왕이 발인 행렬을 따라가지 못할 경우 행하는 의절이다.[110]

「발인봉사의」는 성문 밖에서 사자(死者)에게 하직하는 의절이고, 「하현궁시망곡의」는 재궁을 현궁에 내릴 때 망곡하는 의식이고, 「반우지영의」는 반우하는 신련을 성문 밖에서 국왕이 삼가 맞이하는 의식이다. 국왕이 발인할 때 봉사하고 반우할 때 지영하는 처소를 모두 '성문 밖'이라고 했으나 이는 국가전례서의 규정이고, 실제 행례할 때에는 어느 성문으로 할 것인가를 두고 당시의 상황에 따라 논의해서 정했다.[111]

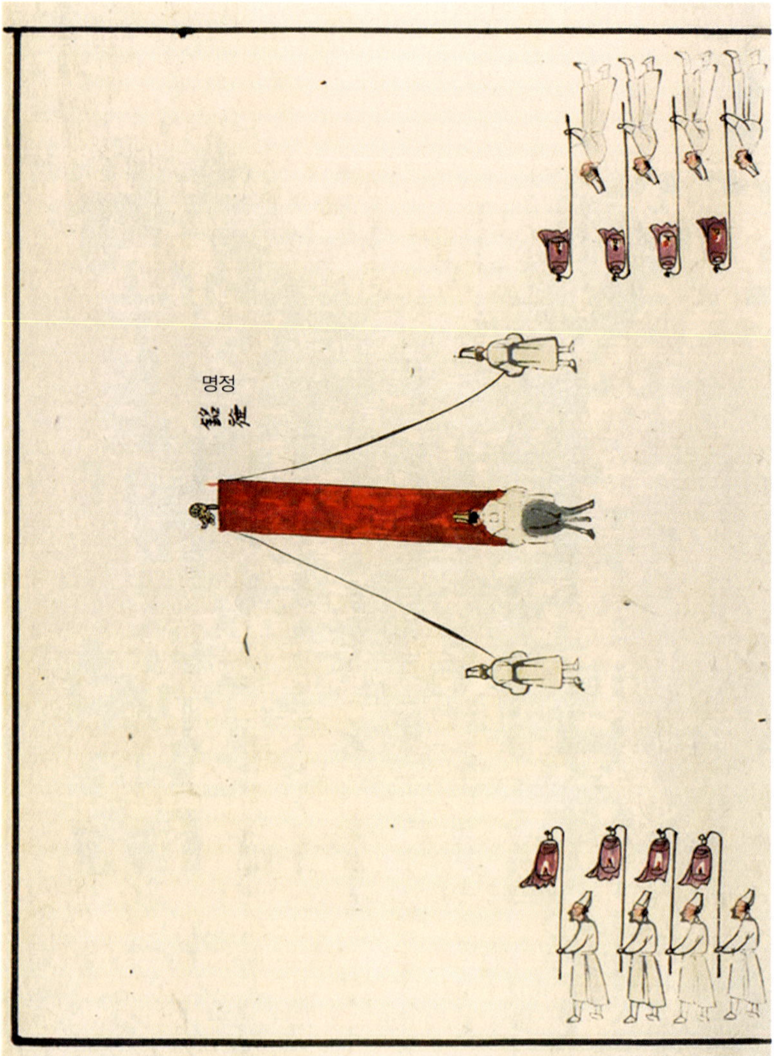

〈도판 77〉「발인반차도」,『문효세자예장도감의궤』(상), 규장각한국학연구원

문효세자임을 알려주는 명정(銘旌)이 가운데에 서고, 그 뒤에 명정의 끈을 잡은 두 사람이 좌우에서 뒤따랐다. 누구인지 직책이 밝혀지지 않은 한 사람이 명정의 끈을 잡은 사람 사이에 있다. 그 바깥으로 의장물을 든 군인들이 좌우로 나열해 섰다.

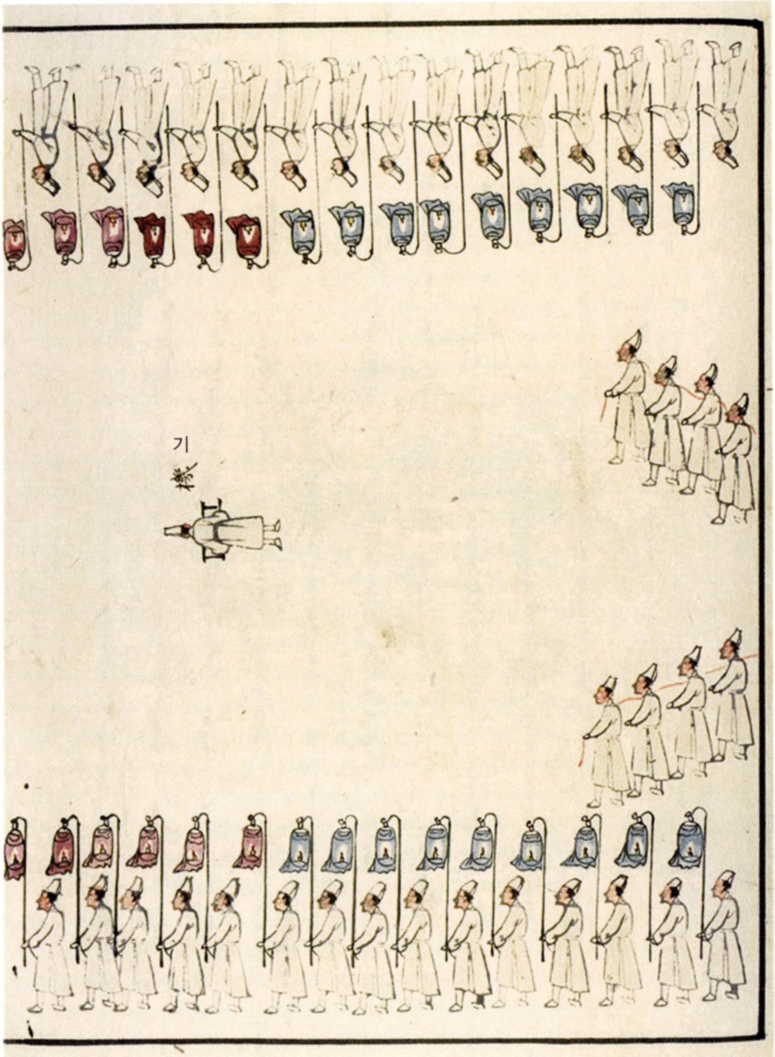

명정을 설치하는 기구를 든 한 사람이 가운데에서 뒤따르고 있다. 뒤이어 대여의 줄을 앞에서 끄는 사람들이 좌우로 벌여 서 있다. 그 바깥으로 의장물을 든 군인들이 좌우로 나열해 섰다.

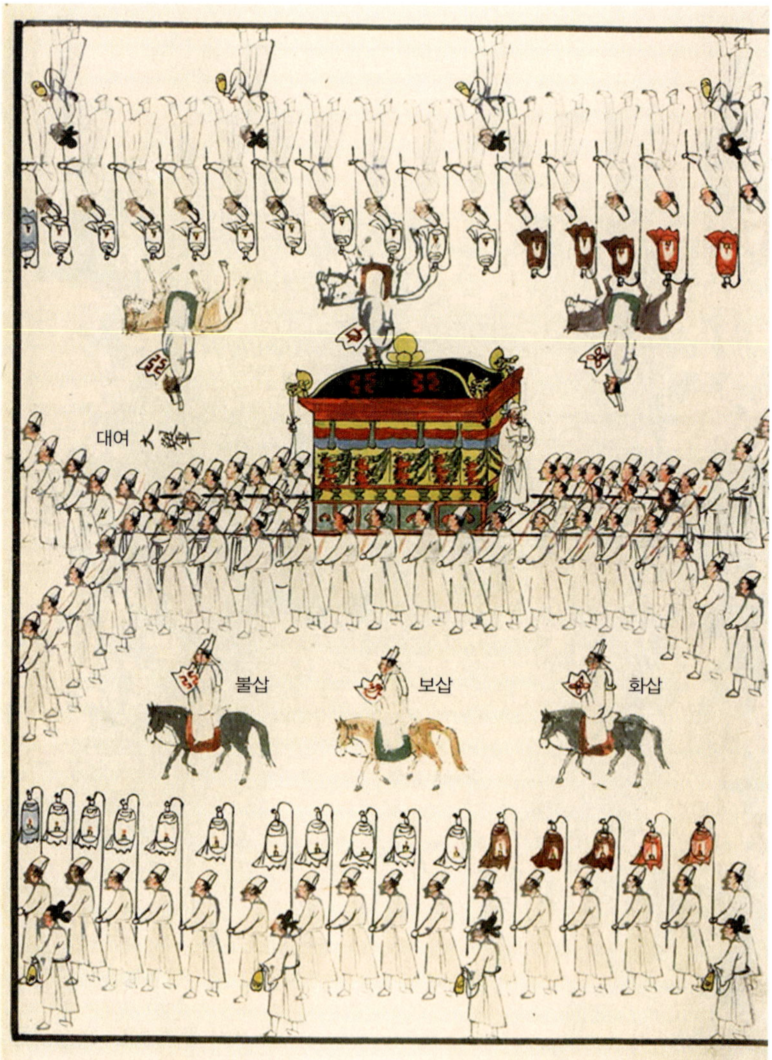

대여가 가운데에 서고, 재실을 실은 대여를 가리는 불삽 · 보삽 · 화삽 각 2개가 대여 좌우로 나뉘어 섰다. 그 바깥으로 의장물을 든 군인들이 좌우로 나열해 섰다.

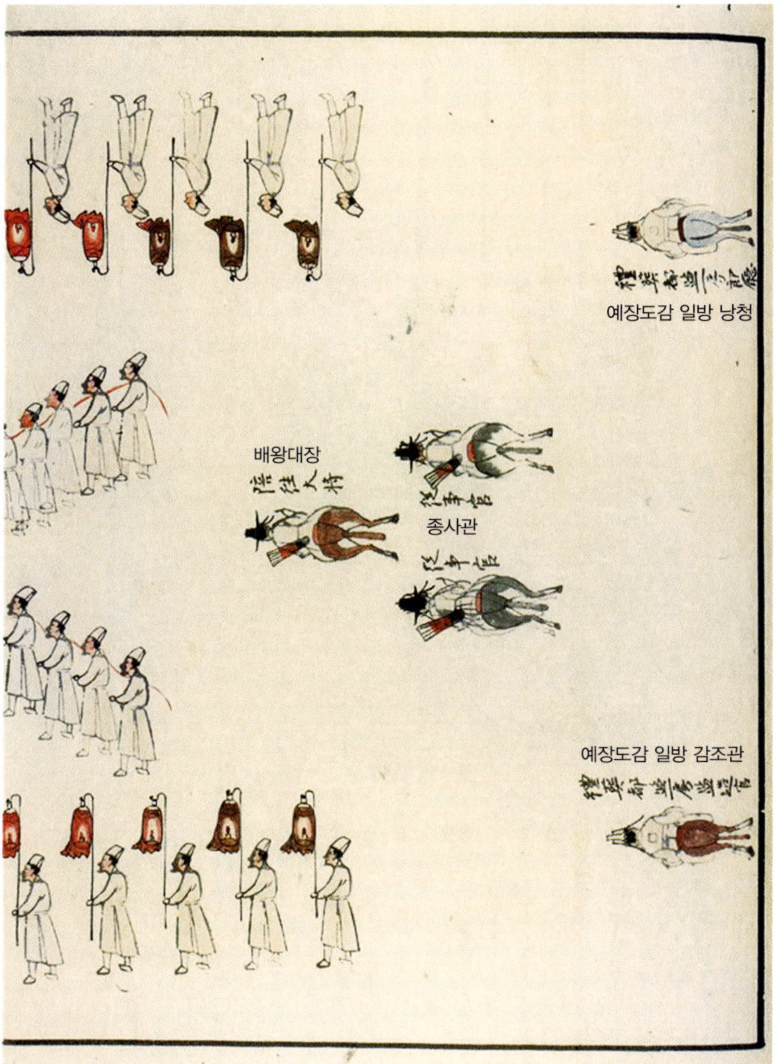

대여의 줄을 뒤에서 끄는 사람들이 좌우로 벌여 서 있다. 그 다음 배왕대장(陪往大將)이 가운데에 서고, 곧이어 종사관(從事官) 두 사람이 좌우로 나란히 섰다. 뒤이어 예장도감 일방 감조관(監造官)과 예장도감 일방 낭청(郎廳)이 가운데에서 가로로 줄지어 서는데 감조관이 왼쪽에, 낭청이 오른쪽에 섰다.

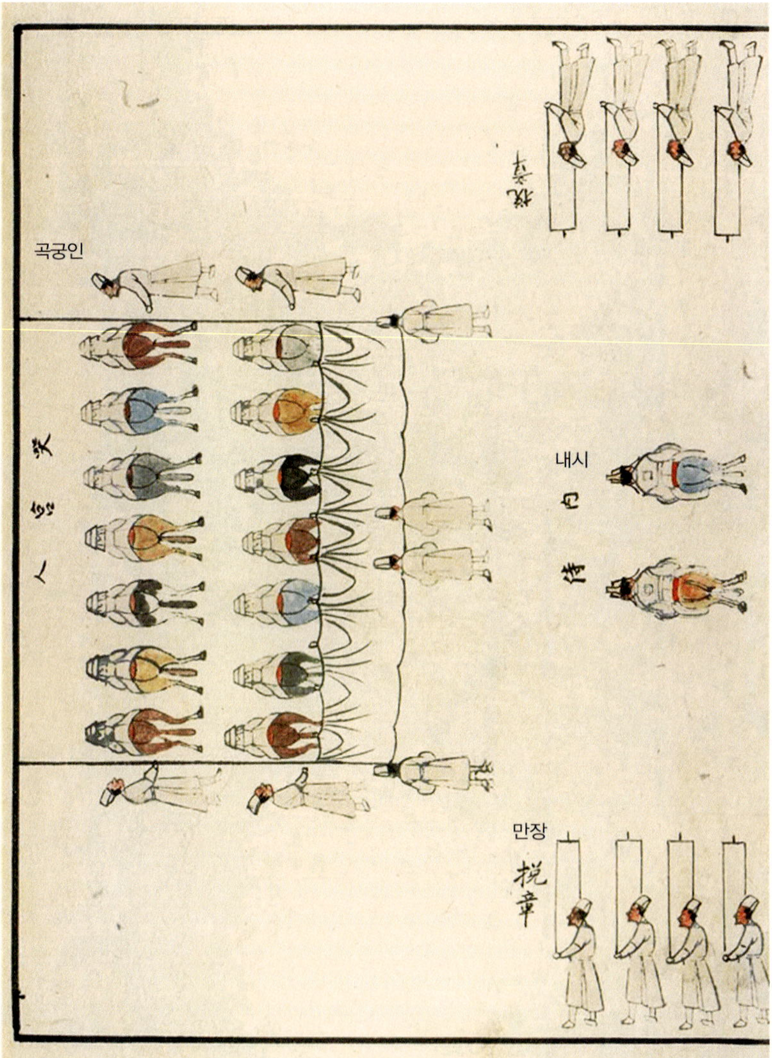

곡궁인(哭宮人)이 가운데에서 가로로 두 줄로 줄지어 서되 앞뒤 각 일곱 사람이 서는데 동서남북 사면에 행유장(行帷帳)을 둘러서 그들을 가렸다. 곡궁인은 발인할 때 곡을 하기 위해 동원되는 궁녀들로, 『국조상례보편』에 세자의 예장에는 14명을 동원한다고 규정되어 있다.[112] 그다음 내시(內侍) 두 사람이 가운데에서 나란히 줄지어 섰다. 그 바깥으로 만장(挽章)을 든 사람들이 좌우로 나열해 섰다.

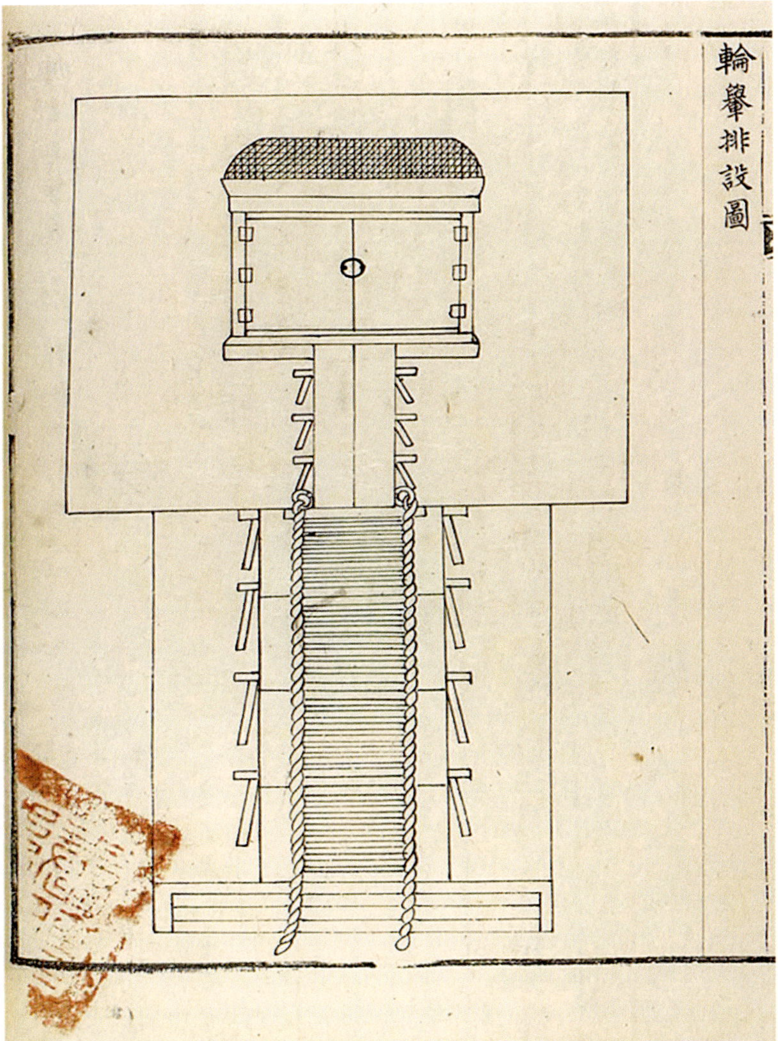

〈도판 78〉「윤여배설도(輪轝排設圖)」, 『효명세자연경묘묘소도감의궤』(하), 규장각한국학연구원

『효명세자연경묘묘소도감의궤』에 실린 윤여배설도이다. 이 그림은 정자각 안에 있던 재실을 윤여를 이용해 견여가 있는 곳까지 운반하기 위해 윤여를 배설한 모습이다. 『문효세자묘소도감의궤』에 윤여를 배설한 도설이 실려 있지 않아, 효명세자의 예장에 사용한 것을 제시했다.

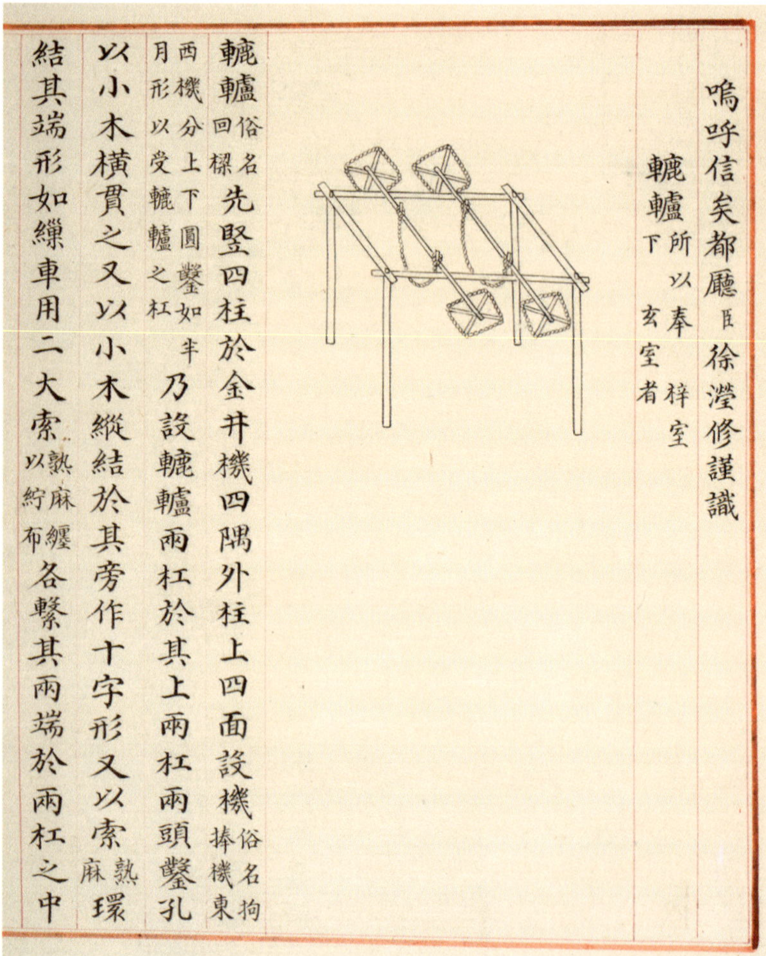
嗚呼信矣都廳臣徐瀅修謹識

轆轤 所以奉梓室下玄室者

轆轤 俗名回樑 先竪四柱於金井機四隅外柱上四面設機 俗名拘棒機東西機分上下圓鑿如半月形以受轆轤之杠 乃設轆轤兩杠於其上兩杠兩頭鑿孔以小木橫貫之又以小木縱結於其旁作十字形又以索 熟麻 環結其端形如繅車用二大索 熟麻纆以紵布 各繫其兩端於兩杠之中

〈도판 79〉 「녹로(轆轤)」, 『문효세자묘소도감의궤』(상), 프랑스 국립도서관
녹로는 재실을 받들어 무덤 안의 큰 구덩이인 현실 안에 내릴 때 사용하는 기구이다.

증옥

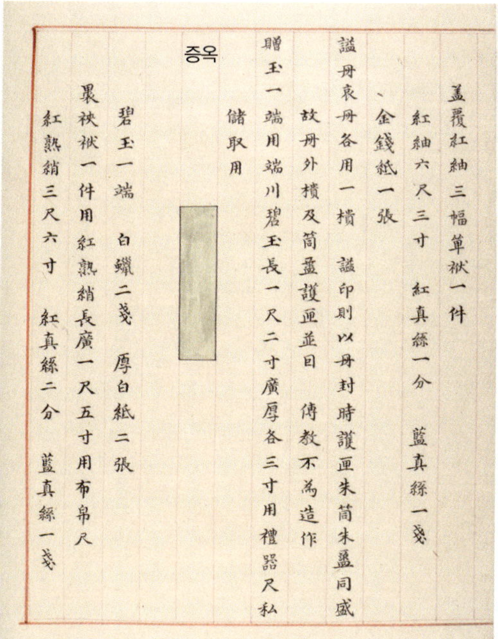
蓋覆紅紬三幅單袱一件
紅紬六尺三寸 紅真絲一分 藍真絲一戔
、金錢紙一張
謚冊哀冊各用一樻 謚印則以冊封時護匣朱筒朱盝同盛
故冊外樻及筒盝護匣並日 傳教不爲造作
贈玉一端用端川碧玉長一尺二寸廣厚各三寸用禮器尺私
儲取用
碧玉一端 白蠟二戔 厚白紙二張
裹袂袱一件用紅熟綃長廣一尺五寸用布帛尺
紅熟綃三尺六寸 紅真絲二分 藍真絲一戔

흑칠내함

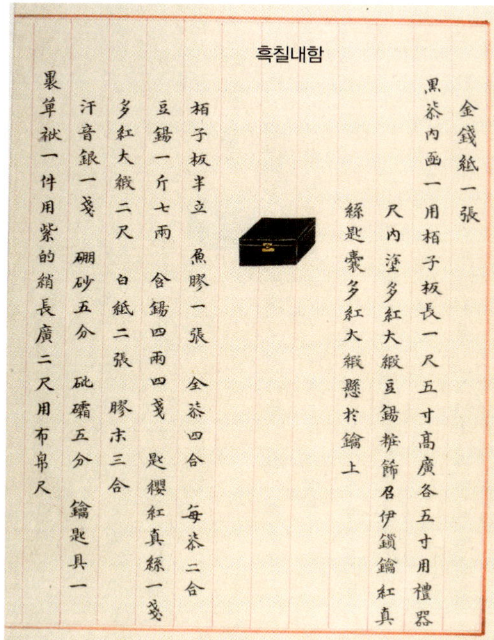
金錢紙一張
黑漆內函一用栢子板長一尺五寸高廣各五寸用禮器
尺內塗多紅大緞豆錫粧飾召伊鎖鑰紅真
絲匙囊多紅大緞懸於鑰上
栢子板半立 魚膠一張 全漆四合 每漆二合
豆錫一斤七兩 含錫四兩四戔 匙纓紅真絲一戔
多紅大緞二尺 白紙二張 膠末三合
汗音銀一戔 硼砂五分 砒礵五分 鑰匙具一
裹單袱一件用紫的綃長廣二尺用布帛尺

흑칠외궤

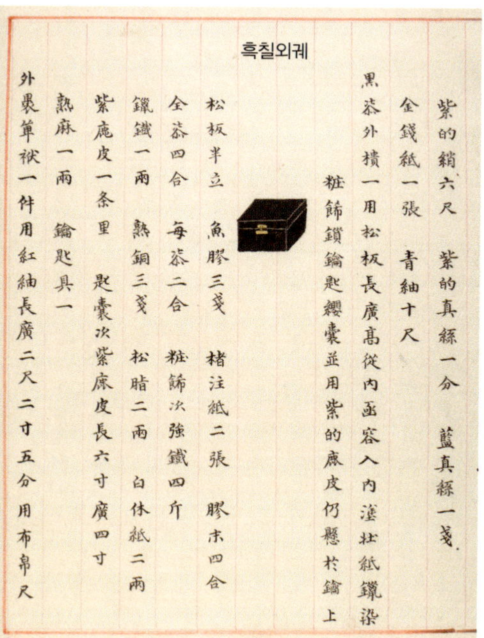
紫的綃六尺 紫的真絲一分 藍真絲一戔
金錢紙一張 青紬十尺
黑漆外樻一用松板長廣高從內函容入內塗壯紙鑞染
粧飾鎖鑰匙纓囊並用紫的鹿皮仍懸於鑰上
松板半立 魚膠三戔 楮注紙二張 膠末四合
全漆四合 每漆二合 粧飾次強鐵四斤
鑞鐵一兩 熟銅三戔 松脂二兩 白休紙二兩
紫鹿皮一条里 匙囊次紫鹿皮長六寸廣四寸
熟麻一兩 鑰匙具一
外裹單袱一件用紅紬長廣二尺二寸五分用布帛尺

〈도판 80〉「증옥(贈玉)」·「흑칠내함」·「흑칠외궤(黑漆外樻)」, 『문효세자예장도감의궤』(하), 프랑스 국립도서

① 증옥은 죽은 사람에게 예물로 바치는 옥으로, 발인할 때 받들고 묘소에 가서 퇴광에 매안했다. 이번 문효세자의 예장에 사용된 증옥은 단천(端川)에서 생산되는 푸른빛이 도는 벽옥(碧玉)으로 만들었다.

② 흑칠내함은 증옥을 담은 검은책 칠을 한 안쪽 상자이다.

③ 흑칠외궤는 검은색 칠을 한 바깥쪽 상자로, 검은책 칠을 한 안쪽 상자인 흑칠내함과 짝을 이루어 사용되었다. 증옥을 담은 흑칠내함을 다시 흑칠외궤에 담아 이를 무덤까지 운반하여 두 겹 상자에 담은 그대로 퇴광에 묻었다. 참고로 순조 초 정조의 국장에서 현궁에 재궁을 내린 뒤 애책·증옥·증백 등에 사용된 외궤는 소화별단(燒火別單)에 들어가 있는 것으로 보아[113] 외궤는 불태우지 않았을까 추정된다.

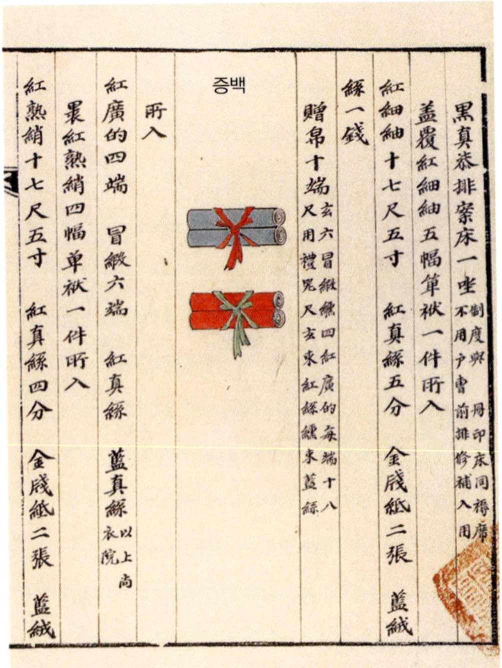

黑真漆排案床一坐 制度與母印床同不用戶曹前排修補入用
蓋覆紅細紬五幅單袱一件所入
紅細紬十七尺五寸 紅真絲五分 金箴紙二張 藍絨
絲一錢
贈帛十端 玄六冒緞纁四紅廣的每端十八尺用禮器尺玄束紅絲纁束藍絲
所入
紅廣的四端 冒緞六端 紅真絲 藍真絲 以上尚衣院
裹紅熟綃四幅單袱一件所入
紅熟綃十七尺五寸 紅真絲四分 金箴紙二張 藍絨

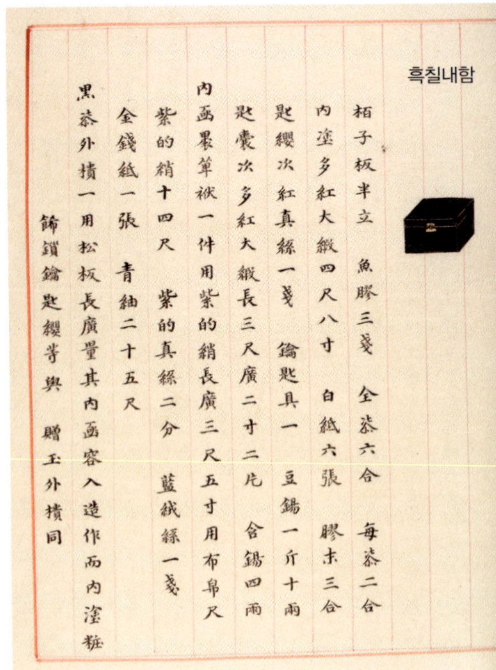

栢子板半立 魚膠三戔 全漆六合 每漆二合
內塗多紅大緞四尺八寸 白紙六張 膠末三合
匙纓次紅真絲一戔 鑰匙具一 豆錫一斤十兩
匙囊次多紅大緞長三尺廣二寸二分 合錫四兩
內函裹單袱一件用紫的綃長廣三尺五寸用布帛尺
紫的綃十四尺 紫的真絲二分 藍絨絲一戔
金錢紙一張 青紬二十五尺
黑漆外樻一 用松板長廣量其內函容入造作而內塗粧
飾鎖鑰匙纓等與 贈玉外樻同

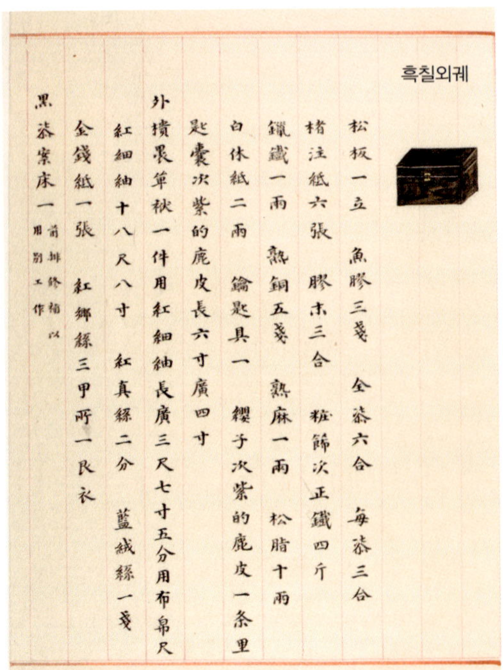

松板一立 魚膠三戔 全漆六合 每漆三合
楮注紙六張 膠末三合 粧飾次正鐵四斤
鑞鐵一兩 熟銅五戔 熟麻一兩 松脂十兩
白休紙二兩 鑰匙具一 纓子次紫的鹿皮一条里
匙囊次紫的鹿皮長六寸廣四寸
外樻裹單袱一件用紅細紬長廣三尺七寸五分用布帛尺
紅細紬十八尺八寸 紅真絲二分 藍絨絲一戔
金錢紙一張 紅鄉絲三甲所一艮衣
黑漆案床一 用前排修補以別工作

〈도판 81〉「증백」, 『효명세자장례도감의궤』(삼), 규장각한국학연구원 |「흑칠내함」·「흑칠외궤」, 『문효세자예장도감의궤』(하), 프랑스 국립도서관

① 『효명세자장례도감의궤』에 실린 증백 그림이다. 국가전례서와 『문효세자예장도감의궤』에 증백을 보여주는 도설이 수록되어 있지 않아서 효명세자의 예장에 사용했던 것을 참고로 제시했다. 증백은 죽은 사람에게 예물로 바치는 폐백으로, 증옥과 함께 묘소의 퇴광에 매안했다. 먼저 안쪽 상자인 내함에 증백을 담고, 이를 다시 바깥쪽 상자인 외궤에 담아 무덤까지 운반하여, 두 겹 상자에 담은 그대로 퇴광에 묻었다. 증옥을 담은 흑칠외궤처럼 증백을 담은 흑칠외궤 또한 불태웠을 가능성이 있다.

② 흑칠내함과 ③ 흑칠외궤는 증백을 담는 검은색 칠을 한 안쪽 상자와 바깥쪽 상자이다.

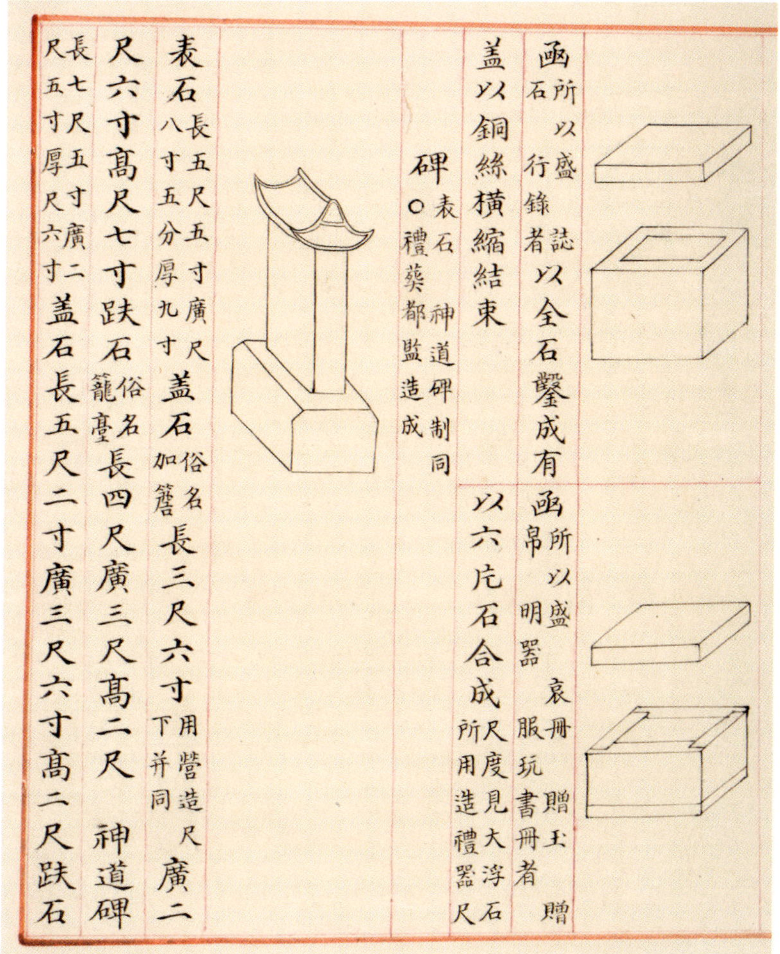

〈도판 82〉 「석함(石函)」, 『문효세자묘소도감의궤』(상), 프랑스 국립도서관
석함은 애책 · 증옥 · 증백 · 명기 · 복완 · 서책(書冊)을 담는 돌로 만든 상자[함(函)]로, 이때의 석함은 여섯 조각의 돌을 합쳐서 만들었다. 석함 2개 중 아래 것을 가리킨다.

이날[윤7월 19일] 미시(未時), 정자각에서 계빈하고 이윽고 묘소에 올라가 천전(遷奠)을 차례대로 행했다. 유시(酉時)에 현실(玄室)에 재실을 내렸다. 윤달을 포함해서 계산하면 훙서한 지 4개월이 되지만 그렇지 않다면 3개월 만에 장례를 치른 셈이다. 이때 서울에 있는 백관은 통화문(通化門) 안에서 망곡했다.[114] 현실에 재실을 내린 뒤, 대여와 견여(肩轝)[순(輴)], 살평상욕

석구(箭平床褥席具), 소금저, 외재실여 등을 백성(栢城) 안 경지(庚地)에서 불살랐다.[115]

이날 앞뒤로 빈궁해사제(殯宮解謝祭), 선인문제(宣仁門祭), 대광통교제(大廣通橋祭), 숭례문제(崇禮門祭), 청파천제(靑坡川祭), 용산강제(龍山江祭) 등을 지냈다.[116] 빈궁해사제는 빈궁이 발인한 뒤 그 역할이 끝나자 여기에 나아가 해체하면서 사례하는 제사이다. 그 밖에는 문, 다리, 내, 강 등에 대한 제사이다. 이때 각 제사의 헌관(獻官)과 대축(大祝)은 아래 〈표 8〉과 같다.

〈표 8〉 발인 전후 각 제사의 헌관과 대축

제사이름	헌관	대축
빈궁해사제	관상감 첨정 현계구(玄啓九)	전적 김인채(金獜采)
선인문제	부사과 한광식(韓光植)	부사과 유경(柳畊)
대광통교제	부사과 심경(沈鏗)	부사과 권빈(權儐)
숭례문제	부사과 최훤(崔烜)	부사과 김우국(金遇國)
청파천제	부사과 윤재명(尹載命)	부사과 박규순(朴奎淳)
용산강제	부사과 신우상(申禹相)	부사과 이기항(李基恒)

술시(戌時), 정조가 길유궁에 친히 나아가 신주의 함중(陷中)에 '조선국문효세자휘모신주(朝鮮國文孝世子諱某神主)', 신주의 전면에 '문효세자신주(文孝世子神主)'라 쓴 뒤 입주전(立主奠)을 올렸다.[117] 길유궁은 신주에 글을 쓰기 위해 정자각의 서쪽에서 남쪽을 향하도록 설치한 임시 건물로,[118] 그 배설은 전설사(典設司)에서 주관했다.[119] 이어서 길유궁에서 초우제를 지냈다.[120]

신주에 글을 쓰고, 입주전을 올린 시간이 너무 늦어서 이날 반우하는 것은 현실적으로 어려웠다. 반우는 다음날 하기로 결정했으나 초우제는 장례 치른 그 날을 벗어나지 않아야 하므로 묘소의 길유궁에서 거행한 것이었다.

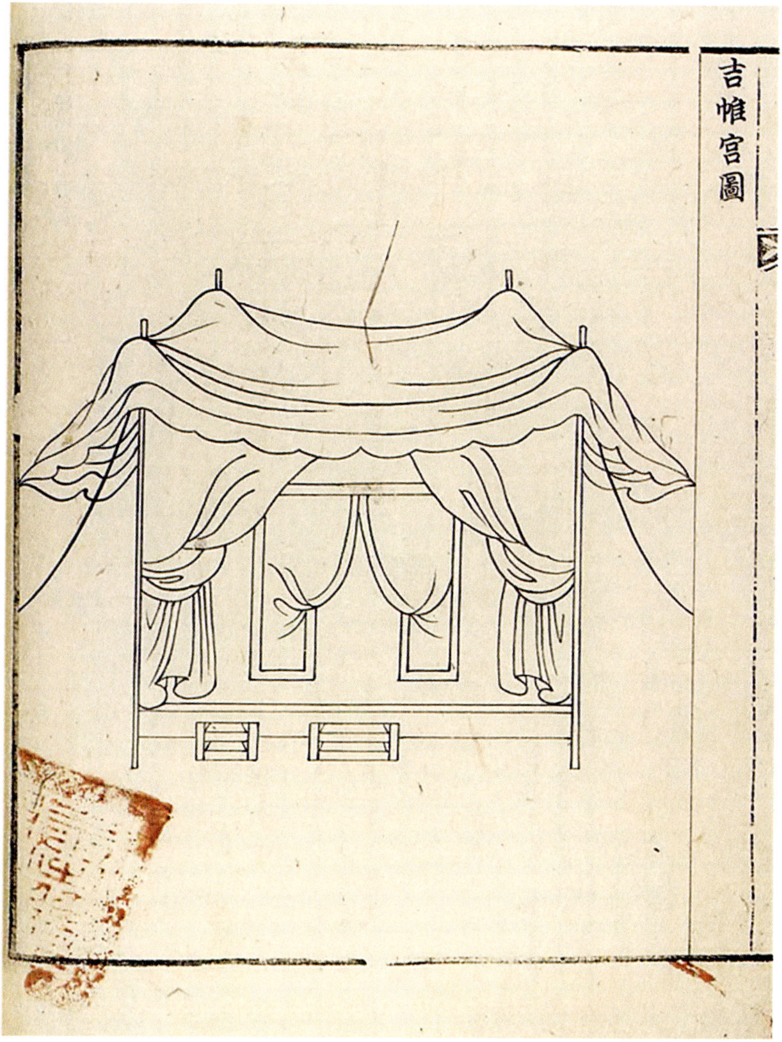

〈도판 83〉「길유궁」, 『효명세자연경묘묘소도감의궤』(하), 규장각한국학연구원
『효명세자연경묘묘소도감의궤』에 실린 길유궁 그림이다. 『문효세자묘소도감의궤』에 길유궁 도설이 실려 있지 않아, 순조의 아들이자 헌종의 부친인 효명세자의 예장에 사용한 그림을 제시했다.

4. 반우 - 입묘(入廟)

다음날 윤7월 20일(신묘) 조상식(朝上食)을 한 뒤 반우했다. 반우할 때 지나가는 도로는 발인할 때 경유하는 곳과 조금 차이가 있었다.[121]

> 묘소 동구, 율동산현, 석우, 청파천조교, 도저동 앞길, 숭례문, 수각석교, 송현, 구리고개병문 앞길, 소광통석교, 대광통석교, 종루 앞길, 운종가(雲從街), 혜정석교(惠政石橋), 경복궁 동구 앞길(景福宮洞口前路), 삼간병문석교(三間屛門石橋), 야주고개병문(夜晝古介屛門).

혼궁인 경희궁의 태령전에 신주를 봉안한 뒤 재우제를 지냈다. 정조는 묘소에서 환궁하는 길에 묘소 동구에서부터 숭례문까지 상언(上言: 관원에서부터 공사천에 이르기까지 모든 사람들이 국왕에게 올리는 문서)을 받도록 하여, 정조의 애민사상을 보여주었다.[122] 재우제를 지낸 뒤 혼궁 후원(後苑)의 정결한 곳에 신백을 매안했다.[123] 이보다 앞서 5월 30일에 『상례보편』과 무신년의 등록을 참고하여 문효세자의 우제는 오우제까지 지내기로 결정했다.[124]

윤7월 22일(계사) 삼우제를 친행하고, 24일(을미) 사우제를 섭행했다. 25일(병신) 오우제를 섭행하고, 27일(무술) 졸곡제를 친행했다. 재우제를 지낸 20일(신묘)이 유일, 삼우제를 지낸 22일(계사)이 유일, 사우제를 지낸 24일(을미)이 유일, 오우제를 지낸 25일(병신)이 강일, 졸곡제를 지낸 27일(무술)이 강일이었다. 재우부터 사우까지는 유일에, 오우는 강일에, 졸곡제는 강일에 지낸다는 『국조상례보편』의 규정을 잘 준수했다.

윤7월 27일, 칙사가 행하는 의절에 대해 논의했다. 전후의 의궤를 참조한 결과, 칙사가 조제(弔祭)하러 왔을 때 치제(致祭)만을 행하고 치조(致弔)하

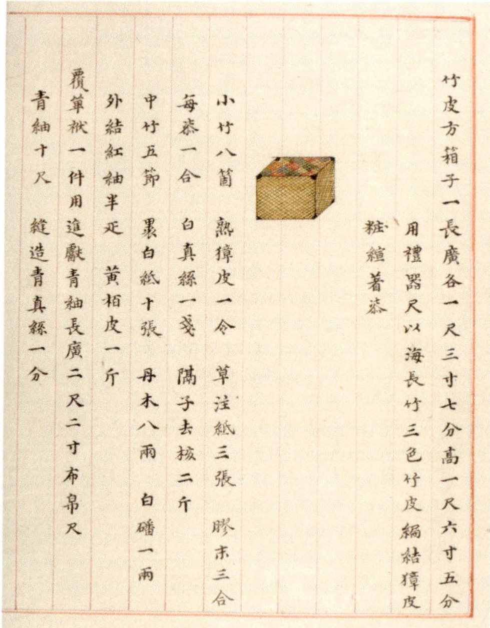
竹皮方箱子一長廣各一尺三寸七分高一尺六寸五分
用禮器尺以海長竹三色竹皮編結獐皮
粧䌙著漆
小竹八箇 熟獐皮一令 草注紙三張 膠末三合
每漆一合 白真絲一戔 隅子去核二斤
中竹五節 裹白紙十張 丹木八兩 白礬一兩
外結紅紬半疋 黃栢皮一斤
覆箪袱一件用進獻青紬長廣二尺二寸布帛尺
青紬十尺 縫造青真絲一分

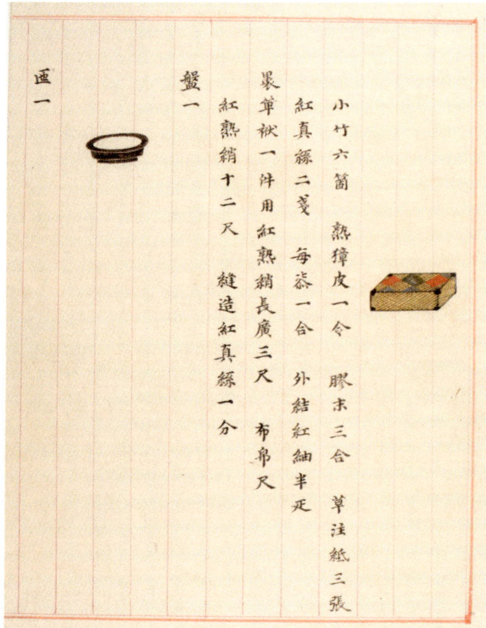
小竹六箇 熟獐皮一令 膠末三合 草注紙三張
紅真絲二戔 每漆一合 外結紅紬半疋
裹箪袱一件用紅熟綃長廣三尺 布帛尺
紅熟綃十二尺 縫造紅真絲一分
盤一
匣一

〈도판 84〉「죽피방상자(竹皮方箱子)」(좌①) · 「혼백함소성토등방상자(魂帛函所盛土籐方箱子)」(우②), 『문효세자예장도감의궤』(하), 프랑스 국립도서관

① 죽피방상자는 신주를 넣은 신주궤(神主匱)를 담는 데 사용하는 세 가지 색의 바다에서 자라는 대나무[해장죽(海長竹)] 껍질[죽피(竹皮)]로 짠 네모난 상자이다. ② 혼백함소성토등방상자는 혼백을 넣은 혼백함(魂帛函)을 담는 데 사용하는 세 가지 색의 해장죽 껍질로 짠 네모난 상자이다.

는 절차가 없었기 때문에 이번에도 이와 같이 마련하기로 결정했다.[125]

9월 3일 칙사가 도착하자 정조가 모화관에 나아가 그들을 지영한 뒤, 혼궁이 있는 경희궁으로 함께 나아갔다. 칙사가 혼궁에서 유제(諭祭)했고, 예를 마치자 숭정전에서 칙사를 접견하고 밤을 지냈다.[126] 9월 6일 정조는 모화관에서 칙사를 전송했다.

이듬해 1787년(정조 11)에 들어서자 양사에서 흉역의 변이 달마다 생긴다는 말을 할 정도로 사회가 어수선했다. 급기야 2월 27일에는 경기 유생 등이 상소하여 젖을 끊은 요사한 유모, 독약을 투여한 역적 의관, 유모와 의관을 뒤에서 조종한 제거(提擧) 등을 거론하기도 했다.[127] 이처럼 독살

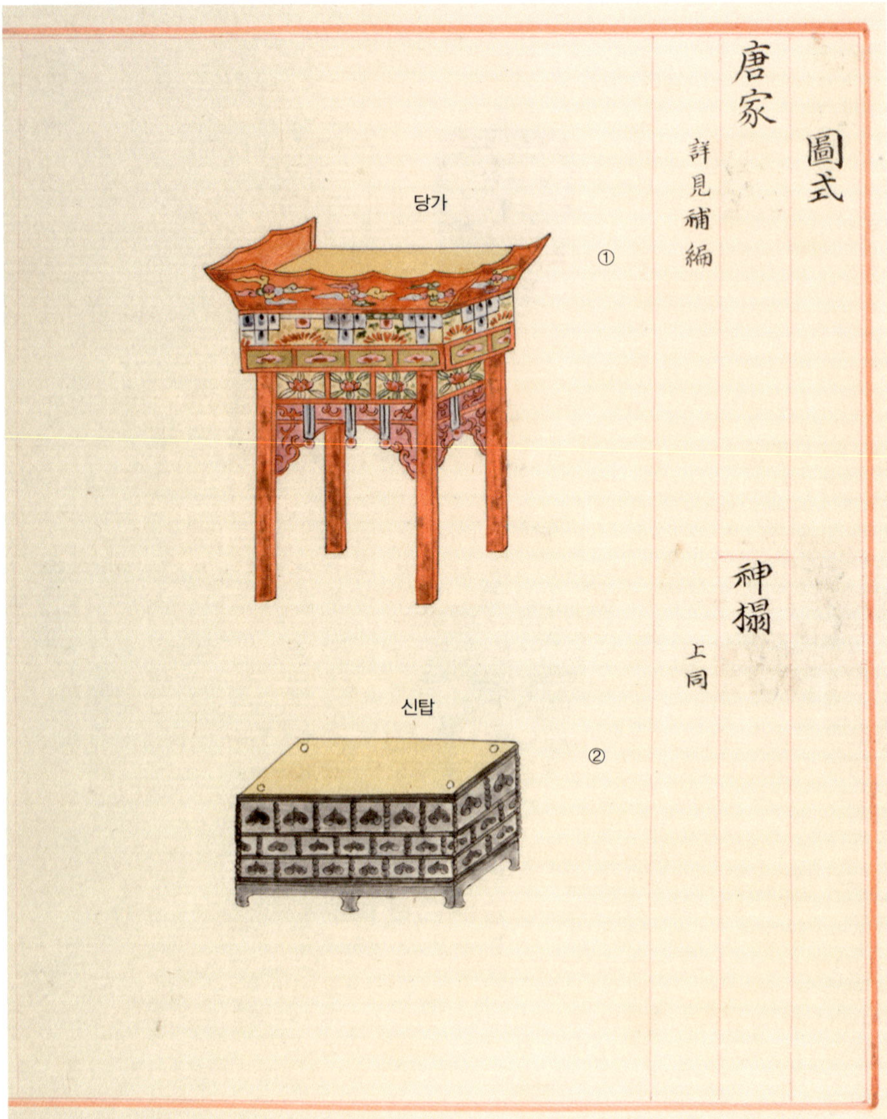

〈도판 85〉 「당가(唐家)」·「신탑(神榻)」·「작선(雀扇)」·「청개(青蓋)」·「책인장(冊印欌)」·「방교의(方交椅)」, 『문효세자빈궁혼궁도감의궤』(하), 프랑스 국립도서관

「당가」부터 「방교의」까지 모두 혼궁에 설치한 의물들이다.

① 당가는 어탑(御榻) 위에 설치하는 지붕 모양의 의물이다.

② 신탑은 좌탑(座榻) 위에 설치하는 의물이다. 좌탑은 곧 어탑(御榻)으로, 네 모퉁이에 구멍을 뚫어 당가의 네 기둥을 끼우도록 하는 기물이다. 신탑은 신주를 모시는 평상의 일종으로, 신탑 위에 신좌교의를 설치하고 '신좌교의'의 위에 우주·연주 혹은 신주를 모셨다.

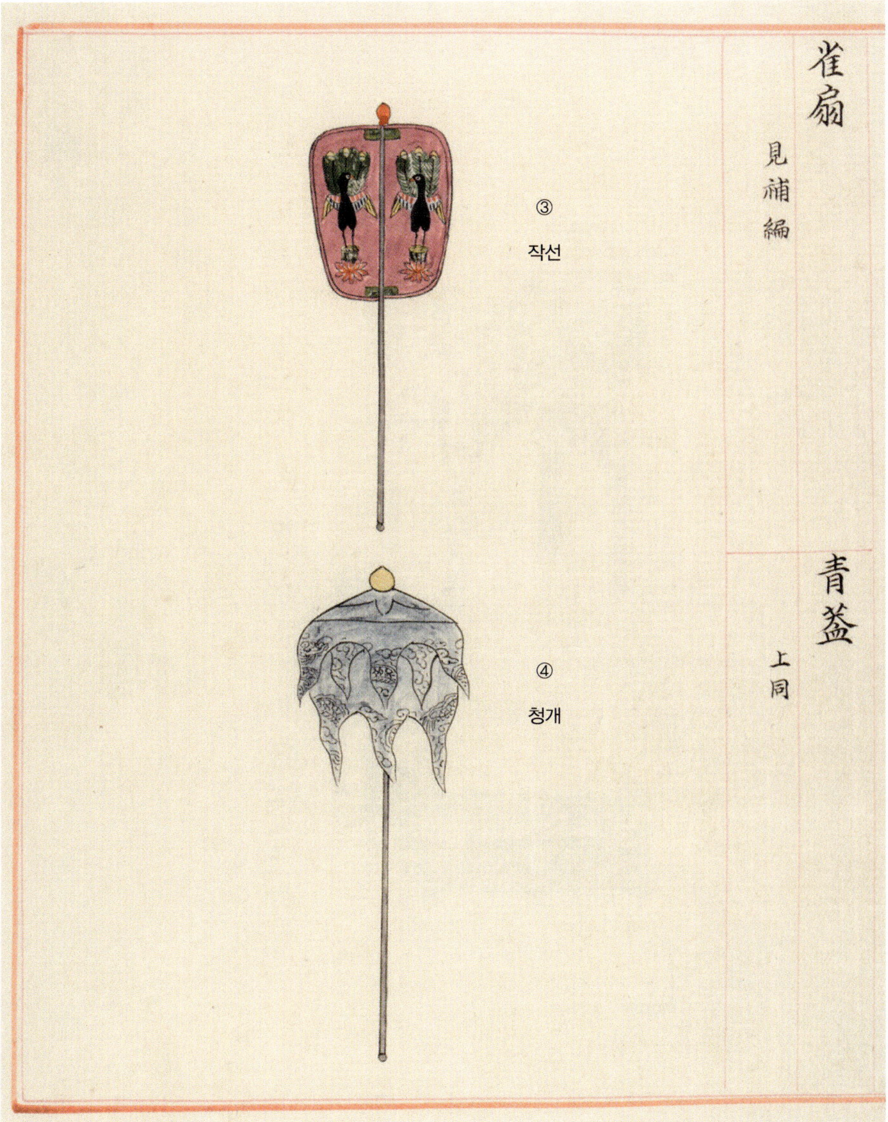

③ 작선은 다섯 가지 색채로 공작(孔雀)을 그려 넣은 의례용 부채이다. 혼궁에 설치하되 붉은 비단[홍초(紅綃)]을 사용해서 제작하고, 신탑 앞쪽에 좌우 양 옆으로 각각 하나씩 세워두었다.

④ 청개는 세자의 예장에서 혼궁에 설치하는 푸른색 비단[청초(靑綃)]으로 만든 의장용 일산이다. 개를 만드는 방법은 빈전에 설치하는 소개(素盖)와 같지만 소개는 백주를 사용해서 제작했다. 신탑 앞쪽에 좌우 양 옆으로 각각 하나씩 세워두었다.

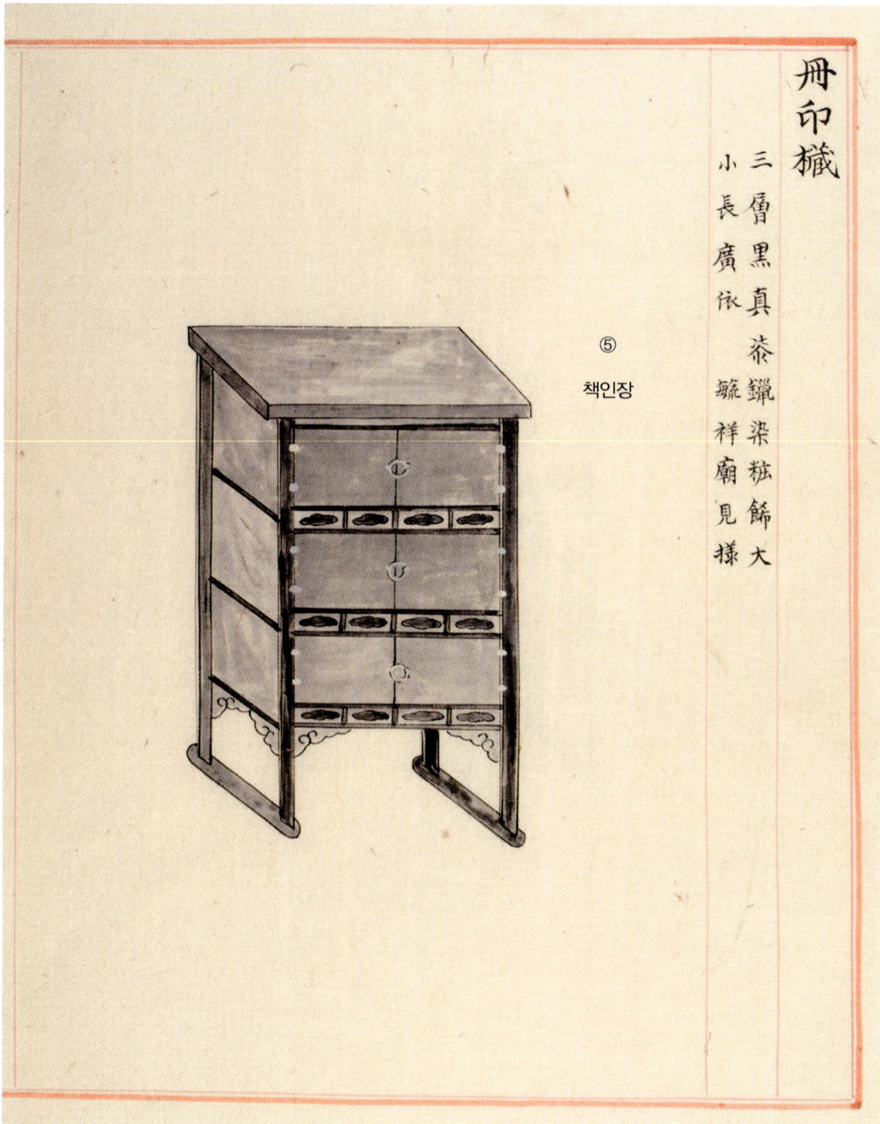

⑤ 책인장은 시책 · 죽책을 보관하는 책장(冊欌)과 세자와 세자빈의 도장인 시인(諡印)을 보관하는 인장(印藏)을 가리킨다. 혼궁의 정당 내부에 설치되었다. 문효세자의 책인장은 3층으로 되어 있고 흑진칠을 했다. 대소장광(大小長廣)은 영조의 생모 숙빈 최씨(淑嬪崔氏)의 사당인 육상묘(毓祥廟)의 견양(見樣)을 따랐다.128

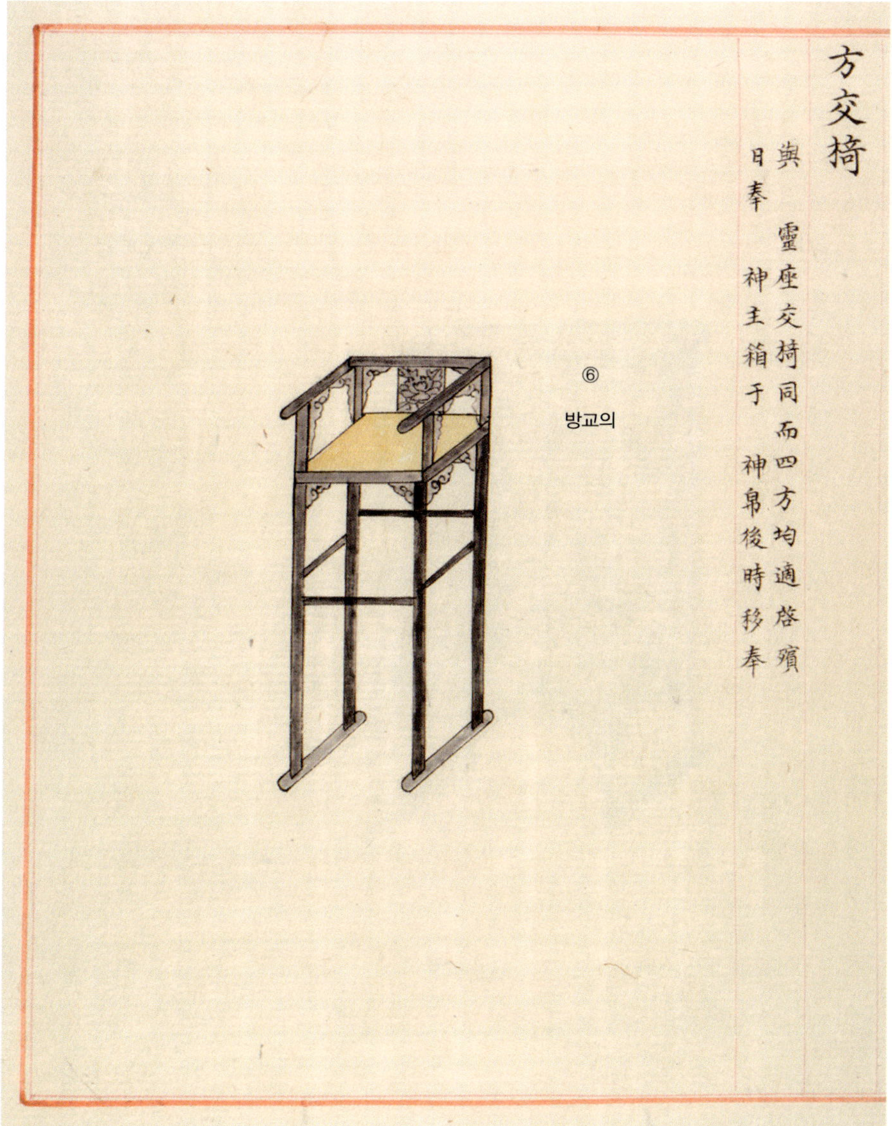

⑥ 방교의는 영좌교의와 같지만 사방의 크기가 고루 알맞았다[균적(均適)]. 계빈(啓殯)하는 날 신주를 넣은 상자[신주상(神主箱)]를 신백 뒤에 봉안할 때 신백을 올려놓는 작은 의자이다.129 영좌교의가 소상(小喪)에서는 흑칠(黑漆)을 하고 성빈 후에는 흑진칠을 했으며, 반우한 뒤에는 영좌교의를 대신하여 신좌교의를 사용하는데 만드는 방법은 영좌교의와 같았다.130 문효세자의 예장이므로 방교의에 붉은색 칠을 하지 않고 검은색 칠을 했음을 알 수 있다.

설이 제기되는 단계에까지 이르렀지만 정조는 여전히 유모와 의관의 처벌을 지시하지 않았다.

정조는 근거가 명확하지 않은 채 사태가 확산되는 것을 막기 위해 계속해서 특별한 조치를 취하지 않았다. 역적과의 공모라는 의혹의 제기가 문효세자의 생모인 의빈 성씨(宜嬪成氏) 소생의 왕자가 왕위를 계승하는 문제와 연관되어 있어서 이러한 상변(喪變)이 발생했다고 볼 수 있었다. 그 때문에 정조가 호응한다면 심각한 정국의 혼란이 야기될 것이 명백했기 때문에 정조는 관련 의혹을 일축하고 의혹의 확산을 막으려 했던 것이다.[131]

5월 6일, 이날 이후 3년 안에 문효세자가 있는 곳으로 동가(動駕)할 때 고취(鼓吹)는 모두 진설하기만 하고 연주하지 않기로 결정했다.

5월 11일 문효세자가 훙서한 지 1년이 되는 날이기에 정조가 혼궁에 나아가 소상제를 직접 지냈다. 이때 자전과 자궁, 중전은 망곡위(望哭位)에 나아가 망곡했다. 국장과 달리 신주를 바꾸는 절차가 없었으며, 소상제를 기점으로 '자최기년복'을 입었던 정조는 마침내 상복을 벗었다[제복(除服)].[132] 최복(衰服)을 벗은 뒤 정조는 약간 색이 있는 길복[미길(微吉)]으로 바꾸어 입었다.[133]

이듬해 1788년(정조 12) 5월 11일, 문효세자가 훙서한 지 2년이 되는 두 번째 기일이므로 정조가 혼궁에 나아가 대상제를 직접 지냈다.[134] 정조는 이미 상복[최복]을 벗었기 때문에 대상제를 지낼 때 참포(黲袍) 혹은 천담복(淺淡服)을 입었다.[135] 이때 자전이 임곡위(臨哭位)에 나아가 임곡(臨哭)하는 절차를 거행했다.

7월 6일 혹은 7일, 정조가 혼궁에 나아가 직접 담제를 지냈다. 『일성록』과 『승정원일기』에는 7월 6일, 『정조실록』과 『문희묘일기(文禧廟日記)』에는

7월 7일에 담제를 지낸 것으로 기록되어 있다.[136]

정조가 '자최기년복'으로 상복을 입었기 때문에 삼년상이 아닌 기년상을 해야 한다. 그런데 대상제와 담제를 지낸 것에 대해, 명목상 '기년상'이지만 실제는 '삼년상'을 치른 것으로 생각할 수 있다. 앞서 보았듯이 정조는 소상제를 지낸 뒤 상복을 벗었고, 대상제 이후부터는 최복을 입지 않았기 때문에 정조가 문효세자에 대해 삼년상이 아닌 기년상으로 치렀음을 알 수 있다.

이제 마지막으로 남은 절차가 바로 '입묘(入廟)'이다. 세자의 소상에는 사당에 신위를 봉안하는 것을 '부묘'가 아닌 '입묘'라고 일컬었다. 이는 신위가 봉안되어 있는 사당에 들어갈 때 혹은 합사를 의미하는 '부(祔)'가 아닌 새로 건립한 사당에 신위가 들어갈 때 사용했고, 현존하는 관련 의궤로는 『효명세자입묘도감의궤』가 전한다.[137] 문효세자의 경우 비록 『입묘도감의궤』가 편찬되지 않았지만 그의 신위를 문희묘에 봉안하는 것을 '입묘'라고 표현했다.[138] '입묘'는 국가전례서에 담제를 행하는 날에 행례한다고 규정되어 있다.[139] 그렇다면 7월 6일 혹은 7일 담제를 지낼 때 입묘 절차를 거행해야 하는데 문효세자는 그날 거행하지 못했다.

두 달 정도 앞선 5월 10일, 정조는 담제를 지낸 뒤 문효세자의 신주를 사당에 들이지 못하는 이유로 '구애되는 사세가 있다[사세지유구(事勢之有拘)]'라고 언명했다. 정조는 구애되는 사세가 무엇인지에 대해 구체적으로 밝히지 않았고, 또 문헌에서도 관련 내용이 찾아지지 않지만 문희묘가 건립되지 못한 것을 가리킨 듯하다. 비록 제때에 입묘 절차를 밟지는 못했으나 앞으로 거행할 제전(祭奠) 등 여러 절차는 담제·입묘 이후의 제도를 따르기로 결정했다.[140] 이로써 문효세자의 신주는 계속 혼궁에 남아 있었다.

애초 문희묘는 1786년 8월 경모궁의 남쪽 담장 밖 백호변(白虎邊)에 있는 목사 이학원(李學源)의 집터 자리에 건립하기로 정했다. 이곳이 영조의 생모 숙빈 최씨를 향사하는 육상궁의 서쪽 담장 밖 터보다 더 낫다는 신하의 말까지 듣자, 정조는 최종 경모궁의 백호 밖에 문희묘의 터를 정하고 영건의 역사는 다음해 봄을 기다려 길일을 점쳐서 거행하라고 하교했다.[141]

정조가 문희묘의 터를 두루 둘러볼 때 함께 있던 모든 이들이 매우 좋다고 하자 곧바로 그곳을 완정(完定)했고, 이를 매우 다행이라고 여겼다. 뿐만 아니라 이곳은 경기감사 서유방(徐有防, 1741~1798)의 말처럼 정조의 입장에서는 경모궁과 매우 가까워 신리(神理)와 인정상 매우 흡족할 만한 곳이었다. 정조는 당시 영남 지방에 흉년이 들어 사당의 공역[묘역(廟役)]을 장대하게 하지 말라고 지시했다.[142]

그러다가 한 달여 뒤인 9월[1786]에 의빈 성씨가 졸하자,[143] 11월에 그녀를 효창묘의 왼쪽 산등성이에 장례를 치렀다.[144] 이 무렵부터 정조는 신리와 인정을 고려하여 문희묘를 경모궁이 아닌 의빈묘(宜嬪廟)의 근처에 터를 정하는 것이 합당하다고 생각했다. 의빈 성씨와 문효세자가 모자지간임을 배려하여 무덤과 사당을 서로 가까운 곳으로 정한 것이었다.

이듬해[1787] 1월, 정조는 의빈궁의 서쪽 담장 밖 가사(家舍)에 문희묘를 옮겨 짓도록 명했다.[145] 이곳은 한양 도성 안 북부 안국방(安國坊)에 위치해 있다.[146] 문제는 공역의 시작을 올 가을과 내년[1788] 봄 사이 하교를 기다려 길일을 택해서 거행하도록 했다는 점이다. 문희묘의 건립이 계속 미루어지고 있음을 알 수 있다.

실제 문희묘의 개기(開基)는 1788년 12월에 가서야 시행되었다.[147] 그리고 그 이듬해인 1789년(정조 13) 4월에 완공되었다.[148] 4월 26일 혼궁에 가서 고동련제(告動輦祭)를 정조가 친행하고 이어서 신주를 문희묘로 옮겨 봉안한 뒤 봉안제(奉安祭)를 지냈다.[149] 봉안제 또한 정조가 직접 지냈다. 이로써 문효세자의 길고 긴 상장 절차가 모두 마무리되었다.

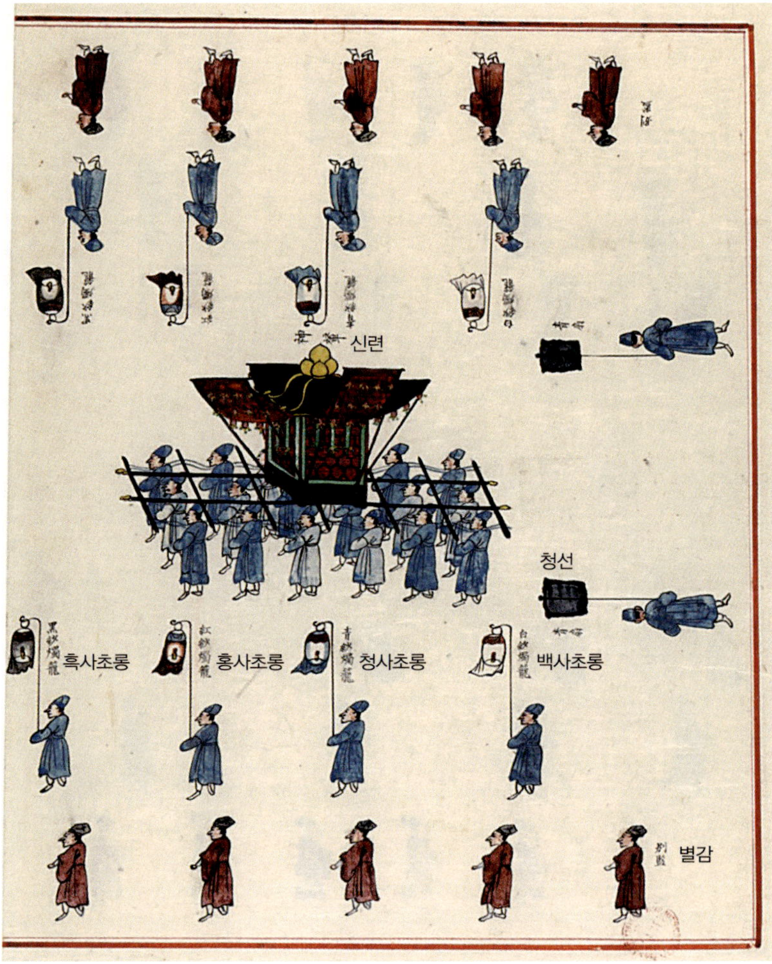

〈도판 86〉「입묘반차도(入廟班次圖)」, 『문희묘영건청등록』, 프랑스 국립도서관
문효세자의 삼년상을 모두 마친 뒤 혼궁에 있던 신주를 문희묘에 봉안하기 위해 나아가는 행렬을 보여주는 입묘반차도의 일부이다. 문효세자의 신주를 싣고 가는 신련이 가운데에 서고, 흑사(黑紗)·홍사(紅紗)·청사(靑紗)·백사(白紗) 초롱 각 2개가 신련의 좌우로 나뉘어 서며, 별감(別監) 각 다섯 사람이 좌우로 나뉘어 섰다. 그다음 청선(靑扇) 2개가 가운데에서 좌우로 나뉘어 섰다.

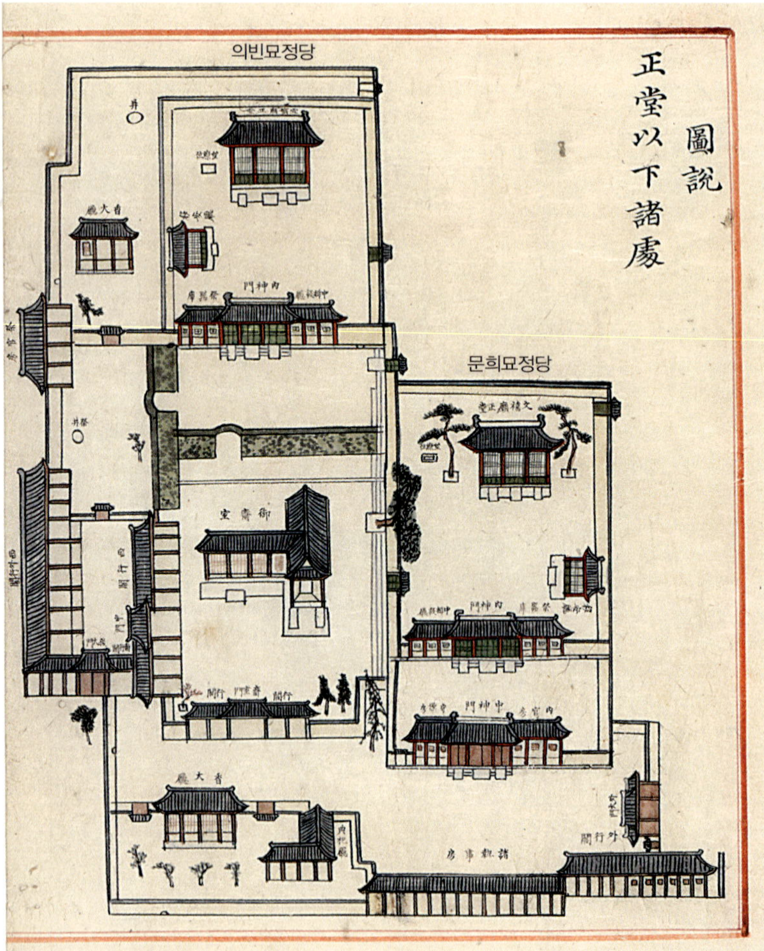

〈도판 87〉「문희묘(文禧廟)」·「의빈묘(宜嬪廟)」,『문희묘영건청등록』, 프랑스 국립도서관
문효세자와 그의 어머니 의빈 성씨의 신위를 봉안한 사당이다. 문희묘와 의빈묘를 하나의 도설로 제시하여 두 사당의 전체적인 공간구성을 묘사해 놓았다.

도판 88〉「감실(龕室)」,『문희묘영건청등록』, 프랑스 국립도서관

감실은 사당의 중심 건물인 정당(正堂) 내부의 북쪽 벽에 신주를 봉안하기 위해 설치한 공간이다. 신주를 담는 신주궤를 이곳에 넣어 보관했다가 제사를 지낼 때 신주를 꺼내어 신탑 위에 안치했다.

〈도판 89〉 「신탑(神榻)」, 『문희묘영건청등록』, 프랑스 국립도서관
신탑은 신주를 올려놓는 의물이다. 감실과 함께 설치하여, 제사를 지낼 때 감실에 보관되어 있는 신주궤에서 신주를 꺼내어 이곳에 올려놓았다.

문효세자의 홍서 직전부터 신주를 문희묘에 봉안하기까지 예장의 전 과정을 날짜별로 살펴보았다. 거행한 의절을 정리하면 〈표 11〉과 같은데, 여기에는 본문에서 언급하지 않은 절차들도 포함되어 있다. 그런데 관찬 자료와 의궤, 등록 등 여러 자료를 비교해 본 결과, 날짜가 일치하지 않거나 시각이 일치하지 않는 경우가 많아 〈표 11〉에 일일이 구별해서 제시했다.

제3절

문효세자 예장의 특징

조선 전 시기 동안 세자의 죽음이 여러 차례 있었고, 문효세자의 훙서 또한 그 하나이다. 하지만 무엇보다 그의 상장 절차와 관련한 자료가 그 이전 시기의 것보다 매우 자세하고 풍부하게 잘 남아 있어서 상당히 구체적으로 상장례 과정을 살펴볼 수 있다. 이러한 문헌 자료를 바탕으로 정리한 제2절의 내용을 토대로 문효세자의 예장에서 드러나는 특징을 제시하면 다음과 같다.

첫째, 국장과의 차이이다. 이는 문효세자뿐 아니라 여타 세자의 예장에서도 공통적으로 지적할 수 있는 바, 문효세자의 예장에서 굳이 특징으로 지적할 부분은 아니라고 볼 수도 있다. 하지만 본서에서 유일하게 다룬 세자의 예장이 문효세자의 예장이므로 우선 언급하고자 한다. 아울러 의절을 거행할 때 동원되는 사람 수, 소용되는 물품의 수와 형태·규모, 참여자의 신분 등 여러 측면에서 국장과 예장은 차이가 분명하지만 일일이 제시하기가 쉽지 않기 때문에 여기서는 의식 절차, 의절을 거행한 시점, 용어·도설 등 몇 가지를 설정하여 살펴보고자 한다.

먼저 의식 절차이다. 앞서 제1절에서 1758년본『국조상례보편』에 실린 국장 절차 74조목 중「소상입묘의」를 제외하고 모두 국장을 중심으로 전문을 작성하여 예장에서 필요하지 않은 조목들이 있다고 했다. 곧, 「(국휼)고명」, 「사위」, 「반교서」, 「고부청시청승습」, 「청시종묘의」, 「영사시제급조부의」, 「사부의」, 「사시의」, 「분황의」, 「사제의」, 「부묘의」 등이다. 역시 문효세자의 상장 절차를 치르는 동안 이러한 의절은 거행된 적이 없었다.

다음은 각 의절을 거행한 '시점'에 대한 비교이다. 주요 의절 가운데 그 의절을 거행하는 '시점'을 중심으로 국장과 예장이 신분에 따라 어떻게 혹은 얼마나 차이가 나는지를 간략히 짚어볼 필요가 있다. 그 가운데 「고사묘」, 「소렴」, 「대렴」, 「성빈」, 「성복」, 「발인」, 「우제」, 「졸곡제」 등을 주목했는데, 국가전례서에 그 차이를 규정해 놓은 것이 선정의 주요 이유이다. 단, 이는 의소세손 예장 절차의 특징을 살펴볼 때 영조 국장·문효세자 예장과의 비교 속에서 다루고자 한다.

다음으로 용어상의 차이이다. 영조의 국장과 비교해보면, 국장/예장, 빈전/빈궁, 혼전/혼궁, 산릉/묘소, 총호사/도제조, 찬궁/찬실, 재궁/재실, 외재궁/외재실, 현궁/현실, 능상각/묘상각, 시보/시인, 우주·연주/신주, 부묘/입묘 등의 용어에서 그 차이를 분명하게 노정했다. 의궤의 서명에서도 국장도감의궤/예장도감의궤, 빈전혼전도감의궤/빈궁혼궁도감의궤, 산릉도감의궤/묘소도감의궤 등 그 차별성은 분명하게 드러났다. 영조는 국장에 맞게, 문효세자는 세자의 위상에 걸맞게 국장보다 한 등급 낮춘 단어를 사용했다.

그 다음은 도설에 드러난 비교이다. 이제까지 영조 국장과 문효세자 예장을 서술하는 과정에서 내용의 이해를 위해 많은 도판을 수록했다. 그것을 통해 국장과 예장에서 사용한 의물의 구체적인 모습은 드러났다고 볼 수 있다. 그중 국장과 예장에서 가장 뚜렷하게 구별되면서 국가전례서에 규정까지 한 그림은 찬궁과 찬실, 사수도의 유무를 꼽을 수 있다.

먼저 찬궁과 찬실이다. 영조의 찬궁과 문효세자의 찬실은 앞서 〈도판 18〉과 〈도판 52〉에 제시했다. 국왕의 찬궁은 주로 『빈전도감의궤』와 『산릉도감의궤』의 「도식(圖式)」 혹은 「도설」에 실려 있는데, 영조의 찬궁은 『빈전도감의궤』에만 그려져 있다.[150] 소금저와 유사한 모양의 문효세자의 찬실 또한 『빈궁도감의궤』에 실린 도설을 참고했다.[151]

다음은 사수도이다. 사수는 국왕과 왕후의 찬궁에만 그리고 세자·세자빈의 찬실에는 그리지 않는다고 『국조상례보편』에 규정되어 있다.[152] 영조의 국장에서 사수도는 『산릉도감의궤』 「도식」에서 볼 수 있는 반면, 문효세자의 예장에서는 의궤에 수록되어 있지 않는 것으로 보아 『국조상례보편』의 규정을 준수하여 그리지 않은 것으로 이해된다.

몇 가지 기준을 가지고 영조 국장과 문효세자 예장의 차이를 비교했다. 세자의 예장에서는 여러 면에서 국왕의 국장보다 한 등급 낮춰서 진행했음을 확인할 수 있었다.

둘째, 문효세자의 상이 1758년에 왕실 상장례를 최종 정비하여 편찬한 『국조상례보편』에 따라 치른 최초의 소상(小喪)이라는 점이다. 1758년본 『국조상례보편』이 편찬 간행된 이후, 여기에 수록된 의절에 따라 치른 최초의 대상이 영조의 국장이고, 소상은 바로 문효세자의 예장이었다.[153] 소상의 경우 1762년(영조 38)에 사도세자의 상이 발생했지만 그의 죽음이 일반적인 세자의 죽음과 달랐고, 그의 예장 또한 다르게 치러졌기 때문에[154] 결과적으로 문효세자의 예장이 최초로 소상의 위상에 맞게 치러졌다고 볼 수 있다.

사도세자의 상장례가 의식 절차 위주로 본다면 다른 세자의 예장과 차이가 없는 것처럼 보인다.[155] 그러나 영조와 정순왕후가 그를 위해 상복을 입지 않는다거나[156] 행사에 들어가는 의물(儀物)의 수량과 규격, 동원되는 인원수 등에서 근검절약을 언급하지 않은 상황에서 모두 감하라는 영조의 전교에서 짐작된다.[157] 이를 통해, 『국조상례보편』이 편찬된 이후 사도세자가 훙서하여 시기적으로 본다면 사도세자의 상장례가 『국조상례보편』에 따라 치른 최초의 소상이 될 수 있겠으나 실질적으로는 문효세자의 예장이라고 볼 수 있다.

셋째, 문효세자의 상장 절차는 앞에서도 여러 차례 거론된 것처럼 무신년에 있었던 효장세자의 상장례를 전례(前例)로 삼았다. 빈궁도감에서 모든 일은 무신년의 전례를 따른다고 한 것이나,[158] 예조에서 지금의 상례는 대개 무신년의 예(例)에 의거한다고 한 것[159] 등 곳곳에서 발견된다. 따라서 문효세자의 상장 절차는 기본적인 규정은 1758년본 『국조상례보편』을 기준으로 하고, 실제 행례할 때에는 효장세자의 예장을 전례로 삼았음을 알 수 있다.

넷째, 17, 8세기 동안 가장 중요한 현안이었던 세자의 복제 문제이다. 문효세자의 상장 의절은 효장세자의 그것을 전례로 삼았다고 했는데, 그중 복제는 더욱 그러했다. 정조와 신하들이 "이번 복제는 한결같이 무신년의 등록을 따랐다."고 한 말을 통해 입증된다.[160] 그에 따라 문효세자의 상에 정조는 '자최기년복'을 입었다. 그런데 문효세자 이전에 있었던 세자의 복제 문제가 이 시기까지 영향을 미치고 있다는 사실이 주목되었다.

영조는 효장세자의 상이 발생했을 때 '자최기년'으로 상복을 입었고 그 내용을 『국조속오례의』에 반영하여 성문화했다. 이후 1751년 현빈의 상을 당하자 한 등급 낮추어 영조는 '대공복'을 입었다. 그런데 시간이 흐르면서 영조는 그것이 잘못된 결정이라고 판단했고, 그에 따라 장자를 위해 삼년복, 장자부를 위해 기년복을 입도록 복제를 개정하도록 하교했다. 개정한 복제는 왕실 상장례를 정비하면서 편찬한 1752·1758년본『국조상례보편』에 반영되었다.[161] 그런데 주목되는 점은『국조상례보편』에 따라 문효세자의 상을 치렀던 정조가 복제 만큼은『국조상례보편』이 아닌『국조속오례의』의 규정을 준수했다는 사실이다.

> "또 복제로 말하면 자최·참최의 사이에 관계된 바가 어찌 중요하지 않겠는가?『보편』에 비록 참최로 재록되어 있으나 이는 사세가 본디 어긋난 것이 많다. 또 소가(疏家, 가공언, 필자 주)의 '체중(體重)' 두 글자가 매우 관계가 있어서 끝내 쉽게 넘길 수 없기 때문에 부득이하게 바꾸어서 기년(朞年)으로 한 것이다."[162]

라 하여, 정조는 기존 국제(國制: 국조속오례의)의 규정을 준수하도록 했다. 17세기 현종대에 일어난 복제 예송이 18세기에도 여전히 진행되고 있음을 볼 수 있다.[163] 이러한 복제 논란은 여기서 그치지 않고 순조의 맏아들 효명세자의 상에서 순조가『국조상례보편』을 따라 '참최삼년복'을 입으면서 계속 이어졌다.[164] 따라서 세자·세자빈 예장에서 논란이 되는 복제 안건에 대해서는 18, 9세기까지 정리해야 좀 더 분명해질 것으로 판단된다.

다섯째, 1758년본『국조상례보편』을 기준으로 한다고 하면서 무신년의 전례를 많이 참고했다. 그 결과『국조상례보편』에 실린 의주와 다르게 진행한 것은「복제」와「조조의」, 그리고「입묘」시기를 들 수 있다. 그리고『국조상례보편』에 실려 있지 않지만 '오월망전(五月望奠)', '육월망전(六月望奠)',

'개명정후별전(改銘旌後別奠)', '칠석별다례(七夕別茶禮)', '윤칠월망전겸행별전(閏七月望奠兼行別奠)', '친서상자후별전(親書上字後別奠)', '결과후별전(結裹後別奠)' 등을 정조가 직접 주관했다.[165] 각종 '전(奠)'은 다른 세자의 예장을 좀 더 확인해 보아야겠지만 국왕의 직접적인 참여 여부에 따라 전을 올리는 빈도수가 달랐을 것으로 추정된다. 그 밖에는 문효세자의 상장에서 국가전례서에 규정한 예장 절차를 대체로 잘 준수했다고 평가할 수 있다.

여섯째, 어머니와 아들의 사당이 하나의 입지에 있다는 점이다. 문희묘와 의빈묘는 두 개의 사당이지만 하나의 입지에 구성된 특이한 공간구성을 지녔다. 약간의 차이는 있겠으나 조선전기에 모자가 혼궁에 함께 있었던 적은 있었다. 예종이 세자 시절 죽은 세자빈 장순빈(章順嬪, 1445~1461)과 그의 아들 인성군(仁城君, 인성대군)이 그러했다. 이후 1470년(성종 1) 장순빈을 장순왕후(章順王后)로 추숭하자 모자를 한곳에 부향(祔享)할 수 없어서 인성군의 신주를 별실(別室)로 옮겼다.[166] 그런데 이처럼 한 영역에 모자의 사당을 함께 조성한 것은 유례가 없는 매우 드문 사례였다.

일곱째, 정조는 새로이 정식으로 삼은 제도, 바로잡은 예제(禮制)와 가감한 의문(儀文) 등등이 포함된 문효세자의 예장·빈궁혼궁·묘소도감의궤의 편찬에 관심을 두었다.[167] 그로 인해 문효세자 흉례 관련 의궤의 체제가 다른 의궤와 매우 다르게 되어 있다. 『문희묘영건청등록』을 제외한 『예장도감의궤』, 『빈궁혼궁도감의궤』, 『묘소도감의궤』의 『도청의궤』에서 가장 뚜렷하게 드러난다.

대부분의 의궤에는 『도청의궤』의 목록에 구체적인 항목명을 적는 데 반해, 문효세자의 흉례 관련 의궤에는 논의한 사안을 중심으로 항목을 설정했다. 이 또한 단점이 없지는 않지만 그럴 경우 각 사안마다 일목요연하게

정리하여 각 항목마다 중복되는 내용이 없다는 장점이 있다.[168]

마지막으로 문효세자 예장 관련 여러 문헌의 기록이 서로 일치하지 않고 차이를 보이는 경우가 많다는 점이다. 각 의절을 거행할 때마다 날짜가 일치하지 않거나 시각이 일치하지 않는 등 자료들마다 일일이 대조해야만 하는 경우가 적지 않았다. 이 부분은 특징이라기 보다 한계점으로 지적할 수 있는데, 문헌 자료 자체의 검토가 우선 이루어져야 해결할 수 있는 문제라고 생각된다.

이상의 특징을 통해, 문효세자의 예장이 여러 가지로 주목되는 측면이 있었다. 다만, 다른 세자의 상장례와 비교할 때 그 특징을 좀 더 뚜렷하게 알 수 있을 것이다. 그리고 세자마다 또 다른 논의를 수반하는 경우가 없지 않기 때문에 오랜 시간을 들여서 여러 사례를 정리해야 하므로 추후의 과제라고 생각된다.

문효세자 흉례 관련 의궤의 특징

일반적으로 의궤는 국가의 중요한 행사가 끝난 뒤 그 행사의 준비 과정과 진행 과정, 의식 절차, 소요 경비, 참가 인원, 행사 후의 논상(論賞) 및 사후 처리 내용 등 제반 사항을 정리하여 기록한 행사의 보고서이다.

조선시대 국가 행사는 일반적으로 큰 규모로 진행되었다. 그런 만큼 의궤도 하나의 의궤로 이루어져 있지 않았다. 거의 모든 의궤에는 여러 곳에서 각자 맡은 일을 정리하여 의궤로 작성하고 그러한 의궤를 합쳐서 한 질을 이루었다. 도청에서 편찬하는 도청의궤(都廳儀軌), 일방(一房)·이방(二房)·삼방(三房)의 각방의궤(各房儀軌), 지석소(誌石所)·우주소(虞主所)·별공작(別工作)의 각소의궤(各所儀軌) 등 이러한 의궤들을 묶어서 소위 말하는 '○○도감의궤'가 제작되었다.[169]

담당처가 다양하다는 것은 그만큼 다양한 분야의 사람들과 각종 물품이 들어간다는 것을 의미했다. 특히 흉례는 다른 의례와 달리 일시적으로 끝나지 않고 3년이라는 긴 시간이 걸리기 때문에 더욱 많은 인력과 물품이 필요함은 물론이고, 그 과정을 기록한 의궤의 분량 또한 매우 방대했다. 국장 과정을 기록한 『국장도감의궤』, 빈전의 설치에 관해 기록한 『빈전도감의궤』, 혼전의 설치에 관해 기록한 『혼전도감의궤』, 시신을 묻을 능의 조성 과정을 실은 『산릉도감의궤』, 혼전에 봉안되어 있던 신주를 종묘로 옮겨 봉안하는 일을 적은 『부묘도감의궤』 등이다.

예장에 해당하는 문효세자의 흉례 과정을 기록한 의궤는 『문효세자예장도감의궤』, 『문효세자빈궁혼궁도감의궤』, 『문효세자묘소도감의궤』, 『문희묘영건청등록』이 있다. 그중 『문희묘영건청등록』을 제외한 나머지 의궤는 기존 의궤와 기록 방식이 아주 다르다. 그러한 모습이 각 의궤의 제1책 목록에 잘 드러나 있다. 의궤는 한 책으로 완결된 것도 있고 몇 책으로 이루어진 것도 있지만 대부분 제1책에 실린 목록이 그 의궤의 전체 목록이다.

먼저 기존 의궤의 체제대로 편찬된 『문희묘영건청등록』의 표지와 목록이다. 프랑스 국립도서관에서 우리나라 국립중앙박물관으로 이관한 외규장각 의궤에는 비단 표지에 아무런 글씨가 쓰여 있지 않다. 곧, 표제(標題)가 쓰여 있지 않다. 서울대학교 규장각한국학연구원에 소장된 분상용 의궤에는 '문희묘영건청등록'이라는 표제와 함께 그 의궤의 소장처 및 편찬 연대까지 기록하고 있다. 따라서 두 기관에 소장된 의궤의 표지와 목록을 제시하면 〈도판 90〉이 참조된다.

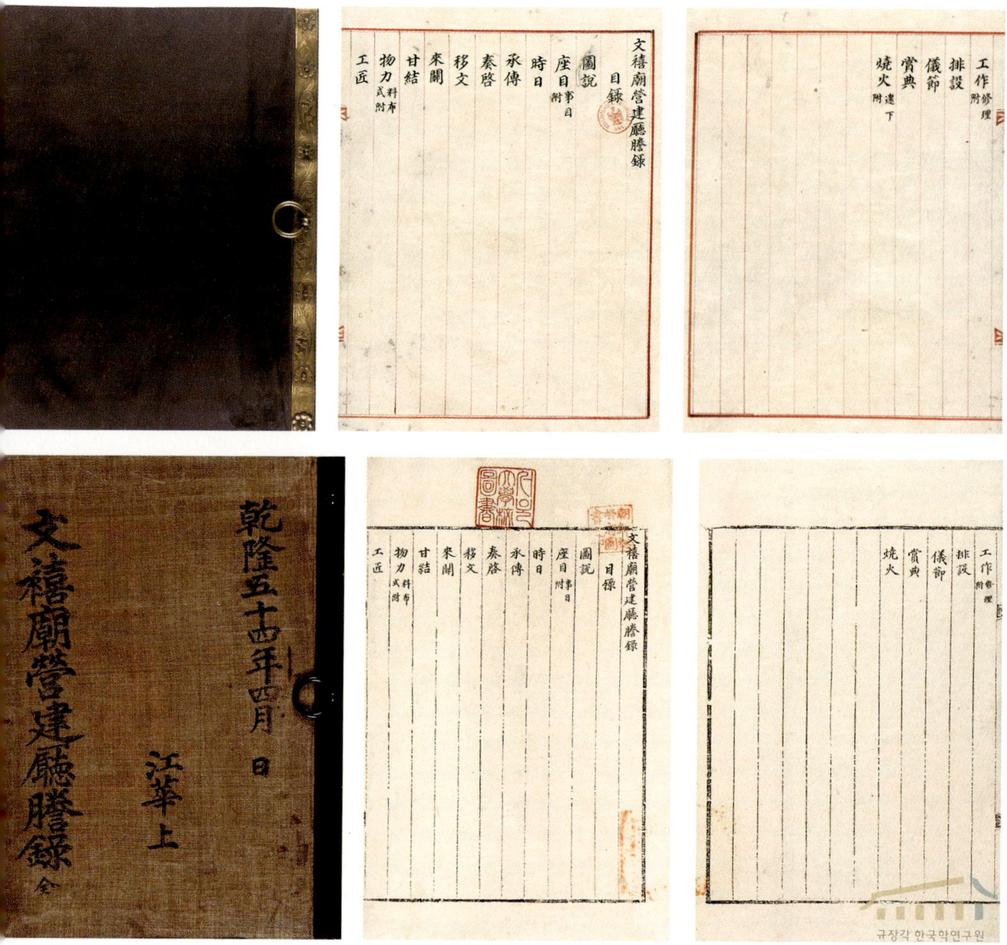

도판 90〉『문희묘영건청등록』ⓒ 프랑스 국립도서관(위) | 『문희묘영건청등록』ⓒ 규장각한국학연구원(아래)

1789년에 편찬된『문희묘영건청등록』의 목록에 수록된 항목명은 일반 의궤에서 흔히 볼 수 있다. 그런데 다음에 사례로 제시한『문효세자예장도감의궤』와『효명세자장례도감의궤』의 목록과 내용을 보면, 문효세자의 흉례 관련 의궤가 다른 의궤와 목록 및 그 체제가 확연히 다름을 볼 수 있다.

『문효세자예장도감의궤』의 제1책에 수록된 전체 목록은 도청(都廳), 일방, 이방, 삼방, 분전설사(分典設司), 분장흥고(分長興庫), 표석소(表石所), 우주소(虞主所), 별공작(別工作)의 순서로 되어 있다.『효명세자장례도감의궤』의 제1책에 수록된 전체 목록은「시일(時日)」,「좌목(座目)」,「전교(傳敎)」,「장계(狀啓)」,「이문(移文)」,「내관(來關)」,「예관(禮關)」,「의주(儀註)」,「감결(甘結)」,「재용(財用)」,「상전(賞典)」,「의궤」,「일방」,「이방」,「삼방」,「조주소(造主所)」,「표석소」,「별공작」,「분장흥고」,「분전설사」의 순서로 되어 있다.

일반적인 의궤에는 예장도감 조직의 한 부서인 도청의 업무를 적은『도청의궤』에「도청」이라는 항목명을 대신하여「시일」~「의궤」까지 구체적인 항목명을 기록했을 것이다. 하지만『문효세자예장도감의궤』에는「도청」이라는 항목명 하나만을 제시했을 뿐이다. 그에 따라 본문의 내용 또한 기존 의궤와 다를 수밖에 없다. 날짜별로 예장과 관련한 내용을 기록하되 다른 의궤에서 볼 수 없는 기록 방식, 곧 '以上○○條'라고 표시했다.

「도청」이라는 큰 항목을 제시한 뒤, 그 안에 각 사안마다 해당 내용이 끝나는 아래에 '以上○○條'라고 써 놓았다. 가령, 맨 처음에 나오는 '이상당랑조(以上堂郎條)'는 당랑과 관련한 내용을 날짜별로 수록하고, 그 다음에 나오는 '이상제술서사관조(以上製述書寫官條)'는 제술관과 서사관과 관련한 논의 사항을 기재했다. 이는 구체적인 항목명을 대신한 기록 방식이라고 볼 수 있다.

이러한 체제를 가진 의궤의 특징은 각 사안마다 논의한 내용을 일목요연하게 정리하여 중복되는 내용이 없다는 점이다. 일반 의궤에서『도청의궤』에 실린 항목 중「전교」,「예관」을 보면, 대체로 동일한 날짜에 같은 내용을 수록하여 중복되는 내용이 나오기도 하는데 이러한 체제에서는 그러한 점이 사라졌다는 것이다. 이는 주요한 장점임에 틀림없지만 그에 비해 단점도 없지 않다. 가장 큰 단점은『도청의궤』에 수록된 각종 공문서를 제대로 볼 수 없다는 점을 들 수 있다.

가령,『효명세자장례도감의궤』의 목록에서 본다면「이문」,「내관」,「예관」이 해당한다. 이문은 동등한 아문(衙門)에 보내는 공문서[관문(關文)]이다. 좀 더 엄밀하게 정의 내린다면, 2품 이상 중앙관아 및 지방관찰사 등 조선시대 최고 관서 사이에 행정적으로 협조할 필요가 있을 경우에 사용하는 공문서이다. 내관은 다른 기관에서 해당 기관으로 보내온 공문서이다. 곧, '공문서를 받은 기관'이 답을 작성하여 '공문서를 보낸 해당 기관'으로 보낸 공문서를 말한다. 예관은 해당 기관에서 예조(禮曹)에 보내는 관문이다.

의궤가 다른 문헌 자료에 비해 각종 공문서를 수록하여 왕실 행사의 준비 과정과 관서 간 업무 협조 과정을 자세히 파악할 수 있다는 점이 큰 장점이다. 그런데 도청과 다른 관서간에 주고받은 공문서, 곧 『도청의궤』에서 수록된 「이문」·「내관」·「예관」과 같은 공문서를 보기 힘들다는 점은 이러한 의궤류의 한계로 지적할 수 있다. 무엇보다 도청은 도감에 소속되어 각 방을 총괄하는 그 비중이 큰 부서이기 때문이다.

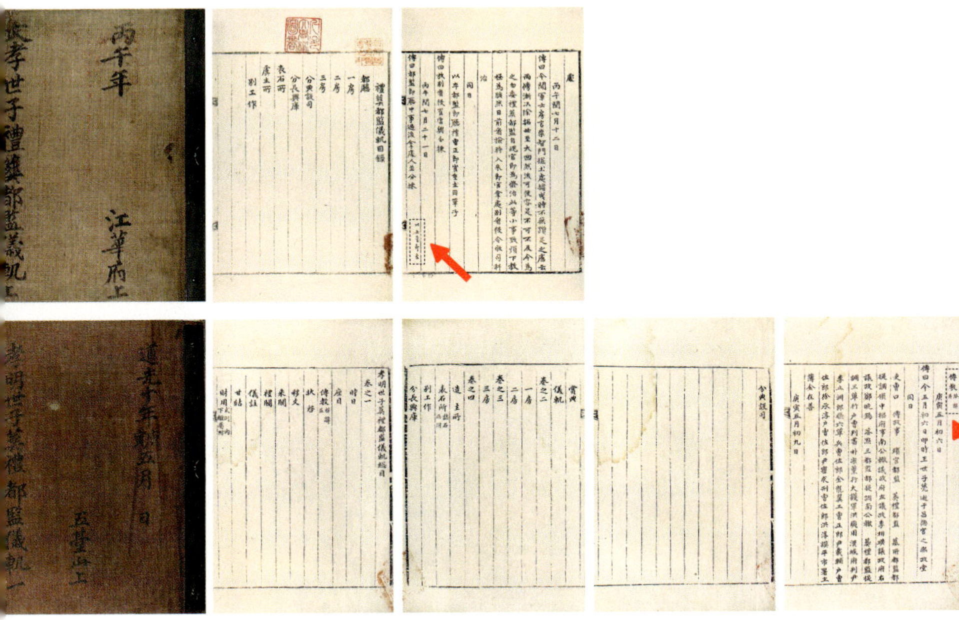

〈도판 91〉『문효세자예장도감의궤』(상) ⓒ 규장각한국학연구원(위) | 『효명세자장례도감의궤』(일) ⓒ 규장각한국학연구원(아래)

〈표 9〉 각 도감 담당자와 재직 시기 및 직책 변동

예장도감 담당자와 재직 시기 및 직책 변동 상황[170]

담당직책	이름	관직명	재직 시기와 직책 변동 상황	비고
도제조	서명선(徐命善)	행 판중추부사	1786년 5월 11일 임명[계하]. 5월 24일 사직[면부]	
	홍낙성(洪樂性)	영돈녕부사	1786년 5월 24일 제배. 윤7월 20일까지 재직	
제조	이문원(李文源)	공조판서	1786년 5월 11일 본도감 당상으로 임명. 5월 13일 묘소 당상과 서로 바꿈[상환]	
	조시준(趙時俊)	호조판서	1786년 5월 11일 임명. 윤7월 20일까지 재직	
	이재간(李在簡)	행 부사직	1786년 5월 11일 묘소 당상으로 임명. 5월 13일 본도감 당상과 서로 바꿈. 윤7월 20일까지 재직	
도청	윤장렬(尹長烈)	시강원 문학	1786년 5월 12일 임명. 6월 13일 파직. 실제 근무일수[실사(實仕)]는 30일	
	이정운(李鼎運)	부사과	1786년 6월 13일 임명[차하]. 윤7월 20일까지 재직	
낭청	유문양(柳文養)	병조좌랑	1786년 5월 11일 임명. 5월 13일 면직[감하]	
	최중규(崔重圭)	예조좌랑	1786년 5월 11일 임명. 윤7월 20일까지 재직	
	이원배(李遠培)	형조정랑	1786년 5월 11일 임명. 7월 13일 지방관으로 관직을 옮김[외임천전]. 실제 근무일수는 62일	
	홍경후(洪景厚)	사복 판관	1786년 5월 11일 임명. 7월 15일 면직. 실제 근무일수는 64일	
	정존옥(鄭存玉)	부사과	1786년 5월 13일 임명. 7월 17일 의금부로 잡혀 들어감[나처(拿處)]. 7월 30일 풀려남[몽방(蒙放)]. 실제 근무일수는 83일	
	박유원(朴綏源)[171]	위수	1786년 5월 24일 임명. 6월 2일 나처되어 체직됨. 실제 근무일수는 8일	
	정홍연(鄭弘淵)	사어	1786년 6월 2일 임명. 7월 7일 면직. 실제 근무일수는 35일	
	이명걸(李命杰)	상의 첨정	1786년 7월 15일 임명. 윤7월 20일까지 재직. 실제 근무일수는 36일	
	이민채(李敏采)	봉상 정	1786년 6월 9일 임명. 윤7월 20일까지 재직. 실제 근무일수는 71일	조주소
감조관	윤행순(尹行醇)	부사용	1786년 5월 12일 임명. 윤7월 20일까지 재직	
	이의숙(李義肅)	부사용	1786년 5월 12일 임명. 윤7월 20일까지 재직	
	김재겸(金載謙)	부사용	1786년 5월 12일 임명. 윤7월 20일까지 재직	
	오진수(吳晉秀)	별공작 선공 감역	1786년 5월 12일 관원을 나누어 배치할 때 감조관에 임명[분차]. 윤7월 20일까지 재직	분차 감조관
	김응저(金膺著)	봉상 봉사	1786년 5월 12일 관원을 나누어 배치할 때 감조관에 임명. 6월 8일 면직. 실제 근무일수는 27일	지석 · 표석 감조관
	유광억(柳光澺)	봉상 직장	1786년 5월 12일 관원을 나누어 배치할 때 감조관에 임명. 6월 8일 면직. 실제 근무일수는 27일	조주소 감조관

빈궁혼궁도감 담당자와 재직 시기 및 직책 변동 상황[172]

담당직책	이름	관직명	재직 시기와 직책 변동 상황	비고
도제조	서명선(徐命善)	행 판중추부사	1786년 5월 11일 임명[계하]. 5월 24일 사직[면부]	
	홍낙성(洪樂性)	영돈녕부사	1786년 5월 24일 임명. 윤7월 20일까지 재직	
제조	이성원(李性源)	행 부사직	1786년 6월 8일 더 임명[가계하(加啓下)]. 윤7월 20일까지 재직	
	서유린(徐有隣)	행 부사직	1786년 5월 11일 임명. 윤7월 20일까지 재직	
	윤시동(尹蓍東)	예조판서	1786년 5월 11일 임명. 윤7월 20일까지 재직	
도청	윤 확(尹 矆)	사복시 정	1786년 5월 12일 임명. 윤7월 16일 관직이 옮겨 제수되어 벼슬이 갈림[이배대(移拜代)]	
	윤장렬(尹長烈)	시강원 문학	1786년 윤7월 16일 임명. 윤7월 20일까지 재직	
낭청	윤재명(尹載命)	병조정랑	1786년 5월 11일 임명. 5월 14일 면직	
	김치광(金致光)	예조정랑	1786년 5월 11일 임명. 5월 14일 면직	
	홍원섭(洪元燮)	호조정랑	1786년 5월 11일 임명. 윤7월 20일까지 재직	
	송후연(宋厚淵)	한성부 판관	1786년 5월 11일 임명. 5월 16일 면직되어 벼슬이 갈림[감하대(減下代)]	
	홍의영(洪義榮)	사복시 첨정	1786년 5월 16일 임명. 윤7월 20일까지 재직	
	이성순(李性淳)	공조정랑	1786년 5월 11일 임명. 5월 18일 면직되어 벼슬이 갈림	
	이만수(李晚秀)	익위사 익찬	1786년 5월 25일 임명. 윤7월 20일까지 재직	
	구 응(具 膺)	호조정랑	1786년 6월 20일 더 임명. 윤7월 20일까지 재직	
감조관	이일원(李一源)	부사용	1786년 5월 12일 임명. 윤7월 20일까지 재직	혼궁주성소 감조관
	조응진(趙應鎭)	사옹원 봉사	1786년 5월 12일 임명. 윤7월 20일까지 재직	혼궁수리소 감조관

묘소도감 담당자와 재직 시기 및 직책 변동 상황173

담당직책		이름	관직명	재직 시기와 직책 변동 상황	비고
도제조		서명선(徐命善)	행 판중추부사	사임[허부]	
		홍낙성(洪樂性)	영돈녕부사		
제조		서유녕(徐有寧)	행 부사직	면직	
		이재간(李在簡)	행 부사직	서로 바꿈[상환]	
		이문원(李文源)	공조판서	면직	
		박명원(朴明源)	금성위		
		구선복(具善復)	행 지중추부사		
도청		이동욱(李東郁)	부사과	파직	
		서미수(徐美修)	시강원 사서	면직	
		서형수(徐瀅修)	부사과		
낭청 / 감조관	삼물소	이경명(李景溟)	예조정랑	면직	낭청
		홍수영(洪守榮)	부사과		낭청
	조성소	정 간(鄭 杆)	사도시 첨정	면직	낭청
		김지묵(金持默)	장악원 첨정		낭청
		윤광심(尹光心)	부사용		감조관
	대부석소	심원지(沈原之)	사도시 주부	면직	낭청
	소부석소	황인후(黃仁煦)	부사용		감조관
	보토소	이병철(李秉喆)	병조정랑	면직	낭청
		허 전(許 晪)	병조정랑		낭청
		황 원(黃 瑗)	부사용	면직	감조관
		정술인(鄭述仁)	익위사 세마		감조관
	노야소	윤만동(尹晚東)	제용감 판관		낭청
	수석소	어재소(魚在沼)	부사용		감조관

문희묘영건청 담당자와 재직 시기 및 직책 변동 상황174

담당직책	이름	관직명	재직 시기와 직책 변동 상황	비고
감동대신	이성원(李性源)	의정부 좌의정	1788년 5월 11일 하교, 1789년 4월 18일까지 재직	
당상	구윤옥(具允鈺)	공조판서	1787년 5월 26일 임명, 1788년 9월 8일 파직, 1788년 12월 23일 다시 차정[환차(還差)], 1789년 4월 18일까지 재직	
	서유린(徐有隣)	예조판서	1787년 5월 26일 임명, 1789년 4월 18일까지 재직	
	윤시동(尹蓍東)	이조판서	1787년 5월 26일 임명, 1788년 12월 26일 파직, 1789년 4월 20일 다시 차정	
도청	김이성(金履成)	예조정랑	1787년 5월 26일 임명, 1789년 4월 18일까지 재직	
낭청	정동교(鄭東敎)	호조정랑	1787년 5월 26일 임명, 1789년 4월 18일까지 재직	
	이만수(李晚秀)	공조정랑	1787년 5월 26일 임명, 1789년 4월 18일까지 재직	
감조관	조진규(趙鎭奎)	선공감 가감역관	1787년 5월 26일 임명, 1789년 4월 18일까지 재직	

〈표 10〉 발인 전후 각 제전의 거행[175]

의절	거행시기	담당기관
사직(社稷) · 종묘(宗廟) · 영녕전(永寧殿) · 경모궁(景慕宮) 계찬실고유제(啓欑室告由祭)	3일 전 병오년(1786, 정조 10) 윤7월 16일 이른 새벽	
사직기청제(社稷祈晴祭)	하루 전 윤7월 18일 이른 새벽	
계찬실전(啓欑室奠)	윤7월 18일 사시(巳時). 조전(朝奠) 겸행	봉상시(奉常寺)
계찬실 뒤 별전(別奠)	윤7월 18일 사시	내섬시(內贍寺)
조전(祖奠)	윤7월 18일 일포시(日晡時)	내자시(內資寺)
조전(朝奠)	윤7월 19일 축시(丑時). 조상식(朝上食) 겸행	내섬시
견전제(遣奠祭)	윤7월 19일 축시에 선행(先行)	봉상시
발인(發靷)	윤7월 19일 축시	
빈궁해사제(殯宮解謝祭)	윤7월 19일 때맞추어[임시(臨時)]	봉상시
선인문제(宣仁門祭)	윤7월 19일 때맞추어	봉상시
교량제(橋梁祭)	대광통석교(大廣通石橋)에서 윤7월 19일 때맞추어	봉상시
숭례문제(崇禮門祭)[50신위(神位)]	윤7월 19일 때맞추어	봉상시
노제(路祭)	숭례문 밖 서변(西邊)에서 윤7월 19일 때맞추어	예빈시(禮賓寺)
명산대천제[名山大川祭: 청파천(靑坡川) · 용산강(龍山江) · 청계산(靑溪山) · 관악산(冠嶽山)]	윤7월 19일 때맞추어	청파천 · 용산강–봉상시, 청계산 · 관악산–경기
영장궁성빈전(靈帳宮成殯奠)[176]	윤7월 19일 때맞추어	내자시
주다례(晝茶禮)	윤7월 19일 때맞추어	내섬시
계찬실(啓欑室)	윤7월 19일 미시(未時)	
석상식(夕上食) · 석전(夕奠)	윤7월 19일 때맞추어	묘소수라칸(墓所水剌間) · 내섬시
천전(遷奠)	윤7월 19일 때맞추어	봉상시
진발(進發)	윤7월 19일 때맞추어	
입주전(立主奠)	윤7월 19일 때맞추어	내자시
사후토제(謝后土祭)	윤7월 19일 때맞추어	봉상시
안묘전(安墓奠)	봉묘(封墓)의 일을 마친 뒤 때에 따라[수시(隨時)]	봉상시
초우제(初虞祭)	윤7월 19일 때에 따라	봉상시
조상식(朝上食)	윤7월 20일	묘소수라칸
반우(返虞)	윤7월 20일 때에 따라	
재우제(再虞祭)	윤7월 20일 유일(柔日)	봉상시
주다례	윤7월 20일 때맞추어	혼궁수라칸(魂宮水刺間)
석상식	윤7월 20일 때맞추어	혼궁수라칸
삼우제(三虞祭)	윤7월 22일 유일	봉상시
사우제(四虞祭)	윤7월 24일 유일	봉상시
오우제(五虞祭)	윤7월 25일 강일(剛日)	봉상시
졸곡제(卒哭祭)	윤7월 27일 강일	봉상시
반우 뒤 혼궁 석상식부터 3년내 조석상식 · 주다례		혼궁수라칸
반우 뒤 묘소 석상식부터 3년내 조석상식 · 주다례		묘소수라칸
혼궁 · 묘소의 삭망(朔望) · 속절(俗節) · 사중월(四仲月) · 범별제(凡別祭)		봉상시

〈표 11〉 문효세자 예장의 시기별 의절 거행 내용[177]

거행 날짜	거행 내용	참고문헌
1786년 5월 11일	미시(未時). 창경궁의 별당(別堂)에서 훙서	『예장』·『빈궁혼궁』
	술시(戌時). 목욕(沐浴)	『빈궁혼궁』
	해시(亥時). 습(襲)	『빈궁혼궁』
1786년 5월 12일	진시(辰時). 소렴(小斂)	『빈궁혼궁』
1786년 5월 13일	오시(午時). 요화당(瑤華堂)으로 (영상靈床을) 옮겨 봉안[이봉(移奉)]	『빈궁혼궁』
	미시. 대렴(大斂)	『빈궁혼궁』
	신시(申時). 재실을 내림[하재실(下梓室)]. 성빈(成殯)	『빈궁혼궁』
1786년 5월 14일	진시. 성복(成服)	『빈궁혼궁』
	은정(銀釘) 위 가칠(加漆) 3회【묘시(卯時)·사시(巳時)·신시(申時)에 각각 거행】	『빈궁혼궁』·『일성록』
1786년 5월 15일	오시. 재실에 전체가칠(全體加漆)	『빈궁혼궁』
	재실의 전체 가칠 1도	『빈궁혼궁』
1786년 5월 16일	자전(慈殿) 공제(公除)	『일성록』
	재실의 전체 가칠 2도	『빈궁혼궁』
1786년 5월 17일	재실의 전체 가칠 3도	『빈궁혼궁』
1786년 5월 18일	재실의 전체 가칠 4·5도	『빈궁혼궁』
1786년 5월 20일	재실의 전체 가칠 6·7도	『빈궁혼궁』
1786년 5월 22일	재실의 전체 가칠 8·9도	『빈궁혼궁』
1786년 5월 24일	재실의 전체 가칠 10·11도	『빈궁혼궁』
1786년 5월 25일	묘시. 제기(祭器)의 주성(鑄成)	『빈궁혼궁』
1786년 5월 26일	진시. 정조와 혜경궁 공제	『일성록』
	재실의 전체 가칠 12·13도	『빈궁혼궁』
1786년 5월 28일	재실의 전체 가칠 14·15도	『빈궁혼궁』
1786년 5월 29일	묘시. 혼궁 수리(修理) 시역(始役)	『빈궁혼궁』
	묘시. 시역	『묘소』
	사시. 참초파토(斬草破土)	『묘소』
	이른 새벽. 사후토(祠后土)	『묘소』
1786년 5월 30일	재실의 전체 가칠 16·17도	『빈궁혼궁』
1786년 6월 2일	재실의 전체 가칠 18·19도	『빈궁혼궁』
1786년 6월 4일	재실의 전체 가칠 20·21도	『빈궁혼궁』
1786년 6월 6일	재실의 전체 가칠 22도	『빈궁혼궁』
1786년 6월 7일	재실의 전체 가칠 23도	『빈궁혼궁』
1786년 6월 8일	재실의 전체 가칠 24도	『빈궁혼궁』
1786년 6월 10일	재실의 전체 가칠 25도	『빈궁혼궁』
1786년 6월 11일	사시. 옹가(甕家) 완성	『묘소』·『일성록』

거행 날짜	거행 내용	참고문헌
1786년 6월 12일	칠포(漆布) 위 가칠 후 전체 가칠 26도	『빈궁혼궁』
1786년 6월 14일	칠포 위 가칠 후 전체 가칠 27도	『빈궁혼궁』
1786년 6월 16일	수도각(隧道閣) 완성	『일성록』
	칠포 위 가칠 후 전체 가칠 28도	『빈궁혼궁』
1786년 6월 19일	칠포 위 가칠 후 전체 가칠 29도	『빈궁혼궁』
1786년 6월 20일	사시. 개금정(開金井)	『묘소』
1786년 6월 21일	칠포 위 가칠 후 전체 가칠 30도	『빈궁혼궁』
1786년 6월 22일	칠포 위 가칠 후 전체 가칠 31도	『빈궁혼궁』
1786년 6월 24일	선시(宣諡)에 앞서 종묘 · 경모궁에 고유제(告由祭), 영녕전에 고유	『일성록』
	칠포 위 가칠 후 전체 가칠 32도	『빈궁혼궁』
1786년 6월 25일	묘시. 빈궁(殯宮)에 시호 내림[사시(賜諡)]	『빈궁혼궁』 · 『일성록』
	오시. 명정을 고쳐 씀[개명정]	『빈궁혼궁』 · 『일성록』
1786년 6월 26일	칠포 위 가칠 후 전체 가칠 33도	『빈궁혼궁』
1786년 6월 27일	칠포 위 가칠 후 전체 가칠 34도	『빈궁혼궁』
1786년 6월 29일	칠포 위 가칠 후 전체 가칠 35도	『빈궁혼궁』
1786년 7월 2일	오시. 개금정(開金井)	『일성록』
	유시(酉時). 정자각(丁字閣) 정초(定礎)	『일성록』
	칠포 위 가칠 후 전체 가칠 36도	『빈궁혼궁』
1786년 7월 3일	칠포 위 가칠 후 전체 가칠 37도	『빈궁혼궁』
1786년 7월 4일	혼궁의 수보(修補)와 조성(造成) 필역(畢役)	『일성록』
1786년 7월 5일	칠포 위 가칠 후 전체 가칠 38도	『빈궁혼궁』
1786년 7월 6일	칠포 위 가칠 후 전체 가칠 39도	『빈궁혼궁』
1786년 7월 7일	미시. 정자각 입주상량(立柱上樑)	『일성록』 · 『승정원일기』
1786년 7월 9일	정자각 개와(蓋瓦) 필역	『일성록』
	칠포 위 가칠 후 전체 가칠 40도	『빈궁혼궁』
1786년 7월 10일	칠포 위 가칠 후 전체 가칠 41도	『빈궁혼궁』
1786년 7월 12일	칠포 위 가칠 후 전체 가칠 42도	『빈궁혼궁』
	외재실 가칠 30도 마침	『일성록』
1786년 7월 15일	칠포 위 가칠 후 전체 가칠 43도	『빈궁혼궁』
1786년 7월 16일	칠포 위 가칠 후 전체 가칠 44도	『빈궁혼궁』
1786년 7월 18일	칠포 위 가칠 후 전체 가칠 45도	『빈궁혼궁』
1786년 7월 20일	칠포 위 가칠 후 전체 가칠 46도	『빈궁혼궁』
1786년 7월 22일	진시. 의정부 빈궁 진향	『승정원일기』 · 『일성록』
	칠포 위 가칠 후 전체 가칠 47도	『빈궁혼궁』
1786년 7월 23일	종친부 빈궁 진향	『일성록』

거행 날짜	거행 내용	참고문헌
1786년 7월 24일	묘시. 의빈부 빈궁 진향	『승정원일기』·『일성록』
	칠포 위 가칠 후 전체 가칠 48도	『빈궁혼궁』
1786년 7월 26일	묘시. 돈녕부 빈궁 진향	『승정원일기』·『일성록』
	정자각과 비각(碑閣)의 단청(丹靑) 필역	『일성록』
	칠포 위 가칠 후 전체 가칠 49도	『빈궁혼궁』
1786년 7월 29일	묘소 천광(穿壙)	『일성록』
1786년 7월 30일	충훈부 빈궁 진향	『일성록』·『승정원일기』
1786년 윤7월 2일	인시(寅時). 재실의 가칠을 마침[필도(畢度)]	『일성록』·『빈궁혼궁』
	칠포 위 가칠 후 전체 가칠 準 50도	『빈궁혼궁』
	진시. 외재실 묘소 도착	『일성록』
	사시. 외재실 하광(下壙)	『일성록』
1786년 윤7월 3일	축회(築灰) 필역	『일성록』
1786년 윤7월 4일	경기감사 서유방(徐有防) 빈궁 진향	『일성록』
1786년 윤7월 5일	충청감사 김광묵(金光默) 빈궁 진향	『일성록』
	미시. 반월분형(半月墳形) 필축(畢築) 후 사초개복(莎草蓋覆)	『일성록』
1786년 윤7월 6일	황해감사 엄사만(嚴思晩) 빈궁 진향	『일성록』
1786년 윤7월 8일	묘시. 재실에 친서상자(親書上字)	『빈궁혼궁』·『일성록』·『승정원일기』
	사시. 재실 결과(結裹)	『빈궁혼궁』·『일성록』·『승정원일기』
	정자각·재실(齋室)에 수장(修粧)과 도배(塗褙) 필역	『일성록』
1786년 윤7월 9일	원춘감사 이치중(李致中) 빈궁 진향	『일성록』
1786년 윤7월 10일	신도비(神道碑)와 표석(表石) 세움	『일성록』
1786년 윤7월 12일	전라감사 심이지(沈頤之) 빈궁 진향	『일성록』
1786년 윤7월 13일	발인(發靷) 습의(習儀)	『빈궁혼궁』
	발인·반우 습의	『일성록』
1786년 윤7월 14일	평안감사 조준(趙㻐) 빈궁 진향	『일성록』
1786년 윤7월 15일	경상감사 정창순(鄭昌順) 빈궁 진향	『일성록』
1786년 윤7월 16일	함경감사 정민시(鄭民始) 빈궁 진향	『일성록』
1786년 윤7월 18일	사시. 찬실을 옮김[계찬실]	『빈궁혼궁』·『묘소』
	일포시(日晡時). 조전(祖奠)	『빈궁혼궁』
1786년 윤7월 19일	축시(丑時). 견전(遣奠). 발인(發靷)	『예장』·『빈궁혼궁』·『묘소』
	인시. 묘소의 정자각에 (재실) 봉안	『예장』
	묘소에 도착한 후 때에 따라[수시]. 성빈	『묘소』
	때에 따라. 영장궁전(靈帳宮奠). 천전(遷奠)	『빈궁혼궁』

거행 날짜	거행 내용	참고문헌
1786년 윤7월 19일	미시. 묘소계빈(墓所啓殯)	『묘소』
	미시. 천전	『일성록』
	계빈 후 때에 따라. 진발(進發)	『묘소』
	유시. (현실玄室에) 재실(梓室)을 내림[하현실]	『예장』·『빈궁혼궁』·『묘소』
	술시. 길유궁(吉帷宮)에 친림하여 신주에 글을 씀[친림제신주우길유궁(親臨題神主于吉帷宮)]	『예장』
	수시. 입주전(立主奠). 초우제(初虞祭)	『빈궁혼궁』
1786년 윤7월 20일	진시. 반우(返虞). 경희궁 태령전(泰寧殿)에 (신주) 봉안	『예장』
	반우. 경희궁 태령전에 신주 봉안. 재우제(再虞祭)	『빈궁혼궁』
	옹가·수도각 철거	『일성록』
1786년 윤7월 22일	삼우제(三虞祭)	『빈궁혼궁』
	인시. 안묘전(安墓奠)	『일성록』
1786년 윤7월 24일	사우제(四虞祭)	『빈궁혼궁』
1786년 윤7월 25일	오우제(五虞祭)	『빈궁혼궁』
1786년 윤7월 27일	졸곡제(卒哭祭)	『빈궁혼궁』
	축시. 졸곡제	『일성록』
	사경일점(四更一點). 졸곡제	『승정원일기』
1787년 5월 11일	소상제(小祥祭)	『일성록』·『정조실록』
	이경이점(二更二點). 소상제	『승정원일기』
	사경일점. 소상제	『일기』
1788년 5월 10일/11일	대상제(大祥祭)	『일성록』·『정조실록』
	사경일점. 대상제	『일기』
	5월 10일 이경이점. 대상제	『승정원일기』
1788년 7월 6일/7일	7월 7일 담제(禫祭)	『정조실록』
	7월 7일 사경일점. 담제	『일기』
	7월 6일 담사(禫祀)	『일성록』
	7월 6일 묘시. 담제	『승정원일기』
1788년 12월 25일	자시(子時). 문희묘(文禧廟) 개기(開基)	『등록』
1789년 2월 19일	묘시. 문희묘 정초	『등록』
1789년 2월 25일	묘시. 문희묘 입주(立柱)·상량(上樑)	『등록』
1789년 4월 21일	습의	『등록』
1789년 4월 26일	묘시. 입묘(入廟)	『등록』

제 4 장

세손의 예장(禮葬) - 의소세손(懿昭世孫)

제1절

세손 예장에 대한 수교(受敎) 규정

왕실에서 세손이 태어나 훙서하는 경우는 한두 번이 아닐 것이다. 그럼에도 세손의 생전과 사후의 기록이 모두 남아 있는 이는 의소세손이 유일하다. 생전의 기록으로는 그의 '세손 책봉'을 기록한 『의소세손책례도감의궤』가 있고,[1] 사후의 기록은 법전과 국가전례서에 재록되어 있는 약간의 규정과 상장례 과정을 기록한 관찬 자료와 의궤가 있다.

법전에는 경기도 양주(楊州)에 있는 의소묘(懿昭墓)에 수위관(守衛官) 2원(員)을 두었다는 정도가 전한다.[2] 국가전례서에는 1752년과 1758년에 각각 편찬된 『국조상례보편』에 수록된 「의소세손상수교(懿昭世孫喪受敎)」가 있다.

1752년본 『국조상례보편』은 제4책 마지막에 「의소세손상수교」가 실려 있다.[3] 의소세손 상례를 치르는 동안 영조가 내린 수교를 모아 놓은 것으로, 모두 68조가 있다. 1758년본 『국조상례보편』에 실린 「의소세손상수교」는 1752년본 『국조상례보편』의 그것을 따르면서 조금 손질을 가하여[재산(裁刪)] 전체 6책 중 제5책의 마지막에 부기되어 있다.[4]

「의소세손상수교」는 1788년(정조 12)에 편찬된 『국조오례통편』에는 수록되어 있지 않다. '수교 두 편은 의주(儀註)와 서례(序例)가 달라 지금 재록하지 않는다.'는 것이 그 이유이다.[5] 하지만 1788년에 편찬된 『춘관통고』에는 실려 있다.[6] 여기에 수록된「의소세손상수교」는 1758년본『국조상례보편』의 것을 실었다.

『국조상례보편』에「의소세손상수교」를 싣게 된 경위에 대해 영조는 다음과 같이 말하고 있다.

> "『상례보편』의 수정이 마침 의소(懿昭)의 상례(喪禮) 때에 있으니, 의소의 상례 의절도 마땅히 하나의 사례로 재록해야 할 것이다. 그러나 이는 곧 방국(邦國)에 일상적으로 있는 일이 아니므로 만약 의주(儀註)로 만들게 되면 구애되는 일이 많을 것이다. 비록 속편(續編)을 만들지는 않더라도 막중한 방례(邦禮)를 후세에서 모르게 할 수는 없기 때문에 지금 아울러 전후의 하교(下教)를 기록하니, 한 번 책을 펼쳤을 때 일목요연함이 어찌 의궤와 다르겠는가?"[7]

이렇게 하여, 의소세손의 상장과 관련한 수교가 남게 되었다. 그중 영조의 전교에서 세손의 죽음이 국가에 일상적으로 있는 일이 아니기에 의주로 만들지 않는다는 점이 주목된다. 세손의 훙서가 드문 일이므로 세손을 위한 상례 의절을 의주로 제정하지 않고 수교인 채『국조상례보편』에 수록했다는 것이다. 세손을 위한 흉례 의절은 이후에도 마련하지 않아, 그런 점에서「의소세손상수교」는 중요한 의미가 있다.

1758년본『국조상례보편』에 재록된「의소세손상수교」에서 '의절'을 중심으로 간략하게 정리하면 다음과 같다.

- 세손의 시호 의정은 성복을 지낸 후에 즉시 거행할 것.
- 세손에 대한 복제는 자전은 3개월 시마복, 영조와 곤전은 9개월 대공복, 세

자와 빈궁(嬪宮)은 기년복으로 입을 것.

- 공제(公除) 일수는 복제의 달수와 같아서 13일, 9일, 5일이 모두 익일(翌日)에 끝나므로 문안은 익일에 할 것.
- 졸곡 전 대·중·소사의 시행 여부는 대신과 논의하되 종묘 제사는 거행하도록 할 것.
- 재실에 가칠하는 것은 6일부터 30회에 준해서 하고, 칠포(漆布)를 세 번 감는 것[삼순(三巡)]은 21회부터 할 것.
- 빈궁(殯宮)에서 하는 진향은 의정부와 육조의 관원만이 아니라 종친부와 충훈부의 관원도 진향하도록 할 것.
- 종신(宗臣)의 진향은 사사로이 진향하는 예에 의거하여 종신이 제문(祭文)을 지어서 올리게[제진(製進)] 할 것.
- 금정(金井)을 여는 습의는 무신년의 전례에 의거하여 거행하되 배종(陪從) 승지가 나아갈 것[진거(進去)].
- 사시일(賜諡日)은 시호를 의정한 후 가까운 쪽으로 택일하고, 옥인(玉印)의 제도와 치수[촌수(寸數)]는 세손 책봉 때의 것을 따르고, 책봉 때의 교명(敎命)·죽책·옥인의 궤(匱)와 보(袱)는 새로 만들지 말고 그대로 사용할 것.
- 을유년(乙酉年)과 무신년(戊申年)에 비해 차등을 두어야 하고, 무술년(戊戌年)과 신미년(辛未年)과 비교해서는 내외의 차이가 있으므로 만장(挽章)은 60축(軸)으로 할 것.[8]
- 혼백의 매안은 오우(五虞) 이후 묘소에서 할 것.
- 혼궁의 제관은 초헌관은 종2품, 아헌·종헌관은 당상 정3품, 3년 내 묘소 제관은 모두 당상 정3품, 입묘(入廟) 후 경외(京外) 제관은 당하 종3품이 거행할 것.
- 효순빈궁 때 석복(釋服)하는 것과 차이가 있으므로 당연히 승사(承史)는 입시할 것.

「의소세손상수교」는 이처럼 의절을 거행하는 동안 사안에 따라 영조가 내린 명령을 모아 놓았다. 이러한 자료가 있는 것만으로도 세손의 상장 과정을 파악할 때 매우 유용함에 틀림없다. 다만, 이것만으로 의소세손 예장의 전모를 파악하기에는 현실적으로 불가능하다. 이는 각 절차를 진행하면서 지켜야 할 규정일 뿐이다.

어떤 절차를 거행하려면 의식의 구체적인 절차를 시간 순서에 따라 설명한 의주를 포함하여 각 절차마다 구체적으로 명시된 규정이 있어야 한다. 가령, 의절 담당자와 그들의 직위, 필요한 물품과 수, 기타 곳곳에 동원되는 인원 등이 파악되어야 하는데 수교에는 그러한 것들이 들어가 있지 않기 때문이다. 곧, 수교만 보면 무엇을 근거로 어떻게 치러졌는가에 대해서 알 수가 없다는 뜻이다. 하물며 수교에 규정되어 있지 않은 조항은 두말할 나위가 없다.

『세종실록오례』를 시작으로 조선시대에 편찬된 국가전례서에는 각종 국가 의례를 수행하기 위해 의주와 제구(諸具), 도설이 상세하게 수록되어 있다. 이는 의절을 수행할 때마다 반드시 필요하다는 반증이기도 하다. 또 이는 비단 흉례에 국한하지 않고 다른 의례에도 모두 해당되었다. 그럼에도 영조대에 이르러 오례 중 흉례만 따로 떼어서 『국조상례보편』을 편찬하여 의주, 제구, 도설을 다시 정리했다.

의소세손이 『국조상례보편』의 편찬 작업이 진행 중인 1752년 3월에 훙서하여 세손을 위한 예장 절차가 마련될 기회가 없지 않았다. 1752년본 『국조상례보편』이 그해 12월말에 편찬되었기 때문이다.[9] 그러나 영조의 전교에서 볼 수 있듯이 「의소세손상수교」에 그치면서 세손을 위한 상장 절차는 마련되지 못했다. 그렇다면 의소세손의 상장은 어떻게 치렀을까. 관찬자료 및 행사 담당자, 의주, 도설을 수록하여 상장의 구체적인 과정을 보여주는 의궤를 통해 파악해 가는 수밖에 없다.

제2절

예장 절차

1. 홍서 - 대렴

1752년 3월 3일 왕세손의 환후가 위중하여 약원(藥院)을 모두 직숙하도록 명했고, 행 부사직 홍봉한도 함께 직숙했다.[10] 다음날 3월 4일 창경궁의 통명전(通明殿)으로 의관을 속히 입시하도록 명했으나 묘시(卯時)에 왕세손이 그곳에서 홍서했다.[11] 이어서 곧바로 내시가 왕세손이 평상시 입던 웃옷을 가지고 지붕에 올라가 “왕세손복(王世孫復)”이라고 외치는 복(復) 절차를 거행했다.[12]

홍봉한이 복부가 점차 부어오르므로 한시가 급하게 거애(擧哀)하도록 재촉했다.[13] 대전[영조]·대비전[인원왕후]·중궁전[정성왕후]·왕세자[사도세자]·세자빈[혜경궁]이 대내에서 거애했다.[14] 백관은 천담복을 입고 세손궁의 문 밖에서 곡림(哭臨)하고 파산조관(罷散朝官) 및 관학 유생들은 소복 차림으로 궐문 밖에서 모여서 곡하도록[회곡(會哭)] 했다.[15] 이때 제도(諸道)의 대소 사신(使臣)과 외관(外官)은 문서가 도착하는 날에 각각 정청(正廳)에서 천담복 차림으로 거애하고 전례대로 전문(箋文)을 올려 진위(陳慰)하도록 행회(行會: 공문을 보내 알림)하며, 동궁에게 조장(弔狀)을 올려 거듭 위로하도

록 각 도에 지시했다.[16]

이날[3월 4일] 사시(巳時)에 시신을 목욕시키고, 오시(午時)에 시신에 수의를 입히는 습 절차를 행했다.[17] 먼저 목욕은 쌀을 일은 양미반(粱米潘)으로 머리를 감기고[목(沐)] 단목(檀木)을 달인 향수(香水)인 탕(湯)으로 몸을 씻기는[욕(浴)] 방식으로 진행되었다.[18]

이어서 습할 때에는 곤룡포·조라수관(皂羅首冠)·대대(大帶)·충이(充耳)·멱목(幎目)·악수(握手)·리(履) 등을 사용했으며, 습을 마치자 이불로 덮었다.[19] 종친 2품 이상이 담당하는 대전관(代奠官)[20]이 습전을 주관했는데,[21] 습전은 봉상시에서 담당했다.[22] 참찬관이 사도시(司䆃寺)에서 바친 도미(稻米)와 상의원(尙衣院)에서 바친 진주를 시신의 입 속에 넣는 함(含) 절차를 거행했다.[23]

함을 거행한 뒤 시신을 이불로 덮고 슬피 곡하고 영좌를 설치했다. 내시가 유의(遺衣: 죽은 이가 생전에 입던 옷)를 겹겹이 포개어 소함(小函)에 담고, 백견(白絹) 1필로 혼백을 만들어 유의 위에 얹어서 함을 받들어 교의(交椅)에 안치한 다음 향안(香案)을 그 앞에 설치하고 백선(白扇)·백개(白蓋) 각각 2개를 만들어 좌우에 설치했다.[24]

그리고 강단자(絳緞子)로 만든 명정을 영좌의 오른쪽에 설치했다. 이때의 명정은 초명정인데, 홍봉한이 니금을 가지고 예자(隷字)로 '왕세손재실(王世孫梓室)'을 썼다.[25]

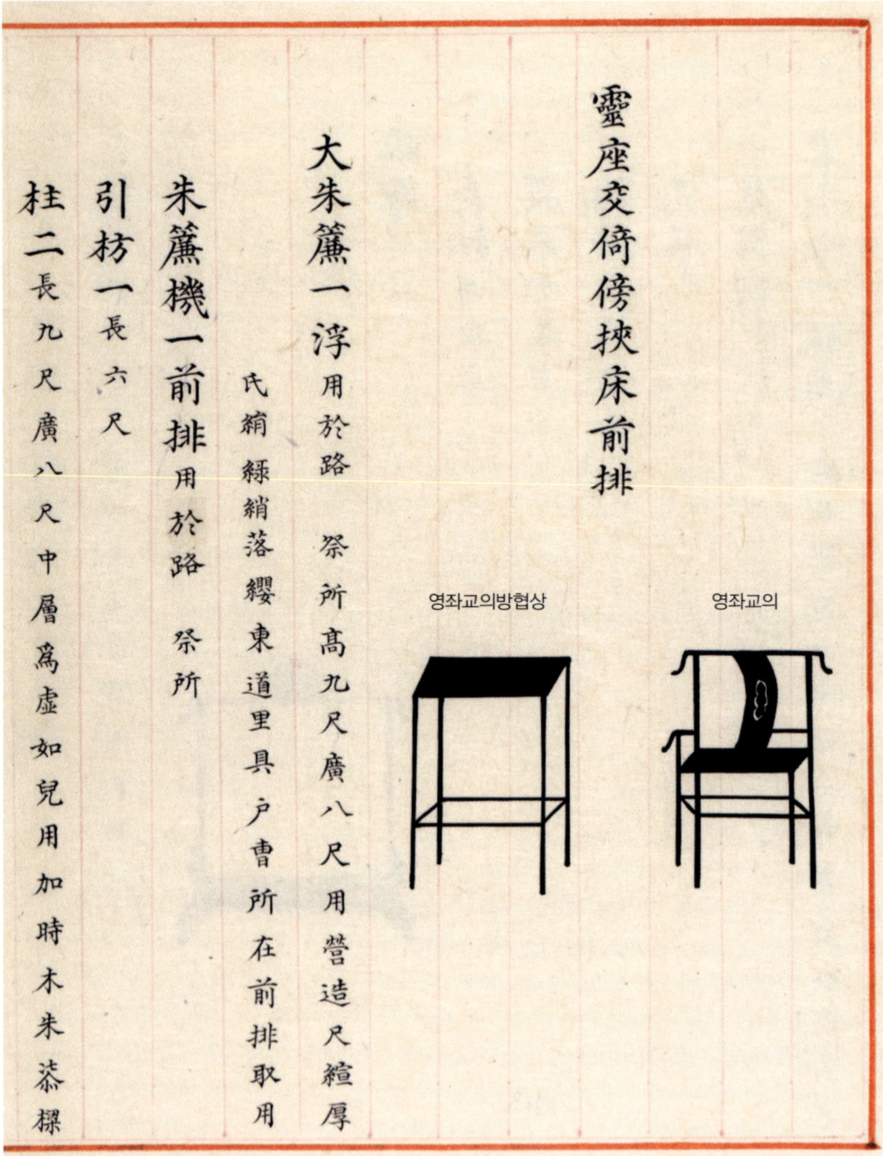

靈座交倚傍挾床前排

大朱簾一浮用於路祭所高九尺廣八尺用營造尺縇厚氏絹綠綃落纓東道里具戶曹所在前排取用

朱簾機一前排用於路祭所

引枋一長六尺

柱二長九尺廣八尺中層爲虛如兒用加時木朱漆樑

〈도판 92〉「영좌교의(靈座交倚)」·「영좌교의방협상(靈座交倚傍挾床)」, 『의소세손예장도감의궤』(상), 프랑스 국립도서관

① 의소세손의 상장에 사용한 영좌교의로, 이 영좌교의는 새로 만든 것이 아니라 한 번 사용했던 것을 썼다. 빈궁에 설치했던 것을 발인한 뒤 사용한 것으로 이해된다. 신주 상자[신주상(神主箱)]와 혼백 상자[혼백상(魂帛箱)]를 이 교의에 안치했다. 크기는 그 위에 안치하는 신주 상자와 혼백 상자의 크기에 맞춰서 제작했다.26 국왕이나 왕후의 국장에 사용하는 영좌교의에는 붉은색으로 칠하고, 왕세자·왕세손 등의 예장에는 이처럼 검은색으로 칠했다.

② 의소세손의 상장에 사용한 영좌교의방협상으로, 영좌교의와 함께 두어 신주 상자와 혼백 상자의 덮개를 올려놓는 작은 상이다. 이 영좌교의방협상은 새로 제작한 것이 아니라 한 번 사용했던 것을 썼다.

그 밖에 이날 여러 가지를 논의했다. 첫째, 상식과 헌제(獻祭)할 때 담당할 사람의 차출에 관한 건이다. 무술(戊戌)·무신등록(戊申謄錄)에 종친과 공신의 자손 중에서 한 사람이 윤차적으로 직숙하는 규례가 있는데 이번에는 종부시와 충훈부에서 부합할 만한 사람을 급히 차출하기로 했다.[27] 무술년은 1718년 단의빈이 졸서한 해이고, 무신년은 1728년 효장세자가 훙서한 해를 가리킨다.

둘째, 혼궁에 입번할 종실(宗室) 4원(員)과 상식·헌제할 때 진지(進止)할 충의(忠義) 1원은 종2품 이하를 통틀어 의망하기로 결정했다.[28] 무신년의 전례대로 차출하고자 했으나 해당 품계를 가진 사람이 적어서였다.

셋째, 수묘관(守墓官)의 차출에 관해서이다. 근거할 만한 전례(前例)가 없어서 종2품 종반(宗班) 가운데에서 차출하게 되었고, 그에 따라 동양군(東陽君) 이당(李樀)으로 결정되었다.[29]

넷째, 습전을 거행했던 대전관의 차출에 관한 건이다. 대전관은 처음에 당상 정3품에서 차출하기로 했다가 적합한 사람이 없어서 수묘관의 예에 따라 종2품에서 차출하려고 했다. 그런데 종친부에서 이문(移文: 동등한 아문衙門에 보내는 공문서)하여 대전관의 직임이 매우 중요하기 때문에 정·종2품 중에서 구하고자 했으나 부합할 만한 사람이 없어서 부득이하게 종1품에서 의망하여 보낸다고 하여 그와 같이 결정되었다.[30]

다섯째, 황단(皇壇)의 제향을 물려서 거행한다는 안건이다. 3월 6일에 제향을 봉행하기로 했다가 의소세손의 훙서로 인해 제향의 거행 여부를 두고 논란이 일자, 영조가 국휼이 있을 때 사직제(社稷祭)를 거행한 것을 알게 되면서 10일로 물려서 거행하되 섭행하라고 명했다.[31]

여섯째, 복제에 대한 논의이다. 영조가 세손의 복제를 상복(殤服)으로 강등해야 하는지를 물었다. 사실 의소세손은 3살이라는 어린 나이로 요절했기 때문에 『의례』의 규정에 비추어 본다면 상복을 입지 않아야 한다. 곧, 8세 이하의 아이는 모두 복(服)이 없다[불만팔세이하(不滿八歲以下) 개위무복지상(皆爲無服之殤)]는 조항에 해당하여 복은 없고 곡(哭)만 할 뿐이었다.[32]

영조의 물음에 영의정 김재로가 "남자는 직첩을 받으면 상(殤)이 될 수 없다고 상례(喪禮)에 실려 있으며, 위호(位號)까지 이미 정해진 뒤이므로 상복(殤服)으로 논할 수 없다."고 답했다.[33] 김재로의 말에 따르면 의소세손의 상에 영조부터 그 이하의 사람들은 상복을 입어야 하고, 실제로 상복 논의가 뒤따랐다. 그 결과 세손의 복제에 대해 영조가 자전[인원왕후]은 시마복 3개월, 자신과 곤전[정성왕후]은 대공복 9개월, 세자와 세자빈은 기년복이 되어야 한다고 전교했다.[34]

영조가 복제에 관해 전교한 내용의 문헌 자료는 『의례』의 "적자가 있으면 적손은 없다."는 문구였다.[35] 영조가 각전(各殿)의 복제를 어떻게 입어야 할 것인가에 대해 물었고, 이에 김재로가 이 문헌에 준거하는 것이 마땅할 듯하다고 아뢰었던 것이다. 이는 적자가 죽고 없으면 적손을 세워서 할아버지의 후사[조후자(祖後者)]가 될 수 있다는 뜻이다. 그러나 당시 적자인 사도세자가 있었으므로 의소세손은 서손(庶孫)에 해당했고, 그렇다면 조부인 영조는 의소세손을 위해 기년복을 입을 수 없었다.

영조는 김재로의 말에 따라 기년복에서 강등시켜 대공복으로 입어야 한다고 여겼다. 사실 영조와 정성왕후는 효장세자의 상에 자최기년에 13일 만에 공제하고 13개월 만에 상제를 지낸 후 길복을 입었고,[36] 그러한 사실을 1744년에 편찬된 『국조속오례의』의 「국휼복제(國恤服制)」 조항에 넣어서 성문화했다.[37] 결과적으로 세손의 상에 영조는 세자보다 한 등급을 낮추어 대공복을 입게 되었다.

다음으로 이날 빈궁·예장·묘소 3도감을 합하여 하나의 도감으로 만들며, 외척 홍상한(洪象漢, 1701~1769)·홍낙성·홍인한(洪麟漢, 1722~1776)·홍낙인(洪樂仁, 1729~1777)을 집사로 정하여 입참하게 하며, 빈궁은 숭문당(崇文堂)으로 혼궁은 강서원(講書院)으로 정하며, 세손 환후의 원인이 유모(乳母)의 불근(不謹)에서 비롯되었으며, 세손 빈궁의 공상(供上)은 효순(孝純: 현빈의 시호) 빈궁의 예(例)를 따르며, 찬실·정자각·모든 석물(石物)·퇴광(退壙)의 사방석(四方石)은 이전에 비해 줄여서 조성하기로 논의했다.

여기서 예장 전체를 총괄하는 도제조를 포함하여 예장도감·빈궁혼궁도감·묘소도감 3도감의 제조와 도청, 낭청, 감조관 등의 담당자와 재직 시기 및 직책 변동 상황은 각 의궤의 「이조별단」이나 「좌목」 조항에 자세히 기록되어 있다(〈표 12〉 참조).[38]

그 밖에 제기(祭器)는 새로 만들지 말고 호조에서 전배(前排: 전에 사용하던 것)한 것 중에서 택해서 쓰고, 정부와 육조의 관원만이 빈궁에 진향할 수 있으나 이번에는 종친부와 충훈부의 관원도 진향하며, 세손의 시호 의정은 성복례가 끝난 뒤에 바로 거행하며, 김약로(金若魯, 1694~1753)를 빈궁·예장·묘소도감의 도제조로 삼는다는 등 여러 가지를 논의하고 결정지었다.[39]

그중 세손 환후의 원인에 관한 안건이 주목된다. 문효세자의 예장에서 언급한 것처럼 왕실 구성원 중에 누군가가 죽으면 의관의 처벌을 논하는 것은 항상 있는 일이다. 이번 세손의 상에서도 영돈녕 조현명(趙顯命, 1690~1752)이 "얼핏 듣기에 세손의 환후가 오로지 유모의 불근한 죄에서 말미암았다고 하는데 그렇다면 각별히 엄처해야 한다."고 요청했다. 도제조 김약로와 판부사 유척기(兪拓基, 1691~1767)도 그의 말에 동조했으나 영조는 "여자의 사소한 일까지 어찌 반드시 다 다스릴 수 있겠냐. 이 또한 명령이다."라고 하면서 논란의 불씨가 커지지 않도록 의혹을 일축했다.[40]

3월 5일 훙서한 지 2일째 되는 이날, 묘시에 소렴을 행하고 이어서 대전관이 소렴전을 올렸다.[41] 소렴할 때 강사포(絳紗袍)의 염의는 19칭이었다. 그리고 소렴전은 내섬시에서 맡았다.[42]

그 밖에 이날 몇 가지를 더 논의했다. 먼저 졸곡 전에 대·중·소사의 행례 여부를 대신들에게 문의한 결과, 종묘 제사는 오래도록 중지할 수 없다는 이유로 작년 겨울 현빈의 예(例)를 따라 거행하기로 합의했다.[43] 세손의 상례가 무신년에 비해 차감(差減)이 없지 않지만 종묘 제사는 사체가 중난(重難)하기 때문에 현빈의 소내상 때 행례한 것을 따라서 제사지내야 한다는 것이 영의정 김재로·영부사 유척기·영돈녕 조현명·판중추 김약로·판중추 정우량(鄭羽良, 1692~1754)의 견해였고, 이에 영조가 윤허했다.

다음은 발인할 때 대여·소여(小轝)를 메는 데 동원되는 군인의 수였다. 영조는 80명을 쓰고자 했고, 제조 김상성(金尙星, 1703~1755)은 그 인원으로는 부족하고 100명으로 한정해야 한다고 했다. 영조가 민폐를 염려하자 최천약(崔天若, 1684~1755)은 50명도 가능하다는 의견을 제시했다.[44]

다음은 찬실과 옹가의 제작 건이다. 의소세손의 시신을 안치하는 재실(梓室)을 넣는 찬실은 영조의 하교에 따라 현빈 때 사용하던 찬실의 규구(規矩)로 만들기로 했다. 그리고 봉분을 조성할 때 현실 위에 세우는 옹가는[45] 설치하지 않되 그 각(閣)만 간략하게 설치하도록 분부했다. 이때 봉분의 형태[분형

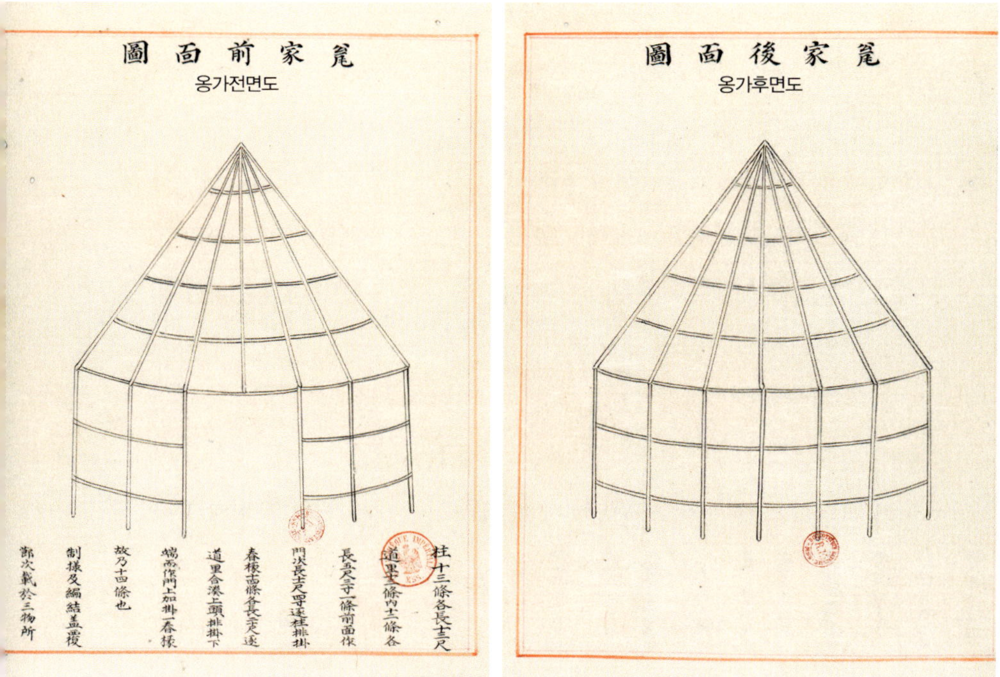

〈도판 93〉「옹가(甕家)」, 『의소세손묘소도감의궤』(상), 프랑스 국립도서관
의소세손의 묘소 조성을 위해 설치한 옹가이다. '묘상각(墓上閣)'이라고도 한다.

(墳形)]를 조금 줄여서 작게 만들어 상상(殤喪)임을 알 수 있도록 했다.[46] 여러 부면에서 세손의 예장은 규모를 줄이고 있음을 알 수 있다.

다음은 상설(象設)을 통한 묘소의 규모에 관한 건이다. 차등을 두라는 하교에 따라 문석(文石)·망주(望柱)·장명등 외에 호석(虎石)·마석(馬石)은 각 1쌍씩만 설치하되 종전의 제도에 비해 모두 4분의 1을 줄이고, 혼유석(魂遊石)과 표석(表石)도 두 자[척(尺)]를 줄이며 정자각의 규모[장광(長廣)]도 4분의 1을 줄이도록 하교했다.[47]

다음으로 재실의 가칠은 무신년의 전례를 따르고, 가칠할 때 입시하는 사람들도 무신년의 예에 따르도록 지시했다.[48] 또 이번 봉표관(封標官)은 차등이 있어야 하므로 지평(持平)이 담당하고, 사시(賜諡)·증옥·증백·계빈·여재실(舁梓室)을 맡은 관원은 정2품 참찬(參贊)이 하도록 분부했다.[49]

마지막으로 사대부 집안의 혼인과 상장, 제사를 언제 시행할 수 있는지에 대한 논의이다. 『무신등록』에는 졸곡 뒤에 행한 것으로 되어 있는데 이번에는 무신년에 비해 차등을 두어야 하므로 작년 현빈의 사례를 따라 공제(公除) 뒤에 할 수 있도록 했다.[50]

3월 6일 훙서한 지 3일째 되는 이날, 오시에 대렴을 행하고 이어서 대전관이 대렴전을 올렸다.[51] 이때 면복(冕服)의 산의(散衣)는 90칭이었다. 그리고 대렴전은 내자시에서 담당하여 준비했다.[52] 염을 마친 다음, 재실을 받들어서 영상(靈牀)의 남쪽에 진설하고 왕세손을 재실에 넣은 뒤 머리카락과 손톱·발톱을 재실 안 네 귀퉁이에 넣고, 덮개[개(蓋)]를 덮고 임(衽)을 설치한 뒤 그 합봉된 곳에 칠(漆)을 바른 세포(細布)로 두른 다음 수보(繡黼)한 관의(棺衣)로 덮고 병풍을 쳤다.[53] 대렴전은 소렴전과 동일하게 올렸다.[54]

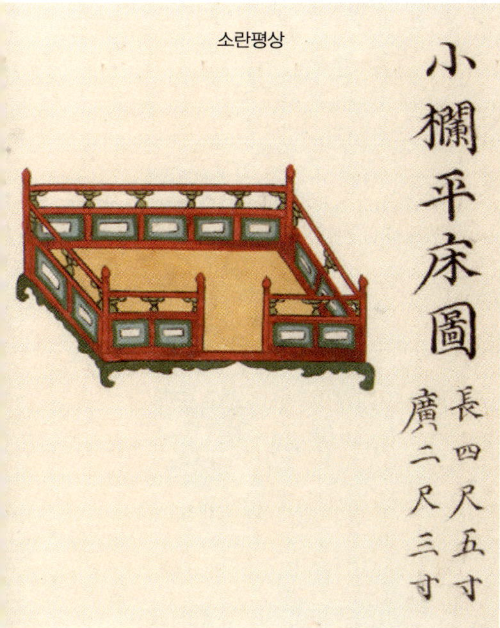

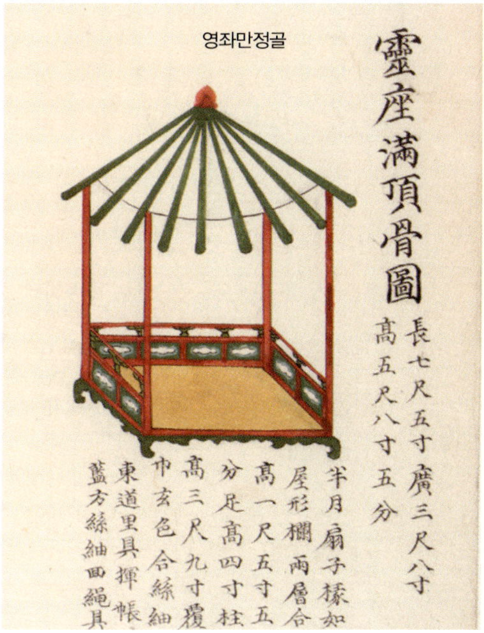

〈도판 94〉「소란평상(小欄平床)」·「영좌만정골(靈座滿頂骨)」, 『의소세손빈궁혼궁양도감의궤』(상), 프랑스 국립도서관
① 소란평상은 일반적으로 사방에 1층의 작고 낮은 난간을 두른 평상이다. 의소세손의 예장에 사용한 소란평상은 고란평상처럼 연꽃잎 층을 포함하여 난간이 2층으로 되어 있다. 홍서한 통명전에서 빈궁인 숭문당으로 시신을 옮겨서 안치할 때 사용한 평상이다.
② 의소세손의 빈궁에 설치한 영좌만정골은 영좌교의를 안치하는 고란평상 위에 만정골을 설치한 그림이다. 만정골은 천정을 덮는 틀, 덮개를 의미한다.

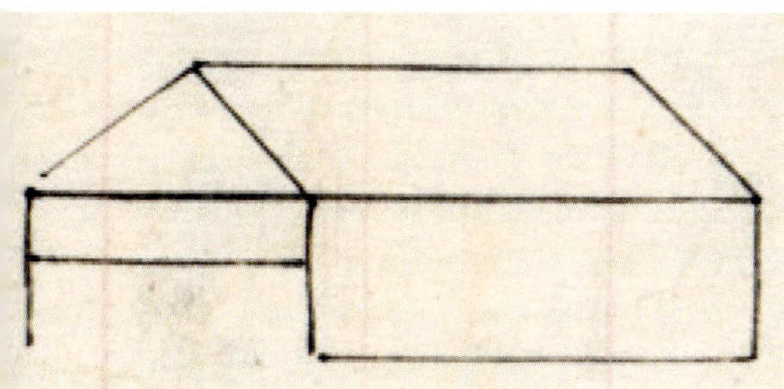

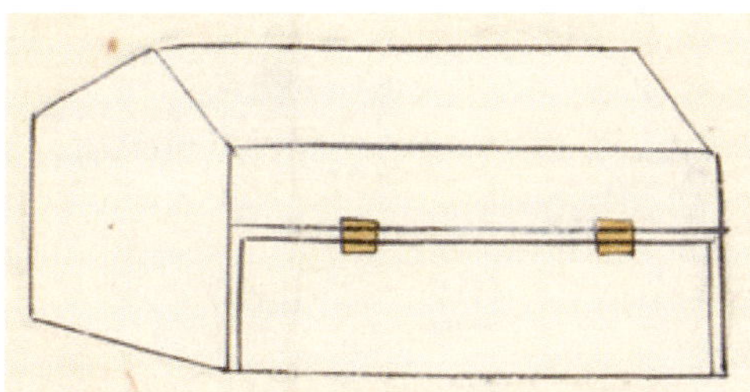

〈도판 95〉「소금저」, 『의소세손예장도감의궤』(상), 프랑스 국립도서관 (왼쪽) | 「소금저」, 『의소세손빈궁혼궁양도감의궤』(상), 프랑스 국립도서관 (오른쪽)
홍서한 통명전에서 빈궁인 숭문당으로 영상을 옮길 때 소금저로 덮어서 이동했다. 『예장도감의궤』(왼쪽)와 『빈궁혼궁도감의궤』(오른쪽)에 실린 소금저의 모습이 조금 다름을 볼 수 있다.

2. 성빈 – 발인

[3월 6일] 대렴을 한 뒤, 숭문당에 찬실을 설치하고 찬실에 재실을 안치하는 절차를 수행했다.[55] 찬실의 남쪽에 영좌를, 찬실의 동쪽에 악장[악(幄)]을 설치하고, 악장의 안에 영침(靈寢)을 설치하고 영침의 남쪽에 교명안(敎命案)을 두었다.[56] 그 밖에 빈궁인 숭문당에 설치한 각종 의물은 〈도판 97〉과 같다. 성빈 절차를 마치자 대전관이 성빈전을 의식대로 올렸다. 성빈전은 소렴·대렴전과 다르지 않게 올렸으며,[57] 그것을 담당한 관서는 봉상시였다.[58]

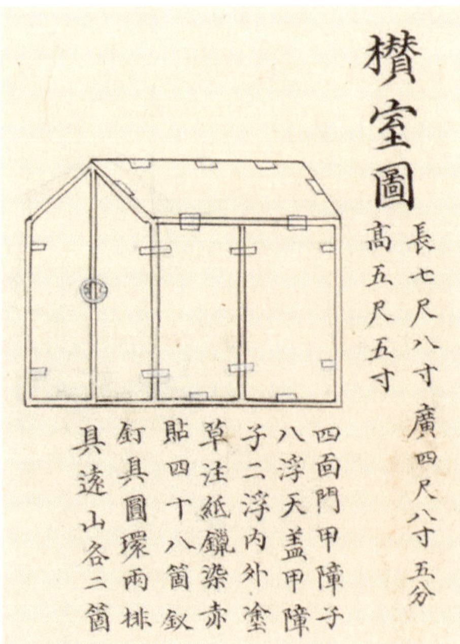

〈도판 96〉「찬실」, 『의소세손빈궁혼궁양도감의궤』(상), 프랑스 국립도서관
의소세손의 빈궁에 설치한 찬실의 모습이다.
『국조상례보편』(1752, 1758)에 수록된 세자나 세자빈의 시신을 안치하는 재실을 발인하기 전까지 담아서 보관하는 찬실 그림과 거의 다르지 않다. 이 또한 국왕과 왕후의 국장에 사용하는 찬궁과 등급을 달리하여 제작한 것임을 알 수 있다.

죽은 자를 지키는 네 마리의 동물, 사수(四獸)

사수는 죽은 사람의 시신을 지키는 청룡(青龍)·백호(白虎)·주작(朱雀)·현무(玄武) 등 네 마리의 동물을 말한다. 시신을 넣은 재궁을 안치하는 찬궁 안 네 면에 사수를 그린 그림을 방위에 따라 붙였다. 국왕이나 왕후의 국장에서는 사수를 그려 찬궁 안에 붙일 수 있었으나 예장에 사용하는 찬실에는 사수를 그릴 수 없었다.

현재 전하는 의궤 중에 사수도가 남아 있는 경우는 대개 무덤을 조성할 때 편찬한 의궤이다. 국장은 산릉의 조성 과정을 기록한 『산릉도감의궤』에 대부분 전한다. 그 밖에 왕릉을 옮기는 절차에 준해 무덤을 옮긴 장헌세자의 『장헌세자현륭원원소도감의궤(莊獻世子顯隆園園所都監儀軌)』와[59] 혜경궁의 무덤[원소] 조성 과정을 기록한 『혜빈현륭원원소도감의궤(惠嬪顯隆園園所都監儀軌)』에서 확인된다.[60] 이는 정조가 장헌세자를, 순조가 혜경궁을 국왕과 왕후보다는 한 단계 위격을 낮게, 일반 세자와 세자빈 보다는 높게 자리매김하면서 가능할 수 있었다.[61]

무덤과 관련된 의궤 이외에 사수도가 전하는 의궤가 있다. 혜경궁의 빈궁에 봉안한 찬궁과 정조의 후궁이자 순조의 생모인 수빈 박씨(綏嬪朴氏)의 빈궁에 봉안한 찬실에 붙이기 위해 사수를 그린 의궤로, 각각 『혜빈빈궁혼궁도감의궤(惠嬪殯宮魂宮都監儀軌)』와 『수빈빈궁혼궁도감의궤(綏嬪殯宮魂宮都監儀軌)』가 그것이다.[62] 수빈의 경우는 순조의 사친임을 고려하여 세자빈보다는 위격을 낮게, 다른 일반 정1품 후궁보다는 높게 자리매김하면서 나타난 현상이었다.[63]

한편, 장헌세자, 혜경궁, 수빈을 제외한 예장에서 사수를 그리느냐의 유무가 의소세손의 예장에 등장했다. 영조는 의소세손의 찬실을 제작할 때 전교를 내려 이전에 비해 줄여서 만들도록 명했다. 세손이기에 세자의 찬실 규격에 비해 줄여서 제작하도록 한 것이었다. 그런데 찬실의 벽 안에 방위에 따라 주작·백호·현무를 그린 종이를 붙였다.[64] 청룡이 빠진 이유는 문헌에 설명이 되어 있지 않지만 세손의 예장에 사수와 관련한 기록이 나온다는 점은 주목할 만하다.

1728년 효장세자의 예장에서 영조가 찬실을 제작하되 찬궁과 차등을 두기 위해 찬실에 사수를 그리지 않도록 했고, 예장에 사용하는 찬실에 사수를 그리지 말라는 공식적인 선언은 1752년 6월 12일 전교를 통해서였다.[65] 이로써 국장의 찬궁에는 사수를 그리되 예장의 찬실에는 사수를 그리지 않는다는 규정이 『국조상례보편』(1752, 1758)에 반영되었다.[66]

그렇다면 의소세손의 예장에서 주작·백호·현무를 그린 이유는 무엇인가. 의소세손 흉례 관련 의궤에 세 짐승을 보여주는 '그림'이 전하는 것은 아니고 『빈궁혼궁양도감의궤』「성빈의」에 세 그림을 그린 종이를 붙였다고 나올 뿐이다. 예장에 사수를 그리지 말라는 공식 선언이 있기 전에 찬실을 조성해서 세손의 예장에 세 그림과 관련한 기록이 나오는 것인지, 영조의 세손에 대한 애틋한 정 때문에 그러한 것인지 현재로서는 단정짓기 어렵다.

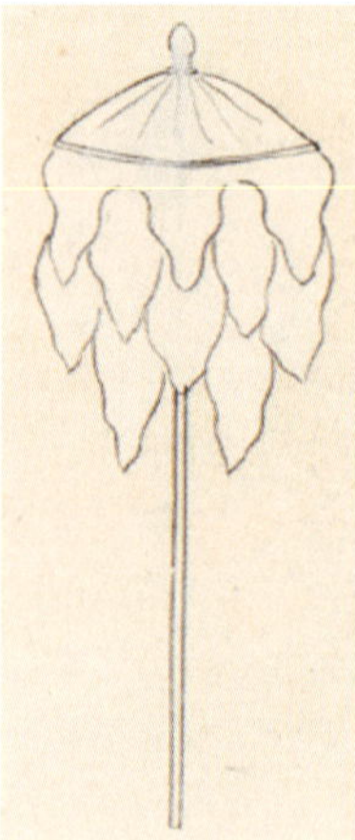

소선(素扇)

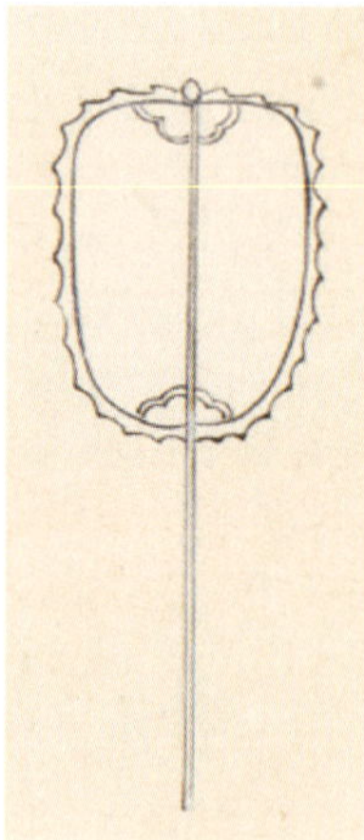

소개(素蓋)

명정(銘旌)

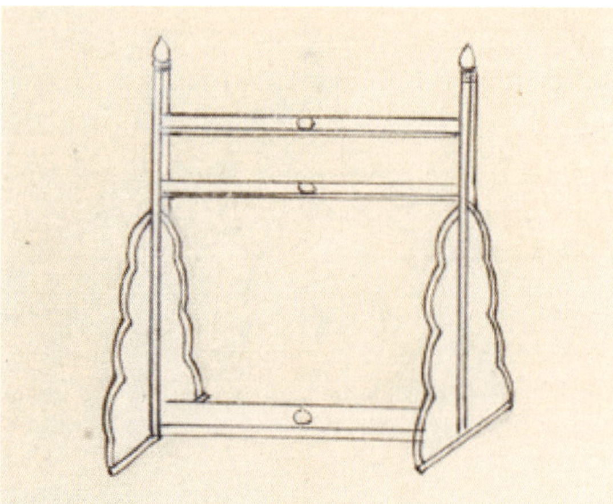

명정부(銘旌趺)

〈도판 97〉「소선」·「소개」·「명정」·「명정부」, 『의소세손빈궁혼궁양도감의궤』(상), 프랑스 국립도서관
의소세손의 빈궁에 설치한 소선과 소개, 명정 명정부이다.

그 밖에 이날[3월 6일] 논의한 몇 가지 안건이 있는데 다음과 같다. 먼저 빈궁도감의 처소를 처음에 위종사(衛從司)로 결정했다가 승문원으로 이접(移接)하기로 했다.[67] 또 대·중·소사를 공제 전에는 정폐(停廢)하기로 윤하(允下)를 받았으나 종묘와 각 능(陵)·전(殿)의 삭망 분향(焚香)은 전례대로 시행하기로 했다.[68]

다음은 『무신등록』을 참고하여 '조석전 및 상식'을 성빈한 후 비로소 설행하기로 했다.[69] 이는 『승정원일기』와 의궤의 기록이고, 『영조실록』에는 3월 4일 습 절차를 행한 뒤 이 의절을 거행한 것으로 되어 있다.[70] 국가전례서에는 성빈한 이후에 거행하는 것으로 규정하고 있기 때문에[71] 『승정원일기』와 의궤의 기록에 좀 더 비중을 둘 수 있을 듯하다.

조전은 일출(日出)에, 석전은 체일(逮日)에 올렸다.[72] 석전할 때가 장차 이르면 조전에 올렸던 예찬을 거두고 조전할 때가 이르면 석전에 올렸던 음식을 거두어서, 조전은 석전처럼 석전은 조전처럼 올렸다. 상식할 때의 선품(膳品)은 평상시처럼 하되 오직 육선(肉膳)을 사용하지 않았다.[73]

다음은 『무신등록』을 참고하여 재실에 가칠할 때의 안건에 관한 것이다. 가칠할 때마다 고유(告由)하는 것은 번거로우므로 누차 가칠한다는 뜻을 초차(初次) 때 축문 속에 말을 만들어 넣기로 정했다.[74] 그리고 3월 8일에 거행하기로 한 선잠제(先蠶祭)는 20일 중사일(仲巳日)로 물려서 거행하기로 했다.[75]

이윽고 이날[3월 6일] 사시(巳時)에 영조가 통명전에 나아가 신하들과 논의한 내용이다. 재실의 가칠은 5회로 하되 겹겹이[복복(複複)] 하지 않고 재실이 마르기를 기다렸다가 가칠하는 방식을 취하기로 했다. 또 혼궁 처소로 결정된 강서원은 차비문 밖을 나오면 곧 합문 밖인데 그곳에 위치해 있으며, 강서원은 개조(改造)하는 대신 옛 모양대로 수리만 할 뿐이라고 했다. 또 제기(祭器)를 조성해야 하는데 규모를 줄이거나 개수를 줄이기로 했다.

이어서 이경(二更)에 영조가 숭문당에 나아가 신하들과 (재실의) 전체 가칠은 은정(銀釘)에 가칠한 뒤에 거행하고 천개(天蓋)를 덮으며, 하재실(下梓室)한 후 곡림 절차를 행하기로 결정했다.[76]

영조는 이렇듯 시간에 따라 통명전에서 숭문당으로 장소를 달리하여 의소세손의 상에 대한 현안을 신하들과 논의했다. 이는 의소세손이 통명전에서 홍서하여 그곳에서 대렴까지 거행한 뒤 숭문당에 빈소를 마련하여 성빈하면서 그렇게 된 것이다. 특히 오시에 대렴과 성빈을 거행, 그 시간의 앞뒤로 장소가 바뀌게 되면서 영조가 움직이는 공간이 다르게 된 것이었다.

3월 7일 홍서한 지 4일째 되는 이날, 사시(巳時)에 영조 이하 상복을 입어야 하는 사람들이 각자에 맞는 상복을 입었다[성복].[77] 앞서 「의소세손상수교」에서도 언급되었듯이 자전(慈殿)[인원왕후]은 3개월 시마복을, 영조와 곤전은 9개월 대공복을, 세자와 빈궁(嬪宮, 혜경궁)은 기년복을 입고 성복 절차를 거행했다.[78] 곧, 영조와 정성왕후는 대공에 9일 만에 공제하고 9개월에 마치고, 세자와 세자빈은 자최기년에 13일 만에 공제하고 기년에 마치며, 인원왕후는 시마에 3일 만에 공제하고 3개월에 마치기로 한 결정에 따라 상복을 입은 것이었다.[79] 이는 무신년 효장세자 때 입었던 것과 차등을 두어서 마련한 복제였다.[80]

이어서 거행하는 성복전은 올렸는지가 분명하지 않다. 다만, 내섬시에서 성복전을 담당하기로 한 것을 보면 거행할 예정이었던 것으로 보인다.[81]

이보다 앞서 3월 4일에 '홍서한 지 4일째 되는 날에 성복한다.'는 논의를 했었다. 영조가 성복하는 날을 묻자, 우승지 권일형(權一衡, 1700~?)이 현빈과 무신·무술년에 모두 홍서한 지 4일째 되는 날에 거행했다고 아뢰었다.[82] 그러자 영조가 세손 또한 모일(某日)에 성복하도록 했고, 그 날이 바로 3월 7일이었다.

3월 8일 오시에 혼궁의 정청(正廳) 이하 건물의 수리와 조성 역사를 시작했다.[83] 또 이때(오시) 시호를 의정한 후, 고쳐 쓴 명정[개명정]은 2건을 마련하여 1건은 빈궁에 다시 배치[개배(改排)]한 뒤 그대로 행로(行路)에 사용하고, 나머지 1건은 함(函)에 담아서 찬실 근처에 봉안했다가 발인하는 날 묘소로 배왕(陪往)하는 데 사용하기로 논의했다.[84]

그리고 이날 영조는 의소세손의 재실 가칠을 3월 6일부터 시작해서 30회에 준해서 하라고 전교했다.[85] 그렇다면 이틀 전부터 재실의 가칠이 시작된 셈이다. 또 칠포(漆布) 3순(巡)은 재실 가칠 30회 중 21회부터 한다고 했다가 추후의 하교에 따라 11회부터 하기로 수정했다. 3월 6일부터 4월 13일까지 재실의 가칠 30회와 칠포 3순은 〈표 14〉가 참조된다.

3월 9일, 혼유석은 '옛 제도에 8자[척(尺)]'라고 하니 이번에는 길이는 5자, 넓이는 8치[촌(寸)]로 하라고 분부했다.[86] 그리고 이날 유모와 의관의 처벌에 관한 일이 다시 불거졌다. 대사헌 김광세(金光世, 1700~?)가 상서하여, 유모는 함부로 술을 마셔서 중간에 교체되는 일이 있었고, 의관은 정성을 다해 (환후에) 맞는 약을 제조하지 않았다며 그들의 엄한 처벌을 청했다. 영조는 지나친 처벌을 꺼리어 유모 계영(桂永)은 삼수부에 정배하고, 의관은 국문하지 말고 파직만 시켰다.[87]

유모와 의관의 처벌은 이후 3월 22일 부교리 한광조(韓光肇, 1715~1768)가 상서하여 이들의 나국을 논했으나 이때는 대리청정하고 있던 세자가 허락하지 않았다.[88] 3월 25일 두 차례에 걸쳐 그들에 대한 처벌을 다시 청했으나 허락을 얻지 못했다.[89] 이들에 대한 처벌은 이후로 더 이상 거론되지 않았다.

3월 6일 혹은 9일, 신주의 조성 및 봉안 처소를 결정했다. 예전에 우주의 조성 및 봉안처는 으레 빈 궁궐[공궐(空闕)]에 마련했는데, 이번 왕세손의 신주를 조성하고 그것을 봉안하는 곳은 경덕궁(후일 경희궁)의 위선당으로 정했다.[90]

다음날 3월 10일 혹은 12일, 빈청에서 '덕성순숙(德性純淑)'과 '용의공미(容儀恭美)'의 뜻을 지닌 '의소(懿昭)'로 세손의 시호를 의정했다.[91] 시호를 정하자 몇 가지 호칭이 정해졌다. 세손은 '의소세손(懿昭世孫)'이라 칭하고, 혼궁의 궁호(宮號)는 '의소혼궁(懿昭魂宮)', 묘호(墓號)는 '의소묘(懿昭墓)'라고 일컬었다.[92] 사당은 '의소묘(懿昭廟)'라고 했는데, 사당 칭호로서의 의소묘는 『영조실록』에는 5월 16일자 기사에 처음 등장하고[93] 『승정원일기』에는 5월 4일자 기사에 최초로 나온다.[94]

사당과 무덤 칭호를 통해, 의소세손의 내묘(內廟)와 외묘(外墓)의 칭호는 별도로 정하지 않고 시호를 써서 정했음을 알 수 있다. 소현세자·효장세자 또한 마찬가지였는데, 1786년에 홍서한 문효세자는 내묘는 문희묘(文禧廟), 외묘는 효창묘(孝昌墓)로 정하여 시호를 사용하지 않은 사례도 있었다.[95]

3월 12일 혹은 15일, 의소세손의 무덤 자리를 옛 연희궁(衍禧宮) 남쪽 기슭으로 정했다.[96] 이는 『묘소도감의궤』의 기록이고, 『예장도감의궤』에는 '양주(楊州) 안현(鞍峴)의 남쪽 기슭에서 사향(巳向) 언덕[원(原)]'이라고 되어 있다.[97]

『영조실록』 3월 15일자 기사에는 '옛 연희궁의 동남간에 있는 사축서(司

『춘관통고』에 보이는 의소묘(懿昭墓)의 배치

* 석물상설: 곡장(曲墻) 3면(面), 혼유석(魂遊石) 1, 명등석(明燈石) 1, 망주석(望柱石) 1쌍, 문석(文石) 1쌍, 마석(馬石) 1쌍, 호석(虎石) 1쌍.
* 제향 및 부속시설: 정자각(丁字閣), 수라청(水刺廳) 3칸, 수직방(守直房) 3칸, 망료위(望燎位), 석비(石碑) 1, 전사청(典祀廳) 4칸, 제기고(祭器庫), 안향청(安香廳) 6칸, 재실(齊室) 7칸. 칸수가 적혀 있지 않은 것은 순회묘(順懷墓)와 같았다. 그중 석비는 정자각 앞 4보(步) 쯤에 위치해 있고, 길이는 4자 8치, 너비는 2자이다. 비각(碑閣)이 있으며, 석비에 조선국의소세손지묘(朝鮮國懿昭世孫之墓)라고 썼고, 음기(陰記)가 있는데 그 내용은 영조가 짓고 직접 썼다.98

〈도판 98〉 의소세손의 무덤 ⓒ 김민규

畜署)의 옛터 우록(右麓)으로, 지명은 계당(鷄堂)이고 해좌(亥坐)·사향(巳向)의 언덕'이라고 되어 있고,[99] 5월 12일자 기사에는 '양주 안현의 남쪽 기슭'이라고 되어 있다.[100] 『승정원일기』 3월 15일자 기사에는 '경성(京城) 서쪽 아래에 장례치른다는 것을 지워버리고 양주 안현의 남쪽 기슭으로 고쳤다.'라고 되어 있다.[101] 『춘관통고』에는 '경성의 서쪽 5리에 있는 안현의 아래 해(亥) 자리에 사(巳) 방향'이라고 되어 있다.[102] 훨씬 후대의 자료이지만 『임하필기(林下筆記)』와 『증보문헌비고(增補文獻備考)』에 연희궁은 경성 서쪽 15리에 위치해 있다고 한다.[103]

영조는 의소세손이 죽자마자 묘소를 왕성(王城) 근처에 정하기를 원했다.[104] 무덤 자리로 거론된 곳은 연서(延曙)의 백련봉(白蓮峯) 근처, 연서의 정자(亭子) 터, 홍제원(弘濟院), 명릉(明陵), 연희궁(延禧宮),[105] 양천평(陽川坪), 신홍제(新弘濟), 모화관(慕華館), 창릉(昌陵), 전생서(典牲署) 근처, 왕십리(往十里) 등이었다. 그중에서 최종 연희궁으로 정한 것이었다.

영조는 순회세자의 무덤인 순회묘(順懷墓)가 사치스럽지 않다는 홍봉한의 말을 듣고 이보다 더 줄여서 검소함을 보이겠다고 강조했다.[106] 이는 평소 검약을 강조하는 영조의 정치 철학이 반영된 일면이기도 했다. 묏자리를 정하자 곧바로 묘소의 조성과 관련한 각종 공역의 날짜를 가려서 정했다(〈표 14〉 참조).[107]

3월 22일 사시(巳時), 교명(敎命)·책(冊)·인(印)을 받들어 도감에 내렸다.[108] 3일 뒤인 3월 25일, 발인 행렬이 종묘를 지날 때의 의절에 대해 논의했다. 혼백거(魂帛車)와 영여(靈轝)가 종묘 앞 길과 창덕궁 동구(洞口)에서 잠시 멈추어 쉬는 절차로 마련했다.[109]

4월 9일 묘시(卯時), 외재실을 묘소로 배진(陪進)했다.[110] 묘소가 10리 안에 있었기에[111] 묘소까지 외재실을 배진할 때 담배군의 체운처(替運處)도 재운(再運)으로 마련했다. 초운(初運)은 장생전(長生殿)부터 승방(僧房) 터까지, 재운은 승방 터부터 묘소까지였다.[112] 그리고 외재실을 내린 일시(日時)는 구체적으로 기록되어 있지 않지만 천광(穿壙)의 공사를 마친[필역(畢役)] 후 때에 따라[수시(隨時)] 외재실을 내렸다[하외재실(下外梓室)].[113]

4월 10일 사시, 도감에서 시책인(諡冊印)을 대내로 들였다.[114] 4월 11일, 빈궁에 시호를 내리는[사시빈궁(賜諡殯宮)] 습의를 거행했다.[115]

4월 12일에는 몇 가지 절차를 거행했다. 묘시에 대내에서 시책인을 내갔다.[116] 사초초각(巳初初刻) 혹은 오시에[117] 영조가 숭문당에 나아가 친히 왕세손의 빈궁에 시호 '의소'를 내리는 절차를 거행했다. 사시빈궁(賜諡殯宮)과 개명정 고유전(告由奠)은 조전(朝奠)을 겸하여 올렸다.[118]

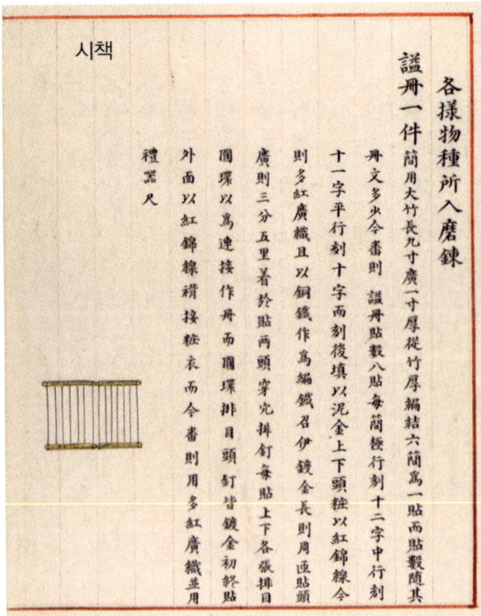

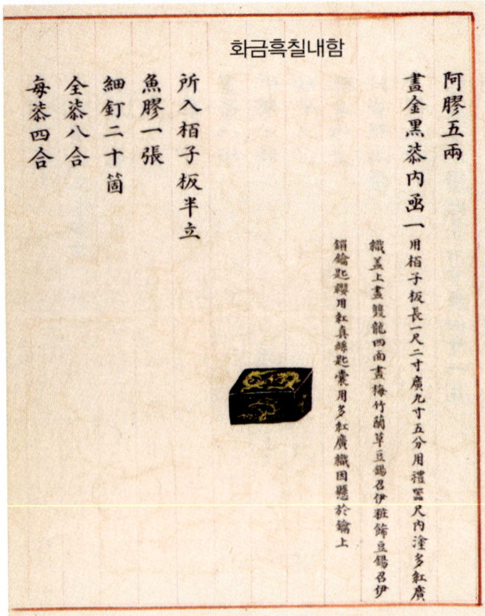

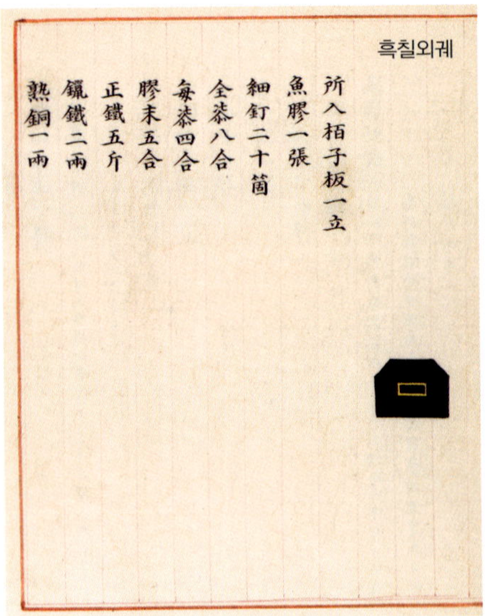

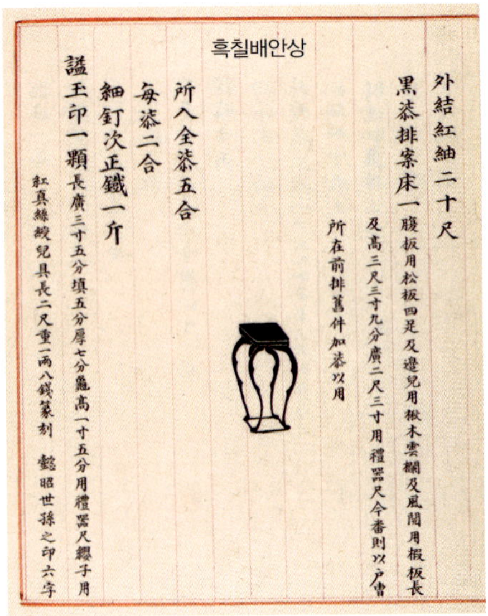

〈도판 99〉「시책」·「화금흑칠내함(畫金黑漆內函)」·「흑칠외궤」·「흑칠배안상(黑漆排案床)」, 『의소세손예장도감의궤』(하), 프랑스 국립도서관

① 시책은 죽간에 세손의 시호를 정해 올린 내용을 적은 후 책 모양처럼 엮은 죽책이다. 재료는 푸른 대죽이다.

② 화금흑칠내함은 표면에 검은색 옻칠을 하고 금이나 니금으로 문양을 그려 넣은 안쪽 상자이다.

③ 흑칠외궤는 검은색 칠을 한 바깥쪽 상자로, 여기서는 화금흑칠내함과 짝을 이루어 사용되었다.

④ 흑칠배안상은 시책을 담은 화금흑칠내함 · 흑칠외궤를 의식 장소로 운반해 와서 시책을 낭독할 순서가 되어 독책상(讀冊床) 위로 옮겨 놓기 전 임시로 올려두는 검은색 옻칠을 한 배안상이다. 이번 의소세손의 예장에 사용된 이 흑칠배안상은 호조에 있던 것으로 이미 배설한 적이 있던 것[前排舊件]을 가칠(加漆)해서 사용했다.

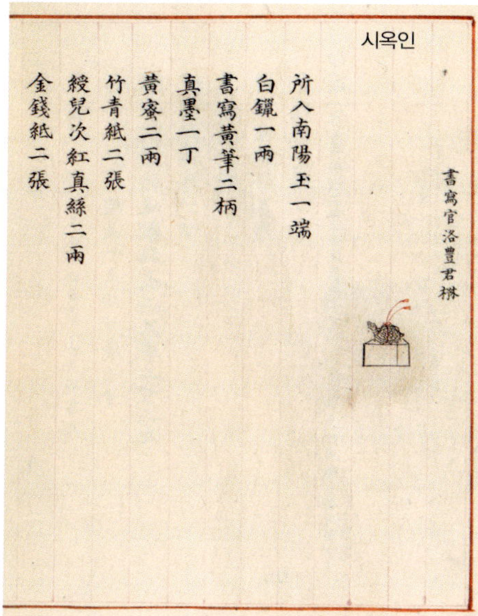

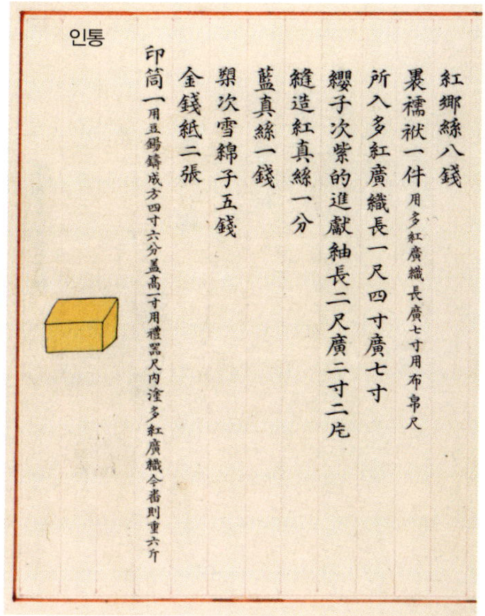

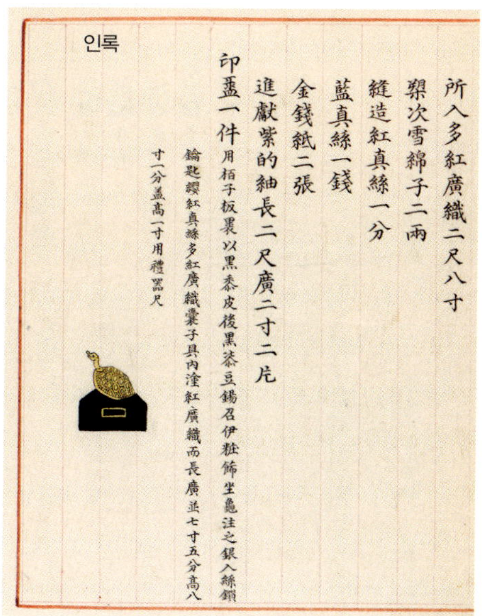

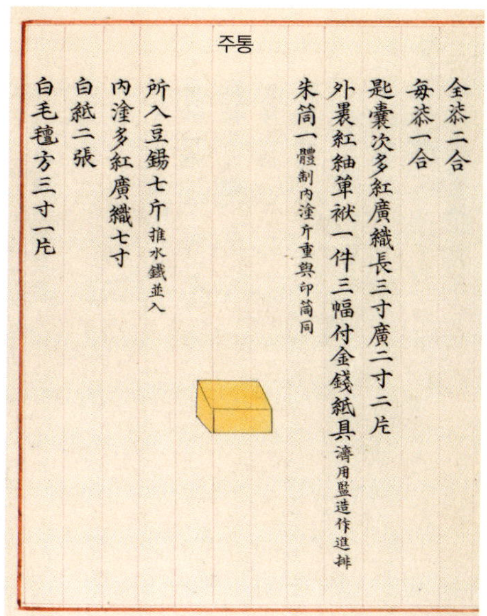

〈도판 100〉「시옥인」·「인통(印筒)」·「인록(印盝)」·「주통(朱筒)」·「주록(朱盝)」·「호갑(護匣)」·「흑칠배안상」,『의소세손예장도감의궤』(하), 프랑스 국립도서관

① 시옥인은 의소세손의 시호를 새긴 옥으로 만든 도장이다.

② 인통은 의소세손의 시호를 새긴 시옥인을 담아 보관하는 안쪽 상자를 말한다.

③ 인록은 시옥인을 담아 보관하는 바깥쪽 상자이다.

④ 주통은 의소세손의 시호를 새긴 시옥인과 짝을 이루어 사용되는 인주(印朱)를 담아 보관하는 안쪽 상자를 말한다.

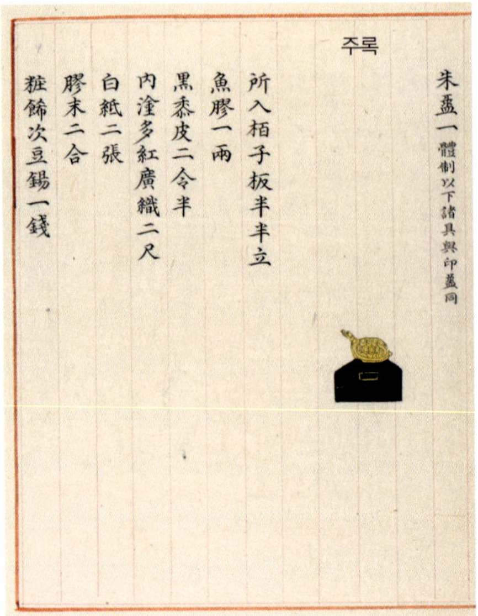
朱盝一 體制以下諸具與印盝同
所入栢子板半半立
魚膠一兩
黑黍皮二令半
內塗多紅廣織二尺
白紙二張
膠末二合
粧餙次豆錫一錢

주록

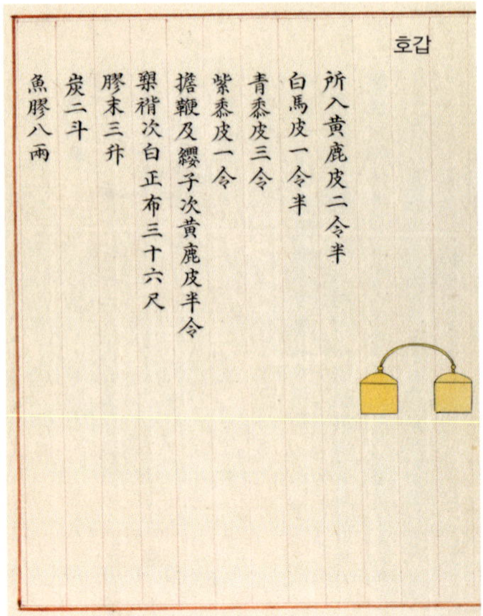
所入黃鹿皮二令半
白馬皮一令半
青黍皮三令
紫黍皮一令
搯鞭及纓子次黃鹿皮半令
槊褙次白正布三十六尺
膠末三升
炭二斗
魚膠八兩

호갑

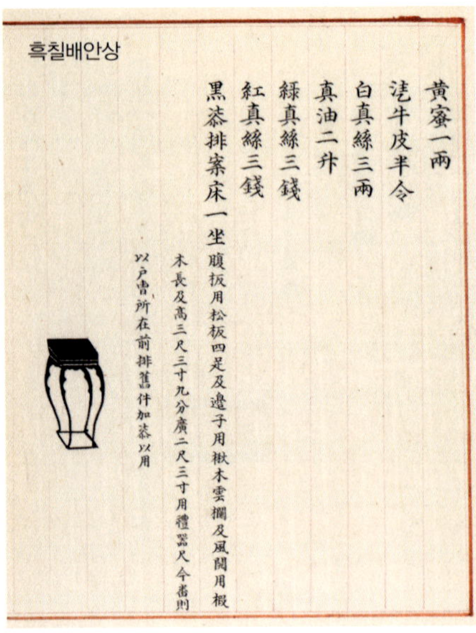
黃蜜一兩
洼牛皮半令
白真絲三兩
真油二升
綠真絲三錢
紅真絲三錢
黑漆排案床一坐 腹板用松板四足及邊子用楸木雲攔及風閬用椵木長及高三尺三寸九分廣二尺三寸用禮器尺今番則以戶曹所在前排舊件加漆以用

흑칠배안상

⑤ 주록은 인주를 담아 보관하는 바깥쪽 상자이다.

⑥ 호갑은 시옥인과 인주를 함께 담아 보관하는 가장 바깥쪽의 가장 큰 수납 상자이다. 시옥인을 담는 상자인 인통 · 인록과 인주를 담는 상자인 주통 · 주록을 함께 담는 가장 바깥쪽 상자로 두 상자를 동시에 담을 수 있도록 똑같은 모양과 크기를 지닌 두 개의 상자가 좌우 양쪽으로 연결된 형태이다.

⑦ 흑칠배안상은 시옥인을 담은 인통 · 인록을 의식 장소로 운반해 와서 시옥인을 낭독할 순서가 되어 독인상(讀印床) 위로 옮겨 놓기 전 임시로 올려두는 검은색 옻칠을 한 배안상이다. 이번 의소세손의 예장에 사용된 이 흑칠배안상은 호조에 있던 것으로 이미 배설한 적이 있던 것을 가칠해서 사용했다.

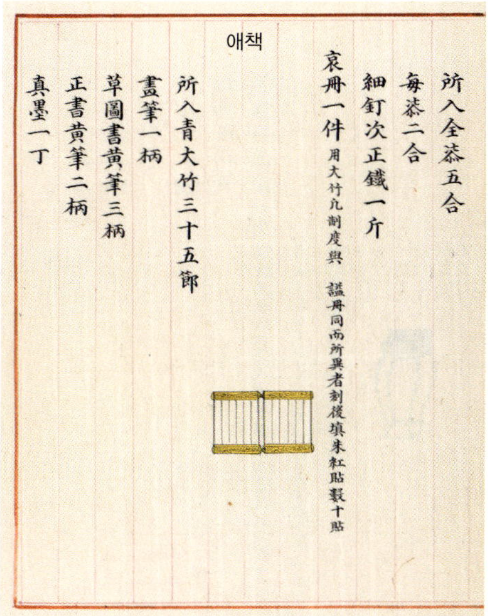
애책

所入全漆五合
每漆二合
細釘次正鐵一斤
哀冊一件 用大竹凢制度與 諡冊同而所異者刻後塡朱紅貼數十貼
所入青大竹三十五節
畫筆一柄
草圖書黄筆三柄
正書黄筆二柄
真墨一丁

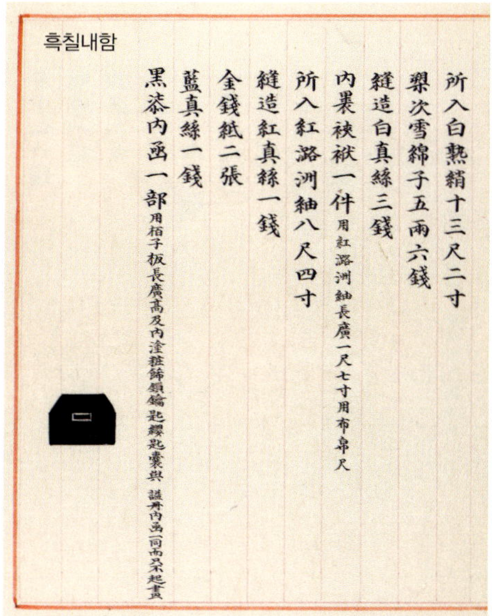
흑칠내함

所入白熟綃十三尺二寸
纓次雪綿子五兩六錢
縫造白真絲三錢
内裹袂袱一件 用紅潞洲紬長廣一尺七寸用布帛尺
所入紅潞洲紬八尺四寸
縫造紅真絲一錢
金錢紙二張
藍真絲一錢
黑漆内函一部 用栢子板長廣高及内塗粧飾鎖鑰匙鍱匙囊與 諡冊内函同而只去畫

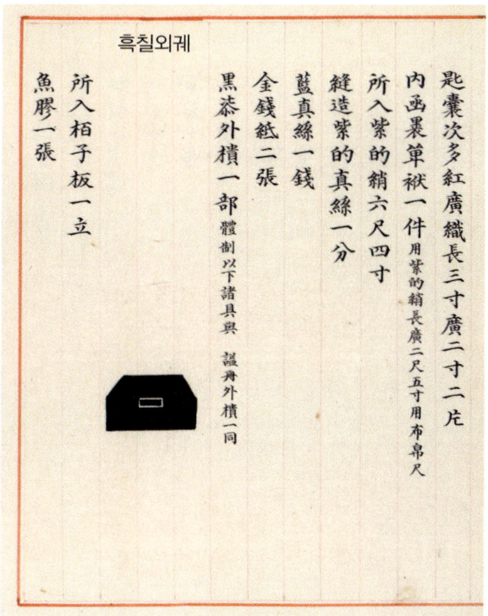
흑칠외궤

匙囊次多紅廣織長三寸廣二寸二片
内函裹單袱一件 用紫的綃長廣二尺五寸用布帛尺
所入紫的綃六尺四寸
縫造紫的真絲一分
藍真絲一錢
金錢紙二張
黑漆外樻一部 體制以下諸具與 諡冊外樻一同
所入栢子板一立
魚膠一張

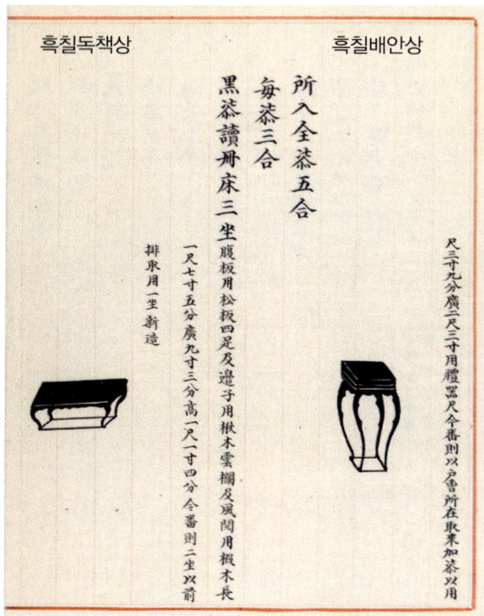
흑칠배안상

尺三寸九分廣二尺三寸用禮器尺今番則以戶曹所在取來加漆以用
所入全漆五合
每漆三合

흑칠독책상

黑漆讀冊床三坐 腹板用松板四足及邉子用楸木雲欄及風閒用椵木長一尺七寸五分廣九寸三分高一尺一寸四分今番則二坐以前排取用一坐新造

〈도판 101〉「애책」·「흑칠내함」·「흑칠외궤」·「흑칠배안상」·「흑칠독책상(黑漆讀冊床)」, 『의소세손예장도감의궤』(하), 프랑스 국립도서관

① 애책은 의소세손을 애도하고 생전의 덕을 찬양한 내용을 적은 후 책 모양처럼 엮은 푸른 대죽으로 만든 죽책이다.

② 흑칠내함은 애책을 담는 검은책 칠을 한 안쪽 상자이다.

③ 흑칠외궤는 검은색 칠을 한 바깥쪽 상자로, 흑칠내함과 짝을 이루어 사용되었다.

④ 흑칠배안상은 애책을 담은 흑칠내함·흑칠외궤를 의식 장소로 운반해 와서 애책을 낭독할 순서가 되어 독책상(讀冊床) 위로 옮겨 놓기 전 임시로 올려두는 검은색 옻칠을 한 배안상이다. 이번 의소세손의 예장에 사용된 이 흑칠배안상은 호조에 있던 것을 가져와서 가칠하여 사용했다.

⑤ 흑칠독책상은 애책을 올려놓고 낭독하는 용도로 사용된 검은색 옻칠을 한 상이다. 빈궁에 시책·시옥인·애책 등을 내릴 때 정해진 순서와 절차에 따라 이들을 독책상과 독인상 위에 올려놓고 낭독을 담당하는 독책관(讀冊官)과 독인관(讀印官)이 시책·시옥인·애책에 쓰인 내용을 읽었다. 이번 의소세손의 예장에 사용된 3좌(坐)의 흑칠독책상 중 2좌는 앞서 배설했던 것[전배]을 가져다 쓰고, 1좌는 새로 만들었다.

4월 12일 미시(未時) 혹은 미초삼각(未初三刻)에[119] 광정문(光政門) 안 서변(西邊) 월랑(月廊) 마루(抹樓) 위에서 명정을 고쳐 썼다.[120] 고쳐 쓴 명정의 내용은 시호 '의소'를 반영하여 '의소세손재실(懿昭世孫梓室)'이었고,[121] 개명정 서사관(書寫官)은 금성위 박명원이었다.[122] 개명정한 뒤 내시가 영좌 앞에 명정을 세우고, 옛 명정은 문정문(文政門) 밖 월랑의 정결한 곳에서 태웠다.[123] 명정을 고쳐 쓴 후 올린 별전(別奠)은 이날 수시로 설행했다.[124]

3일 뒤 4월 15일, 오정삼각(午正三刻) 혹은 오시에[125] 영조가 숭문당에 나아가 재실에 직접 상자(上字)를 썼다. 이틀 전 4월 13일에 재실에 덧칠[가칠(加漆)]하는 절차가 끝났기 때문에 상자를 쓰는 절차를 거행한 것이다.[126] 그런데 의궤에는 빈궁이 아닌 '혼궁'에서 이 절차를 거행한 것으로 되어 있다.[127]

의궤에 혼궁도감의 운영 규칙을 적은 「혼궁도감사목(魂宮都監事目)」에 '빈궁도감을 전례(前例)에 따라 혼궁도감으로 칭호를 고친다.'라고 한 규정이 있다.[128] 그 때문에 「재실서상자의」를 혼궁에서 거행한 것으로 기록한 것인지 분명하지 않다. 문제는 그 「혼궁도감사목」에 '혼궁 처소는 하교에 따라 강서원으로 한다.'고 되어 있다는 점이다.[129] 빈궁과 혼궁은 엄연히 역할이 다른 공간이고, 또 재실은 발인하기 전까지 빈궁에 있기 때문에 빈궁에 모셔져 있는 재실에 상자를 썼다고 하는 것이 정확하다.

다음날 4월 16일, 진시(辰時) 혹은 사시에[130] 영조가 숭문당으로 어거한 뒤 재실을 묶고 싸는 절차가 이루어졌다[재실결과(梓室結裹)]. 결과하기 위해 숭문당 한가운데[당중(堂中)] 밝은 곳으로 재실을 이안했다. 이어서 영조가 어떤 모양으로 묶으면 좋은지를 묻자, 십자(十字) 모양으로 묶는 것이 밤나무로 묶는 것보다 나을 것 같다는 우참찬 홍상한의 응답에서[131] 그와 같이 묶었을 것으로 예상된다. 의궤에는 빈궁이 아닌 '혼궁'에서 결과한 것으로 되어 있는데,[132] 이 또한 빈궁에서 거행했다고 하는 것이 맞는 표현이다. 재실을 결과한 후 별전을 수시로 설행했다.[133]

이후 4월 17일부터 4월말까지는 투서 사건으로 인한 관련자들의 신문과 그들의 물고(物故) 기사가 이어졌다.

5월 1일과 2일, 6일에는 발인과 반우에 대한 습의(習儀)를 거행했다. 발인 초도(初度)·이도(二度)습의의 노선은 예장도감 배설처인 형조·공조로부터 숭례문까지, 삼도습의는 빈궁 문 밖에서부터 노제소까지였다.[134] 반우습의는 발인 삼도습의를 하는 날에 노제소에서부터 혼궁까지 진행되었다.[135] 이보다 앞서 3월 10일에 발인 삼도습의를 행할 때에는 정일(正日)의 예(例)대로 거행해야 하는데 이번에는 전교에 따라 가재실(假梓室)과 가우주(假虞主)를 조성하지 않기로 결정했다.[136] 그리고 이러한 결정이 『상례수교(喪禮受敎)』에 실렸다.

영조는 흉례를 거행할 때 들어가는 물품 중 백성에게 큰 폐단이 되는 것은 줄이거나 제거하도록 지시 명령했다. 또 '긴요하지 않고 예에 있어서 바르지 못한 것'을 이정하거나 제거하도록 했다. 후자의 경우는 중국의 칙사가 치조(致弔)할 때 사용하는 가우주를 습의할 때 사용하는 것을 괴이하다고 판단하여 없애도록 한 것이 일례이다.[137] 그러한 영조의 의지, 정치 철학이 의소세손의 예장에도 고스란히 투영되고 있었다.

5월 2일에는 또 지석(誌石)과 표석을 묘소에 배진했다.[138] 5월 3일에는 묘소의 화소(火巢) 경계를 정했다. 주봉인 안현(鞍峴) 아래의 승전봉(勝戰峯)을 기준으로 서쪽으로는 복자현(卜子峴)에서 독송정(獨松亭)까지, 남쪽으로는 독송정에서 늑방교(勒坊橋)까지, 동쪽으로는 늑방교에서 무현(武峴)까지,

북쪽으로는 무현에서 승전봉까지였다. 주봉의 동쪽은 모화관이자 도성 밖 백호(白虎)이므로 해자(垓字)를 파기 어려워 산등성이로 경계를 나누어 입표(立標)했다.[139]

5월 9일 발인 3일 전, 사직·종묘·영녕전에서 '빈궁에서 찬실을 연다.'는 고제(告祭)를 지냈다. 이날 경덕궁 위선당의 서헌(西軒)에서 왕세손의 신주를 조성했다.[140] 두 달 전 3월 11일부터 밤나무를 제대로 잘 말린[건정(乾正)] 뒤 날마다 깎고 다듬어서 이날 완성한 것이었다.[141] 이렇게 조성한 신주는 5월 10일 오시에 경덕궁 위선당의 동헌(東軒)에 봉안되었다.[142]

의소세손의 신주는 효장묘(孝章廟)에 봉안되어 있는 효장세자의 신주를 봉심한 뒤 그것을 견양(見樣)으로 삼아 만들었다.[143] 세손의 죽음이 흔하지 않아 그의 혼을 깃들게 할 신주의 규격이 전례서나 법전에 규정되어 있지 않았다. 그에 따라 세손의 신주는 세자의 신주를 모본으로 삼았고, 이를 통해 적어도 규모면에서 세손과 세자의 신주가 다르지 않음을 알 수 있다.

5월 11일 묘시에 경덕궁 위선당의 동헌에 봉안되어 있던 신주를 받들고 빈궁에 나아가 악차(幄次)에 임시로 안치했다. 대축이 신주궤(神主匱)를 받들어 요여에 안치하고 격유보(隔襦褓)로 싸고 홍주(紅紬)로 횡결(橫結)하여 옮겼다.[144] 사시에 신주를 혼백의 뒤에 봉안했다.[145]

한편, 이날 이른 새벽에 사직단에서 기청제를 지내고, 사시에 조전(朝奠)을 겸하여 계찬실전(啓欑室奠)을 올리고 찬실을 열었다.[146] 이어서 별전을 차례로 올렸다. 이날 일포시(日晡時)에 길 신에게 올리는 조전(祖奠)을 거행했다. 5월 9일 사직·종묘·영녕전에서 계찬실 고제를 지내는 것부터 발인 전후에 거행하는 각 제전의 거행 시기와 담당 기관은 〈표 13〉이 참조된다.

3. 발인 - 입주전

5월 11일 해시(亥時)에 먼저 견전을 올리고, 이어서 재실을 대여에 봉안한 뒤 묘소를 향해 출발했다[발인].[147]

좀 더 구체적으로 발인할 때의 모습을 보면, 대축이 혼백함(魂帛函)을 받들어 요여에 안치하고, 또 대축이 신주궤를 받들어 그 뒤에 놓았다. 그리고 외문(外門) 밖에 이르자 대축이 혼백함을 받들어 신련에 안치하고 신주궤를 그 뒤에 놓았으며, 이후 겨유보로 싸고 홍주로 횡결한 뒤 예(例)대로 묘소로 배왕했다.[148] 이때 궐내에서 재실을 옮길 때 윤여(輪轝)를 사용했다. 윤여를 배설한 곳은 빈궁에서 숭화문(崇化門) 밖까지였고, 그 거리를 측량한 결과 391자였다.[149]

발인할 때 행렬이 지나가는 문로(門路)는 다음과 같다. 반우할 때 지나가는 곳은 발인할 때와 동일했다.

> 문정문(文政門), 숭화문(崇化門), 경화문, 선인문, 판전병문(板廛屛門), 종묘 동구 앞길, 창덕궁 동구 앞길, 철물전석교(鐵物廛石橋), 종루 앞길, 대광통석교, 소광통석교, 송현 앞길(松峴前路), 수각석교, 숭례문, 도저동 앞길, 청파천, 승방 터(僧房基), 중추부천(中樞府川), 늑방교(勒坊橋), 묘 동구(墓洞口), 묘소(墓所).[150]

발인 행렬의 동선을 좀 더 구체적으로 확인하기 위해 궁궐 내에서 발인하는 동선과 궁궐 밖에서 도성 안까지 발인하는 동선을 「동궐도」와 「도성대지도(都城大地圖)」를 통해 살펴보고자 한다.[151] 먼저 「동궐도」를 통해서 본 궁궐 내에서의 발인 행렬의 움직임이다. 궁궐 안에서는 빈궁인 숭문당에서 출발하여 문정문, 숭화문, 경화문, 선인문을 거쳐 궁궐 밖으로 나갔다. 이

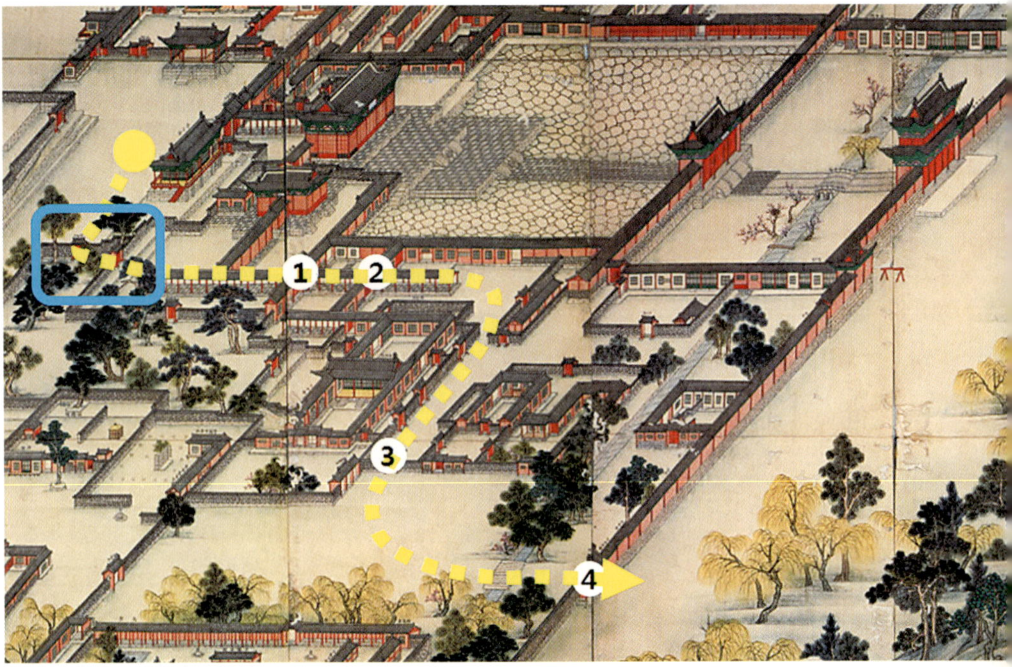

〈도판 102〉「동궐도」를 통해 본 궁궐 내에서의 발인 행렬 동선, 고려대학교 박물관
1_문정문, 2_숭화문, 3_경화문, 4_선인문. 노란색 점선은 이동 동선의 표시이고, 파란색의 사각형은 담장을 헐고 다시 쌓았을 것으로 추정되는 곳이다. 궁궐 안에서 이동하기에 좁은 통로일 경우 담장이나 작은 문의 양옆을 허물었다가 행렬이 지나가고 나면 다시 쌓았기 때문이다.152

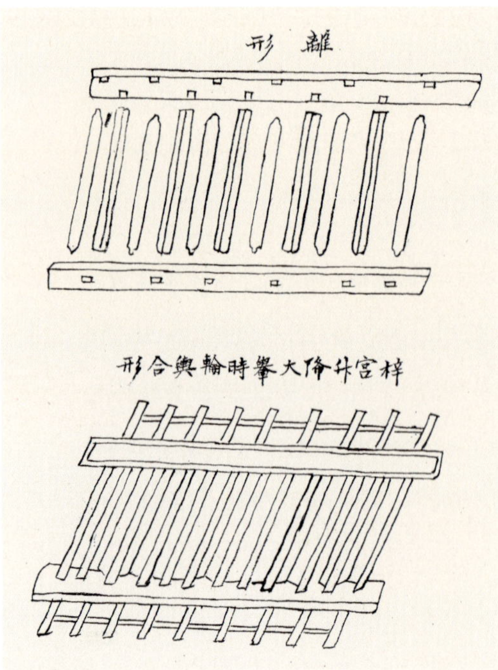

〈도판 103〉「윤여(輪轝)」,『춘관통고』, 규장각한국학연구원
윤여는 재궁 혹은 재실을 받들어 견여와 대여에 올리고 내릴 때 및 빈전이나 정자각, 퇴광으로 재궁 혹은 재실을 옮기기 위해 사용하는 운반용 기구이다. 위 그림은 윤여를 조립하지 않은 분리했을 때의 모습이고, 아래 그림은 조립한 뒤의 윤여의 모습이다.

때 재실을 옮길 때 사용한 기물이 바로 윤여였다.

다음은 「도성대지도」를 통해서 본 궁궐 밖, 도성 안에서의 발인 행렬의 움직임이다. 선인문에서 숭례문까지 표시했다(〈도판 104〉 참조).

한편, 발인할 때 전어(傳語)할 가볍고 날랜 금군(禁軍)을 10곳에 배치했다. '전어금군'의 배치는 반우할 때에도 다르지 않았다.

> 선인문, 판전병문 앞길(板廛屛門前路), 철물전석교, 소광통석교, 숭례문 밖(崇禮門外), 청파교(靑坡橋), 만리현 아래(萬里峴底), 중추부천, 늑방교, 묘소.153

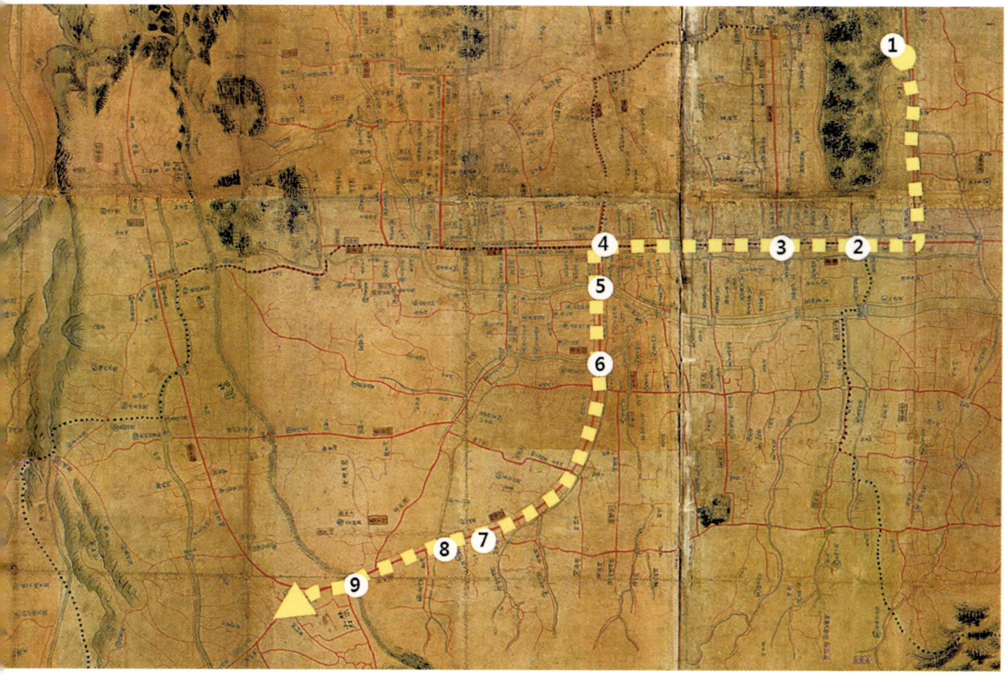

〈도판 104〉 「도성대지도」를 통해 본 궁궐 밖, 도성 안에서의 발인 행렬 동선, 서울역사박물관
1_선인문, 2_종묘 동구, 3_창덕궁 동구, 4_종루 앞길, 5_대광통교, 6_소광통교, 7_송현 앞길, 8_수각교, 9_숭례문. 노란색 점선은 이동 동선의 표시이다.154

전어군(傳語軍)의 배치에 대한 기록은 국장이나 예장에서 흔하게 보기는 힘들다. 문효세자의 예장에서 발인할 때 전어군 200명을 동원한 기록은 나왔지만 이처럼 그들을 구체적으로 어디에 배치했는가에 대한 기록은 의궤에서도 쉽사리 찾아지지 않는다. 영조의 손자에 대한 애틋한 정이 충실한 내용을 갖춘 문헌의 편찬으로 드러났음을 알 수 있다. 이는 아래의 발인과 관련한 담배군, 체운처, 제소(祭所)를 설치한 곳 등등을 구체적으로 기록한 데서도 확인된다.

도로와 교량은 발인하기 전에 미리 정비했다. 대여의 횡강(橫杠)이 15자이므로 도로와 교량은 이전에 정해진 규식에 따라 25자로 수치(修治)했다. 또 묘 동구(墓洞口)와 묘소는 숭례문으로부터 6리(里)이고 궐문으로부터 11리였다. 도로의 경우 5리마다 생(栍)을 세워서 정도(程道)와 지명(指名)을 표시했다.[155]

한편, 당시 빈궁에서 묘소까지의 거리가 가깝다고는 하지만 가마의 무게가 무겁기 때문에 묘소까지 가는 동안 가마꾼들이 계속해서 메게 할 수 없고 중간에 교체해야 했다. 의소세손은 3운(運)으로 마련했고, 그에 따라 대여 담배군이 체운하는 곳은 초운은 선인문 밖에서부터 숭례문 안까지, 재운은 숭례문 안에서부터 만리현 아래[저(底)]까지, 삼운은 만리현 아래부터 묘소까지로 정했다.[156] 이를 결정한 때가 3월 29일이었다.

그 뒤 4월 5일에 초운과 재운이 교체하는 곳을 남대문 안이 아니라 노제소가 있는 남대문 밖으로 고쳐 정했다. 남대문 밖에 노제소가 있고 남대문의 안과 밖이 매우 가깝기 때문에 거듭 대여를 멈추는 것은 불편할 것 같다는 도제조 김약로의 의견에 따라 노제소가 있는 남대문 밖에서 체운하기로 결정한 것이었다.[157]

영조는 또 대여와 소여의 규격[체제(體制)]을 줄이라고 전교했다. 그에 따라 대여와 소여를 메는 담배군의 숫자만이 아니라 장강(長杠)과 횡강의 자수[척수(尺數)]도 줄이게 되었다.[158] 이때 대여를 메는 담배군은 옛 18정군(井軍) 204명에 비해 10정군 66명으로, 견여는 옛 14정군 84명에 비해 8정군 32명으로 결정되었다.

그 뒤 3운으로 마련된 대여 담배군은 운마다 66명씩 총 198명이 참여했고, 견여 담배군은 1운으로 마련해서 32명이 동원되었다. 물론 여기에는 예비군(預備軍)도 편성되어 대여는 운마다 4명씩 모두 12명이, 견여는 4명이 동원되었다.[159] 이후『국조상례보편』에 실린「의소세손상수교」를 보면, 대여군은 운마다 66명, 소여군(小轝軍)은 33명, 예비군은 각 4명으로 규정되었다.[160] 세손의 예장에 가마를 메는 인원은 이 규정으로 확정되었다.

발인이 시작된 후, 혼백거와 영여가 종묘의 앞길과 창덕궁 동구에 이르자 여사(舁士)들이 줄을 늦추어서 잠시 멈추어 쉬었다가 출발했다.[161] 이는 신백을 받들고 사당에 가서 조알하는「조조의」가 마련되기 이전의 모습을 보여준다. 앞서도 보았듯이「조조의」는 1758년『국조상례보편』에 처음으로 등장하는 의주이다.[162]

발인하게 되면서 빈궁해사제를 지냈다.[163] 5월 12일 축시(丑時)에 대여가 숭례문 밖 노제소에 이르러 노제를 지내고 출발했다.[164] 노제를 지낸 뒤 도로·교량·명산대천 등에 제사를 지냈다. 제소(祭所)를 설치한 곳은 다음과 같다.

> 문정문, 숭화문, 경화문, 소석교(小石橋), 북변 직로의 보수한 곳(北邊直路添補次), 선인문, 신석교, 이현 앞길(梨峴前路), 판전병문, 종묘 동구 앞길, 창덕궁

동구 앞길, 철물전석교, 종루 앞길, 대광통석교, 소광통석교, 송현 앞길, 수각석교, 숭례문 밖 서변 길(崇禮門外西邊路), 궐문으로부터 5리인 도저동 앞길, 청파천, 승방 터, 만리현(萬里峴), 중추부천, 늑방교 동쪽 멀리 바라보이는 안현(勒坊橋東邊通望鞍峴).[165]

이러한 여러 설제처(設祭處) 중 선인문, 대광통석교, 숭례문오십신위(崇禮門五十神位), 숭례문 밖 서쪽 노제소(崇禮門外西邊路祭所), 청파천, 늑방교 동쪽 멀리 바라보이는 안현 등에서 먼저 제사를 설행했다.[166]

[5월 12일] 인시(寅時)에 대여가 묘소에 도착하여 영장궁에 재실을 봉안한 뒤 조전(朝奠)과 상식을 올렸다.[167] 이때 묘소에 도착하는 때에 맞춰 재실을 찬실에 넣어서 봉안하는 성빈 절차를 거행했다.[168] 진시(辰時)에 정자각에 봉안된 찬실을 열고, 이후 때에 맞춰 재실을 받들고 출발해서 묘소 위로 올라갔다.[169] 오시에 녹로를 사용하여 현실에 재실을 내렸다[하현실].[170]

이후 관의(棺衣)와 명정을 재차 손보아 평평하게 하고, 보삽(黼翣)·불삽(黻翣)·화삽(畵翣)을 재실의 양 곁에 꽂고 현실을 폐쇄했다. 참찬이 흙 9삽을 덮고 이어서 회(灰)를 다져서 채웠다. 또 애책과 증옥함(贈玉函)·증백함(贈帛函), 명기, 복완 등의 제구(諸具)를 차례로 퇴광에 진열하고, 지석을 내려 놓으면서 뭇 관원들이 하직했다[봉사(奉辭)].[171]

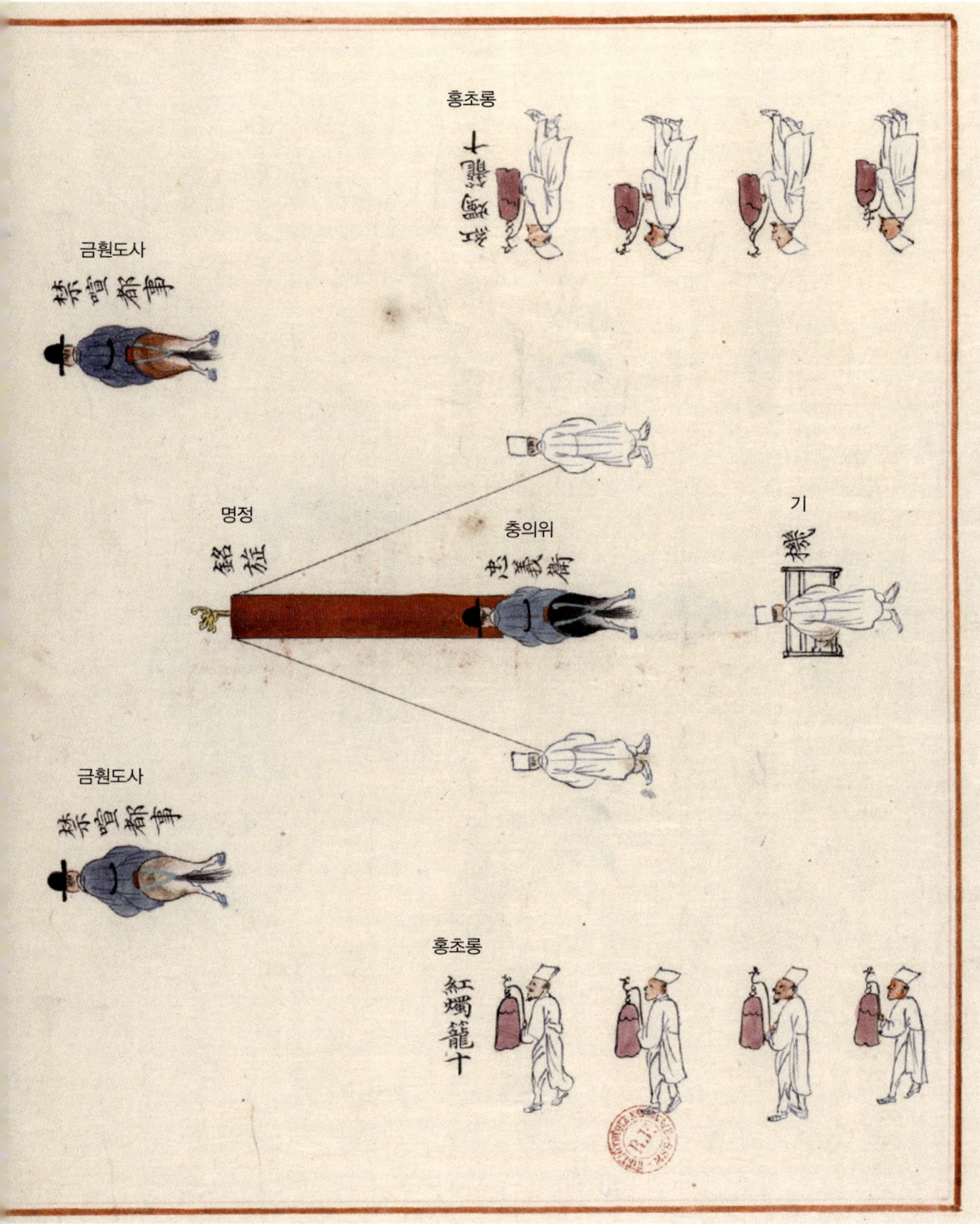

〈도판 105〉「발인반차도」, 『의소세손예장도감의궤』(상), 프랑스 국립도서관
금훤도사(禁喧都事) 두 사람이 좌우로 나뉘어 섰다. 그 다음 명정(銘旌)이 가운데에 서고, 그 뒤에 명정의 끈을 잡은 두 사람이 좌우에 서 뒤따랐다. 충의위(忠義衛) 한 사람이 명정의 끈을 잡은 사람 사이에 서고, 그 뒤에 명정을 설치하는 기구를 든 한 사람이 가운데에서 뒤따랐다. 홍초롱(紅燭籠) 각 4개가 좌우로 나열해 섰다.

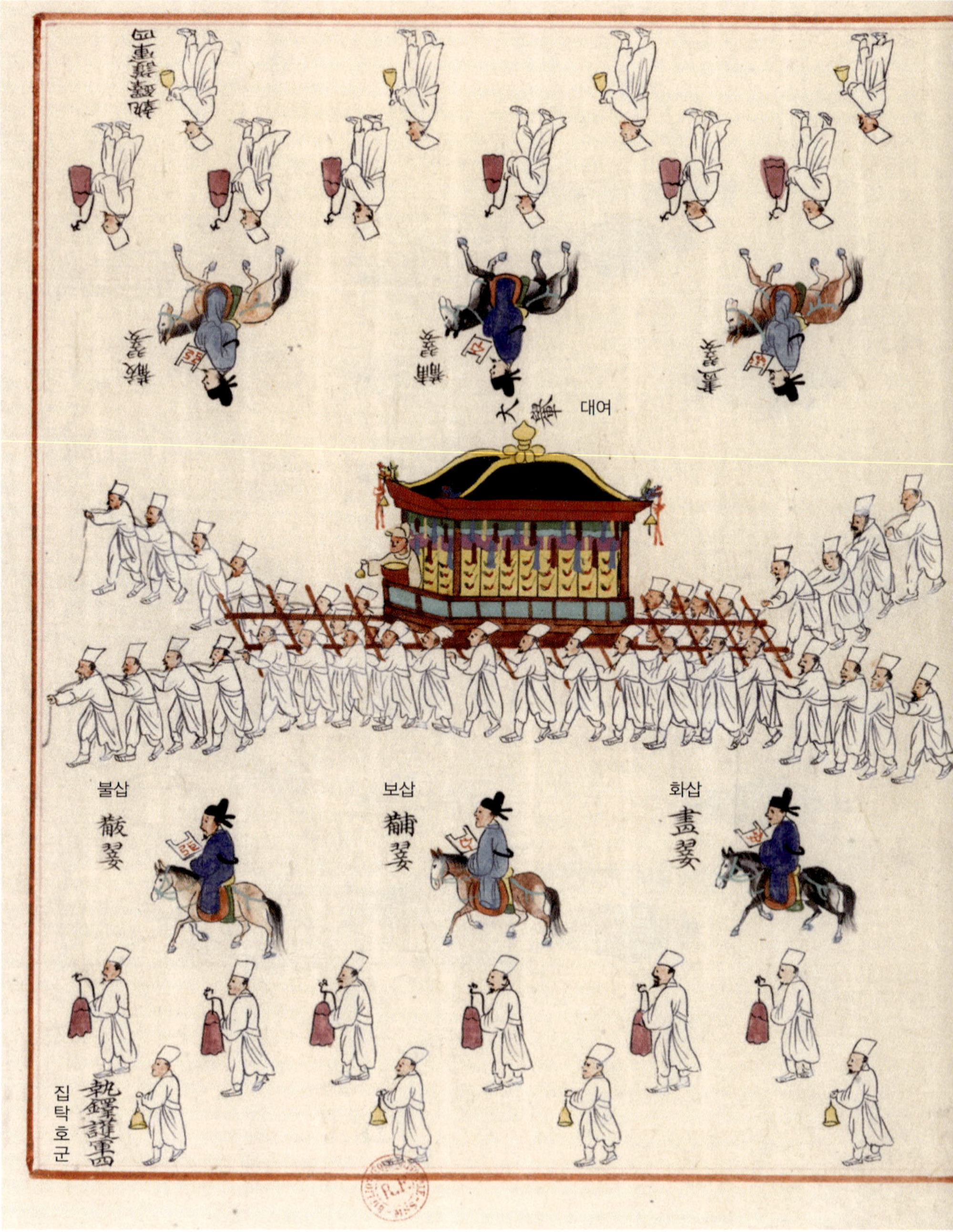

집탁호군(執鐸護軍) 각 네 사람이 좌우로 나뉘어 서고, 집탁호군 안쪽에 홍초롱 각 6개가 좌우로 나열해 섰다. 대여가 가운데에 서고, 불삽 · 보삽 · 화삽 각 2개가 대여 좌우로 나뉘어 섰다.

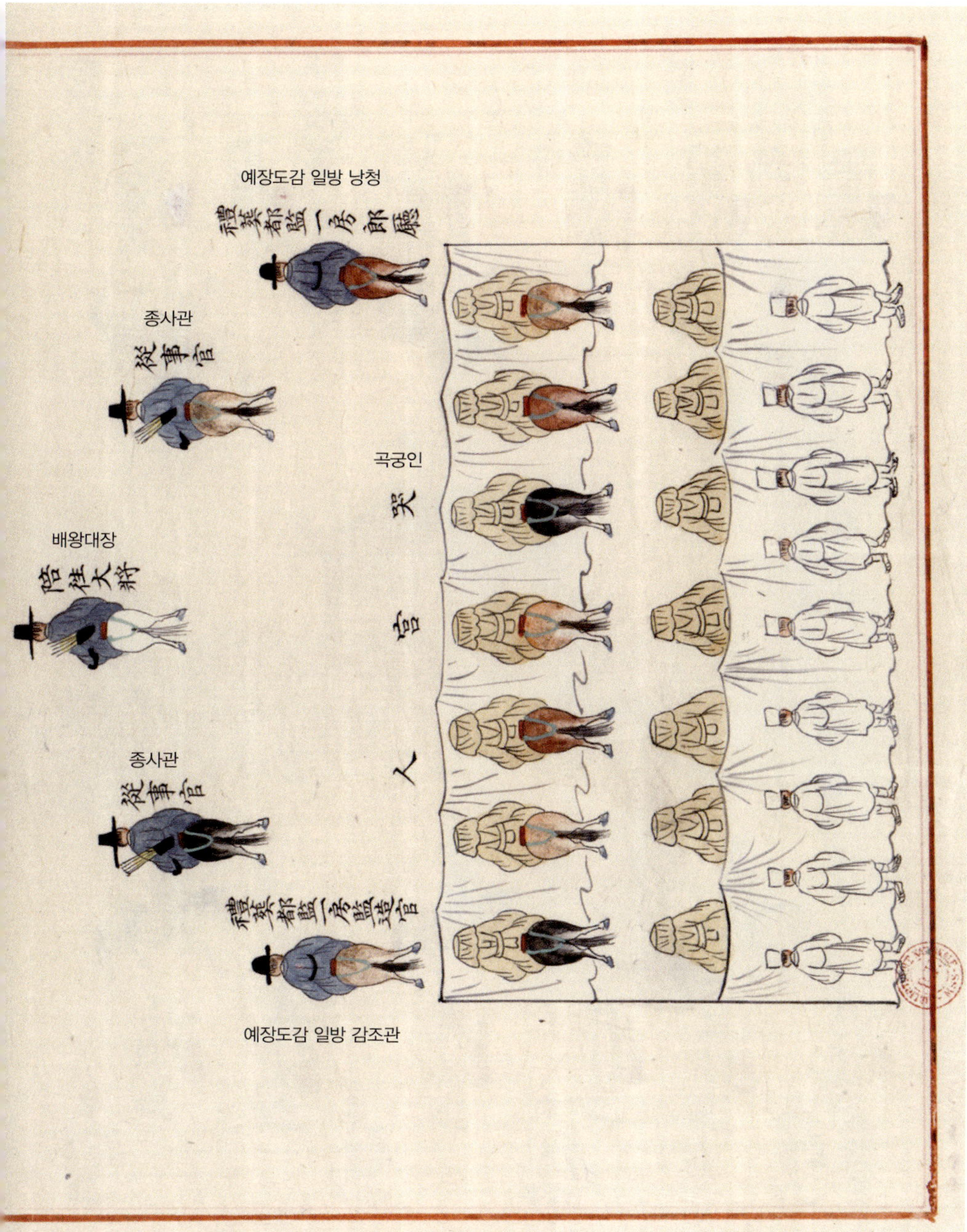

배왕대장이 가운데에 서고, 그 뒤에 종사관 두 사람이 좌우로 나란히 섰다. 뒤이어 예장도감 일방 감조관과 예장도감 일방 낭청이 가운데에서 가로로 줄지어 서는데 감조관이 왼쪽에, 낭청이 오른쪽에 섰다. 그 뒤로 곡궁인이 가운데에서 가로로 두 줄로 줄지어 서되 앞뒤 각 일곱 사람이 서는데 동서남북 사면에 행유장을 둘러서 그들을 가렸다.

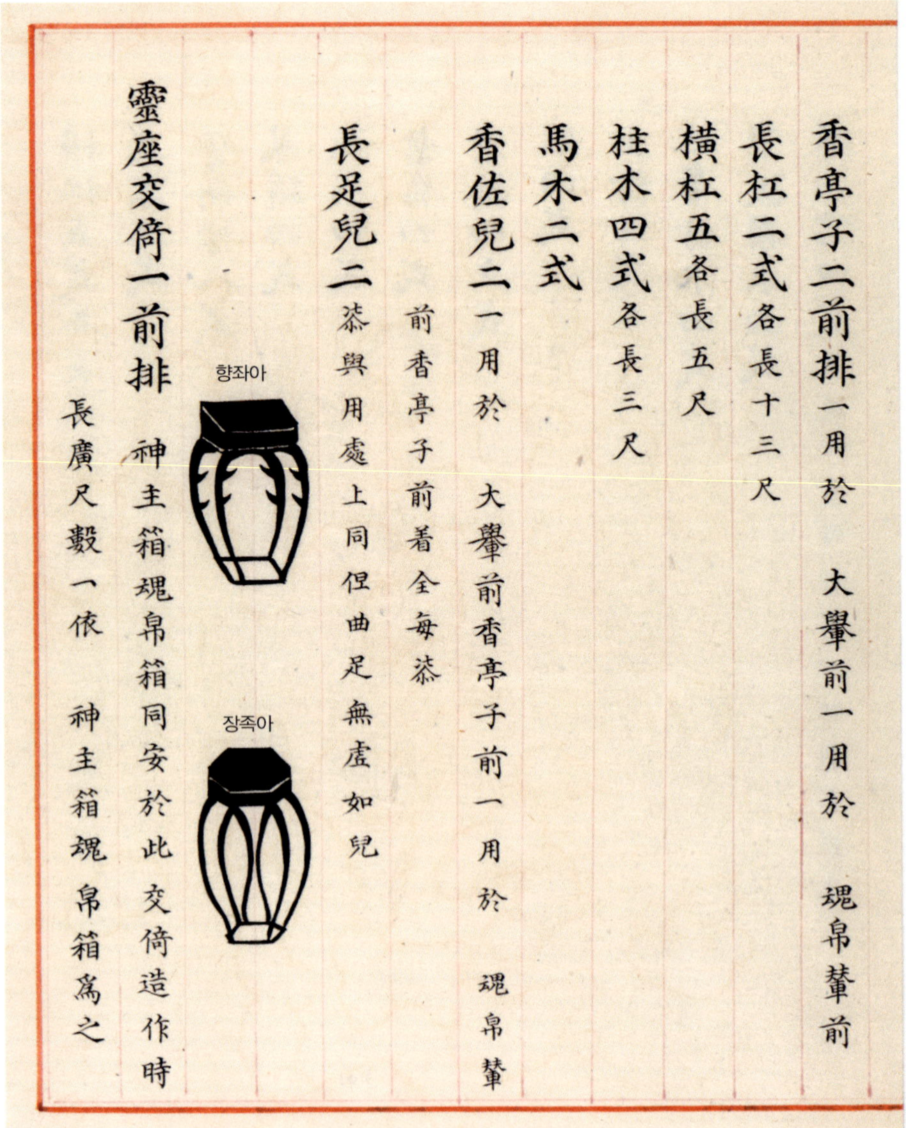

香亭子二前排一用於 大轝前一用於 魂帛輦前
長杠二式各長十三尺
橫杠五各長五尺
柱木四式各長三尺
馬木二式
香佐兒二一用於 大轝前香亭子前一用於 魂帛輦
前香亭子前着全每漆
長足兒二漆與用處上同但曲足無虛如兒
靈座交倚一前排 神主櫃魂帛櫃同安於此交倚造作時
長廣尺數一依 神主櫃魂帛櫃爲之

〈도판 106〉「향좌아(香佐兒)」·「장족아(長足兒)」, 『의소세손예장도감의궤』(상), 프랑스 국립도서관

①향좌아는 향로(香爐)나 향합(香盒)을 올려놓는 데 사용된 탁자이다. 몸체 아래로 곡선형의 긴 다리가 달려 있다. 옻칠은 할 때마다 전체를 다했다. 향좌아는 장족아와 짝을 이루어 2개씩 2쌍이 사용되었다. 발인 행렬에서도 사용되었는데 위 그림이 그에 해당한다. 1쌍은 행렬 전반부의 혼백련(魂帛輦) 앞에 있는 향정자(香亭子) 앞에, 나머지 1쌍은 행렬 후반부의 대여 앞에 있는 향정자 앞에 각각 좌우로 위치하여 운반되었다.172

②장족아는 향로나 향합을 올려놓는 데 사용된 탁자이다. 옻칠과 사용처는 향좌아와 동일했다. 몸체 아래로 곡선형의 긴 다리가 달려 있으나 '허여아(虛如兒)'가 없다.173

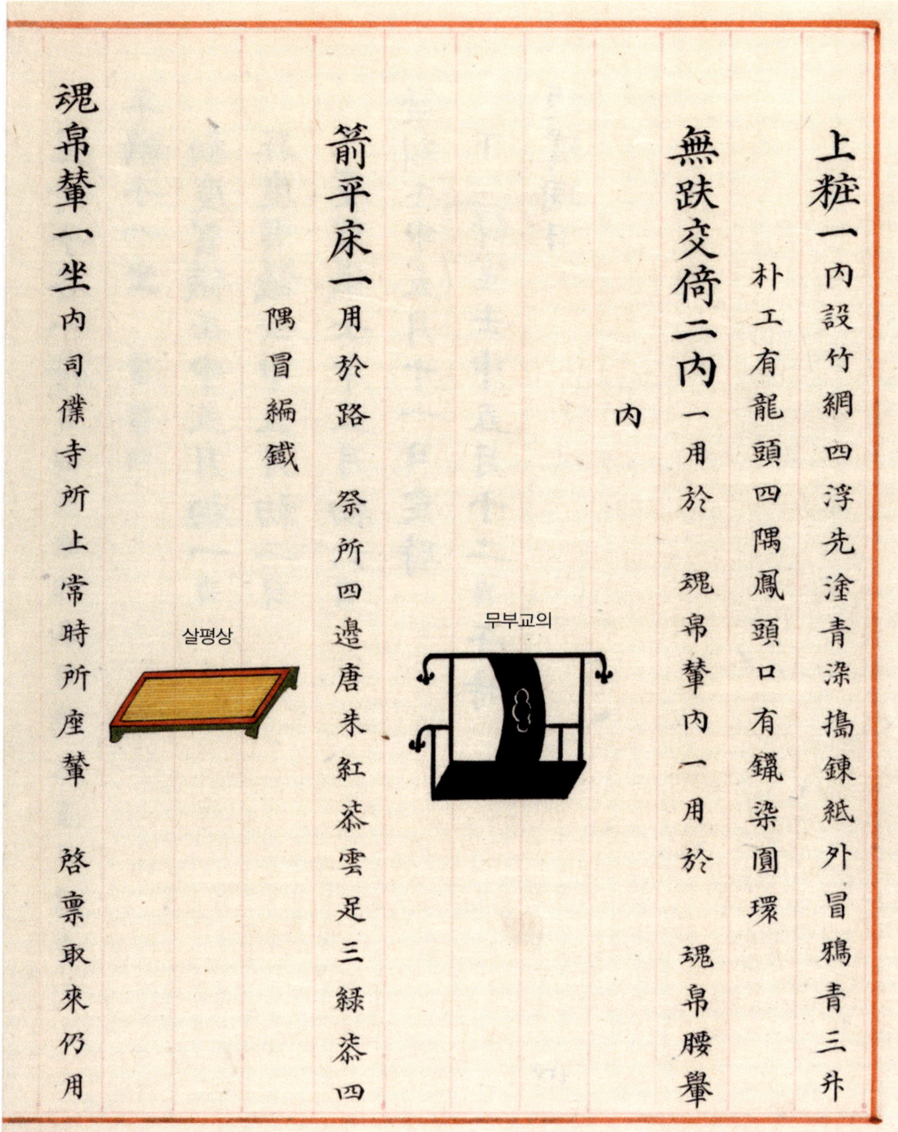

上粧一內設竹網四浮先塗青染擣鍊紙外冒鴉青三升

朴工有龍頭四隅鳳頭口有鑞染圓環

無趺交倚二內一用於 魂帛輦內一用於 魂帛腰轝

內

箭平床一用於路 祭所四邊唐朱紅漆雲足三綠漆四

隅冒編鐵

魂帛輦一坐內司僕寺所上常時所座輦 啓稟取來仍用

〈도판 107〉「무부교의(無趺交倚)」·「살평상(箭平床)」,『의소세손예장도감의궤』(상), 프랑스 국립도서관

① 무부교의는 다리[부(趺)]가 없는 의자로, 혼백을 담는 상자인 혼백함을 임시로 안치하는 데 사용되었다. 무부교의는 혼백을 무덤까지 운반하는 과정에서 가마 속에 임시로 싣는 용도로만 사용되었기에 다리가 필요 없었다. 이번 의소세손을 발인할 때 무부교의는 두 개가 필요했는데, 하나는 혼백련(魂帛輦) 안에, 나머지 하나는 혼백요여(魂帛腰轝) 안에 배설되었다.

② 살평상은 상판(床板) 위에 여러 개의 살대를 설치한 평상이다. 발인할 때 장지로 이동하는 도중에 노제소나 주정소에 머물 경우 혼백을 이 위에 임시로 안치했다. 이번 의소세손을 발인할 때에는 노제소에서 사용되었다.

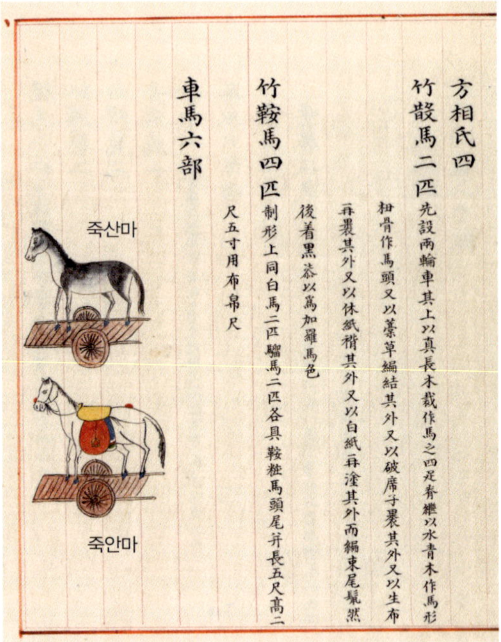
方相氏四
竹散馬二匹 先設兩輪車其上以真長木截作馬之四足脊樑以水青木作馬形
杻骨作馬頭又以藁草編結其外又以破席子裹其外又以生布
再裹其外又以休紙褙其外又以白紙再塗其外而編束尾鬃
後着黑漆以爲加羅馬色
竹鞍馬四匹 制形上同白馬二匹驪馬二匹各具鞍粧馬頭尾并長五尺高二
尺五寸用布帛尺
車馬六部

〈도판 108〉「죽산마(竹散馬)」·「죽안마(竹鞍馬)」, 『의소세손예장도감의궤』(하), 프랑스 국립도서관

위는 죽산마이고 아래는 죽안마이다. 말의 등에 안장을 얹지 않은 형태로 제작된 의장용 말이 죽산마이고, 말의 등에 안장을 얹은 형태로 제작된 의장용 말이 죽안마이다. 죽산마와 죽안마는 흉의장(凶儀仗)의 한 종류로, 서로 짝을 이루어 국가 장례 절차 중 발인 행렬에 사용되었다. 국왕의 발인 행렬에서는 죽산마는 2필, 죽안마는 10필을 제작한 데 비해, 왕세손의 발인 행렬에서는 죽산마는 2필, 죽안마는 4필을 만들었다.174 그에 따라 죽산마와 죽안마를 싣는 수레인 거마(車馬)도 6부(部)를 만들었다. 발인 이후 무덤에서 장례 절차가 끝나고 나면 죽산마와 죽안마는 불태웠다.

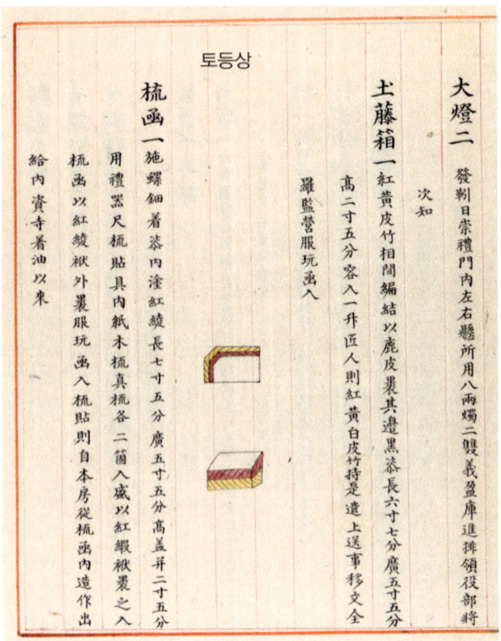
大燈二 發靷日崇禮門內左右懸所用八兩燭二雙義盈庫進排領役部將
次知
土藤箱一 紅黃皮竹相間編結以鹿皮裹其邊黑漆長六寸七分廣五寸五分
高二寸五分容入一升匠人則紅黃白皮竹持是遣上送事移文全
羅監營服玩函入
梳函一 施螺鈿着漆內塗紅綾長七寸五分廣五寸五分高蓋并二寸五分
用禮器尺梳貼具內紙木梳真梳各二箇入盛以紅緞袱裹之入
梳函以紅綾袱外裹服玩函入梳貼則自本房從梳函內造作出
給內資寺着油以束

〈도판 109〉「토등상(土藤箱)」, 『의소세손예장도감의궤』(하), 프랑스 국립도서관

토등상은 붉고 노란 대나무 껍질[피죽(皮竹)]로 짠 덮개가 달린 네모난 상자이다. 토등방상(土籐方箱)이라고도 한다. 대개 신주를 담은 신주궤 혹은 혼백을 넣은 혼백함을 담는 데 사용되는데 이 토등상에는 복완함(服玩函)을 담았다.

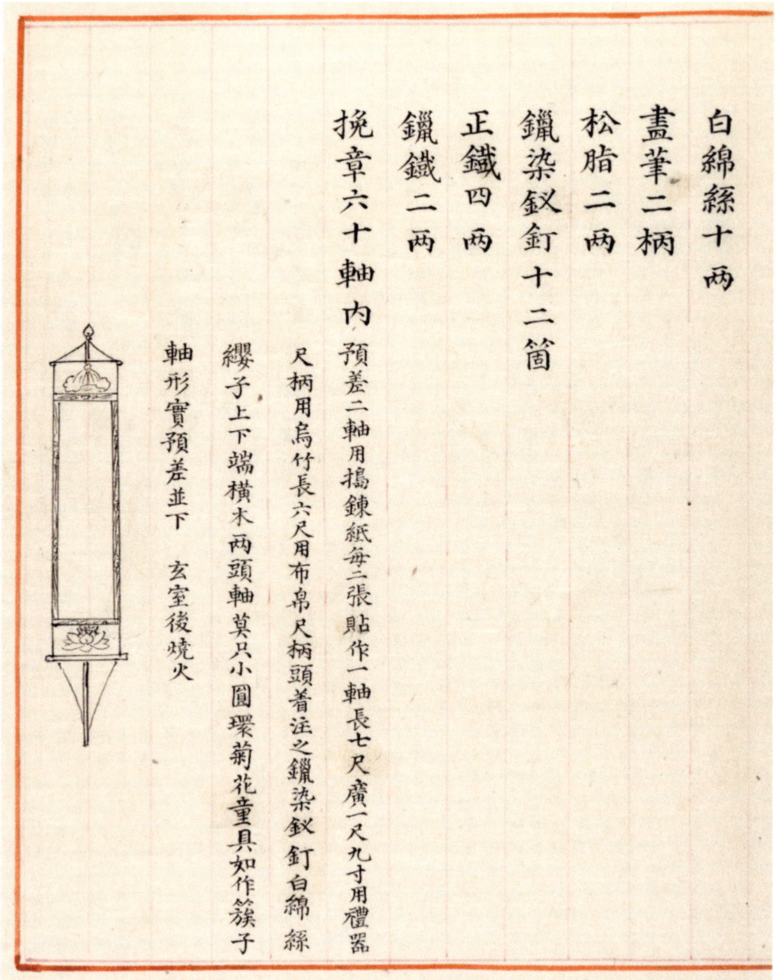
白綿絲十兩
畫筆二柄
松脂二兩
鑞染鈒釘十二箇
正鐵四兩
鑞鐵二兩
挽章六十軸內預差二軸用擣鍊紙每二張貼作一軸長七尺廣一尺九寸用禮器尺柄用烏竹長六尺用布帛尺柄頭着注之鑞染鈒釘白綿絲纓子上下端橫木兩頭軸莫只小圓環菊花童具如作簇子
軸形實預差並下 玄室後燒火

〈도판 110〉「만장」, 『의소세손예장도감의궤』(하), 프랑스 국립도서관

만장은 죽은 자를 애도하며 지은 글을 적어 족자 모양으로 만든 의물이다. 의소세손의 예장에서는 60축을 만들되 그중 2축은 예비용이었다. 예비용을 제외하고 기본적으로 영조는 96축, 문효세자는 80축, 의소세손은 58축을 만들어 국왕, 세자, 세손이라는 위계상의 차이를 볼 수 있다. 의소세손의 예장에 사용된 만장은 실제로 사용한[실차(實差)] 58축과 예비용[예차(預差)] 2축 모두 현실에 재실을 내린 뒤 불태웠다.

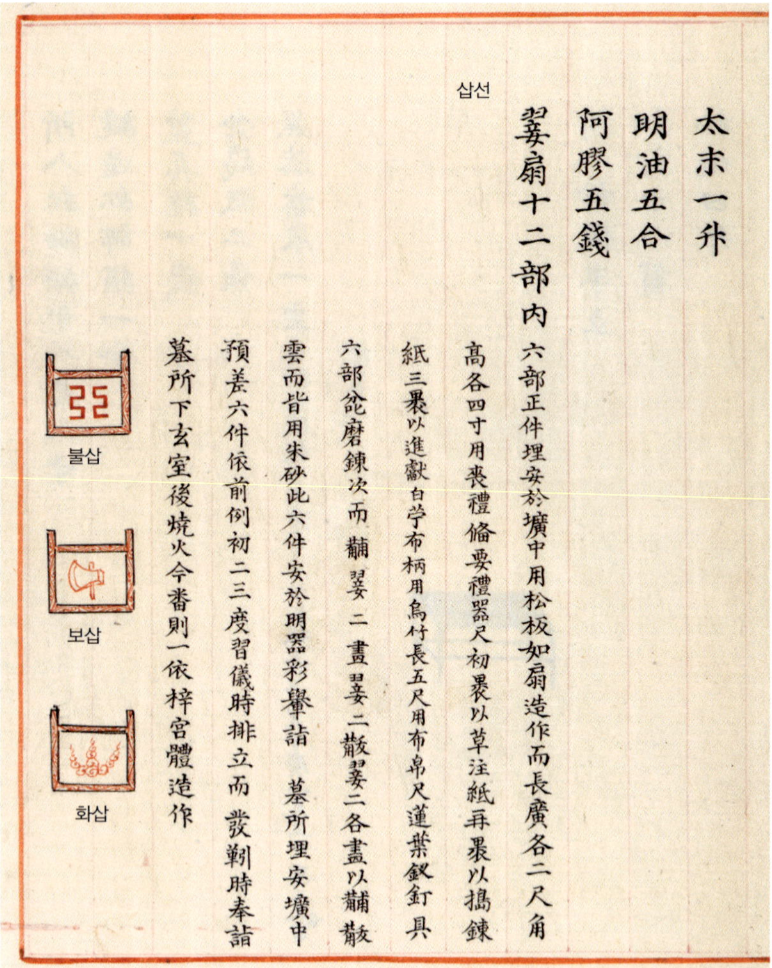

太末一升
明油五合
阿膠五錢
翣扇十二部内
六部正件埋安於壙中用松板如扇造作而長廣各二尺角
高各四寸用喪禮備要禮器尺初褁以草注紙再褁以擣鍊
紙三褁以進獻白苧布柄用烏竹長五尺用布帛尺蓮葉釵釘具
六部從磨鍊次而黼翣二畫翣二黻翣二各畫以黼黻
雲而皆用朱砂此六件安於明器彩轝詣 墓所埋安壙中
預差六件依前例初二三度習儀時排立而 發靷時奉詣
墓所下玄室後燒火令番則一依梓宮體造作

〈도판 111〉「삽선」,『의소세손예장도감의궤』(하), 프랑스 국립도서관

삽선은 재궁이나 재실을 가리는 데 사용하는 부채 모양의 의물이다. 발인 행렬에서는 재궁 혹은 재실을 실은 대여를 가리고, 왕릉이나 원소, 묘소의 광(壙)에서는 재궁 혹은 재실을 가리는 데 쓰던 기물이다. 맨 위 불삽은 두 개의 궁(弓)자를 서로 등대게 한 모양을, 가운데 보삽은 도끼 모양을, 맨 아래 화삽은 구름 무늬를 그렸다. 의소세손의 상에서 삽선은 정건 6부와 예비용 6부를 만들었다. 정건 6부는 송판(松板)을 가지고 부채 모양으로 만드는데, 규격은『상례비요(喪禮備要)』를 참조하여 예기척(禮器尺)을 사용했다. 발인할 때 명기채여(明器彩轝)에 안치하여 묘소에 나아가 광중에 매안했다. 명기채여는 명기를 실은 가마로, 채여는 네 면에 모란(牧丹)을 그려서 시책 · 시보 등을 싣는 가마인 요여(腰轝)와 구별되었다. 예비용 6부는 전례(前例)를 따라 발인 초도(初度) · 이도(二度) · 삼도(三度) 습의(習儀)할 때 배립(排立)하고, 발인할 때 받들고 묘소에 나아가 현실에 재실을 내린 뒤 불태웠다. 이번 의소세손의 예장에 사용한 삽선은 한결같이 재궁의 규모[梓宮體]를 따라서 만들었다. 엄밀하게 말하면 '재실'의 규모를 따라서 만들었다고 해야 정확한 표현이다. 자루는 오죽을 재료로 하여 만들었다.

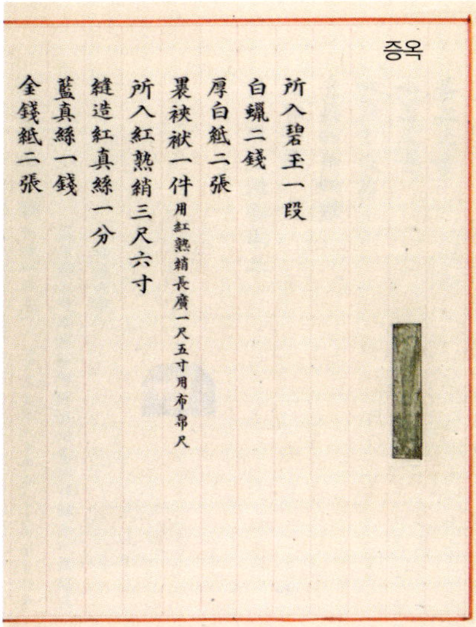

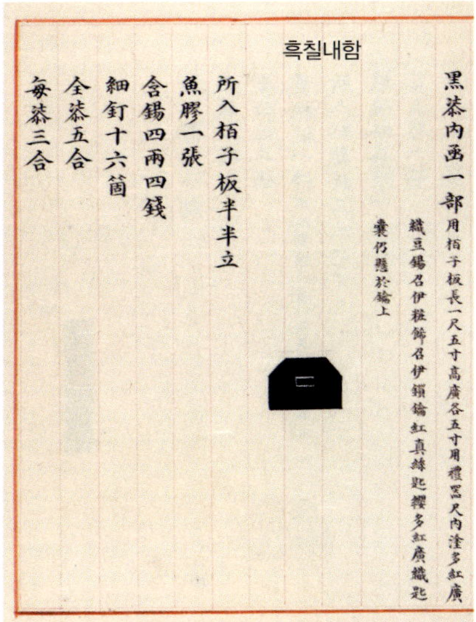

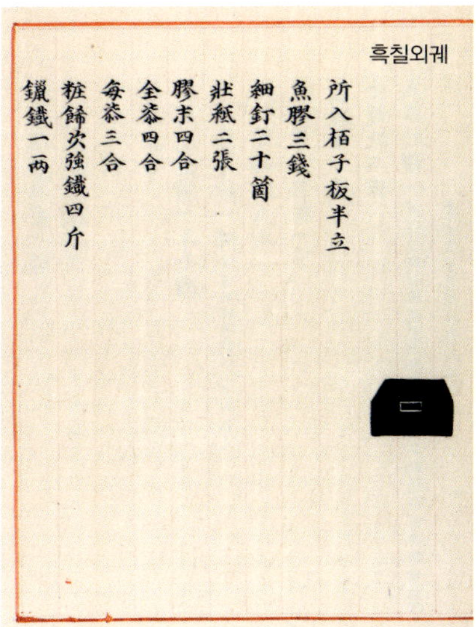

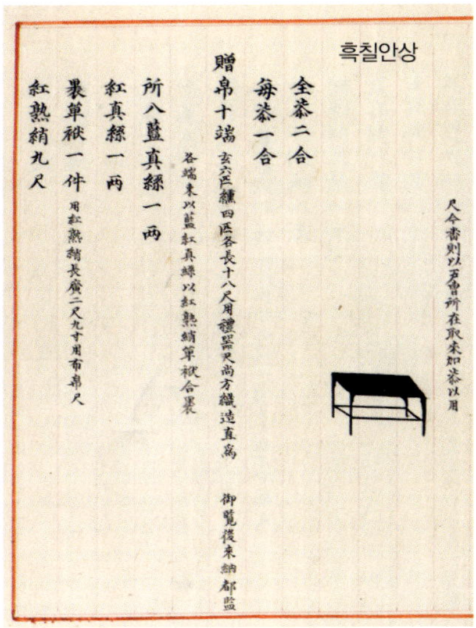

〈도판 112〉「증옥」·「흑칠내함」·「흑칠외궤」·「흑칠안상(黑漆案床)」, 『의소세손예장도감의궤』(하), 프랑스 국립도서관

① 증옥은 죽은 사람의 혼을 위로하기 위해 예물로 바치는 옥이다. 증백과 함께 짝을 이루어 천전의(遷奠儀)에서 사용되었다. 이번 의소세손의 예장에 사용된 증옥은 단천에서 생산되는 벽옥으로 만들었다.

② 흑칠내함은 증옥을 담은 검은책 칠을 한 안쪽 상자이다.

③ 흑칠외궤는 검은색 칠을 한 바깥쪽 상자이다. 증옥을 담은 흑칠내함을 다시 흑칠외궤에 담아 이를 무덤까지 운반하여 두 겹 상자에 담은 그대로 퇴광에 묻었다.

④ 흑칠안상은 검은색 옻칠을 한 상으로, '흑칠배안상(黑漆排案床)'이라고도 부른다. 증옥을 담은 흑칠내함·흑칠외궤를 올려놓는 용도로 사용되었다. 의소세손의 예장에 사용된 이 흑칠안상은 호조에 있던 것을 가져와서 가칠하여 사용했다.

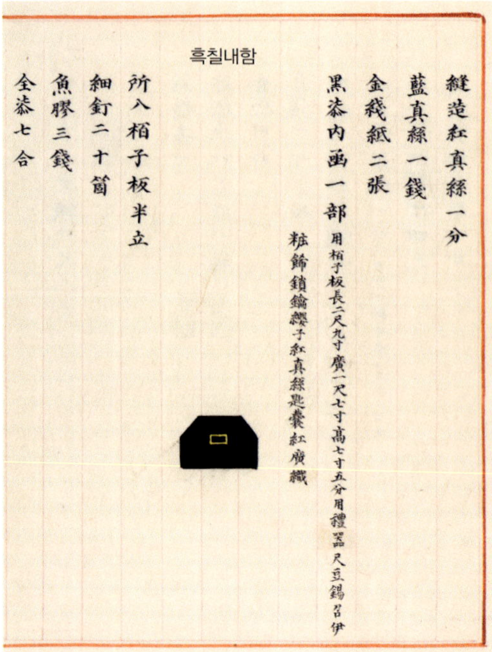
흑칠내함

縫造紅真絲一分
藍真絲一錢
金錢紙二張
黑漆內函一部 用栢子板長二尺九寸廣一尺七寸高七寸五分用禮器尺豆錫召伊 粧飾鎖鑰纓子紅真絲匙囊紅廣織
所入栢子板半立
細釘二十箇
魚膠三錢
全漆七合

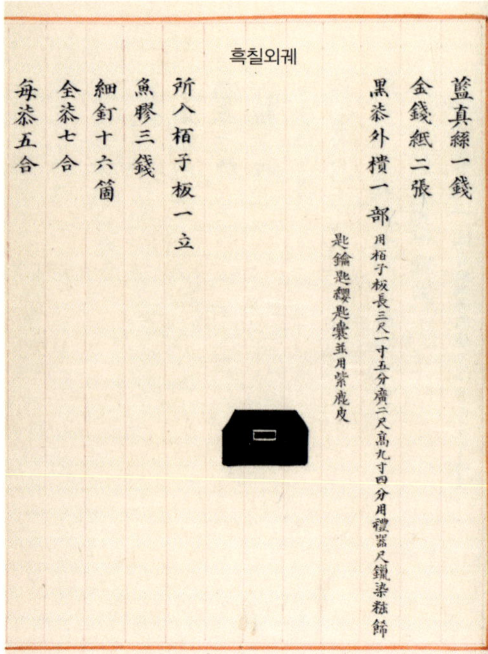
흑칠외궤

藍真絲一錢
金錢紙二張
黑漆外樻一部 用栢子板長三尺一寸五分廣二尺高九寸四分用禮器尺鐵漆粧飾 匙鑰匙纓匙囊並用紫鹿皮
所入栢子板一立
魚膠三錢
細釘十六箇
全漆七合
每漆五合

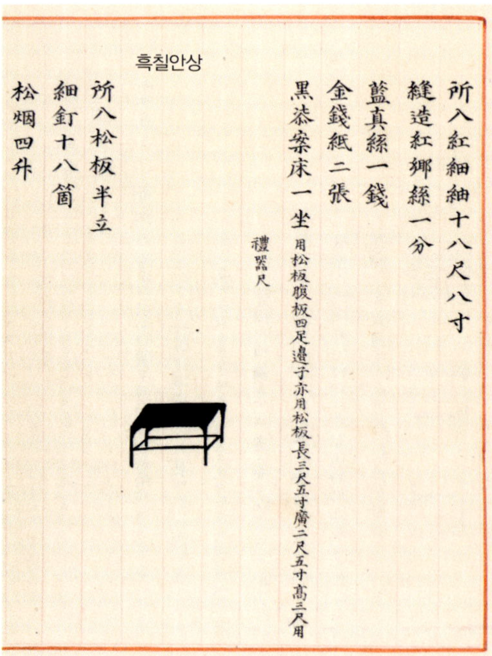
흑칠안상

所入紅細紬十八尺八寸
縫造紅鄉絲一分
藍真絲一錢
金錢紙二張
黑漆案床一坐 用松板腹板四足邊子亦用松板長三尺五寸廣二尺五寸高三尺用 禮器尺
所入松板半立
細釘十八箇
松烟四升

〈도판 113〉「흑칠내함」·「흑칠외궤」·「흑칠안상」, 『의소세손예장도감의궤』(하), 프랑스 국립도서관

위는 증백을 담는 의물을 보여주는 도설들이다. 『의소세손예장도감의궤』에 증백을 보여주는 도설이 수록되어 있지 않고, 세손의 예장이 의소세손 이외에 없기에 참고하여 제시할 만한 증백 그림 또한 없다. 의소세손에 사용된 증백은 상방(尙方)에서 예기척으로 길이가 18자인 증백 10단(端)을 직조(織造)하여, 곧바로 국왕이 그것을 본 뒤 가지고 와서 도감에 두었다.[175]

① 흑칠내함은 증백을 담는 검은색 칠을 한 안쪽 상자이다.

② 흑칠외궤는 검은색 칠을 한 바깥쪽 상자이다. 증백을 담은 흑칠내함을 다시 흑칠외궤에 담아 이를 무덤까지 운반하여 두 개의 상자에 담은 그대로 퇴광에 묻었다.

③ 흑칠안상은 검은색 옻칠을 한 상으로, 증백을 담은 흑칠내함·흑칠외궤를 올려놓는 용도로 사용되었다.

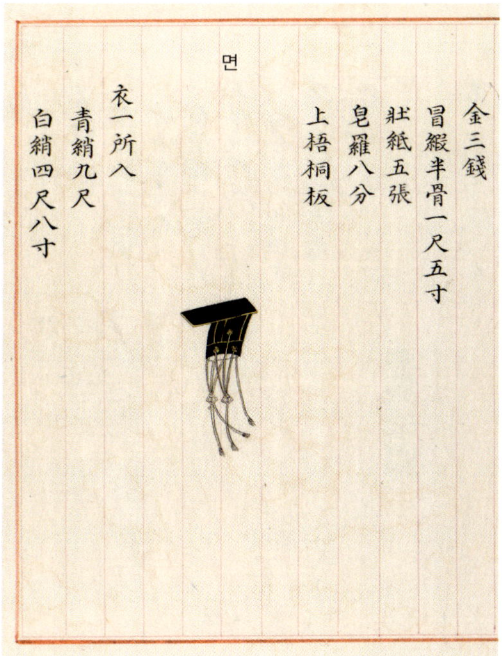

金三錢
冒緞半骨一尺五寸
壯紙五張
皂羅八分
上梧桐板
면
衣一所入
青綃九尺
白綃四尺八寸

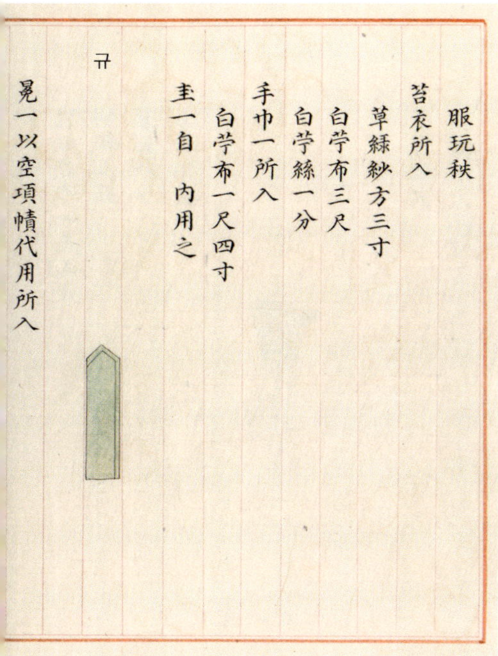

服玩秩
苔衣所入
草緑紗方三寸
白苧布三尺
白苧絲一分
手巾一所入
白苧布一尺四寸
圭一自 內用之
규
冕一以空頂幘代用所入

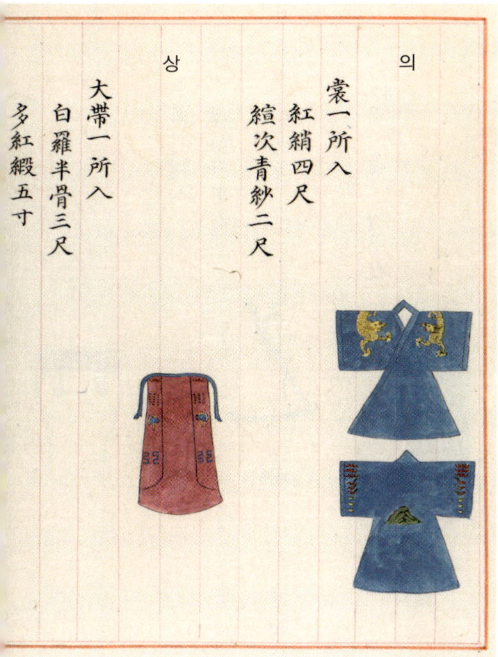

의
裳一所入
紅綃四尺
縇次青紗二尺
상
大帶一所入
白羅半骨三尺
多紅緞五寸

〈도판 114〉「규(圭)」·「면(冕)」·「의(衣)」·「상(裳)」·「대대(大帶)」·「중단(中單)」·「패옥(佩玉)」·「수(綬)」·「방심(方心)」·「폐슬(蔽膝)」·「홍말(紅襪)」·「적석(赤舃)」, 『의소세손예장도감의궤』(하), 프랑스 국립도서관
위 그림은 의소세손의 무덤에 묻은 복완이다. 복완은 죽은 이를 위하여 무덤 속에 넣는 의복 및 그와 관련한 물품이다.

綬一所入
紅綃二尺

수

方心一所入 減
白生綃一尺五寸

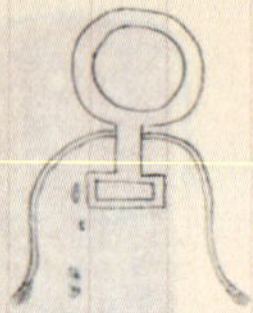
방심

蔽膝一

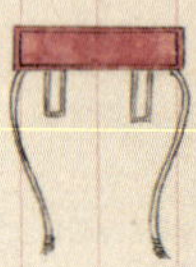
대대

中單一所入
白綃二十尺

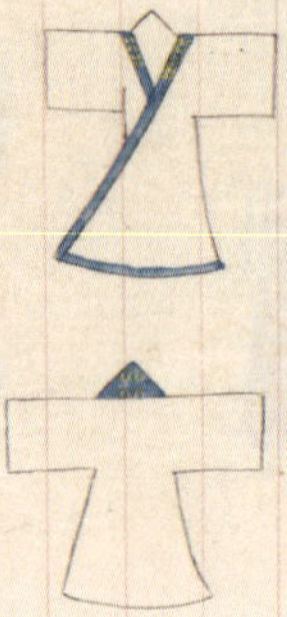
중단

佩玉一自 內用之

패옥

厚紙一張
青真絲八錢
紅真絲一兩五錢
草綠真絲二兩

적석

吉儀伏秩
雀扇二
旌節二
金鐙子一
銀鐙子一

紅襪一所入
紅綃二尺

폐슬

赤舃一所入
紅綃一尺
白紬一尺一寸
白綾八寸
白正布四尺五寸

홍말

[5월 12일] 오시에 영조가 광(壙)에 임하여 재실을 내려놓는 것을 보고 곡림한 뒤 대차(大次: 왕실 의례를 거행할 때 국왕이 임시로 머무는 장소에 치는 장막)로 돌아왔다.[176] 영조의 이러한 행동은 국왕이 광상(壙上)에 친림하는 것은 곧 제왕가(帝王家)의 상례(常禮)를 벗어나는 일이라는 이유로 신하들의 반대를 뿌리치고 행한 것이었다. 이후 대여를 비롯한 각종 의물 중 불에 태울 물품은 묘소 동구 밖 정결한 곳에서 당상과 낭청의 감독하에 태웠다.[177]

미시(未時)에 현실을 닫기를 기다려 제주관 낙풍군(洛豐君) 이무(李楙)가[178] 길유궁에서 신주에 글을 썼다.[179] 먼저 함중(陷中)에 '조선국 왕세손휘신주(朝鮮國 王世孫諱神主)'라고 쓰고, 그 다음에 신주의 전면(前面)에 '의소세손신주(懿昭世孫神主)'라고 쓴 뒤 가칠했다.[180] 마친 뒤 대축이 신주를 받들어 영좌교의에 안치하고 입주제(立主祭)를 설행했다.[181]

이후 대축이 신주궤를 받들어 '요여'에 안치하고 혼백함을 그 뒤에 두었다. 유문(帷門) 밖에 이르자 대축이 신주궤를 받들어 '신련'에 안치하고 혼백함을 그 뒤에 안치했다. 겹유보로 싸고 홍주로 횡결한 뒤 마침내 궁궐을 향해 반우했다.[182]

여기서 두 가지 점을 짚고 넘어가고자 한다. 먼저 신주에 글을 쓰고 난 뒤 가칠했는지의 여부이다. 예장도감에서 길유궁에서 신주의 목면(木面)에 묵서(墨書)만 한다면 분명하지 않은 듯하므로 칠(漆)로 가식(加飾)하기를 제안했고 영조가 윤허했다.[183] 이는 『승정원일기』의 기록이고, 의궤의 「입주전의(立主奠儀)」에는 묵서한 뒤 칠을 했다는 기록이 없다.[184] 그런데 동일한 의궤의 다른 곳에는 묵서한 다음에 가칠한 것으로 되어 있다.[185] 따라서 가칠한 쪽에 더 무게를 두어야 하지 않을까 싶다.

두 번째는 의소세손의 신주에 관한 건이다. 국왕과 왕후의 신주는 뽕나무로 만든 '우주'와 밤나무로 만든 '연주'가 조성되어 소상제를 지낼 때 신주를 교체한다. 세자의 신주는 '우주'와 '연주'의 구분 없이 '신주'라고 일컫고 신주의 교체가 없었으며 만드는 재료는 밤나무였다. 문효세자의 신주도 '신주'라고 일컫고 밤나무로 만들며 그 신주를 사당에 입묘했다.[186] 의소세손의 신주 또한 '신주'라고 일컫고 밤나무로 조성했다.

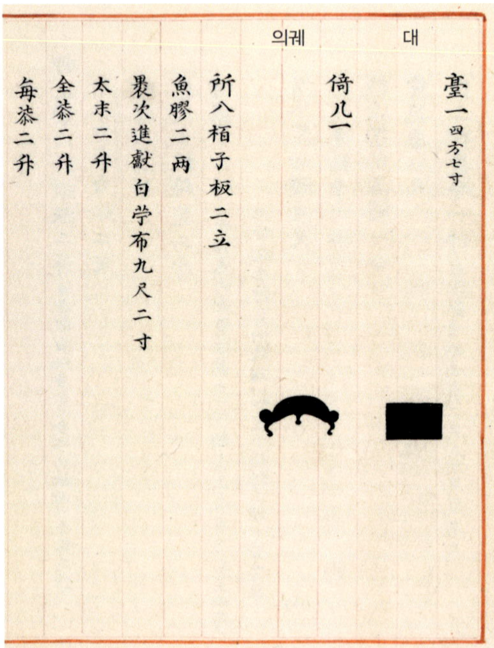

臺一 四方七寸
倚几一
所入栢子板二立
魚膠二兩
褁次進獻白学布九尺二寸
太末二升
全漆二升
每漆二升

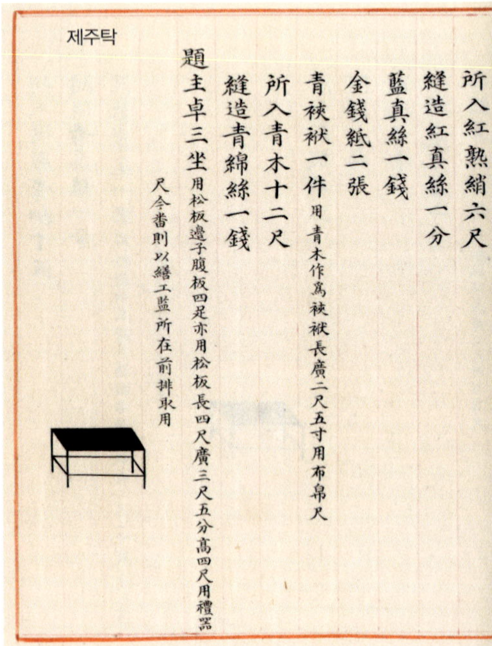

所入紅熟綃六尺
縫造紅真絲一分
藍真絲一錢
金錢紙二張
青袂袱一件 用青木作爲袂袱長廣二尺五寸用布帛尺
所入青木十二尺
縫造青綿絲一錢
題主卓三坐 用松板邊子腹板四足亦用松板長四尺廣三尺五分高四尺用禮器尺今番則以繕工監所在前排取用

〈도판 115〉「대(臺)」·「의궤(倚几)」·「제주탁(題主卓)」, 『의소세손예장도감의궤』(하), 프랑스 국립도서관
위 그림들은 신주와 관련한 의물들이다. 신주와 내궤, 외궤는 도설이 의궤에 실려 있지 않다. 신주는 밤나무로 만들고 체제(體制)와 장광(長廣)은 한결같이 서례(序例)를 따르고, 내궤와 외궤는 체제는 서례를 따라 조성하며 흑칠을 한다고 되어 있다.[187] 서례는 『국조오례서례』를 가리킨다.
① 대는 궤(匱)를 올려놓는 기물이다.
② 의궤는 제사를 지낼 때 신주의 뒤에 설치하여 신주가 기댈 수 있게 한 의물이다.
③ 제주탁은 제주관이 신주에 글을 쓸 때 사용하는 탁자이다. 제주탁은 소나무 판자[송판(松板)]로 만드는데 이번에는 새로 만들지 않고 선공감(繕工監)에 있던 것으로 앞서 사용했던 것을 가져다 썼다[前排取用].

문제는 '신주'라고 일컬어야 할 의소세손의 신주를 문헌의 여러 곳에서 '신주'와 '우주'를 혼용한다든가 '우주'라고 명명했다는 사실이다. 제주관 또한 '우주제주관'이라 명명했다.[188] 심지어 『문효세자예장도감의궤』에 '신주소의궤(神主所儀軌)'를 싣고 있는 반면,[189] 『의소세손예장도감의궤』에는 '우주소의궤'를 싣고 있다.[190]

신주에 한정되지만 이 시기 의궤를 기록하는 방식에서 세손의 예장에 국왕의 국장에 사용하는 용어를 쓴 것은, 1786년 문효세자 관련 의궤를 편찬할 때 정제된 형태를 갖추어 서술한 것과는 다른 측면에서 이해해야 한다는 생각이다.

한편, 묘소까지 따라가지 못한 대전·대왕대비전·중궁전·왕세자·빈궁은 발인할 때, 재실을 현실에 내릴 때, 반우할 때 곡림 및 망곡례를 행했다.[191]

4. 반우 - 입묘

[5월 12일] 신시 혹은 유시에 묘소로부터 대궐로 돌아와 혼궁으로 마련한 창경궁 강서원에 신주를 봉안했다.[192] 그리고 이날 혼궁에서 초우제를 지냈다.[193] 이보다 앞서 3월 6일 혹은 3월 9일에 무신년의 등록을 참고하여 의소세손의 우제는 오우제까지 지내기로 결정했다.[194] 세손의 예장에서 우제를 지내는 횟수는 별도의 규정이 정해져 있지 않기에 효장세자의 사례를 근거로 정한 것임을 알 수 있다.

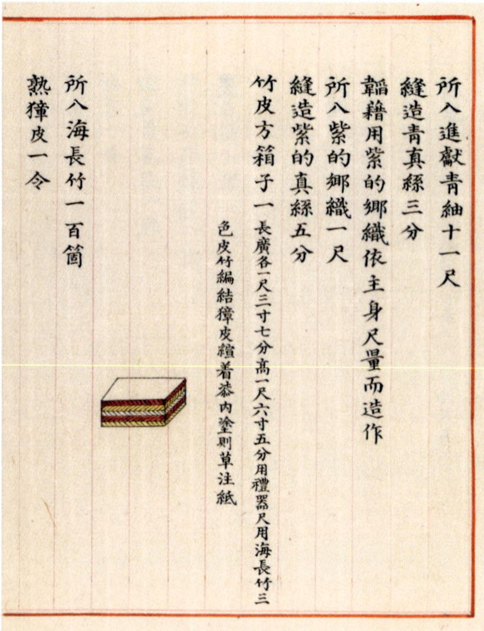
所入進獻青紬十一尺
縫造青真絲三分
韜籍用紫的鄉織依主身尺量而造作
所入紫的鄉織一尺
縫造紫的真絲五分
竹皮方箱子一 長廣各一尺三寸七分高一尺六寸五分用禮器尺用海長竹三色皮竹編結獐皮縇着漆內塗則草注紙
所入海長竹一百箇
熟獐皮一令

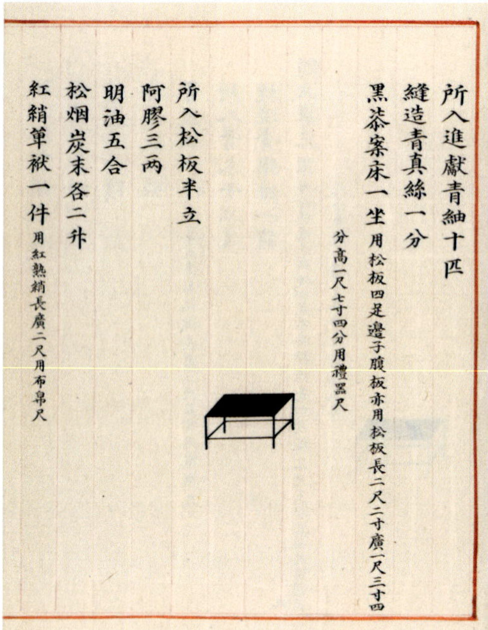
所入進獻青紬十匹
縫造青真絲一分
黑漆案床一坐 用松板四足邊子腹板亦用松板長二尺二寸廣一尺三寸四分高一尺七寸四分用禮器尺
所入松板半立
阿膠三兩
明油五合
松烟炭末各二升
紅綃單袱一件 用紅熟綃長廣二尺用布帛尺

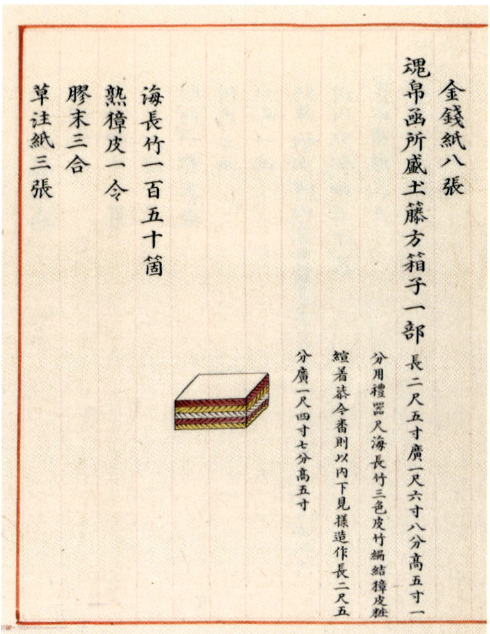
金錢紙八張
魂帛函所盛土籐方箱子一部 長二尺五寸廣一尺六寸八分高五寸一分用禮器尺海長竹三色皮竹編結獐皮粧縇着漆今番則以內下見樣造作長二尺五分廣一尺四寸七分高五寸
海長竹一百五十箇
熟獐皮一令
膠末三合
草注紙三張

〈도판 116〉「죽피방상자(竹皮方箱子)」·「흑칠안상(黑漆案床)」
「혼백함소성토등방상자(魂帛函所盛土籐方箱子)」, 『의소세손
장도감의궤』(하), 프랑스 국립도서관
① 죽피방상자는 신주를 담은 신주궤를 담는 데 사용하는 세 가
지 색의 해장죽 껍질[피죽(皮竹)]로 짠 네모난 상자이다. 그
에는 붉은색, 노란색, 흰색으로 해장죽 껍질을 물들여 엮었음
볼 수 있다.
② 흑칠안상은 검은색 옻칠을 한 상으로, '흑칠배안상'이라고
부른다.
③ 혼백함소성토등방상자는 혼백을 넣은 혼백함을 담는 데 사
하는 세 가지 색의 해장죽 껍질로 짠 네모난 상자이다. 이는 대
에서 내린 견양을 가지고 조작(造作)했다.

5월 13일(계유)에 재우제를, 15일(을해)에 삼우제를, 17일(정축)에 사우제를, 18일(무인)에 오우제를, 20일(경진)에 졸곡제를 각각 지냈다.[195] 이보다 앞서 5월 7일, 초우제부터 졸곡제까지 곡반의 반열(班列)은 효순의 예장 때 연희문(燕喜門) 밖에서 한 것을 따라 혼궁의 외문(外門) 밖에서 하기로 정했다.[196]

재우제를 지낸 13일(계유)이 유일, 삼우제를 지낸 15일(을해)이 유일, 사우제를 지낸 17일(정축)이 유일, 오우제를 지낸 18일(무인)이 강일, 졸곡제를 지낸 20일(경진)이 강일이었다. 따라서 재우부터 사우까지는 유일에, 오우는 강일에, 졸곡제는 강일에 지냈음을 보여준다. 이는 문효세자의 예장에서 확인했듯이 세자의 소상에서 우제와 졸곡제를 지내는 『국조상례보편』의 규정과 다르지 않다.

5월 16일 진시, 영조가 효장묘에 행행하여 때가 되면[대년(待年)] 의소세손의 사당인 의소묘(懿昭廟)를 이곳에 영건하겠다고 신하들에게 선언했다.[197] 이곳은 영조가 연잉군 시절에 거처하던 북부의 순화방(順化坊)에 위치한 창의궁(彰義宮)이었다.[198] 창의궁은 효장세자가 태어난 곳이자 그의 신주를 봉안한 사당이 있는 곳이었다.[199] 사실 3월 9일에 창의궁에 세손의 사당을 세우겠다고 전지(傳旨)한 적이 있었는데 이때에 이르러 본격화한 것이었다.[200] 영조는 숙부와 조카가 서로 의지하도록 효장세자의 혼이 있는 이곳에 세손의 사당을 세운다고 하면서도 아들과 손자가 모두 여기에 있는 상황을 처량하게 여겼다.

5월 18일 미시, 예조판서 이익정(李益炡, 1699~1782)의 인솔하에 요여에 혼백을 싣고 선인문을 거쳐서 묘소에 나아가 곡장(曲墻) 뒤 15보 되는 곳의 간방(艮方)에 그것을 매안했다.[201] 이보다 앞서 3월 9일과 15일에 혼백의 매안에 대해 대신들과 의논했고 그 결정이 기존의 관례와는 사뭇 달랐다. 곧, 혼백은 반우한 뒤 혼궁에 매안하는 것이 상례(常例)인데 불결하다는 이유로 이번에는 사가(私家)의 방식을 따라 묘소에 묻기로 한 것이었다. 단, 매안하는 시기는 영돈녕 조현명의 헌의를 따라 오우제를 지낸 뒤 하기로 하여, 이날 오우제를 지내고 묘소에 묻었다.

혼백을 매안하는 의절은 우주를 봉안하는 예(例)에 의거하여 여(轝)에 실어서 하되 의장은 세장(細仗)으로 하라고 구체적으로 하교했다.[202] 세장은 능(陵)에 배알하거나 대궐 문밖에 거둥할 때 사용하는 소가노부(小駕鹵簿)인데, 그중 향(香)을 전하거나 사신에게 명령하고, 노차(路次)할 때의 의장을 세장이라 한다.[203] 대축과 궁사(宮司)가 혼백함을 받들고 나와 요여에 싣자, 세장이 앞에서 인도하고 예조당상 1원이 흑단령(黑團領)을 입고 묘소에 배왕하여 매안했다.[204]

5월 23일, 두 가지 안건을 논의했다. 먼저 혼궁과 묘소의 중삭제(仲朔祭)를 지내는 시기였다. 중삭제는 원래 상순에 택일(擇日)해서 지내는 것이 일반적인데 영조가 이번에는 하순으로 물려서 지내라고 명했다. 상순은 장례지내는 5월 12일 전에 해당하고 중순은 또 졸곡제를 지내는 5월 20일 전에 해당하여, 영의정 김재로의 의견을 따라 하순에 지내도록 명한 것이었다.[205]

다음은 이날 의소궁(懿昭宮)의 제수(祭需) 공가(貢價)를 마련하는 안이었다. 논의한 결과, 민결(民結)에서 돈을 책징하는 폐단을 염려하여 모곡(耗穀)을 돈으로 만들어 9만여 냥이라는 적지 않은 돈을 획대(劃代)하는 방식으로 해결했다.[206] 제수 비용이 상당하여 백성들에게는 무거운 부담이 될 수 있었는데 결과적으로 큰 혜택을 준 셈이었다. 이 또한 영조를 비롯한 당시

위정자들의 위민(爲民) 사상을 보여주는 모습이다.

6월 1일, 3개월 시마복을 입는 대왕대비가 이날 상복을 벗었다[제복(除服)].[207]

8월에는 본격적으로 의소세손의 신주를 봉안하는 사당인 의소묘(懿昭廟)의 공역에 돌입했다. 8월 2일 진시에 개기(開基), 8월 13일 신시에 정초(定礎), 8월 20일 진시에 입주(立柱), 8월 22일 사시에 상량(上樑)했다.[208] 이보다 앞서 5월 24일에 영조는 의소묘의 영건을 장대(張大)하게 하고 싶지 않지만 체모상 공역을 담당하는 기관을 '영건청(營建廳)'이라 칭하고, 또 묘제(廟制)의 규모는 효장묘의 5분의 1로 축소하라고 전교했다.[209]

9월 29일 즈음 영건청에서 의소묘를 영건하는 역사가 겨우 끝나서[완필(完畢)] 제색(諸色)의 군장(軍匠)을 모두 내보내고[방송(放送)] 낭청의 감역관(監役官) 역시 일이 끝났으니 돌아가게 할 것을 아뢰자 영조가 허락했다.[210] 그런데 모든 공역이 끝난 뒤 의궤의 편찬을 요청하는 12월 20일에 영건청에서 영건의 역사가 완필되었다고 보고하는 내용이 나온다.[211] 그렇다면 의소묘의 최종 완공 시점은 12월로 보아야 할 듯하다.

그런데『영조실록』에는 8월 2일 창의궁에 의소묘를 건립한 것으로 되어 있다.[212]『승정원일기』에 개기의 길일을 8월 2일로 추택(推擇)한 점,[213]『의소묘영건청의궤』에 8월 2일에 개기했다고 한 점으로 미루어 보아, 실록의 기록은 건립이라기 보다 개기한 것으로 이해된다.

8월 21일, 의소세손의 묘소에 3년 동안 효장묘의 구례(舊例)에 의거하여 기병 20명을 3년을 기한으로 획송하여 수호군과 번(番)을 교체하도록 명했다.[214]

12월 1일 사시, 9개월 대공복을 입는 영조와 중궁전이 최복을 벗었다[석

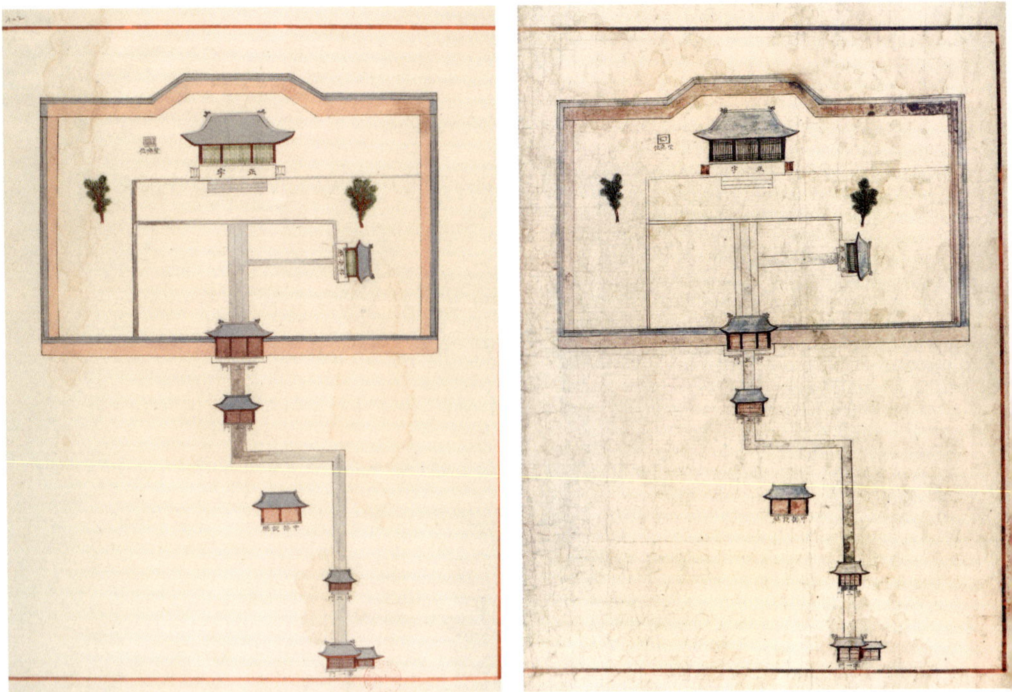

〈도판 117〉 「의소묘(懿昭廟)」, 『의소묘영건청의궤』, 프랑스 국립도서관(왼쪽) | 「의소묘」, 『의소묘영건청의궤』, 규장각한국학연구원(오른쪽)
창의궁 안에 위치한 의소세손의 사당인 의소묘의 전체 모습을 보여주는 그림이다. 3개의 문을 경유한 뒤 사당의 안뜰로 직접 들어가는 신삼문(神三門)을 지나면 사당 영역으로 진입하도록 되어 있다.[215] 북쪽에 자리하여 신삼문과 마주하고 있는 정우(正宇)에 신주를 봉안했다. 이안청(移安廳)은 정우 아래의 동쪽에 위치하여 정우에 공사를 포함한 어떤 일이 있을 경우 신주를 임시로 옮겨 봉안할 때 사용하는 건물이다. 왼쪽 그림은 어람용의궤에 수록된 의소묘의 모습이고, 오른쪽 그림은 분상용의궤에 수록된 의소묘의 모습이다.

복(釋服)].[216] 이보다 앞서 7월 24일에 영조가 현빈의 복제를 대공복에서 기년복으로 고쳐 정하라고 명했고, 그에 따라 아직 최복을 입을 수 있는 현빈을 위해 기년복을 입겠다고 하교했다.[217] 이는 장자를 위해서는 삼년복, 장자부를 위해서는 기년복을 입겠다고 천명한 것으로, 이러한 결정은 1752년본 『국조상례보편』에 반영되었다.[218]

주목할 점은 현빈의 복제를 고칠 때 세손의 복제를 대공복에서 기년복으로 고치라는 직접적인 언명은 없었다는 사실이다. 그럼에도 영의정 김재로는 장자와 장자부에 대한 복제의 개정이 세손의 복제에도 영향을 미칠까 염려하여 영조에게 자신의 뜻을 전달하자 영조는 예사 비답을 내렸다.[219] 김재로의 우려와 달리 영조는 세손을 위해 입는 상복을 개정하지 않았고, 이는 소상제를 지낼 때 명확하게 볼 수 있다.

이듬해 1753년(영조 29) 2월 23일, 영조가 의소세손의 혼궁에 임어하여 도승지 조명리(趙明履, 1697~1756)에게 의소세손의 소상에 쓸 제문(祭文)을 쓰게 했다.[220]

3월 4일, 의소세손이 훙서한 지 1년이 되는 첫 번째 기일인 이날 소상제를 지냈다.[221] 제사를 지내는 동안 국장에서처럼 우주에서 연주로 신주를 바꾸는 절차가 없었다. 처음 조성한 신주가 그대로 사당에 봉안됨을 짐작할 수 있다.

영조는 익선관(翼善冠)에 참포·오서대(烏犀帶)·백피화(白皮靴) 차림으로 혼궁에 봉안된 신위의 동쪽에 남향으로 설치한 곡림위(哭臨位)로 임어하여 곡했다. 대왕대비는 별전(別殿)에 설치한 곡림위로, 중궁은 전전(前殿)에 설치한 곡림위로, 왕세자는 별당(別堂)에서 서향으로 설치한 곡림위로, 왕세자빈은 별당에 설치한 곡림위로 나아가 각각 곡했다.

이때 최복을 벗은 대왕대비와 중궁전은 담복(淡服) 차림으로 곡했다. '자최기년복'을 입었던 왕세자와 세자빈은 두 번 옷을 바꾸어 입고 곡했다. 왕세자는 먼저 최복 차림으로 곡하고, 이어서 익선관에 참포·오서대 차림으로 바꾸어 입고[개구(改具)] 곡한 뒤 마침내 길복(吉服)으로 바꾸어 입었다. 왕세자빈은 먼저 최복 차림으로 곡하고, 이어서 담복으로 바꾸어 입고 곡한 뒤 길복으로 바꾸어 입었다.[222]

9월 9일, 의소세손의 신위를 입묘할 때 먼저 효장묘 및 효순혼궁(孝純魂

宮)에 고유하고, 입묘한 후에는 고안제(告安祭)만을 지내라고 분부했다.[223] 11월 10일, 영조가 좌승지 신회에게 의소세손의 입묘 축문을 쓰라고 명했다.[224]

11월 15일, 영조는 대상제를 지낸 뒤 곧바로 입묘하는 사가(私家)의 예(禮)를 참고하여 효순현빈과 의소세손을 입묘해야 한다고 했다. 특히 의소세손은 위로 구애되는 일이 없지만 체단(體段)이라는 면에서 국장과는 차이가 있다고 강조했다.[225] 문제는 대상 뒤에 곧바로 입묘한다고 했는데, 그렇다면 담제를 지내느냐의 여부가 의문스럽다. 담제는 사대부 의례의 지침서인『주자가례』에도 들어가 있는 의절이기 때문이다.[226]

이듬해 1754년(영조 30) 2월 21일, 다음달 3월 4일 대상제를 지낼 때 각전(殿)이 대내에서 곡림하는 의주 및 영조가 혼궁에서 곡림하는 의주를 마련하고, 이를 효순궁(孝純宮)의 예(例)에 의거하여 거행하기로 결정했다.[227] 대상제를 지내기 하루 전인 3월 3일 미시에 영조가 의소세손의 혼궁에 어거하여 이경삼점(二更三點)에 금호문(金虎門)을 닫지 말라고[유문(留門)] 전교했다.[228]

3월 4일, 홍서한 지 2년이 되는 두 번째 기일에 지내는 대상제에 영조가 친림했다.[229] 이때 소상의 예(例)에 의거하여 강서원·위종사의 옛 요속(僚屬) 등이 모두 배제(陪祭)했다.[230]

4월 5일, 의소세손의 담제 길일을 다음달 윤4월 8일로 추택했다. 아울러 이날 담제와 관련하여 몇 가지 사항을 결정했다. 첫째, 담제 및 효장묘로의 이봉(移奉) 절목 마련, 둘째,『무신등록』을 참고하여 이봉에 관한 선고사유제(先告事由祭)를 담제와 겸행, 셋째, 이봉의 길시(吉時)는 윤4월 8일 오시, 이봉 후 지내는 봉안제는 윤4월 8일 상황에 맞춰 설행한다는 등이었다.[231]

4월 15일, 담제를 지낼 때 각 전(殿)이 대내에서 곡림하는 의주 및 영조가 곡림하는 의주는 모두 대상제를 지낼 때 했던 그대로 마련하기로 했다.[232] 4월 25일, 예조에서 시원임대신과 옛 사부, 옛 요속은 전교를 따라 담제에 참여하지만 2품 이상의 관원은 무신년의 전례를 따라 참여하지 말도록 아뢰자 영조가 윤허했다.[233]

담제지내기 하루 전인 윤4월 7일, 효장묘에 향(香)을 전할 때 의소묘 봉안제의 전향(傳香)을 즉시 거행하고, 이후 담제를 위해 전향하도록 한광회(韓光會, 1715~?)에게 전교했다. 그리고 담제 종헌관은 신회(申晦)로 전차(塡差)했다.[234] 또 효장세자의 상제·담제 때에는 옛 요속이 입참하지 않았는데 이번에 특명으로 배제하도록 한 것은 의기(義起) 때문이었다. 입묘할 때에는 담제에 입참한 옛 요속들이 배종할 필요 없이 단지 의소궁의 문 밖에서 지송(祗送)하도록 하교했다.[235]

이날[윤4월 7일] 마지막으로 입묘할 때의 의주에 대해 논의했다. 정문(正門)을 출입할 때 동협문(東夾門)을 경유해야 할 것인지, 서협문(西夾門)을 경유해야 할 것인지 논의가 일었다. 세자가 동협문을 경유했다면 세손은 서협문을 경유해야 한다는 영조의 주장도 있었으나 『대명회전』을 참고하여 편찬한 『속오례의』를 따라 세자와 같은 문을 경유하도록 결정했다.[236]

이때 이조참판 조명리가 국왕과 세자, 세자와 세손의 위상을 보여주는 말이 주목된다. '무릇 전례(典禮)에서 대조(大朝)·소조(小朝)에는 본래 강등(降等)이 있으나 세자와 세손의 경우에는 별혐(別嫌)의 의리가 없다.'고 한 말이 그것이다. 이는 국왕과 세자의 등급은 구별이 뚜렷하나 세자와 세손 간에는 그렇지 않다는 것을 의미한다. 『속오례의』에 그러한 내용이 성문화되어 있고, 세손이 입묘할 때 세자와 같은 변문(邊門)을 경유하는 근거가 되었다.

윤4월 8일, 영조가 의소세손의 담제에 친림했고, 시원임대신과 옛 사부, 옛 요속이 입참했다. 효장세자의 사당으로 옮겨 봉안하려 할 때 강서원 관원은 오른쪽에서, 위종사 관원은 왼쪽에서 여(輿)를 배종했다[배여(陪輿)].[237] 이를 통해 '대상 뒤에 곧바로 입묘한다.'는 말이 담제를 지내지 않고 입묘하는 것이 아니라 담제를 지낸 뒤 그날 바로 입묘한다는 뜻으로 입증되었다.

홍서부터 입묘까지 의소세손 예장의 전 과정을 살펴보았다. 거행한 의절을 시기별로 정리하면 〈표 14〉와 같고, 여기에는 본문에서 언급하지 않은 절차들도 포함되어 있다. 그런데 여기서도 관찬 자료와 의궤의 여러 자료에서 날짜가 일치하지 않거나 시각이 일치하지 않는 경우가 적지 않았다. 본문에서 구별해서 일일이 서술하지 못한 것 역시 〈표 14〉에 제시했다.

제3절

의소세손 예장의 특징

세손과 관련한 자료는 『왕세손책례(책저)도감의궤』와 흉례의궤가 전한다. 책례(책저)의궤는 현종, 정조, 헌종, 의소세손을 왕세손으로 책봉하는 의궤이고,[238] 흉례의궤는 의소세손의 상장을 보여주는 의궤이다. 이렇듯 세손의 상장 과정을 알 수 있는 이는 의소세손이 유일무이하다. 따라서 세손의 상장례와 그것의 특징을 파악하기 위해서는 불가피하게 의소세손의 예장에서만 가능하다.

단, 특징이라 하면 그 자체로 발산하는 것도 없지 않지만 다른 대상과 비교할 때 좀 더 도드라진다. 세손의 예장은 의소세손 이외에 비교할 만한 대상이 없고, 또 본 연구의 주요 목적이 왕실의 상장례를 국왕·세자·세손에 따라 어떻게 차등적으로 시행하는 것인가에 대한 파악이었다. 그럼에도 문효세자 예장의 특징에서도 언급했듯이 여러 부면에서 다 다룰 수 어렵기에 의식 절차, 주요 의절을 거행한 '시점', 용어·도설을 중심으로 검토하고, 마지막으로 세자와 세자빈, 세손의 위상을 정리하고자 한다.

먼저 의식 절차이다. 이해의 편리를 위해, 관찬 자료와 흉례 의궤를 통해 의소세손의 상장 과정을 간략하게 정리하면 다음과 같다.

복, 거애, 목욕, 습, 습전, 함, 영좌 설치, 입명정, 빈궁·예장·묘소 세 도감을 합하여 하나의 도감으로 만듦, 숭문당으로 빈궁 처소 결정, 강서원으로 혼궁 처소 결정, 빈궁·예장·묘소 3도감의 도제조 차출, 소렴, 소렴전, 대렴, 대렴전, 성빈, 성빈전, 빈궁도감 처소의 승문원 이접, 대·중·소사의 공제 전 정폐, 조석전 및 상식 설행, 성복, 성복전, 재실 가칠, 신주의 조성 및 봉안 처소 위선당으로 결정, 시호 의소 의정, 옛 연희궁 남쪽 기슭/양주 안현의 남쪽 기슭으로 묘소 결정, 교명·책·인을 도감에 봉하, 외재실 묘소 배진, 하외재실, 도감에서 시책인을 대내로 들임, 사시습의, 대내에서 시책을 내감, 사시빈궁·개명정 고유전, 사시빈궁, 개명정, 영조의 재실 상자 친서, 재실 결과, 별전, 발인·반우습의, 계찬실고제, 신주 조성, 경덕궁 위선당에 신주 봉안, 사직 기청제, 신주가 빈궁에 나아감, 계찬실전, 계찬실, 별전, 조전, 견전, 발인, 곡림 및 망곡례, 노제, 묘소 성빈, 계찬실, 천전, 하현실, 곡림 및 망곡례, 신주 제식, 입주제, 반우, 곡림 및 망곡례, 초우제, 재우제, 삼우제, 사우제, 오우제, 졸곡제, 혼백 매안, 대왕대비 제복, 영조와 중궁 석복, 소상제, 대상제, 담제, 입묘

이를 본다면 세손의 예장이 국왕의 국장과는 다른 점이 눈에 띄지만 세자의 예장과는 큰 차이를 발견하기가 쉽지 않다. 문효세자의 예장과 비교해 본다면 몇 가지 이외에는 거의 유사했다. 즉, 「복후전」, 「고사묘」, 고부재자관(告訃賫咨官)의 파견과 청 칙사의 치제 등이 문효세자의 예장에 더 있었다. 그리고 세자의 「선시(宣諡)」와 세손의 「사시빈궁(賜諡殯宮)」은 표현은 다르지만 유사한 절차로 보았다.

그 밖에 눈에 띄는 차이는 신백[혼백]의 매안시기였다. 문효세자는 재우제를 지낸 뒤, 의소세손은 오우제를 지낸 뒤 매안했다. 예장에서 신백[혼백]을 매안하는 시기가 국가전례서에 규정되어 있지 않다. 그 때문에 전례

(前例)를 따른다든가 그때그때의 상황에 따라 처리하여 그 시기가 일정하지 않았다.

마지막으로 세자 예장과의 큰 차이는 모든 의물의 제도, 규격, 수효를 줄였다는 점이다. 영조는 여기에 대해, 뒷사람으로 하여금 손자를 위하여 일찍 죽은 것[상(殤)]을 슬퍼하고 무덤을 보고 눈물을 흘리게 하려 함이라고 했다.[239]

다음은 주요 의절 가운데 그 의절을 거행하는 '시점'이다. 국왕 국장과 세자 예장을 모두 규정한 1758년본『국조상례보편』을 기준으로 삼아 정리했다. 주요 의절은 문효세자 예장의 특징에서도 지적했듯이「고사묘」,「소렴」,「대렴」,「성빈」,「성복」,「발인」,「우제」,「졸곡제」등을 중심으로 행례하는 시점에 대해 주목했다.

우선「복」,「목욕」,「습」세 절차는 국장, 세자 예장, 심지어 사대부 상장례에서도 '돌아가신 날'에 거행하여 등급의 구별없이 공통적으로 시행되었다. 영조 국장과 문효세자·의소세손의 예장에서도 세 의절은 '돌아가신 날'에 거행되었다.

먼저「고사묘」를 행한 시점이다. 국장은 승하한 지 3일째 되는 날 행하고, 소상은 2일째 되는 날 거행했다.[240] 영조 국장과 의소세손의 예장에서는「고사묘」절차가 문헌에서 확인되지 않는다. 다음「소렴」을 행한 시점이다. 국장은 승하한 지 3일째 되는 날 행하고, 소상은 2일째 되는 날 거행했다.[241] 영조는 전례서 규정과 다르게 하루 앞당겨 소렴을 행했고, 문효세자는 전례서 규정대로 2일째 되는 날에 소렴을 했다. 의소세손은 2일째 되는 날인 3월 5일에 소렴을 시행하여 소상과 동일했다.

다음「대렴」을 행하고 대렴한 그날「성빈」한 시점이다. 대상은 승하한 지

5일째 되는 날, 소상은 3일째 되는 날에 거행했다.[242] 영조는 소렴과 달리 대렴에서는 5일째 되는 날 대렴하고 이어서 성빈했고, 문효세자는 두 의례 모두 전례서 규정을 어기지 않았다. 의소세손은 3일째 되는 날인 3월 6일에 대렴을 행하고 성빈하여 소상과 같았다.

그 다음 유복자(有服者)들이 각각 상복을 입는 「성복」하는 시점이다. 대상은 승하한 지 6일째 되는 날, 소상은 4일째 되는 날 성복했다.[243] 영조도 문효세자도 규정에 맞춰 최복을 입었다. 의소세손의 성복도 4일째 되는 날인 3월 7일에 행하여 소상과 다르지 않았다.

그 다음 장사지내는 시점이다. 『예기』에 천자는 승하한 뒤 7개월만에, 제후는 5개월만에, 대부(大夫)·사(士)는 3개월만에 무덤에 가서 장례를 치른다고 규정되어 있다.[244] 조선은 제후국이므로 대상은 '오월이장(五月而葬)', 소상은 '삼월이장(三月而葬)'이 되어야 하는데, 『국조상례보편』에 대상은 승하한 지 5개월만에 왕릉에 가서 장례를 치르고, 소상은 3개월만에 묘소에 나아가 장례를 치른다고 되어 있어 『예기』의 규정에 부합했다.[245]

영조는 정확하게 5개월만에 산릉에 가서 장례를 치렀다. 그러나 문효세자는 5월에 훙서하여 윤7월에 장례를 치러, 달수로 헤아리면 4개월만에 장례를 치른 것이다. 의소세손의 장례는 3개월만인 5월에 묘소에 나아가 치렀기 때문에 소상의 규정과 같았다.

그 다음은 우제를 지내는 횟수와 그 시점이다. 우제의 '우(虞)'는 편안히 한다는 뜻으로, 장례를 치른 뒤 우제를 거행하여 그 혼(魂)을 편안하게 한다는 의미이다.[246] 『예기』에 '초우제는 무덤에서 장례지낸 날에 지내는데 하루를 넘기지 않고 그날 중에 지낸다'고 규정되어 있다.[247] 또 사(士)는 삼우(三虞), 대부는 오우(五虞), 제후는 칠우(七虞)까지 지낸다고 『예기』에 규정되어 있다.[248] 그렇다면 조선의 국왕은 제후에 해당하므로 '칠우'를 해야 하고, 세자는 대부에 해당하는 '오우'를, 사대부는 사에 해당하는 '삼우'를 해야 한다.

『국조상례보편』에 우제에 대한 규정은 다음과 같다. 먼저 국왕은 칠우를, 소상은 오우를 행한다고 되어 있다.[249] 그리고 '초우(初虞)는 장례지낸 날에 거행하는데 하루를 넘기지 않고 그날 중에 지낸다. 혹 길이 멀더라도 그날을 넘기지 않는 것이 좋다. 만약 하룻밤 이상을 밖에서 자야 할 형편이라면 행궁(行宮)에서 행한다. 국왕은 제이우(第二虞)부터 제육우(第六虞)까지, 소상은 제이우부터 제사우(第四虞)까지 유일에 행했다. 국왕은 제칠우(第七虞), 소상은 제오우(第五虞)를 강일에 거행한다.'라고 되어 있다.[250]

십간의 을(乙)·정(丁)·기(己)·신(辛)·계(癸)에 해당하는 날이 유일이고, 갑(甲)·병(丙)·무(戊)·경(庚)·임(壬)에 해당하는 날이 강일이다. 당의 두우가 편찬한 『통전』에 따르면, 우제를 지낼 때 반드시 유일을 쓰는 것은 안정(安靜)의 의미를 취한 것이고, 칠우·오우 등 최후에 강일을 쓰는 것은 양(陽)이 동(動)하는 것을 형상화한 것이라고 설명하고 있다.[251]

영조는 제후에 해당하는 칠우제를 지냈다. 다만, 우제를 지내는 시점에서 삼우제를 지낸 날짜가 강일인지 유일인지 문헌에 따라 다른 것 이외에는 모두 국가전례서의 규정대로 행례했다. 문효세자는 대부에 해당하는 오우제를 지냈으며, 각 제사를 지내는 시점 또한 전례서의 규정을 잘 지켰다. 의소세손은 오우제를 지내어 세자의 위상에 맞춰 행례했으며, 장례지낸 날인 5월 12일에 초우제를 혼궁에서 지냈다. 또 재우부터 사우까지는 유일에, 오우는 강일에 거행하여 이 또한 소상의 규정에 어긋나지 않았다.

다음은 졸곡제를 지내는 시점이다. 졸곡은 『예기』「단궁(檀弓)」에 "졸곡을 성사(成事)"라고 하여, 이날 상제(喪祭)를 길제(吉祭)로 바꾸기 때문에 졸곡제부터 점차 길례(吉禮)를 쓴다고 되어 있다.[252] 길제(吉祭)는 졸곡제, 상제(喪祭)는 우제를 가리켰다.[253] 『국조상례보편』에 '칠우를 행한 뒤 강일을 만나 졸곡제를 지낸다'고 되어 있다.[254]

영조는 칠우제를 지낸 뒤 강일에 해당하는 날에 졸곡제를 지냈다. 문효세자 또한 오우제를 지낸 뒤 강일에 졸곡제를 지내어 국가전례서 규정에서 벗어나지 않았다. 의소세손의 졸곡제도 오우제를 지낸 뒤 강일에 지냈다.

마지막으로 부묘와 입묘한 시점이다. 영조는 부묘하는 시점은 문제되는 바가 없었으나 아들인 효장세자와 며느리인 효순왕후와 함께 부묘한 점이 특징적이었다. 문효세자는 국가전례서의 규정대로라면 담제를 지내는 날에 바로 입묘를 해야하는데[255] 사당인 문희묘의 건립이 지연되면서 한참 뒤에 입묘하여 규정을 준수하지 못했다. 의소세손의 경우도 사당에 신위를 봉안하는 것을 세자의 소상처럼 '부묘'가 아닌 '입묘'라고 일컬었다. 의소세손은 1754년 윤4월 8일에 담제와 입묘 두 절차를 차례로 거행하여 소상의 규정에 부합했다.

다음으로 용어이다. 앞서 영조 국장과 문효세자 예장에서 신분에 따라 명백하게 다르게 사용하는 용어가 있음을 보았다. 그렇다면 세손의 예장에서는 어떠한가. 세자의 예장처럼 국장과는 분명 다른 용어를 사용했을 터, 다만 세자 예장과는 어떻게 다른지가 궁금하다.

먼저 세손의 장례는 '예장'이라 일컬었다. 세손 또한 세자처럼 법전에 규정된 예장의 대상에 포함되어 있지 않지만 그의 상장례를 예장이라고 일컬었다.[256] 또 의소세손의 시신을 안치한 곳을 '빈궁', 신주를 봉안한 곳을 '혼궁', 시신을 묻은 무덤을 '묘소'라 칭하고 의궤의 서명에도 그와 같이 명시되어 있다.[257] 그 밖에 도제조, 찬실, 재실, 현실, 묘상각, 입묘라는 용어를 사용했다.

세손의 예장에서 사용한 용어는 국왕의 국장에서 사용한 빈전, 혼전, 산릉, 총호사, 찬궁, 재궁, 현궁, 능상각, 부묘 등과 명백하게 달랐으나, 문효세자의 예장에서 사용한 그것과는 동일했다. '전례에서 대조·소조에는 본래 강등이 있으나 세자와 세손의 경우에는 별혐의 의리가 없다.'는 조명리의 말 그대로였다.

그 다음은 도설에 드러난 비교이다. 의소세손의 예장을 서술하는 과정에서도 여러 도판을 수록하여 의물의 구체적인 모습을 보았다. 그중 국장과 예장에서 가장 뚜렷하게 구별되는 찬궁과 찬실, 사수도의 유무를 비교해보면, 영조의 찬궁을 보여주는 〈도판 18〉과 문효세자의 찬실을 그린 〈도판 52〉, 의소세손의 찬실을 보여주는 〈도판 96〉에서 문효세자의 찬실과 의소세손의 찬실이 모양이 거의 같고 영조의 찬궁과는 다름을 볼 수 있다.

그리고 사수도는 영조의 국장에서는 잘 남아 전하지만 문효세자의 예장에는 기록이 없다. 영조가 예장에 사용하는 찬실에는 사수를 그리지 말라고 했기에 이해가 가는데, 의소세손의 예장에는 그림은 전하지 않지만 주작·백호·현무를 그려서 찬실에 붙였다는 기록이 나온다.

이처럼 의소세손의 상장 과정은 전반적으로 세자의 예장과 큰 차이를 보이지 않았다. 그리고 의절 방식, 물품 조성 등 여러 부면에서 무신년에 있었던 효장세자의 예장을 참고했다. 간혹 무술년에 있었던 단의빈의 상이나 1751년에 있었던 현빈의 상을 참고하기도 했다. 그렇다면 의소세손의 예장은 세자나 세자빈의 위상에 맞게 치러졌다고 생각할 수 있다. 그러나 영조는 상장례에서 세자와 세자빈, 세손의 위상을 분명히 구분지었다.

만장의 축수(軸數)를 예로 들면, 소현세자와 효장세자는 80축을, 단의빈과 현빈은 50축을 각각 사용했기에 영조는 의소세손에게 60축을 사용하라고 분부했다. 세자와는 차등을 두어야 하고, 세자빈과는 내외(內外)의 차이가 있어야 한다는 것이 그 이유였다.[258] 그리고 영조는 대(大)·소상(小喪)과 내(內)·외상(外喪)에 사용되는 만장의 축수를『상례수교』에 기재하도록 전교하여, 신분에 따른 위상의 차이를 명문화시켰다.[259]

행상(行喪)할 때 모시고 따라가는[배종(陪從)] 사람도 마찬가지였다. 을유년과 무신년에 비해 차등이 있어야 하고, 무술년과 신미년에 비해서는 사체가 다르기 때문에 오상사(五上司), 육조 당상 각 1원, 종신은 품계마다 각 1원, 사부, 강서원, 위종사의 옛 요속들이 배종하도록 전교했다.[260] 을유년은 소현세자가 1645년에 졸(卒)한 해, 무신년은 1728년에 효장세자가 홍서한 해, 무술년은 단의빈이 1718년에 졸서(卒逝)한 해, 신미년은 현빈이 1751년에 홍서한 해를 가리킨다.

이러한 모습은 진향(進香)에서도 드러났다. 효장세자의 예장 때에는 8도에서 진향했고, 현빈의 예장 때에는 진향을 하지 않았다. 그런데 의소세손의 예장에는 내외상(內外喪)의 차이를 언급하면서 기백(畿伯)만이 진향하도록 하여,[261] 효장세자의 아래, 효순현빈의 위에 그를 위치지웠다.

그 밖에 영조는 대부분의 전교에서 무신년에 비해 차등을 두어야 한다고 했고, 신하들도 그에 맞춰 일을 진행했다. 의물의 규격을 줄인다거나 그 수를 감하는 기사가 곳곳에서 확인되고, 의소세손의 예장은 그런 방식으로 세자의 예장보다는 등급을 낮춰서 치러졌다. 다만, 만장과 진향, 배종하는 사람의 예에서 볼 수 있듯이 세자빈보다는 높게 자리매김했음을 알 수 있다.

마지막으로 짚고 넘어가야 할 것이 있다. 의소세손 예장과 관련한 여러 문헌의 기록이 서로 일치하지 않고 차이를 보이는 경우가 많았다는 점이다. 각 의절을 거행할 때마다 날짜가 일치하지 않거나 시각이 맞지 않는 등 자료마다 일일이 대조해야 하는 사례가 상당히 많았다.

각 의절에 관한 기록이 문헌마다 조금씩 차이를 보여서 현재로서 어떤 문헌이 정확하다고 판단하기 어렵지만 제2절에서 날짜별로 살펴본 의소세손의 예장 과정은 관찬 자료와 의궤 자료를 일일이 대조해서 정리한 것이다. 이 부분은 특징이라기 보다 한계로 지적할 수 있는데, 문헌 자료 자체의 검토가 우선 이루어져야 해결할 수 있는 문제라고 생각된다.

〈표 12〉 각 도감 담당자와 재직 시기 및 직책 변동

예장도감 담당자와 재직 시기 및 직책 변동 상황[262]

담당직책	이름	관직명	재직 시기와 직책 변동 상황	비고
도제조	김약로(金若魯)	행 판중추부사		
제조	김상성(金尙星)	호조판서		
	이익정(李益炡)	예조판서	1752년 3월 10일 혼궁도감 당상인데 추후의 연교(筵敎)로 인해 본 도감을 겸찰(兼察)	
도청	윤광찬(尹光纘)	부사과		
낭청	윤 방(尹 坊)	병조정랑	1752년 3월 4일 임명. 3월 7일 혼궁도감으로 옮겨 차정[이차(移差)]	
	김광진(金光進)	호조정랑	1752년 3월 7일 혼궁도감에서 바꾸어 임명	
	심사주(沈師周)	공조정랑		
감조관	김용겸(金用謙)	위종사 우종사		묘소
	한후유(韓後裕)	위종사 좌종사		예장
	황 간(黃 幹)	의금부 도사		혼궁
	김근행(金謹行)	전 세마		묘소
	조재복(趙載福)	돈녕부 참봉		예장
	정 장(鄭 樂)	사옹원 봉사		혼궁

빈궁혼궁도감 담당자와 재직 시기 및 직책 변동 상황[263]

담당직책	이름	관직명	재직 시기와 직책 변동 상황	비고
도제조	김약로(金若魯)	행 판중추부사		
제조	이익정(李益炡)	예조판서		
	홍봉한(洪鳳漢)	행 부사직	1752년 3월 5일 경연에서 아뢰어 더 차정[연품가차(筵稟加差)]	
도청	윤광찬(尹光纘)	부사과		
낭청	김광진(金光進)	호조정랑	1752년 3월 7일 예장도감으로 옮겨가 비어 있는 자리에 차정[차대(差代)]	일방 낭청
	윤 방(尹 坊)	병조정랑	1752년 3월 7일 예장도감에서 바꾸어 임명. 3월 15일 아뢰어 체직되어 벼슬이 갈림[계체대(啓遞代)]	일방 낭청
	임지호(林志浩)	부사과	1752년 3월 15일 임명[계하]	일방 낭청
	주형질(朱炯質)	예조정랑	1752년 3월 9일 아뢰어 체직되어 벼슬이 갈림	이방 낭청
	이 식(李 埴)	한성부 서윤	1752년 3월 9일 임명	이방 낭청
				이번 삼방 낭청은 빈궁 때 일방 낭청이, 혼궁 때 이방 낭청이 兼察
감조관	황 간(黃 幹)	의금부 도사	1752년 3월 4일 임명	

묘소도감 담당자와 재직 시기 및 직책 변동 상황264

<table>
<tr><th colspan="2">담당직책</th><th>이름</th><th>관직명</th><th>재직 시기와 직책 변동 상황</th><th>비고</th></tr>
<tr><td colspan="2">도제조</td><td>김약로(金若魯)</td><td>행 판중추부사</td><td></td><td></td></tr>
<tr><td colspan="2" rowspan="2">제조</td><td>박문수(朴文秀)</td><td>행 한성부판윤</td><td>1752년 3월 5일 경연에서 아뢰어 더 차정</td><td></td></tr>
<tr><td>원경하(元景夏)</td><td>행 공조판서</td><td></td><td></td></tr>
<tr><td colspan="2" rowspan="2">도청</td><td>이양천(李亮天)</td><td>부사과</td><td>1752년 3월 5일 병으로 체직되어 벼슬이 갈림 [병체대(病遞代)]</td><td></td></tr>
<tr><td>홍낙성(洪樂性)</td><td>부사과</td><td>1752년 3월 5일 임명</td><td></td></tr>
<tr><td rowspan="4">낭청</td><td rowspan="2">각소 낭청</td><td>조 계(趙 棨)</td><td>형조정랑</td><td></td><td>삼물소</td></tr>
<tr><td>임 과(任 薖)</td><td>통례원 인의</td><td></td><td>조성소</td></tr>
<tr><td rowspan="2">경도 감낭청</td><td>허 후(許 逅)</td><td>병조정랑</td><td>1752년 3월 29일 관직을 옮겨서 벼슬이 갈림 [천전대(遷轉代)]</td><td></td></tr>
<tr><td>이관섭(李觀燮)</td><td>병조정랑</td><td>1752년 3월 29일 임명</td><td></td></tr>
<tr><td colspan="2" rowspan="4">각소 감조관</td><td>김근행(金謹行)</td><td>전 세마</td><td></td><td>대부석소</td></tr>
<tr><td>김용겸(金用謙)</td><td>위종사 우종사</td><td>1752년 3월 7일 병으로 체직되어 벼슬이 갈림</td><td>보토소</td></tr>
<tr><td>이 근 (李 瑾)</td><td>중부 봉사</td><td>1752년 3월 7일 임명</td><td>보토소, 노야소 겸찰</td></tr>
<tr><td>정 장 (鄭 奬)</td><td>사옹원 봉사</td><td></td><td>소부석소, 수석소 겸찰</td></tr>
</table>

의소묘영건청 담당자와 재직 시기 및 직책 변동 상황265

<table>
<tr><th>담당직책</th><th>이름</th><th>관직명</th><th>재직 시기와 직책 변동 상황</th><th>비고</th></tr>
<tr><td rowspan="2">당상</td><td>김상성(金尙星)</td><td>호조판서</td><td>1752년 5월 24일 임명. 6월 11일 벼슬이 갈림[체대(遞代)]</td><td></td></tr>
<tr><td>조영국(趙榮國)</td><td>호조판서</td><td>1752년 6월 12일 임명. 9월 29일까지 재직</td><td></td></tr>
<tr><td>낭청</td><td>김치공(金致恭)</td><td>호조좌랑</td><td>1752년 5월 24일 임명. 9월 29일까지 재직</td><td></td></tr>
<tr><td>감역관</td><td>이세익(李世翼)</td><td>선공감 부봉사</td><td>1752년 5월 24일 임명. 9월 29일까지 재직</td><td></td></tr>
</table>

〈표 13〉 발인 전후 각 제전의 거행[266]

의 절	거행시기	담당기관
사직(社稷) · 종묘(宗廟) · 영녕전(永寧殿) 계찬실 고제(啓欑室告祭)	(발인) 3일 전인 5월 9일 이른 새벽	
사직기청제(社稷祈晴祭)	(발인) 하루 전인 5월 11일 이른 새벽	
계찬실전(啓欑室奠)	5월 11일 사시(巳時). 조전(朝奠) 겸행	봉상시(奉常寺)
계찬실	5월 11일 사시	
계찬실 뒤 별전(別奠)		내섬시(內贍寺)
조전(祖奠)	5월 11일 일포시(日晡時)	내자시(內資寺)
견전(遣奠)	5월 11일 해시(亥時)에 선행(先行)	봉상시
발인(發靷)	5월 11일 해시	
빈궁해사제(殯宮解謝祭)	5월 12일 때에 따라[수시(隨時)]	봉상시
노제(路祭)	5월 12일 때맞추어[임시(臨時)]	예빈시(禮賓寺)
교량제(橋梁祭)	5월 12일 때맞추어	선인문(宣仁門) · 대광통석교(大廣通石橋) · 숭례문오십신위(崇禮門五十神位) · 숭례문 외서변노제소(崇禮門外西邊路祭所) · 청파천(靑坡川) · 늑방교동변통망안현(勒坊橋東邊通望鞍峴). 봉상시[267]
각문오십신위제(各門五十神位祭)	5월 12일 때맞추어	
명산대천제(名山大川祭)	5월 12일 때맞추어	
영장궁성빈전(靈帳宮成殯奠)	5월 12일 때맞추어	내섬시
조전(朝奠) · 조상식(朝上食)	5월 12일 때맞추어 묘소에서 겸행(兼行)	빈궁(殯宮) · 묘소수라칸(墓所水刺間) 및 봉상시 · 내자시 · 내섬시에서 상례(常例)에 의거하여 돌아가며[윤회(輪回)] 설행
계찬실	5월 12일 진시(辰時)	
주다례(晝茶禮)	5월 12일 때맞추어	
천전(遷奠)	5월 12일 때맞추어	내자시
진발(進發)	5월 12일 때맞추어	
입주전(立主奠)	5월 12일 때맞추어	봉상시
사후토제(謝后土祭)	5월 12일 때맞추어	봉상시
안묘전(安墓奠)	봉묘(封墓)의 일을 마친 뒤 때에 따라	봉상시
반우(返虞)	5월 12일 때에 따라	
석상식(夕上食)	5월 12일 때맞추어	
초우제(初虞祭)	5월 12일 일중(日中)에 하되 이 날을 벗어나지 않고 혼궁(魂宮)에서 거행	봉상시
재우제(再虞祭)	5월 13일 유일(柔日)	
삼우제(三虞祭)	5월 15일 유일	
사우제(四虞祭)	5월 17일 유일	
오우제(五虞祭)	5월 18일 강일(剛日)	
졸곡제(卒哭祭)	5월 20일 강일	

의 절	거행시기	담당기관
반우 뒤 묘소 석상식부터 3년내 조석상식 · 주다례		묘소수라칸
반우 뒤 혼궁 석상식부터 3년내 조석상식 · 주다례		혼궁수라칸
혼궁 · 묘소의 삭망(朔望) · 속절(俗節) · 사중월(四中月) · 범별제(凡別祭)		봉상시

〈표 14〉 의소세손 예장의 시기별 의절 거행 내용268

거행 날짜	거행 내용	참고문헌
1752년 3월 4일	묘시(卯時). 창경궁의 통명전(通明殿)에서 훙서(薨逝)	『예장』·『빈궁혼궁』
	사시(巳時). 목욕(沐浴)	『빈궁혼궁』
	오시(午時). 습(襲)	『빈궁혼궁』
1752년 3월 5일	묘시. 소렴(小斂)	『빈궁혼궁』
1752년 3월 6일	오시. 대렴(大斂). 숭문당(崇文堂)에서 성빈(成殯)	『예장』·『빈궁혼궁』
	오시. 대렴. 대렴전(大斂奠). 숭문당에서 성빈. 성빈전(成殯奠)	『영조실록』269
	봉즉재실(奉卽梓室) 뒤 수시(隨時). 재실 가칠 1도	『빈궁혼궁』
1752년 3월 7일	사시. 성복(成服)	『예장』·『빈궁혼궁』
1752년 3월 8일	사시. 재실 가칠 2도	『빈궁혼궁』
1752년 3월 9일	사시. 재실 가칠 3도	『빈궁혼궁』
1752년 3월 10일	사시. 재실 가칠 4도	『빈궁혼궁』
1752년 3월 12일	사시. 재실 가칠 5도	『빈궁혼궁』
1752년 3월 13일	사시. 재실 가칠 6도	『빈궁혼궁』
1752년 3월 14일	사시. 재실 가칠 7도	『빈궁혼궁』
1752년 3월 15일	사시. 재실 가칠 8도	『빈궁혼궁』
1752년 3월 16일	사시. 재실 가칠 9도	『빈궁혼궁』
1752년 3월 17일	사시. 재실 가칠 10도	『빈궁혼궁』
1752년 3월 18일	사시. 재실 가칠 11도[칠포(漆布)]	『빈궁혼궁』
1752년 3월 20일	사시. 재실 가칠 12도[칠포]	『빈궁혼궁』
1752년 3월 22일	사시. 교명(敎命)·책(冊)·인(印)을 도감(都監)에 받들어 내림 [봉하(奉下)]	『예장도감의궤』·『승정원일기』270
	사시. 재실 가칠 13도[칠포]	『빈궁혼궁』
1752년 3월 24일	묘시. (묘소) 시역(始役)	『묘소도감의궤』·『예장도감의궤』271
	묘시. 참초파토(斬草破土)	『묘소도감의궤』·『예장도감의궤』272
	사후토(祠后土)	『묘소도감의궤』·『예장도감의궤』273
	진시(辰時). 재실 가칠 14도	『빈궁혼궁』
1752년 3월 25일	사시. 재실 가칠 15도	『빈궁혼궁』
1752년 3월 26일	사시. 재실 가칠 16도	『빈궁혼궁』
1752년 3월 27일	사시. 재실 가칠 17도	『빈궁혼궁』
1752년 3월 28일	사시. 재실 가칠 18도	『빈궁혼궁』
1752년 3월 29일	진시. 작옹가(作甕家)	『묘소도감의궤』·『예장도감의궤』274
	사시. 재실 가칠 19도	『빈궁혼궁』

거행 날짜	거행 내용	참고문헌
1752년 3월 30일	사시. 재실 가칠 20도	『빈궁혼궁』
1752년 4월 1일	오시. 재실 가칠 21도	『빈궁혼궁』
1752년 4월 2일	사시. 재실 가칠 22도	『빈궁혼궁』
1752년 4월 3일	사시. 재실 가칠 23도	『빈궁혼궁』
1752년 4월 4일	사시. 개금정(開金井)	『묘소도감의궤』·『예장도감의궤』[275]
	사시. 재실 가칠 24도	『빈궁혼궁』
1752년 4월 5일	사시. 재실 가칠 25도	『빈궁혼궁』
1752년 4월 6일	미시(未時). 재실 가칠 26도	『빈궁혼궁』
1752년 4월 7일	사시. 재실 가칠 27도	『빈궁혼궁』
1752년 4월 9일	묘시. 외재실(外梓室) 배진(陪進)	『묘소도감의궤』·『예장도감의궤』[276]
	외재실 봉안	『예장도감의궤』·『승정원일기』[277]
	미시. 재실 가칠 28도	『빈궁혼궁』
1752년 4월 10일	사시. 도감에서 시책인(諡冊印)을 대내로 들임	『예장도감의궤』·『빈궁혼궁양도감』[278]
1752년 4월 11일	빈궁에 시호 내리는 습의[사시빈궁습의(賜諡殯宮習儀)]	『예장도감의궤』·『승정원일기』[279]
	사시. 재실 가칠 29도	『빈궁혼궁』
1752년 4월 12일	묘시. 대내에서 시책인을 내감	『예장도감의궤』·『빈궁혼궁양도감』[280]
	빈궁에 시호 내림[사시빈궁(賜諡殯宮)]·명정 고침[개명정(改銘旌)] 고유전(告由奠)은 조전(朝奠) 겸행	『빈궁혼궁양도감』[281]
	빈궁에 시호 내림	『영조실록』·『승정원일기』[282]
	사초초각(巳初初刻). 시호 내림[사시(賜諡)]	『빈궁혼궁양도감』·『승정원일기』[283]
	오시. 빈궁에 시호 내림	『예장도감의궤』·『빈궁혼궁양도감』[284]
	미시. 명정 고침	『예장도감의궤』·『빈궁혼궁양도감』[285]
	미초삼각(未初三刻). 명정 고쳐 씀	『빈궁혼궁양도감』·『승정원일기』[286]
	개명정 후 별전(別奠)은 이날 수시 설행	『빈궁혼궁양도감』[287]
1752년 4월 13일	진시. 재실 가칠 30도	『빈궁혼궁』

거행 날짜	거행 내용	참고문헌
1752년 4월 15일	재실에 친사상자(親寫上字)	「영조실록」[288]
	오정삼각(午正三刻). 재실에 친사상자	「빈궁혼궁양도감」·「승정원일기」[289]
	오시. (재실) 서상자(書上字)	「빈궁혼궁양도감」[290]
1752년 4월 16일	진시. (재실) 결과(結裹)	「빈궁혼궁양도감」[291]
	사시. 재실 결과	「승정원일기」[292]
	재실결과 후 별전은 수시 설행	「빈궁혼궁양도감」[293]
1752년 4월 17일	미초삼각(未初三刻). 정부(政府) 진향(進香)	「승정원일기」[294]
1752년 4월 29일	미초삼각. 훈부(勳府) 진향	「승정원일기」[295]
1752년 5월 1일	초도(初度) 발인습의(發靷習儀). 예장도감(禮葬都監) 배설처(排設處)[형조 · 공조]~숭례문(崇禮門)	「예장도감의궤」[296]
1752년 5월 2일	지석(誌石) · 표석(表石) 묘소 배진(陪進)	「예장도감의궤」[297]
	이도(二度) 발인습의. 예장도감 배설처~숭례문	「예장도감의궤」[298]
1752년 5월 6일	삼도(三度) 발인습의. 빈궁 문 밖~노제소(路祭所)	「예장도감의궤」[299]
	반우습의(返虞習儀). 노제소~혼궁(魂宮). 신주봉안(神主奉安) 절차 습의 겸행	「예장도감의궤」[300]
1752년 5월 9일	왕세손 신주 조성	「예장도감의궤」·「승정원일기」[301]
	경덕궁 위선당(爲善堂) 서헌(西軒)에서 신주 조성	「예장도감의궤」[302]
1752년 5월 10일	오시. 위선당에 왕세손 신주 봉안	「예장도감의궤」·「승정원일기」[303]
	오시. 위선당 동헌(東軒)에 신주 봉안	「예장도감의궤」[304]
1752년 5월 11일	묘시. 신주가 빈궁에 나아감	「예장도감의궤」[305]
	사시. 혼백(魂帛)의 뒤에 신주 봉안	「예장도감의궤」[306]
	사시. 계찬실(啓欑室)	「묘소도감의궤」·「예장도감의궤」[307]
	해시(亥時). 발인	「예장」·「빈궁혼궁」. 「묘소도감의궤」·「예장도감의궤」[308]
1752년 5월 12일	축시(丑時). 대여(大轝)가 노제소에 도착했다가 출발	「예장도감의궤」[309]
	인시(寅時). 대여가 묘소 도착[도(到)]. 정자각에 (梓室) 봉안	「예장」·「빈궁혼궁」. 「예장도감의궤」[310]
	묘소 도착 수시. 성빈	「묘소도감의궤」·「예장도감의궤」[311]
	진시. 묘소계찬실(墓所啓欑室)	「묘소도감의궤」·「예장도감의궤」[312]

거행 날짜	거행 내용	참고문헌
1752년 5월 12일	계찬실 후 수시. 출발[진발(進發)]	『묘소도감의궤』·『예장도감의궤』[313]
	오시. (현실玄室에) 재실(梓室)을 내림[하현실(下玄室)]	『예장』·『빈궁혼궁』. 『묘소도감의궤』·『예장도감의궤』[314]
	오시. 하재실(下梓室)	『예장도감의궤』[315]
	미시. 길유궁(吉帷宮)에서 신주에 글을 씀[제신주우길유궁(題神主于吉帷宮)]	『예장』·『빈궁혼궁』
	신시(申時). 반우(返虞)	『빈궁혼궁』
	반우	『예장도감의궤』[316]
	유시(酉時). 궁으로 돌아옴[환궐(還闕)]. 창경궁 강서원(講書院)에 (신주) 봉안	『빈궁혼궁』
	유시. 묘소로부터 반우. 창경궁 강서원에 (신주) 봉안	『예장』. 『예장도감의궤』[317]
	초우제(初虞祭)	『승정원일기』[318]
1752년 5월 13일	재우제(再虞祭)	『승정원일기』·『영조실록』[319]
1752년 5월 15일	삼우제(三虞祭)	『승정원일기』·『영조실록』[320]
1752년 5월 17일	사우제(四虞祭)	『승정원일기』·『영조실록』[321]
1752년 5월 18일	오우제(五虞祭)	『승정원일기』·『영조실록』[322]
	미시. 혼백 매안(埋安)	『승정원일기』·『영조실록』[323]
1752년 5월 20일	졸곡제(卒哭祭)	『승정원일기』[324]
1752년 6월 1일	대왕대비 제복(除服)	『영조실록』·『승정원일기』[325]
1752년 8월 2일	진시. 의소묘(懿昭廟) 개기(開基)	『영건청』. 『승정원일기』[326]
1752년 8월 13일	신시. 의소묘 정초(定礎)	『영건청』
1752년 8월 20일	진시. 의소묘 입주(立柱)	『영건청』
1752년 8월 22일	사시. 의소묘 상량(上樑)	『영건청』
1752년 12월 1일	영조 석복(釋服)	『영조실록』·『국조상례보편』[327]
1753년 3월 4일	소상제(小祥祭)	『영조실록』[328]
1754년 3월 4일	대상제(大祥祭)	『영조실록』[329]
1754년 윤4월 8일	담제(禫祭). 입묘(入廟)	『영조실록』[330]

결론

왕실 상장례의 특징과 연구 과제

조선후기 왕실의 상장례 중 국왕 국장과 세자와 세손 예장의 전반적인 과정 및 그것의 특징을 각각 살펴보았다. 왕실의 상장례 관련 연구가 최근 진척되고 있지만 조선후기 신분에 따른 차등적 의례 절차에 대한 비교 연구는 본서에서 처음 시도되었다. 따라서 본서에서 국왕, 세자, 세손의 상장례 과정을 보여준다는 사실만으로 충분히 의미가 있다.

이를 위해 먼저 조선 왕실 상장례를 실행하기 위한 주요 텍스트부터 살펴보고, 이어서 비교적 자료가 풍부하게 잘 남아 있는 영조와 문효세자, 의소세손을 사례로 각 인물의 상장 절차를 정리했다.

영조는 50여 년이란 긴 세월 동안 왕좌의 자리에 있었던 만큼 그의 치적은 여느 국왕 못지않게 많다고 평할 수 있다. 가장 먼저 조선전기 이후 변화된 사회상을 반영한 법전과 국가전례서의 편찬을 꼽을 수 있겠다. 그중 몇 차례에 걸쳐 편찬한 국가전례서는 『국조속오례의』, 『국조속오례의보』가 있었고, 무엇보다 왕실 상장례만을 위해 두 차례에 걸쳐 『국조상례보편』(1752, 1758)을 편찬하기도 했다. 그가 승하한 뒤 그의 상장례 역시 1758년본 『국조상례보편』을 따라 치렀다.

그렇다면 조선에서 편찬된 국가전례서의 흉례조가 갑자기 제정된 것인가 하면 그것은 아니었다. 무엇보다 "불교를 수신(修身)의 기본으로 유교를 이국(理國)의 근원"으로 삼은 고려에서,[1] 유교 국가 조선으로 교체되었다고 해서 갑자기 모든 제도가 유교적 예제로 정비되지 않기 때문이다.

고려말에 도입된『주자가례』를 태조의 국상에 주요 텍스트로 삼으면서 조선 왕실의 상장 과정이 체제를 갖추었고, 사례(士禮) 위주인『주자가례』를 제후례에 맞게 수정하는 과정을 거쳐『세종실록오례』및『국조오례의』의 흉례 절차가 정비되었다. 유교적 예제의 실천이 점차 강조되면서 불교적 요소들이 배제되어 갔으며, 고려부터 내려오던 역월제도 삼년상제로 변화되어 갔다.

18세기 후반에 치러진 영조의 국상은 완연히 유교적 예제대로 치러졌다. 영조의 국상에서는『정조실록』,『승정원일기』,『일성록』등 세 관찬 자료를 통해 날짜별로 어떻게 진행되었는지 가장 기초적인 자료로써 활용했다. 그 밖에 국장을 치르는 당시에 작성된 국장, 빈전, 혼전, 산릉, 부묘 도감의궤 및 등록, 일기류를 통해 관찬 자료에서 드러나지 않는 구체적인 실상을 파악하는 데 도움을 받았다. 이러한 자료들을 통해 3년 동안 영조의 국상 과정을 '의절'을 중심으로 정리하면 다음과 같다.

영조가 승하하기 직전 그의 유교(遺敎)를 작성하고, 세손에게 대보를 전달, 숨이 끊어졌는지 확인하는 속광 절차를 행했다. 3월 5일 영조가 경희궁의 집경당에서 승하했고, 영조의 뒤를 이어 즉위한 정조가 국상을 주관했다. 복, 거애, 역복, 빈전 처소 결정, 크고 작은 국가의 제사 정지, 설빙, 목욕, 습, 반함, 영좌 설치, 소렴, 소렴전, 대렴, 성빈, 대렴전과 성빈전, 성복, 사위, 재궁의 은정가칠, 빈전·국장·산릉 세 도감의 설치와 그 담당자 차출, 고부청시청승습사 차정, 시호·묘호·전호·능호 결정, 혼전 처소 결정, 건원릉 국내의 옛 영릉(寧陵) 자리에 영조의 산릉 자리 결정, 재궁 칠포 가칠, 재궁 전체 가칠, 재궁 상자 친서, 재궁 결과, 상시책보, 개명정, 우조의 조성 완료, 계빈, 계찬궁, 조전(祖奠), 견전, 발인, 봉사(奉辭), 노제, 산릉 성빈, 하현궁, 망곡례, 입주전, 초우제, 반우, 반우지영, 재우제~칠우제, 졸곡제, 연주 제작, 연제, 상제, 담제, 부묘 등의 순서로 진행되었다.

영조의 부묘는 1757년 영조보다 먼저 승하한 정성왕후와 함께 부묘했다. 그리고 정조가 즉위하면서 추존한 신종과 효순왕후, 즉 아들 내외와 같은 날 함께 부묘했으며, 정조가 즉위한 뒤 얼마 지나지 않아 효종의 배향신으로 송시열을 선정하여 영조의 배향신과 함께 공신당에 봉안하게 되면서 여느 국왕들의 부묘보다 절차가 복잡해진 점이 있었다.

그 밖에 영조의 국장 절차에서 몇 가지 특징을 발견할 수 있다. 첫째, 그의 국장이 1758년본『국조상례보편』을 근거로 치른 최초의 사례이자, 국장 전 과정이 이 전례서에서 규정한 조목을 전반적으로 잘 준수했다는 점이다. 다만, 실행하지 않은 의절은「조조의」였고, 이 책에 수록되어 있지 않은「재궁결과후별전」과「개명정후별전」을 실행하려 했다는 점이 주목된다.

둘째, 국장 기간 내『명의록』과『속명의록』으로 대변되는 정치적 사건이 발생하자, 영조-진종-정조로 이어지는 왕위 계승의 정통성을 표방하고 각종 절차가 있을 때마다 신하들이 입시한 가운데 정조가 직접 거행함으로써 취약한 왕권을 직·간접적으로 회복하고자 노력한 점을 들 수 있다.

셋째, 국장 기간 중 국왕을 비롯하여 집권 세력의 정치성이 현저하게 드러나는 부분이 국장 담당자 및 승하한 국왕의 배향 공신의 선정이다. 영조 국장에서는 국장을 총괄하는 총호사의 교체가 빈번했으며, 정조의 의지로 송시열을 효종의 배향신으로 추배하고 노론계 신임의리를 대표하는 김창집을 영조의 배향신으로 선정한 점을 지적할 수 있다.

넷째, 영조·정성왕후가 아들 내외와 같은 날 함께 부묘한 사실이 조선이 건국된 이래 처음이었다는 점이다.

영조의 국장이 다른 국왕의 국장과 달리 여러 가지로 주목되는 점이 없지 않지만 그것은 다른 국왕의 국장과 비교할 때 더 뚜렷하게 드러날 것으로 이해된다. 이보다 앞서 조선후기에 새로이 등장하는 의절을 정리한『국조속오례의』의 의주 하나하나의 유래 및『국조상례보편』에 실려 있지 않은 의절의 시행 이유 등이 선행으로 밝혀져야 할 듯하다.

다음으로 문효세자의 상장 의례와 그 특징에 대해서 살펴보았다. 세자의 예장 절차에 관한 규정이 조선중기까지 마련되지 않았다가 1752년·1758년에 편찬된『국조상례보편』에 처음으로 등록되었다. 이후 조선 왕실의 상장례는 1758년본『국조상례보편』에 따라 치러졌고, 이 전례서에 따라 치른 최초의 소상이 바로 문효세자의 예장이었다. 그렇다고 문효세자의 상장 의례를 추진하면서『국조상례보편』에만 전적으로 의존한 것은 아니었고, 기본적인 규정은『국조상례보편』을 따르되 실제 행례할 때에는 효장세자의 예장을 전례로 삼았다.

문효세자의 예장은 의절 담당자의 직위, 소용되는 물품수, 동원되는 인원수 등을 비롯하여 소렴, 대렴, 성복, 천전, 우제 등 여러 '의례'를 거행할 때 국왕의 국장에 비해 한 등급 낮춰서 진행되었다. 각 의절에 관한 기록이 문헌마다 조금씩 차이가 있어서 현재로서 어떤 문헌이 정확하다고 판단하기는 어렵지만 제3장 제2절에서 날짜별로 살펴본 문효세자의 예장 과정은 관찬 자료와 의궤, 등록, 일기 자료를 일일이 대조해서 정리한 것이다.

관찬 자료는 실제 의례를 시행한 날짜와 당시 벌어진 정치적 상황을 보여주는 데 큰 도움이 되었다. 특히 관찬 자료 가운데 의궤와 유사한 방식으로 상당히 구체적인 내용을 담고 있는 『일성록』을 많이 참조했다. 의궤와 등록, 일기는 어떤 의절의 시행 '시점'을 두고 결과가 아닌 논의의 '과정'을 수록한 경우가 있어서 최종 논의를 알기 위해서는 관찬 자료와의 대조가 반드시 필요했다. 그러나 관찬 자료에 등장하지 않는 내용을 기록함으로써 예장 과정을 풍부하고 생생하게 만드는 장점이 있었다. 가령, 의궤에 수록된 도설과 발인반차도, 혼궁에서 묘소까지 어떤 문로(門路)를 거쳐서 가는지 등등은 의궤 기록을 통해서만 알 수 있기 때문이다.

이들 자료에 근거해서 문효세자의 예장 과정을 '의절'을 중심으로 정리하면 다음과 같다.

1786년 5월 11일 왕세자가 홍진 증세로 인해 홍서했다. 거애, 복, 복후전, 설빙, 궁성 호위, 궐내의 각문 파수, 목욕, 습, 습전, 반함, 빈궁·예장·묘소 세 도감의 도제조 차출, 대·중·소사 정지, 소렴, 소렴전, 영좌 설치, 입명정, 조석전·상식 설행 시작, 요화당으로 빈궁 처소 결정, 영침 설치, 정조시(停朝市), 고사묘, 대렴, 대렴전, 하재실, 성빈, 성빈전, 궁성 호위 철파, 성복, 성복전, 시호 온효 의정, 재실 가칠, 위선당으로 우주의 조성 및 봉안처 결정, 시호 문효 개정, 경기도 고양 율목동으로 묘소 자리 결정, 태령전으로 혼궁 처소 결정, 정조와 혜경궁 공제, 묘호(廟號, 문희)·묘호(墓號, 효창) 결정, 선시, 개명정, 재실 상자 친서, 별전, 재실 결과, 별전, 계찬실고유제, 신주 조성 완료, 사직 기청제, 계찬실전, 별전, 조전(祖奠), 견전, 발인, 노제, 묘소 성빈전, 천전, 하재실, 백관 망곡, 입주전, 초우제, 반우, 재우제, 신백 매안, 삼우제~오우제, 졸곡제, 청 칙사 치제, 소상제, 정조 제복, 대상제, 담제, 입묘 등의 순서로 진행되었다.

이러한 과정을 통해 문효세자의 예장에서 몇 가지 특징을 발견할 수 있다. 첫째, 그의 예장이 1758년본『국조상례보편』을 따라 치른 최초의 예장이라는 점이다. 둘째, 문효세자의 상장 절차는 기본적인 규정은 1758년본『국조상례보편』을 따르되 실제 행례할 때에는 효장세자의 예장을 전례로 삼았다는 사실이다.

셋째, 문효세자의 예장에서 1758년본『국조상례보편』에 실린 규정을 준수하지 않은 항목이「복제」,「조조의」였다.「조조의」는 이보다 앞서 있었던 영조의 국장에서부터 거행하지 않기로 결정하여 크게 문제되지 않았으나「복제」 조항이 문제였다. 정조는 1758년본『국조상례보편』을 따라 '참최삼년복'을 입지 않고『국조속오례의』의 규정을 따라 '자최기년복'을 입었다. 현종대 복제 예송이 이 시기까지 여전히 영향을 미치고 있다는 점을 확인할 수 있었다.

넷째, 1758년본『국조상례보편』에 실려 있지 않은 각종 '전(奠)'을 정조가 직접 주관했다는 사실이다. 이는 정조가 각종 의절을 행할 때마다 대부분 친림함으로써 애틋한 부정(父情)을 드러내고 각 절차마다 매우 신중을 기한 것과 일맥상통하는 내용이다.

문효세자의 상장을 치르는 동안 문효세자의 유모와 그를 치료한 의관에 대한 처벌을 요구하는 목소리가 있었다. 급기야 김종수는 유모와 의관의 결탁, 우의정 김익은 의관과 유모의 잠통(潛通), 경기유생은 독약의 투여를 거론하는 등 문효세자의 죽음이 홍진이 아닌 다른 것으로 돌리면서 역모의 분위기가 조성되었다. 이에 대해 정조는 근거가 명확하지 않은 채 사태가 확산되는 것을 막기 위해 특별한 조치를 취하지 않았고, 그 결과 문효세자의 상장이 끝날 때까지 그의 죽음을 둘러싼 논쟁은 더 확대되지 않은 채 끝났다.

다음으로 의소세손의 상장례와 특징, 그 위상에 대해서 살펴보았다. 세손의 예장 절차에 관한 규정은 조선 말기까지 마련되지 않았다. 그 대신 『국조상례보편』(1752·1758)에 실린 「의소세손상수교」가 있을 뿐이다. 세손의 흉사가 드물게 있어서 의주로 만들지 않았다는 것이 그 이유였다. 따라서 의소세손의 홍서부터 입묘까지 예장의 전반적인 과정은 관찬 자료와 의궤를 통해 정리하는 섯이 유일한 방법이었다.

그 자료에 근거하여 의소세손의 예장 과정을 '의절'을 중심으로 정리하면 다음과 같다.

1752년 3월 4일 창경궁의 통명전에서 세손이 홍서했다. 복, 거애, 목욕, 습, 습전, 함, 영좌 설치, 입명정, 빈궁·예장·묘소 세 도감의 합설, 빈궁·예장·묘소 세 도감의 도제조 차출, 소렴, 소렴전, 대렴, 대렴전, 성빈, 성빈전, 조석전 및 상식, 성복, 성복전, 재실 가칠, 교명·책·인의 도감 봉하, 외재실 묘소 배진, 하외재실, 시책인 내입(內入), 사시습의, 시책인 내출(內出), 사시빈궁·개명정 고유전, 사시빈궁, 개명정, 영조의 재실 상자 친서, 재실 결과, 별전, 계찬실고제, 계찬실전, 계찬실, 별전, 조전(祖奠), 견전, 발인, 곡림 및 망곡례, 노제, 묘소 성빈, 계찬실, 천전, 하현실, 곡림 및 망곡례, 신주 제식, 입주제, 반우, 곡림 및 망곡례, 초우제, 재우제, 삼우제, 사우제, 오우제, 졸곡제, 혼백 매안, 소상제, 대상제, 담제, 입묘 등의 순서로 진행되었다.

이 의절들은 다음과 같은 공간에서 진행되었다. 홍서부터 대렴까지는 통명전에서, 성빈부터 발인 직전까지는 숭문당[빈궁]에서, 발인부터 묘소까지는 궐 안과 양주의 안현에서, 초우제부터 담제까지는 강서원[혼궁]에서, 입묘는 창의궁에서 거행되었다. 발인부터 묘소까지의 공간을 제외하면 모두 궁궐에서 거행되었다. 궁궐 안팎에서 거행된 상장례 공간의 이러한 패턴은 영조 국장이나 문효세자의 예장에서도 그러했고, 다른 국장이나 세자·세자빈의 예장에서도 거의 동일했다.

한편, 의소세손의 예장은 의식절차, 상장에 사용한 용어, 주요 의절을 거행한 '시점' 등 세 방면에서 국왕의 국장보다는 세자의 예장에 가까웠다. 다만, 세자 예장과의 가장 큰 차이는 모든 의물(儀物)의 제도, 규격, 수효를 줄인 점을 들 수 있다. 이를 통해 국왕 국장과 세자 예장은 의절·용어·행례 시점 등에서 신분의 차이를 분명하게 노정했으나 세자와 세손의 예장은 의물 이외에는 상당히 유사함을 알 수 있었다.

의소세손의 예장은 의절 방식, 물품의 조성 등 여러 부면에서 무신년에 있었던 효장세자의 예장을 참고했다. 간혹 1718년에 있었던 단의빈의 상이나 1751년에 있었던 현빈의 상을 참고하기도 했다. 그렇다면 의소세손의 예장이 세자나 세자빈의 위상에 맞게 치러졌다고 생각할 수 있으나 영조는 세자와 세자빈, 세손의 위상을 분명하게 구분지었다. 세자와는 차등을 두어야 하고, 세자빈과는 내외(內外)의 차이가 있어야 한다는 것이 영조의 생각이었다.

만장의 축수(軸數), 행상(行喪)할 때 배종(陪從)하는 사람, 진향하는 주체 등에서 효장세자의 아래, 효순현빈의 위에 그를 위치지웠다. 영조는 대부분의 전교에서 무신년(효장세자)에 비해 차등을 두어야 한다고 했고, 의물의 규격을 줄인다거나 그 수를 감하는 기사가 곳곳에서 확인된다. 그에 따라 의소세손의 예장은 세자의 예장보다는 등급을 낮추어 진행되었다. 다만, 만장·배종인·진향의 예에서 볼 수 있듯이 세자빈보다는 높게 위치지웠다.

국왕 국장과 세자 예장도 그것을 시행하는 시대마다, 또 상장을 주관하는 사람에 따라 조금씩 차이를 보여서 각각의 사례 연구를 수행할 때 좀 더 분명해진다. 그러할진대 세손의 상장례는 의소세손이라는 한 명의 인물을 통해 파악해야 한다는 한계를 노정할 수밖에 없다. 하지만 의소세손 상장 과정을 처음으로 소개하고, 또 이를 국왕 국장, 세자 예장과 비교한 것은 그 자체만으로도 큰 의미를 부여할 수 있다.

영조, 문효세자, 의소세손의 상장 과정을 통해 국장과 예장에서 드러난 신분적 위계를 여러 방면으로 파악할 수 있었다. 이는 18세기 왕실 상장례의 정비가 일단락되면서 편찬된『국조상례보편』을 근거로 전개되었다. 한마디로 말한다면 국장이든 예장이든 어느 정도 패턴이 정해진 상태에서 그것에 각각의 사례를 대입하여 각각의 과정과 특징을 살펴본 결과이다. 물론 이 시기에는 관련 자료가 풍부해서 다른 시기에 비해 연구가 용이하다는 점도 처음에 왕실 상장례를 연구하게 된 필자의 의도이기도 하다.

결과적으로 신분에 따라 각 의절을 거행하는 시점과 횟수가 다르고, 용어가 다르고, 의물의 수와 규모가 다르고, 동원되는 사람의 지위와 사람수가 다르다는 점 등 여러 면에서 조선이 유교적 신분질서에 따른 예법 질서가 사회 전반에 걸쳐 있는 국가라는 것을 확인할 수 있었다. 흉례가 다른 의례에 비해 신분적 차별성이 더 강하게 드러나는 측면이 있음도 예상을 확신으로 만들어 준 계기가 되었다.

마지막으로 세 상장례를 마치면서 느끼는 한계 및 향후 바라는 바를 제시하고자 한다. 첫째, 각 국장과 예장의 절차에 관한 것이다. 하나의 국가 전례서를 주요 텍스트로 삼았기에 영조 국장은 국장대로, 문효세자 예장은 예장대로 정례화된 상장례를 보였다. 세손은 의소세손이 유일하므로 다른 사례를 보지 못한 아쉬움이 있지만 아마 세손의 홍서가 더 있었다면 의소세손의 예장에서 벗어나지 않았을 것으로 사료된다.

그럼에도 세세하게 들여다본다면 각 국장이나 예장에서도 분명 차이가 있을 것이다. 본서에서 영조와 문효세자, 의소세손을 사례로 들어서 전체 논지를 전개했기 때문에 다른 국왕의 국장이나 세자·세손의 예장과 비교하지 못한 것이 한계이자 단점이다. 또 그로 인해 이들의 상장례가 더 뚜렷하게 부각되지 못한 측면도 있을 것이다. 본서에서 다루지 못한 여러 국장과 예장 관련 사례는 앞으로의 연구 과제라고 생각한다.

둘째, 영조 국장, 문효세자 예장, 의소세손 예장에서 모두 공통적으로 드러난 점이다. 참고한 여러 문헌의 기록이 서로 일치하지 않고 차이를 보이는 경우가 많다는 점이다. 각 의절을 거행할 때마다 날짜가 일치하지 않거나 시각이 맞지 않는 경우가 많아서 자료마다 일일이 대조해야 하는 경우가 상당했다. 조선시대에는 각 의절을 거행할 때마다 날짜와 시각을 매우 중요하게 여겼고, 길한 일시(日時)를 찾기 위해 관상감에서 심혈을 기울였다.

18세기는 그 이전 시기인 조선전기나 중기에 비해 참고할 문헌이 많아 연구하기에 용이한 시기라는 점이 장점임에 틀림없다. 그 자료들이 각각 보완이 되어서 내용을 풍부하게 만들어주는 점 또한 연구자로서는 매우 반가운 일이다. 다만, 여러 자료들이 같은 내용을 싣고 있으면서도 약간의 차이를 노정할 때 풍부한 자료는 고통을 배가시키기도 한다. 그때 문헌 자료 자체의 검토가 선행되어 있다면 문제될 것이 없지만 그렇지 않을 때에는 어떤 자료를 선택해야 하는가의 고민이 따른다.

실록과 『승정원일기』, 『일성록』은 1차 자료, 2차 자료라는 자료의 성격을 알기에 기록간의 차이에 대해 어느 정도 이해할 수 있다. 하지만 거의 동일한 시기에 편찬된 국장·예장도감의궤, 빈전·빈궁도감의궤, 혼전·혼궁도감의궤, 산릉·원소·묘소도감의궤는 왜 날짜나 시각에서 차이가 나는가 하는 점이다. 그렇다고 등록이나 일기류의 기록에서도 차이가 나지 않는 것은 아니다.

문제는 그러한 상황에서 어떤 문헌이 정확하다고 판단하기 어렵다는 사실이다. 본문 중 제2장 제2절, 제3장 제2절, 제4장 제2절에서는 관찬 자료와 의궤, 등록 자료를 일일이 대조해서 정리한 내용이지만 문헌상의 기록 차이를 일일이 본문에서 표시하기 어려울 때에는 각주로 처리하기도 하고, 마지막에 도표를 작성하여 각 문헌마다 차이를 보이는 곳을 모두 제시하는 방법을 썼다. 앞으로 조선후기 문헌 자료의 성격에 대한 진지한 토론이 이루어지길 바란다.

셋째, 상장례를 연구하면서 '의식 절차'가 중요한 것은 두말할 나위가 없지만 의궤에 수록된 많은 비단류, 빈전·빈궁, 혼전·혼궁, 산릉·원소·묘소 일곽의 건축물과 석물 등등에 대해서는 본서에서 구체적으로 다루지 못했다. 이는 학제간 공동 연구가 이루어질 때 가능할 것이다.

관찬 자료 및 옛 전적을 소장하고 있는 서울대학교 규장각한국학연구원, 한국학중앙연구원 장서각, 국사편찬위원회, 국립중앙도서관, 국립중앙박물관, 국립고궁박물관 등에서 대부분의 자료를 웹상에 공개하고 있다. 이는 여러 학문 분야에서 학제간 융합연구를 통한 연구 방법의 다양화와 연구의 질을 향상시킬 수 있는 바탕이 된다. 앞으로 각 분야의 제현들과 함께 융합학을 통한 조선시대 왕실 상장례 연구가 이루어지기를 기대한다.

넷째, 국왕 국장과 세자·세손 예장 이외의 상장례에 관한 연구이다. '조선 왕실의 상장례'라는 큰 범위에는 이들 이외의 여러 신분에 속한 사람들의 상장례도 들어간다. 왕후, 세자빈, 세손빈, 공주, 대원군, 후궁, 군(君), 대군(大君) 등을 포함할 때 진정한 왕실의 상장례라고 할 수 있다. 본서가 왕실의 구성원 중 남자를 중심으로 다루어서 다음에 이어지는 저서는 조선 왕실 여성의 상장례가 되기를 바란다.

조선시대 여성의 지위는 남편에 의해 결정되었다. 그 밖에도 남편이라는 존재의 여부에 적지 않은 영향을 받았는데, 왕실의 상장례 역시 대표적으로 손꼽을 수 있는 부분이다. 남편의 생존 여부에 따라 기혼 여성의 상기(喪期)가 일정하지 않았던 것이다. 남편보다 앞에 죽으면 1년상을 하고, 뒤에 죽으면 3년상을 치렀다. 왕후도 국왕보다 먼저 승하한 왕후와 그렇지 않은 왕후, 세자보다 먼저 훙서한 세자빈과 그렇지 않은 세자빈은 상기가 달랐다. 따라서 본서를 이어서 다음 과제는 이들에 대한 연구가 이루어져야 할 것이다.

마지막으로 한국 역사에 있어서 연속성에 대한 문제이다. 우리나라는 전통시대에서 현대에 이르기까지 일제강점기와 한국전쟁기를 거치면서 역사의 단절을 겪었다. 그 때문에 해방 이후 1960년대에 이르기까지 국가적 차원에서 거행된 국장은 기록이 제대로 남아 있지 않고, 1960년 이후 '국장'과 '국민장'이라는 새로운 방식의 상장 절차까지 등장했다. 역사는 과거와 현재의 대화라고 했던 E.H. Carr의 말이 떠오른다.

본서를 계기로 조선시대만이 아니라 현대에 이르기까지 왕실과 주석(김구), 대통령 등 주요 인물의 상장 의례를 살핀다면 과거와 현재의 단절을 극복하는 한 방편이 될 것으로 기대한다.

주

참고문헌

찾아보기

주

서론

1 중국 황실과 고려 왕실의 국장에 대해서는 이현진, 2011(c)「조선시대 종묘의 부묘 의례와 성격」『서울학연구』43, 2장 2절 참조.

2 『禮記集說大全』卷2, 曲禮下2 (元 陳澔 註. 이하 같음) "天子死曰崩 諸侯曰薨 大夫曰卒 士曰不祿 庶人曰死."

3 『國朝喪禮補編』(奎 3940) 凡例. 이하 서울대학교 규장각한국학연구원 소장 자료는 모두 '奎'자를 붙여 표기했다.

4 이현진, 2013(a)「1789년(정조 13) 永祐園에서 顯隆園으로의 遷園 절차와 의미」『서울학연구』51, 4장 참조.

5 이현진, 2015「순조대 惠慶宮의 喪葬 의례와 성격」『朝鮮時代史學報』74, 3~4장 참조.

6 정1품 후궁에게도 재실, 외재실, 찬실이라는 용어를 사용한 사례가 있는데 바로 정조의 후궁이자 순조의 생모인 수빈 박씨의 상장례이다. 이현진, 2016(b)「조선후기 綏嬪 朴氏의 喪葬 의례와 성격」『朝鮮時代史學報』76, 2장과 3장 2절 참조.

7 『仁祖實錄』卷46, 仁祖 23年 4月 庚辰(28).

8 부묘 · 부궁 · 입묘의 정의와 각각의 사례는 이현진, 2011(c) 앞의 논문 2장 1절; 이현진, 2015『왕의 죽음, 정조의 국장』, 글항아리, 263~265쪽 참조.

9 수빈은 학계에서 일반적으로 '수빈'이라 일컫고, 또 이 칭호가 가장 널리 알려져 있다. 그런데 한국학중앙연구원 장서각에 한문본과 한글본이 동시에 남아 있는「進香文」이라는 자료를 통해, 수빈이 아니라 '유빈'이라고 한 기록이 발견되었다. 그에 따라 필자는 이현진, 2015 위의 책에서 '유빈'이라 썼다. 그러다가 최근 논문을 작성하면서 유빈이라고 한 자료가 더 발견되어 유빈이 학계에서 통용되기 전까지 수빈이라 칭하기로

하여[이현진, 2016(b) 앞의 논문, 168쪽], 본서에서도 수빈이라 일컫고자 한다.

10 安浩龍, 1989『朝鮮前期 喪制의 變遷과 그 社會的 意味』, 고려대학교 사회학과 박사학위논문; 鄭鍾秀, 1994『朝鮮初期 喪葬儀禮 硏究』, 중앙대학교 사학과 박사학위논문.

11 송지원, 2009「국왕 영조의 국장절차와『국조상례보편』」『朝鮮時代史學報』51.

12 安晞材, 2009『朝鮮時代 國喪儀禮 硏究 -國王國葬을 중심으로-』, 국민대학교 국사학과 박사학위논문.

13 * 역사학 방면에서의 연구 성과는 다음과 같다.

鄭鍾秀, 1994『朝鮮初期 喪葬儀禮 硏究』, 중앙대학교 사학과 박사학위논문.

김세은, 2004「순조 15년(1815) 惠慶宮 洪氏의 薨逝와 顯隆園 合祔」『奎章閣』27.

김남윤, 2008「『昭顯乙酉東宮日記』로 본 昭顯世子의 죽음」『奎章閣』32.

나종면, 2008「소현세자의 죽음과 장례절차」『東方學』(한서대 동양고전연구소) 14.

송지원, 2009「국왕 영조의 국장절차와『국조상례보편』」『朝鮮時代史學報』51.

安晞材, 2009『朝鮮時代 國喪儀禮 硏究 -國王國葬을 중심으로-』, 국민대학교 국사학과 박사학위논문.

李迎春, 2010「英祖의 生母 淑嬪 崔氏의 喪葬禮 -『戊戌苫次日記』를 중심으로-」『朝鮮時代史學報』52.

이현진, 2011(a)「순조의 장녀 明溫公主의 喪葬 의례 -『明溫公主房喪葬禮謄錄』을 중심으로-」『朝鮮時代史學報』56.

이현진, 2011(d)「정조 초 영조의 國葬 절차와 의미」『泰東古典硏究』27.

이현진, 2012「정조대 文孝世子의 喪葬 의례와 그 특징」『奎章閣』40.

安晞材, 2012「19세기 朝鮮 國王國葬에 관한 연구 -純祖 · 憲宗 · 哲宗國葬을 중심으로-」『한국학논총』(국민대 한국학연구소) 37.

이현진, 2014(b)「영조대 의소세손(懿昭世孫)의 예장(禮葬)과 그 성격」『韓國思想史學』46.

양정현, 2014「조선 초기 원경왕후 喪葬禮 의식과 그 특징」『역사민속학』45.

이지훈, 2014「조선 세종 국상의 의식 구성과 진행」『역사민속학』45.

석창진, 2014「조선 世宗妃 昭憲王后 國喪儀禮와 그 의미」『역사민속학』45.

조용철, 2014「朝鮮 世祖代 懿敬世子 喪葬禮 구성과 특징」『역사민속학』45.

최나래, 2014「조선 초기 세조 국상 연구」『역사민속학』45.

석창진, 2015「조선 초기 유교적 국상의례의 거행양상과 그 특징」『한국사학보』58.

이현진, 2015『왕의 죽음, 정조의 국장』, 글항아리.

이현진, 2015「순조대 惠慶宮의 喪葬 의례와 성격」『朝鮮時代史學報』74.

이현진, 2016(a)「조선후기 세자빈 禮葬 의례와 그 특징 -賢嬪의 예장을 중심으로-」『한국문화』73.

이현진, 2016(b)「조선후기 綏嬪 朴氏의 喪葬 의례와 성격」『朝鮮時代史學報』76.

* 건축학 방면에서의 연구 성과는 다음과 같다.

丁裕美, 2000「朝鮮時代 궁궐의 喪 · 葬禮공간에 관한 硏究」, 고려대학교 건축공학과 석사학위논문.

윤정현, 2000「朝鮮時代 原廟制 정비와 便殿의 魂殿 및 殯殿 설치」, 한국건축역사학회 춘계학술발표대회 논문집.

申智惠, 2010『조선 숙종대 왕실 喪葬禮 設行공간의 건축특성 - 빈전 · 산릉 · 혼전을 대상으로-』, 경기대학교 건축공학과 박사학위논문.

신지혜, 2011「조선 후기 大妃의 喪葬禮 참여확대와 의례공간의 변화」『藏書閣』26.

신지혜, 2012「조선후기 산릉의 여성공간, 나인가가(內人假家)의 변화에 관한 연구」『건축역사연구』제21권 5호 통권84호.

조재모, 2013「조선시대 국장의 절차와 공간이용 -정조 국장을 중심으로-」『大韓建築學會論文集: 計劃系』제29권 제2호(통권292호).

14 이현진, 2012 앞의 논문, 122~123쪽; 조재모, 2013 앞의 논문, 178~180쪽.

15 궁가에 대해서는 다음의 논저가 참조된다.

주남철, 2003『궁집』, 일지사.

정정남, 2009「조선후기 宮家의 공간구성 및 배치 -각종 家屋圖形의 분석을 통하여-」, 한국건축역사학회 추계학술발표대회 논문집.

정정남, 2010「효종대 仁慶宮內 宮家의 건립과 그 이후 宮域의 변화」『서울학연구』39.

주남철, 2011「조선시대 청평위궁(淸平尉宮)의 기초적 연구」『大韓建築學會論文集: 計劃系』제27권 제7호(통권273호).

이현진 · 박희용, 2013「조선 정조대 文禧廟의 건립과정과 공간구성」『奎章閣』42.

16 이현진 · 박희용, 2013 위의 논문; 박희용 · 이현진, 2014「영조대 懿昭世孫의 禮葬을 통해 본 창경궁 내외의 동선과 宮家의 공간구조」『奎章閣』45.

17 『正祖實錄』卷14, 正祖 6年 9月 辛丑(7).

18 영조는 1694년(숙종 20) 9월 20일에 태어났고[『肅宗實錄』卷27, 肅宗 20年 9月 乙酉(20)], 정조는 1752년(영조 28) 9월 22일에 태어났다[『英祖實錄』卷77, 英祖 28年 9月 己卯(22)].

19 문효세자의 왕세자 책봉 과정은『文孝世子冊禮都監儀軌』(奎 13200) 참조.

20 구덕회, 2002「『各司受教』 해제」『各司受教: 조선중기 새 법령 모음』, 청년사, 8쪽.

21 의소세손 흉례 관련 의궤는 현재 세 기관에 분산되어 있다. 국립중앙박물관에 『懿昭世孫禮葬都監儀軌』와 『懿昭世孫墓所都監儀軌』가, 서울대학교 규장각한국학연구원에 『懿昭世孫殯宮魂宮兩都監儀軌』와 『懿昭廟營建廳儀軌』가, 한국학중앙연구원 장서각에 『懿昭世孫宮禮葬儀軌』가 각각 소장되어 있다.

제1장

1 신의왕후는 조선의 제2대 국왕 정종이 즉위한 뒤 얼마 지나지 않아서 왕후로 추존되었다[『太祖實錄』 卷15, 太祖 7年 11月 癸未(11)]. 1398년(태조 7) 9월에 정종이 즉위했기 때문에 11월은 정종의 재위 시절이다.

2 정릉에서 1397년(태조 6) 1월 3일에 장례를 치렀다[『太祖實錄』 卷11, 太祖 6年 1月 丙辰(3)]. 무덤에서 치르는 장례는 승하한 지 5개월째 되는 달에 행한다는 규정에는 부합하지 않으나 5개월째 되는 달에 길일이 없을 경우 그 다음달에 장례를 치르기도 하기에 이는 크게 문제되지 않는다고 볼 수 있다.

3 安晞材, 2009『朝鮮時代 國喪儀禮 硏究 -國王國葬을 중심으로-』, 국민대학교 국사학과 박사학위논문, 21~26쪽.

4 『儀禮注疏』 卷30, 喪服11 (十三經注疏 整理本, 2000, 北京大學出版社).

5 『太祖實錄』 卷14, 太祖 7年 8月 丙辰(13).

6 『太宗實錄』 卷15, 太宗 8年 5月 壬申(24).

7 『朱子家禮』(奎중 311) 卷4, 喪禮 (宋 朱熹 註. 이하 같음).

8 『中宗實錄』 卷38, 中宗 15年 3月 甲午(6).

9 『禮記集說大全』 卷5, 王制5; 『禮記集說大全』 卷10, 禮器10; 『禮記集說大全』 卷20, 雜記下21.

10 『禮記集說大全』 卷20, 雜記下21 "士三月而葬 是月也卒哭 大夫三月而葬 五月而卒哭 諸侯五月而葬 七月而卒哭 士三虞 大夫五 諸侯七."

11 『朱子家禮』(奎중 311) 卷6, 喪禮3「祔」.

12 『太宗實錄』 卷16, 太宗 8年 9月 庚申(15). 조선시대 국상에 있어서 '고부' 절차의 생략에 대해서는 유영옥, 2012「조선시대 國喪의 '告祔' 생략에 대한 一考」『한국민족문화』 45 참조.

13 권근의 『예기천견록』 편찬 경위와 그의 禮論에 관해서는 姜文植, 2002「『禮記淺見錄』의 편찬 경위와 權近의 禮論」『奎章閣』 25; 2008『권근의 경학사상 연구』, 일지사, 2장

참조.

14 『太宗實錄』 卷15, 太宗 8年 5月 丁卯(19).

15 상복색 제조는 1408년 5월 24일[『太宗實錄』 卷15, 太宗 8年 5月 壬申(24)]에, 국장도감 제조는 그해(1408) 8월 5일[『太宗實錄』 卷16, 太宗 8年 8月 庚辰(5)]에 각각 임명되었다.

16 『太宗實錄』 卷19, 太宗 10年 6月 丙辰(21).

17 『太宗實錄』 卷23, 太宗 12年 6月 戊寅(25).

18 『世宗實錄』 卷5, 世宗 1年 9月 己巳(27) · 10月 庚辰(9) · 10月 壬辰(21) · 10月 甲午(23).

19 『世宗實錄』 卷8, 世宗 2年 7月 丙子(10) · 丁丑(11); 『世宗實錄』 卷9, 世宗 2年 9月 壬午(17) · 癸未(18).

20 정안왕후는 『太宗實錄』 卷23, 太宗 12年 6月 戊寅(25); 『太宗實錄』 卷24, 太宗 12年 8月 庚申(8) 참조. 원경왕후는 『世宗實錄』 卷8, 世宗 2年 7月 丙子(10); 『世宗實錄』 卷9, 世宗 2年 9月 壬午(17) 참조.

21 『世宗實錄』 卷16, 世宗 4年 5月 己巳(13).

22 조선전기 국왕과 왕후의 상장 과정을 도표로 정리한 池斗煥, 1994 『朝鮮前期 儀禮硏究 -性理學 正統論을 中心으로-』, 서울대출판부, 〈附錄 4〉 참조.

23 『세종실록오례』의 체제와 내용에 대한 두 단락은 이현진, 2014(a) 「정조대 국가전례서의 편찬과 그 성격 -『국조오례통편』과 『춘관통고』의 「흉례」를 중심으로-」 『영 · 정조대 문예중흥기의 학술과 사상』, 한국학중앙연구원 출판부, 146~147쪽 참조.

24 『世宗實錄五禮』 卷134, 凶禮序例 "(註) 凡圖形 已見於上者 略之."

25 『世宗實錄五禮』 卷134, 凶禮序例 「吉仗」 "(註) 見嘉禮鹵簿."

26 『國朝五禮序例』 卷5, 凶禮 「明器圖說」 "(註) 明器 象似生時而作 但麤惡而小耳 其曰明器 神明是也."

27 『國朝五禮序例』 卷5, 凶禮 「服玩圖說」 "(註) 體制半於平時 其圖形見於吉禮者 或易知者 今皆畧之 其說著于後 ○衣襨用布帛尺 木器用周尺."

28 『正祖國葬都監儀軌』(二)(奎 13634) 二房儀軌 服玩秩 "(註) 尺數用常制五分之一."

29 『世宗實錄五禮』 卷129, 吉禮儀式 「親祫宗廟儀」 · 「祫享宗廟攝事儀」.

30 池斗煥, 1994 앞의 책, 〈附錄 4〉 참조.

31 『國朝續五禮儀』 「進國朝續五禮儀箋」.

32 『國朝續五禮儀』 凡例 "一 原書中名目儀節 或古今有殊 或因革不同【(註) 如景福宮之爲昌德宮奉禮之爲相禮之類】 而不可於原書輒犯手勢 故別爲辨証一篇 名以考異

錄於序例之後 以便攷据."

33 『國朝喪禮補編』(奎 3940) 凡例 "一 五禮儀 只擧大喪 而內喪則略以註見 …."

34 현재 1752년본 『국조상례보편』은 서울대학교 규장각한국학연구원에 〈奎 1339〉, 〈奎 1341〉, 〈奎 3596〉 등 3본이, 한국학중앙연구원 장서각에 〈藏 K2-2926〉본이 소장되어 있다. 본서에서는 〈奎 1339〉본을 주요 텍스트로 활용했다. 이하 장서각 소장 자료는 모두 '藏'자를 붙여 표기했다.

35 영조대 왕실 상장례의 정비와 『국조상례보편』의 편찬에 대해서는 이현진, 2011(b) 「영조대 왕실 喪葬禮의 정비와 『國朝喪禮補編』」 『韓國思想史學』 37 참조. 『국조상례보편』이 영조가 주자예학을 따르지도, 國制에 기대지 않고 영조 스스로의 기준, 곧 '尊王的' 기준을 내세워 그가 창설한 新禮들을 많이 등재한 전례서로 보는 견해가 있다[鄭景姬, 2002 「英祖의 禮學」 『奎章閣』 25, 205~207쪽; 정경희, 2003 「1786년(정조 10) 文孝世子喪과 《文孝世子墓所都監儀軌》」 『규장각 소장 의궤 해제집』(서울대학교 규장각) 1, 423쪽]. 영조대 '존왕적' 경향과 그로 인해 새로 창설한 새로운 신례들이 『국조상례보편』에 많이 반영된 점은 부인할 수 없다. 하지만 『국조상례보편』 또한 『국조오례의』를 바탕으로 했고 그에 따라 『국조오례의』에서 『국조상례보편』까지 전례서마다 의례의 변화를 일일이 검토하는 작업을 수반할 때 그러한 성격이 좀 더 뚜렷하게 드러날 것이라 생각된다.

현재 1758년본 『국조상례보편』은 규장각에 〈奎 165〉, 〈奎 1010〉, 〈奎 1153〉, 〈奎 3940〉, 〈奎 7921〉 등 5본이, 장서각에 〈藏 K2-2927〉, 〈藏 K2-2928〉, 〈藏 K2-2929〉, 〈藏 K2-2930〉, 〈藏 K2-2931〉 등 4본이 소장되어 있다. 본서에서는 〈奎 3940〉본을 주요 텍스트로 활용했다.

36 이현진, 2011(b) 위의 논문, 145쪽.

37 이현진, 2011(b) 위의 논문, 148~151쪽 〈부표〉 참조. 각 전례서의 조목명은 각 전례서의 '목차'에 수록된 조목명이 아닌 본문 속 조목명을 따라 기입했다. 목차에 수록된 조목명이 실제 본문 속에 기록된 것과 다른 것이 있고, 본문 속 조목명이 그보다 앞서 편찬된 국가전례서의 조목명에서 변화된 측면을 담고 있어서이다. 또 국장 절차를 위주로 하므로 『국조오례의』의 경우 「爲皇帝擧哀儀」 이하 4조목과 「爲外祖父母擧哀儀」 이하 19조목 및 『속오례의』의 「王妃爲父母喪服制」 1조목은 도표에서 제외시켰다[『國朝五禮儀』 卷7 · 8, 凶禮; 『國朝續五禮儀』 卷5, 凶禮 「王妃爲父母喪服制」(大王大妃王大妃王世子嬪爲父母同)].

38 『세종실록오례』의 목차에는 '告社廟'라고 되어 있고, 내용에도 大臣을 사직 · 영녕전 · 종묘에 보내어 고한다고 되어 있으므로(『世宗實錄五禮』 卷134, 五禮 凶禮儀式)

‘고사묘’가 타당할 듯하다. 다만, ‘목차’가 아닌 본문 속 조목명을 따른다고 언급했기 때문에 본 도표에 ‘고종묘’라고 기입했다.

39 『세종실록오례』의 목차에는 ‘小斂’이라고 조목명이 쓰여 있으나 본문에는 조목명이 쓰여 있지 않아(『世宗實錄五禮』 卷134, 五禮 凶禮儀式) 본 도표에 ‘[小斂]’으로 표기해 넣었다.

40 『세종실록오례』의 목차에는 ‘성빈’ 다음에 ‘奠’이라는 조목명이 쓰여 있으나 본문에는 조목명이 누락되어 있어 본 도표에는 ‘[奠]’으로 기입했다.

41 ‘內喪請謚宗廟儀’가 별도의 조목으로 만들어지지 않고 ‘請謚宗廟儀’ 안에 들어가 있다. 곧, 原儀의 註 끝에 붙어 있다[『國朝喪禮補編』(奎 3940) 凡例].

42 內喪의 ‘上謚冊寶儀’는 별도의 조목으로 만들어지지 않고, 大喪의 ‘上謚冊寶儀’ 안에 들어가 있다. 곧, 原儀의 註 끝에 붙어 있다[『國朝喪禮補編』(奎 3940) 凡例].

43 「영가지능소봉안의」라는 의주가 생긴 이유 및 『속오례의』 이후 편찬된 국가전례서에 항목으로 잡히지 않은 이유 등에 대해 구체적으로 언급한 문헌이 찾아지지 않는다. 『춘관통고』에도 이 의주를 수록하고 있을 뿐[『春官通考』(下)(성균관대학교 대동문화연구원 영인본, 1975~1977. 이하 같음) 卷91, 凶禮 「靈駕至陵所奉安儀」(續儀)] 그 밖에 특별한 설명이 없다. 발인, 산릉 정자각에 도착, 하현궁하는 절차 속에 「영가지능소봉안의」가 들어가고, 혹은 ‘천전의’ 만으로 충분했기에 『속오례의』 이후 국가전례서에서 사라진 것이 아닌가 추정된다.

44 우제는 ‘하현궁, 입주전, 반우’한 뒤 궁궐 안에 마련된 혼전에서 지내는 것이 일반적인데 산릉에서 우제를 지내야 할 경우 국왕이 망곡하는 의식은 「下玄宮時望哭儀」와 같았다. 1758년본 『국조상례보편』에도 그와 같은 설명이 있기에[『國朝喪禮補編』(奎 3940) 卷2, 下玄宮時望哭儀 “(註) 續儀 虞祭 若行於山陵 則望哭儀同”], 「山陵虞祭時望哭儀」라는 조목을 추가했고, 그로 인해 [ ]로 표기했다. 그리고 입주전과 반우 사이에 「山陵虞祭時望哭儀」를 거행하므로 ‘입주전’과 ‘반우’ 사이에 넣었다.

45 원서에 없었던 ‘哭及’ 두 글자를 조목명에 추가해 넣으면서 ( )로 표시해서 변화한 부분을 드러냈다.

46 원서에 없었던 ‘哭及’ 두 글자를 조목명에 추가해 넣었다.

47 원서에 없었던 ‘哭及’ 두 글자를 조목명에 추가해 넣으면서 ( )로 표시해서 변화한 부분을 드러냈다.

48 이현진, 2011(b) 앞의 논문, 139~141쪽.

1 『書經』 卷11, 周書「顧命」(宋 蔡沈 註) "王曰 嗚呼 疾大漸惟幾 病日臻 旣彌留 恐不獲誓言嗣 玆予審訓命汝 (註) 此下 成王之顧命也 自嘆其疾大進惟危殆 病日至 旣彌甚而留連 恐遂死 不得誓言以嗣續我志 此我所以詳審發訓命汝 統言曰疾 甚言曰病."

2 『列聖誌狀通紀』(三) 卷22(上), 英宗至行純德英謨毅烈章毅弘倫光仁敦禧體天建極聖功神化大成廣運開泰基永堯明舜哲乾健坤寧翼文宣武熙敬顯孝大王「行狀」(今上二年戊戌), 한국정신문화연구원 영인본, 2003년, 566쪽. 이하 같음.

3 『承政院日記』 英祖 52年 3月 5日(丙子) "丙申三月初五日卯時 上大漸于慶熙宮之集慶堂."

4 영조의 승하 직전부터 승하까지의 세 단락은『承政院日記』 英祖 52年 3月 4日(乙亥);『英祖實錄』 卷127, 英祖 52年 3月 甲戌(3);『日省錄』 正祖 卽位年 3月 4日(乙亥) 참조.『영조실록』에 기록된 날짜가『승정원일기』와『일성록』에 기록된 것과 다르다.

5 『[孝章世子]喪變時謄錄』(奎 13009) 初終 "戊申十一月十六日亥時 孝章世子薨逝于昌慶宮之進修堂."

6 『思悼世子禮葬都監儀軌』(上)(奎 13605) [時日] "王世子 壬午閏五月二十一日子時薨逝于昌慶宮."

7 『承政院日記』 英祖 52年 3月 5日(丙子);『英祖實錄』 卷127, 英祖 52年 3月 丙子(5).

8 『日省錄』 正祖 卽位年 3月 5日(丙子);『承政院日記』 英祖 52年 3月 5日(丙子);『英祖實錄』 卷127, 英祖 52年 3月 丙子(5)를 참조하여 작성했다.

9 『英祖殯殿都監儀軌』(奎 13584의 1) 儀註「復儀」.

10 『英宗大王國恤謄錄』(藏 K2-2986) 丙申初九日卯時 "奉入于資政殿 … 梓宮望 雲字梓宮 騰字梓宮 陽字梓宮";『英祖殯殿都監儀軌』(奎 13584의 1) 三房儀軌「治椑諸具」"梓宮【(註) 雲字落點】."

11 『仁祖實錄』 卷46, 仁祖 23年 4月 庚辰(28) "蓋梓者 木之美稱 而宮者 象生時所處而言也."

12 『承政院日記』 英祖 52年 3月 5日(丙子).

13 국립고궁박물관, 2016『조선왕릉, 왕실의 영혼을 담다』, 국립고궁박물관, 30쪽.

14 칠성판에 대해서는 이현진, 2015 앞의 책, 113쪽.

15 『日省錄』 正祖 卽位年 3月 5日(丙子);『承政院日記』 英祖 52年 3月 5日(丙子);『英祖實錄』 卷127, 英祖 52年 3月 丙子(5).

16 『承政院日記』 英祖 52年 3月 5日(丙子).

17 『國朝五禮序例』 卷5, 凶禮 斂殯圖說.

18 『國朝喪禮補編』(奎 3940) 圖說 ○靈座「神帛」“(註) 束帛卽古制 而因受敎 近用俗制 幷著圖說.”

19 『國朝喪禮補編』(奎 3940) 圖說 ○靈座「靈座交椅」(所以安神帛函者) “交椅 … 唐朱漆【(註) 成殯後倭朱漆】.”

20 『國朝喪禮補編』(奎 3940) 圖說 ○靈座「幄」(所以設於高欄牀上者) “幄【(註) 俗名滿頂 其機滿頂骨 其覆滿頂巾】制如日傘 殺其半如半月形 ….”

21 『國朝喪禮補編』(奎 3940) 圖說 ○靈座「高欄平牀」“(註) 所以安靈座交椅者.”

22 『英祖殯殿都監儀軌』(奎 13584의 1) 儀註「小斂儀」.

23 『國朝喪禮補編』(奎 3940) 卷1, 銘旌.

24 『英祖殯殿都監儀軌』(奎 13584의 1) [圖說]「銘旌圖」; 『英祖殯殿都監儀軌』(奎 13584의 1) [時日]; 『英祖殯殿都監儀軌』(奎 13584의 1) 三房儀軌「銘旌諸具」; 『承政院日記』 正祖 卽位年 7月 28日(丁酉). 그런데 『영조빈전도감의궤』의 「의주」 항목에는 ‘大行王梓宮’이라 하여, 일반적인 국왕의 명정에 쓰는 방식으로 기재되어 있다[『英祖殯殿都監儀軌』(奎 13584의 1) 儀註「銘旌儀」].

25 3월 6일에 거행된 절차는 『日省錄』 正祖 卽位年 3月 6日(丁丑); 『英祖實錄』 卷127, 英祖 52年 3月 丁丑(6); 『承政院日記』 英祖 52年 3月 6日(丁丑) 참조.

26 『國朝喪禮補編』(奎 3940) 卷1, 小斂 “(註) 第三日○(小喪則第二日).”

27 『日省錄』 正祖 卽位年 3月 8日(己卯).

28 『英祖殯殿都監儀軌』(奎 13584의 1) 儀註「大斂儀」.

29 『國朝喪禮補編』(奎 3940) 圖說 ○小斂「小欄牀」(襲斂殿與殯殿稍遠 則用小欄牀素錦褚 受教) “牀【(註) 卽移安平牀】制同高欄牀 但無四柱及蓮葉一層.”

30 『英祖國葬都監儀軌』(上)(奎 13581) 一房儀軌 各樣物件造作秩「素錦褚」.

31 『國朝喪禮補編』(奎 3940) 圖說 ○小斂「小欄牀」“(註) 襲斂殿與殯殿稍遠 則用小欄牀素錦褚 受敎.”

32 『宣祖實錄』 卷127, 宣祖 33年 7月 乙卯(14).

33 『國朝喪禮補編』(奎 3940) 卷2, 遷奠儀 “左議政帥舁梓宮官等 以輪轝捧梓宮(內侍覆以素錦褚 復從輪轝 上進安於退壙散輪上 去素錦褚奉審 ….”

34 『英祖殯殿都監儀軌』(奎 13584의 1) 儀註「成殯儀」【(註) 大斂同日 三房次知】“前期繕工監官帥其屬 作欑宮于正殿中稍西 其長廣 從梓宮四面 各加二尺.”

35 『英祖殯殿都監儀軌』(奎 13584의1) 三房儀軌 所掌 “自沐浴至成殯諸事【(註) 欑宮 紫門監造作】.”

36 이현진, 2007「조선 왕실의 혼전」『조선시대 문화사』(상), 일지사, 147쪽.

37 3월 9일 성빈 과정은 『承政院日記』 英祖 52年 3月 9日(庚辰); 『英祖實錄』 卷127, 英祖 52年 3月 庚辰(9); 『日省錄』 正祖 卽位年 3月 9日(庚辰) 참조.

38 『國朝喪禮補編』(奎 3940) 卷1, 大斂 "(註) 第五日○(小喪則第三日)"; 『國朝喪禮補編』(奎 3940) 卷1, 成殯 "(註) 大斂同日."

39 奠과 祭의 정의, 그 둘의 차이점은 이욱, 2011「조상제사의 의미와 기억의 의례화儀禮化」『국학연구』 19, 492~493쪽.

40 습전 이하 각 제전의 담당은 『英祖殯殿都監儀軌』(奎 13584의 1) 禮關秩 참조.

41 『承政院日記』 英祖 52年 3月 10日(辛巳); 『英祖實錄』 卷127, 英祖 52年 3月 辛巳(10); 『日省錄』 正祖 卽位年 3月 10日(辛巳).

42 『英祖殯殿都監儀軌』(奎 13584의 1) 儀註 「服制條」 "王世孫斬衰三年 … 王妃斬衰三年 … 惠嬪服及王世孫嬪服 與王妃服同."

43 『國朝喪禮補編』(奎 3940) 卷1, 成服 "(註) 第六日○(小喪則第四日)."

44 여차의 위치는 『承政院日記』 英祖 52年 3月 9日(庚辰); 『承政院日記』 正祖 卽位年 7月 21日(庚寅) 참조.

45 『正祖實錄』 卷1, 正祖 卽位年 3月 辛巳(10); 『承政院日記』 英祖 52年 3月 10日(辛巳); 『英祖實錄』 卷127, 英祖 52年 3月 辛巳(10); 『日省錄』 正祖 卽位年 3月 10日(辛巳).

46 『英宗大王國恤謄錄』(藏 K2-2986) 內梓宮加漆秩; 『承政院日記』 英祖 52年 3月 9日(庚辰). 그런데 『일성록』에는 3월 9일 은정을 박은 당일 바로 가칠했다고 되어 있다[『日省錄』 正祖 卽位年 3月 9日(庚辰)].

47 『正祖實錄』 卷1, 正祖 卽位年 3月 辛巳(10).

48 『英祖國葬都監儀軌』(上)(奎 13581) 吏曹別單; 『英祖殯殿都監儀軌』(奎 13584의 1) 吏曹達下單子; 『英祖魂殿都監儀軌』(奎 13584의 2) [座目]; 『英祖元陵山陵都監儀軌』(上)(奎 13586) 都監座目.

49 『國朝喪禮補編』(奎 3940) 卷1, 戒令 "三都監都提調 以左議政爲之 稱摠護使 總治喪葬諸事."

50 『英祖國葬都監儀軌』(上)(奎 13581) 吏曹別單; 『英祖魂殿都監儀軌』(奎 13584의 2) [座目]; 『英祖元陵山陵都監儀軌』(上)(奎 13586) 都監座目. 여기에서 임명을 '達下' 혹은 '啓下'라고 다르게 표현한 것은 정조의 즉위 여부와 관련이 있다. 정조가 국왕으로 즉위하지 않았을 때에는 '달하', 그가 3월 10일 午時에 즉위한 뒤부터 '계하'라고 기록했는데, 신분제 사회에서 신하들이 왕세자 혹 세손에게 아뢸 때에는 '달', 국왕에게

아뢸 때에는 '계'라고 구별해서 사용하기 때문이다.

51 『英祖國葬都監儀軌』(上)(奎 13581) 啓辭秩「丙申三月十九日」; 『承政院日記』 英祖 52年 3月 19日(庚寅).

52 『正祖實錄』 卷1, 正祖 卽位年 3月 庚寅(19).

53 崔誠桓, 2009 『正祖代 蕩平政局의 君臣義理 연구』, 서울대학교 국사학과 박사학위논문, 114쪽.

54 『承政院日記』 英祖 52年 3月 10日(辛巳); 『日省錄』 正祖 卽位年 3月 10日(辛巳); 『英祖實錄』 卷127, 英祖 52年 3月 辛巳(10); 『正祖實錄』 卷1, 正祖 卽位年 3月 辛巳(10).

55 『日省錄』 正祖 卽位年 3月 21日(壬辰).

56 『英祖國葬都監儀軌』(上)(奎 13581) 啓辭秩「丙申三月十九日」; 『日省錄』 正祖 卽位年 3月 19日(庚寅); 『正祖實錄』 卷1, 正祖 卽位年 3月 庚寅(19).

57 『英祖國葬都監儀軌』(下)(奎 13581) 三房儀軌 本房所掌 "虞主 奉常寺次知造作 而本房檢察."

58 『日省錄』 正祖 卽位年 3月 11日(壬午); 『英祖國葬都監儀軌』(上)(奎 13581) 啓辭秩「丙申三月十二日」. 『일성록』에는 11일, 의궤에는 12일로 되어 있다.

59 『日省錄』 正祖 卽位年 3月 11日(壬午).

60 영종에서 영조로 묘호를 改上하는 과정에 대해서는 『英祖廟號都監儀軌』(奎 13301) 참조.

61 영조의 시호와 묘호, 전호, 능호의 의정은 『日省錄』 正祖 卽位年 3月 12日(癸未); 『正祖實錄』 卷1, 正祖 卽位年 3月 癸未(12); 『承政院日記』 英祖 52年 3月 12日(癸未) 참조.

62 『英祖國葬都監儀軌』(上)(奎 13581) 禮關秩「丙申三月 日」; 『英祖實錄』 卷127, 英祖 52年 3月 辛巳(10).

63 『日省錄』 正祖 卽位年 3月 13日(甲申).

64 『日省錄』 正祖 卽位年 3月 14日(乙酉).

65 『承政院日記』 英祖 52年 3月 6日(丁丑).

66 『英祖魂殿都監儀軌』(奎 13584의 2) 承傳秩「丙申三月十七日」; 『英祖魂殿都監儀軌』(奎 13584의 2) 魂殿都監事目; 『英祖國葬都監儀軌』(上)(奎 13581) 啓辭秩「丙申三月十七日」; 『承政院日記』 英祖 52年 3月 17日(戊子); 『日省錄』 正祖 卽位年 3月 17日(戊子).

67 『承政院日記』 正祖 卽位年 4月 14日(乙卯); 『英祖魂殿都監儀軌』(奎 13584의 2) 承傳秩「丙申四月十五日」; 『日省錄』 正祖 卽位年 4月 15日(丙辰). 그런데 『정조실록』에는

한 달여 전인 3월 11일에 태령전을 혼전으로 정했다고 기록되어 있어[『正祖實錄』 卷1, 正祖 卽位年 3月 壬午(11)], 다른 자료들과 상당한 차이를 노정했다.

68 『正祖實錄』 卷4, 正祖 1年 7月 辛卯(28).

69 『正祖實錄』 卷4, 正祖 1年 7月 癸巳(30).

70 『承政院日記』 正祖 元年 7月 30日(癸巳).

71 『承政院日記』 正祖 元年 7月 30日(癸巳); 『正祖實錄』 卷4, 正祖 1年 8月 丙申(3).

72 『承政院日記』 正祖 元年 8月 2日(乙未).

73 『承政院日記』 正祖 元年 7月 30日(癸巳).

74 『正祖實錄』 卷1, 正祖 卽位年 3月 庚寅(19). 진종과 효순왕후의 추숭 과정은 『眞宗孝純王后追崇都監儀軌』(奎 13327) · (藏 K2-2850) 참조.

75 『英祖實錄』 卷29, 英祖 7年 1月 丁卯(3); 이현진, 2016(a) 「조선후기 세자빈 禮葬 의례와 그 특징 -賢嬪의 예장을 중심으로-」 『한국문화』 73, 325쪽.

76 『眞宗孝純王后追崇都監儀軌』(奎 13327) [時日]; 『正祖實錄』 卷2, 正祖 卽位년 8月 辛亥(12).

77 『正祖實錄』 卷1, 正祖 卽位年 3月 庚寅(19).

78 이현진, 2016(a) 앞의 논문, 322쪽.

79 『承政院日記』 正祖 元年 8月 2日(乙未); 『正祖實錄』 卷4, 正祖 1年 8月 己亥(6).

80 『日省錄』 正祖 卽位年 3月 17日(戊子) · 18日(己丑) · 19日(庚寅).

81 『日省錄』 正祖 卽位年 3月 19日(庚寅).

82 『日省錄』 正祖 卽位年 3月 20日(辛卯).

83 『承政院日記』 英祖 52年 3月 20日(辛卯).

84 『承政院日記』 英祖 52年 3月 22日(癸巳); 『日省錄』 正祖 卽位年 3月 22日(癸巳); 『正祖實錄』 卷1, 正祖 卽位年 3月 癸巳(22).

85 『日省錄』 正祖 卽位年 3月 27日(戊戌); 『英祖元陵山陵都監儀軌』(上)(奎 13586) 啓辭秩 「丙申三月二十七日」.

86 『承政院日記』 英祖 52年 3月 29日(庚子); 『日省錄』 正祖 卽位年 3月 29日(庚子).

87 『承政院日記』 英祖 52年 3月 29日(庚子) "上曰 予豈有知於地理 而弘陵則多有不足 故更求於他 今番事正如朱子山陵議狀時事也."

88 『日省錄』 正祖 卽位年 4月 7日(戊申).

89 『承政院日記』 正祖 卽位年 4月 8日(己酉) · 9日(庚戌); 『日省錄』 正祖 卽位年 4月 8日(己酉) · 9日(庚戌).

90 『承政院日記』 正祖 卽位年 4月 9日(庚戌) "上曰 與弘陵 何如 基良對曰 大勝於弘陵

而不下於健元陵矣."

91 『承政院日記』正祖 卽位年 4月 10日(辛亥).

92 『正祖實錄』卷1, 正祖 卽位年 4月 壬子(11).

93 『英祖元陵山陵都監儀軌』(上)(奎 13586) 啓辭秩「丙申四月十九日」; 『承政院日記』正祖 卽位年 4月 20日(壬戌); 『日省錄』正祖 卽位年 4月 20日(辛酉). 『영조원릉산릉도감의궤』에는 4월 19일, 『승정원일기』와 『일성록』에는 4월 20일에 산릉 공역을 시작한 것으로 기록되어 있다. 4월 20일은 '신유'일인데 『승정원일기』에는 '임술'일로 되어 있다.

94 『承政院日記』正祖 卽位年 4月 20日(壬戌); 『日省錄』正祖 卽位年 4月 20日(辛酉).

95 『英宗大王國恤謄錄』(藏 K2-2986) 內梓宮加漆秩.

96 『英祖魂殿都監儀軌』(奎 13584의 2) 承傳秩「丙申四月二十三日」·「丙申四月二十四日」; 『承政院日記』正祖 卽位年 4月 23日(甲子)·24日(乙丑)·27日(戊辰); 『日省錄』正祖 卽位年 4月 23日(甲子)·24日(乙丑)·27日(戊辰); 『承政院日記』正祖 卽位年 5月 1日(癸酉)·3日(乙亥)·7日(己卯)·10日(壬午); 『日省錄』正祖 卽位年 5月 6日(戊寅); 『英宗大王國恤謄錄』(藏 K2-2986) 內梓宮加漆秩.

97 『英祖國葬都監儀軌』(上)(奎 13581) 禮關秩「丙申三月 日」; 『英祖殯殿都監儀軌』(奎 13584의 1) 殯殿一房 禮關秩「丙申三月初七日」; 『英祖殯殿都監儀軌』(奎 13584의 1) [時日].

98 『承政院日記』正祖 卽位年 5月 7日(己卯)·8日(庚辰); 『日省錄』正祖 卽位年 5月 7日(己卯); 『正祖實錄』卷1, 正祖 卽位年 5月 丁丑(7).

99 『國朝喪禮補編』(奎 3940) 卷1, 銘旌.

100 『英祖魂殿都監儀軌』(奎 13584의 2) 承傳秩「丙申五月初八日」; 『日省錄』正祖 卽位年 5月 8日(庚辰); 『英宗大王國恤謄錄』(藏 K2-2986) 內梓宮加漆秩.

101 『承政院日記』正祖 卽位年 5月 15日(丁亥); 『日省錄』正祖 卽位年 5月 15日(丁亥); 『正祖實錄』卷1, 正祖 卽位年 5月 乙酉(15).

102 『承政院日記』正祖 卽位年 5月 19日(辛卯).

103 『承政院日記』正祖 卽位年 6月 14日(癸丑); 『日省錄』正祖 卽位年 6月 14日(癸丑).

104 『承政院日記』正祖 卽位年 7月 20日(己丑); 『日省錄』正祖 卽位年 7月 20日(己丑).

105 『承政院日記』正祖 卽位年 4月 29日(庚午); 『日省錄』正祖 卽位年 4月 29日(庚午); 『日省錄』正祖 卽位年 7月 19日(戊子)·20日(己丑).

106 『承政院日記』正祖 卽位年 4月 29日(庚午).

107 『英祖元陵山陵都監儀軌』(上)(奎 13586) 三物所儀軌「外梓宮見樣」.

108 『承政院日記』 正祖 卽位年 7月 22日(辛卯); 『日省錄』 正祖 卽位年 7月 22日(辛卯).

109 『日省錄』 正祖 卽位年 6月 7日(丙午); 『日省錄』 正祖 卽位年 7月 25日(甲午); 『承政院日記』 正祖 卽位年 7月 25日(甲午).

110 『承政院日記』 正祖 卽位年 7月 25日(甲午); 『日省錄』 正祖 卽位年 7月 25日(甲午).

111 『英祖魂殿都監儀軌』(奎 13584의 2) 承傳秩 「丙申七月二十一日」; 『承政院日記』 正祖 卽位年 7月 21日(庚寅); 『日省錄』 正祖 卽位年 7月 21日(庚寅).

112 '조조의' 설행 논의와 결과에 대해서는 박례경, 2007 「조선시대 國葬에서 朝祖儀 설행 논의와 결과」 『奎章閣』 31 참조.

113 견전에서 찬궁 봉안까지의 과정은 『日省錄』 正祖 卽位年 7月 26日(乙未); 『承政院日記』 正祖 卽位年 7月 26日(乙未); 『正祖實錄』 卷1, 正祖 卽位年 7月 乙未(26) 참조.

114 『承政院日記』 正祖 卽位年 7月 6日(乙亥); 『日省錄』 正祖 卽位年 7月 6日(乙亥).

115 『英祖國葬都監儀軌』(下)(奎 13581) 分典設司儀軌 來關秩 「大轝替運處」.

116 『禮記集說大全』 卷5, 王制5; 『禮記集說大全』 卷10, 禮器10; 『禮記集說大全』 卷20, 雜記下21.

117 『承政院日記』 正祖 卽位年 7月 21日(庚寅); 『日省錄』 正祖 卽位年 7月 21日(庚寅).

118 『英祖實錄』 卷127, 英祖 52年 3月 辛巳(10); 『日省錄』 正祖 卽位年 6月 7日(丙午); 『日省錄』 正祖 卽位年 7月 27日(丙申).

119 『日省錄』 正祖 卽位年 7月 27日(丙申); 『正祖實錄』 卷1, 正祖 卽位年 7月 丙申(27); 『承政院日記』 正祖 卽位年 7月 27日(丙申).

120 『八道郡縣地圖』(古 4709-111) 京畿道 楊州

121 신지혜, 2011 「조선 후기 大妃의 喪葬禮 참여확대와 의례공간의 변화」 『藏書閣』 26, 140쪽.

122 『承政院日記』 正祖 卽位年 7月 21日(庚寅); 『日省錄』 正祖 卽位年 7月 21日(庚寅).

123 『英祖國葬都監儀軌』(上)(奎 13581) 禮關秩 「丙申三月 日」; 『英祖國葬都監儀軌』(下)(奎 13581) 虞主所儀軌 「虞主式」; 『英祖殯殿都監儀軌』(奎 13584의 1) [時日]; 『英祖殯殿都監儀軌』(奎 13584의 1) 殯殿一房 禮關秩 「丙申三月初七日」.

124 『日省錄』 正祖 卽位年 7月 27日(丙申). 입주전 의주는 『英祖國葬都監儀軌』(上)(奎 13581) 儀註秩 「立主奠儀」 참조.

125 국립고궁박물관, 2016 앞의 책, 86쪽.

126 『英祖國葬都監儀軌』(下)(奎 13581) 三房儀軌 各樣物件造作秩 「贈帛」 "十段【(註) 玄六用冒緞 纁四用廣織 各長十八尺 用禮器尺 尙衣院捧上 御覽後來納都監 玄束紅眞絲 纁束藍眞絲】."

127 국립고궁박물관, 2016 앞의 책, 84~85쪽.

128 『世宗實錄五禮』 卷135, 凶禮儀式 「立主奠儀」; 『國朝五禮儀』 卷7, 凶禮 「立主奠儀」; 『國朝喪禮補編』(奎 3940) 卷2, 立主奠.

129 『英祖國葬都監儀軌』(上)(奎 13581) 儀註秩 「立主奠儀」.

130 이현진, 2015 앞의 책, 215쪽.

131 「國朝五禮序例」 卷5, 凶禮 神主圖說 「虞主」 "虞主【(註) 練主制同 唯用栗】虞主用桑木爲之 長一尺 方五寸 上頂徑一寸八分 四厢各剡一寸一分 四隅各剡一寸 上下四方通孔徑九分."

132 이현진, 2013(b) 「인조대 丙子胡亂 직후 종묘의 정비 -神主의 改造 · 改題 논의를 중심으로-」 『朝鮮時代史學報』 65, 185~186쪽.

133 우주의 앞면에 쓰는 방식에 대해서는 李賢珍, 2006 「조선시대 종묘의 神主 · 位版 題式의 변화 -明 · 淸의 교체를 기점으로-」 『震檀學報』 101, 2장; 강문식 · 이현진, 2011 『종묘와 사직 -조선을 떠받친 두 기둥-』, 책과함께, 57~58쪽 참조.

134 『日省錄』 正祖 卽位年 6月 8日(丁未); 『正祖實錄』 卷1, 正祖 卽位年 6月 丁未(8); 『承政院日記』 正祖 卽位年 6月 8日(丁丑).

135 『日省錄』 正祖 卽位年 7月 27日(丙申); 『正祖實錄』 卷1, 正祖 卽位年 7月 丙申(27).

136 『承政院日記』 正祖 卽位年 7月 28日(丁酉); 『日省錄』 正祖 卽位年 7月 28日(丁酉); 『正祖實錄』 卷1, 正祖 卽位年 7月 丁酉(28).

137 『承政院日記』 正祖 卽位年 7月 28日(丁酉); 『日省錄』 正祖 卽位年 7月 28日(丁酉); 『正祖實錄』 卷1, 正祖 卽位年 7月 丁酉(28).

138 『承政院日記』 正祖 卽位年 7月 28日(丁酉); 『日省錄』 正祖 卽位年 7月 28日(丁酉); 『正祖實錄』 卷1, 正祖 卽位年 7月 丁酉(28).

139 『承政院日記』 正祖 卽位年 7月 24日(癸巳); 『日省錄』 正祖 卽位年 7月 24日(癸巳).

140 『承政院日記』 正祖 卽位年 7月 27日(丙申) "… 命書傳敎曰 明日祗迎 後隨詣入齋殿行虞祭後回來 自三虞至卒哭 皆親押於前一日 親押處所 崇政殿月臺 如禮爲之."

141 『정조실록』에는 제사를 지낸 시각이 기록되어 있지 않고[『正祖實錄』 卷1, 正祖 卽位年 7月 戊戌(29)], 『승정원일기』에는 四更一點에 지낸 것으로 시각이 구체적으로 명기되어 있다[『承政院日記』 正祖 卽位年 7月 29日(戊戌)].

142 『日省錄』 正祖 卽位年 7月 30日(己亥). 제사를 지낸 시각이 기록되어 있지 않다.

143 『日省錄』 正祖 卽位年 8月 5日(甲辰); 『正祖實錄』 卷2, 正祖 卽位年 8月 甲辰(5).

144 『正祖實錄』 卷2, 正祖 卽位年 8月 乙巳(6).

145 『日省錄』 正祖 卽位年 8月 7日(丙午).

146 『禮記集說大全』 卷20, 雜記下21.

147 『日省錄』 正祖 卽位年 8月 9日(戊申); 『正祖實錄』 卷2, 正祖 卽位年 8月 戊申(9).

148 『世宗實錄五禮』 卷135, 凶禮儀式 「卒哭祭儀」; 『國朝五禮儀』 卷7, 凶禮 「卒哭祭儀」; 『國朝喪禮補編』(奎 3940) 卷2, 卒哭祭 "(註) 七虞後遇剛日而行."

149 『日省錄』 正祖 卽位年 8月 18日(丁巳); 『正祖實錄』 卷2, 正祖 卽位年 8月 丁巳(18).

150 履正志和曰莊, 和比于理曰順.

151 溫恭朝夕曰恪, 使民悲傷曰愍.

152 『日省錄』 正祖 卽位年 3月 21日(壬辰).

153 『日省錄』 正祖 卽位年 10月 22日(庚申).

154 『日省錄』 正祖 卽位年 9月 4日(壬申).

155 『日省錄』 正祖 卽位年 9月 29日(丁酉).

156 『日省錄』 正祖 卽位年 10月 21日(己未).

157 『國朝喪禮補編』(奎 3940) 圖說 ○靈座 「素扇」; 『國朝喪禮補編』(奎 3940) 圖說 ○返虞 「雀扇」.

158 『承政院日記』 正祖 卽位年 10月 22日(庚申); 『日省錄』 正祖 卽位年 10月 22日(庚申).

159 『仁宗實錄』 卷2, 仁宗 1年 5月 癸亥(2).

160 『承政院日記』 正祖 卽位年 10月 23日(辛酉); 『日省錄』 正祖 卽位年 10月 23日(辛酉).

161 『日省錄』 正祖 卽位年 10月 27日(乙丑).

162 『承政院日記』 正祖 元年 3月 1日(丁卯).

163 『承政院日記』 正祖 元年 3月 3日(己巳).

164 『承政院日記』 正祖 元年 3月 4日(庚午); 『日省錄』 正祖 元年 3月 4日(庚午).

165 『承政院日記』 正祖 元年 3月 4日(庚午); 『日省錄』 正祖 元年 3月 4日(庚午); 『正祖實錄』 卷3, 正祖 1年 3月 庚午(4).

166 『承政院日記』 正祖 元年 3月 4日(庚午); 『日省錄』 正祖 元年 3月 4日(庚午).

167 『承政院日記』 正祖 元年 3月 4日(庚午); 『日省錄』 正祖 元年 3月 4日(庚午).

168 『正祖實錄』 卷3, 正祖 1年 3月 辛未(5); 『日省錄』 正祖 元年 3月 4日(庚午); 『承政院日記』 正祖 元年 3月 4日(庚午).

169 『春官通考』(上) 卷4, 吉禮 宗廟 「宗廟各室位版題式」.

170 연주에 쓰는 방식은 강문식 · 이현진, 2011 앞의 책, 58~61쪽 참조.

171 『大典會通』 卷3, 禮典 雜令 "奉常寺主材栗木所産處 發遣敬差官泛鐵官 慶尙道則每式年一取 忠淸全羅道則間式年一取【(註) 江原道則因國用不足 間或別爲斫來】."

172 『承政院日記』 正祖 元年 3月 5日(辛未); 『正祖實錄』 卷3, 正祖 1年 3月 辛未(5). 『정

조실록』에는 홍화문 '안'이 아닌 '밖'에서 우주를 지송한 것으로 기록되어 있다.

173 『承政院日記』 正祖 2年 2月 3日(甲午); 『日省錄』 正祖 2年 2月 3日(甲午).

174 『正祖實錄』 卷5, 正祖 2年 2月 丁酉(6).

175 『英祖貞聖王后眞宗孝純王后祔廟都監儀軌』(奎 13587) 禮關秩 「戊戌三月 日」.

176 『正祖祔廟都監儀軌』(奎 13643) 修理所儀軌 手本 "一 今此正殿以下諸處 修改與着漆所入 磨鍊後錄爲去乎 依此取用事 捧甘爲只爲【(註) 堂上手決內依】… 功臣堂六間 前面階砌所排方甎二百立."

177 공신당의 칸수에 관한 문헌 기록의 차이는 이현진, 2005 「조선 숙종초 정국 동향과 배향 공신」 『韓國學報』 119, 125쪽 각주 13) 참조.

178 『承政院日記』 正祖 2年 2月 5日(丙申); 『日省錄』 正祖 2年 2月 5日(丙申).

179 『承政院日記』 正祖 卽位年 4月 24日(乙丑); 『日省錄』 正祖 卽位年 4月 24日(乙丑).

180 『承政院日記』 正祖 卽位年 5月 22日(甲午); 『日省錄』 正祖 卽位年 5月 22日(甲午).

181 『承政院日記』 正祖 卽位年 5月 24日(丙申); 『日省錄』 正祖 卽位年 5月 24日(丙申); 『正祖實錄』 卷1, 正祖 卽位年 5月 甲午(24).

182 『承政院日記』 正祖 卽位年 7月 13日(壬午) · 15日(甲申) · 20日(己丑); 『日省錄』 正祖 卽位年 7月 13日(壬午) · 15日(甲申) · 20日(己丑); 『日省錄』 正祖 卽位年 8月 11日(庚戌); 『日省錄』 正祖 卽位年 9月 26日(甲午); 『日省錄』 正祖 卽位年 10月 10日(戊申).

183 효종의 배향신으로 송시열을 선정하게 된 정치적 배경은 박광용, 1998 『영조와 정조의 나라』, 푸른역사, 192쪽 참조.

184 崔誠桓, 2009 앞의 논문, 118쪽.

185 『承政院日記』 正祖 卽位年 5月 25日(丁酉); 『日省錄』 正祖 卽位年 5月 25日(丁酉); 『正祖實錄』 卷1, 正祖 卽位年 5月 24일甲午(24).

186 『承政院日記』 正祖 2年 2月 25日(丙辰); 『日省錄』 正祖 2年 2月 25日(丙辰).

187 『承政院日記』 正祖 2年 2月 25日(丙辰); 『日省錄』 正祖 2年 2月 25日(丙辰).

188 『承政院日記』 正祖 2年 2月 25日(丙辰); 『日省錄』 正祖 2年 2月 25日(丙辰).

189 『承政院日記』 正祖 2年 2月 25日(丙辰); 『日省錄』 正祖 2年 2月 25日(丙辰).

190 金成潤, 1997 『朝鮮後期 蕩平政治 硏究』, 지식산업사, 286~288쪽.

191 『承政院日記』 正祖 2年 3月 5日(乙丑); 『日省錄』 正祖 2年 3月 5日(乙丑); 『正祖實錄』 卷5, 正祖 2年 3月 乙丑(5).

192 『承政院日記』 正祖 2年 2月 20日(辛亥); 『日省錄』 正祖 2年 2月 20日(辛亥).

193 『承政院日記』 正祖 2年 3月 5日(乙丑); 『正祖實錄』 卷5, 正祖 2年 3月 乙丑(5).

194 『正祖實錄』 卷5, 正祖 2年 2月 丙辰(25); 『英祖貞聖王后眞宗孝純王后祔廟都監儀軌』(奎 13587) 禮關秩 「戊戌三月 日」; 『列聖誌狀通紀』(三) 卷22(下), 惠敬莊愼康宣恭翼仁徽端穆章和貞聖王后徐氏 「追上徽號玉冊文」(今上二年戊戌 親上冊寶 在祔廟前十三日), 675~676쪽; 『保晩齋集』 卷10, 玉冊文 「貞聖王后追上徽號玉冊文」.

195 『英祖貞聖王后眞宗孝純王后祔廟都監儀軌』(奎 13587) 禮關秩 「戊戌三月 日」.

196 『英祖貞聖王后眞宗孝純王后祔廟都監儀軌』(奎 13587) 禮關秩 「戊戌四月 日」.

197 이현진, 2011(b) 앞의 논문, 133쪽.

198 이현진, 2011(c) 앞의 논문, 83~84쪽.

199 『英祖貞聖王后眞宗孝純王后祔廟都監儀軌』(奎 13587) 禮關秩 참조.

200 예외로 고종대에 추존된 莊祖[莊獻世子]와 文祖[翼宗]는 배향 공신을 선정하여 각각의 묘정에 배향했는데, 이는 어디까지나 예외적인 경우였다. 이현진, 2008 『조선후기 종묘 전례 연구』, 일지사, 318쪽 참조.

201 『英祖貞聖王后眞宗孝純王后祔廟都監儀軌』(奎 13587) 儀註秩 「英宗大王貞聖王后眞宗大王孝純王后祔廟儀」(親享儀祔).

202 효종의 불천지주 결정 과정은 이현진, 2008 앞의 책, 3장 3절 1)항 참조.

203 『國朝喪禮補編』(奎 3940) 卷4, 受敎分類(上) 「復後奠」.

204 『英祖殯殿都監儀軌』(奎 13584의 1) 儀註 「初終儀」·「復儀」·「奠儀」·「易服不食儀」 ….

205 『英祖魂殿都監儀軌』(奎 13584의 2) 承傳秩 「丙申五月初二日」; 『承政院日記』 正祖 卽位年 5月 2日(甲戌); 『日省錄』 正祖 卽位年 5月 2日(甲戌).

206 『英祖魂殿都監儀軌』(奎 13584의 2) 承傳秩 「丙申七月二十日」; 『日省錄』 正祖 卽位年 7月 20日(己丑).

207 『正祖殯殿魂殿都監儀軌』(上)(奎 13637) 禮關 「庚申八月二十九日」; 『正祖殯殿魂殿都監儀軌』(上)(奎 13637) 儀註 「梓宮結裹後別奠」.

208 『英祖魂殿都監儀軌』(奎 13584의 2) 承傳秩 「丙申七月二十日」; 『日省錄』 正祖 卽位年 7月 20日(己丑); 『承政院日記』 正祖 卽位年 7月 20日(己丑).

209 영조 후반 정조 초반 정국의 동향은 金成潤, 1997 앞의 책, 5장 1절 1항; 吳恒寧, 2006 「正祖 초반 『英祖實錄』 편찬에 대한 연구」 『民族文化』 29, 1장 참조.

210 이현진, 2008 앞의 책, 3장 1절 참조. 숙종대 현종의 배향신을 선정하는 과정에서 숙종이 鄭太和를 추배했고, 집권 서인들이 공신당에 봉안되어 있던 남인 趙絅을 출향시킨 경우가 그에 해당한다.

211 이현진, 2011(c) 앞의 논문, 78~79쪽 참조.

212 『英祖國葬都監儀軌』(上)(奎 13581) 吏曺別單. 감조관 비고란에 '감조관 물망후보'라고 한 것은 '監造官四員望'이라고 되어 있기 때문에 '물망후보'라고 한 것이다. '監造官四員望'은 정조가 비용을 줄이기 위해 너무 많은 감조관을 절반으로 줄여서 차출하라고 전교했기 때문에 4員으로 후보를 올리게 된 것이다[『英祖國葬都監儀軌』(上)(奎 13581) 啓辭秩「丙申三月十一日」].

213 『日省錄』 正祖 卽位年 4月 2日(癸卯) "差下國葬都監堂上趙明鼎 都廳李秉模."

214 『英祖殯殿都監儀軌』(奎 13584의 1) 吏曺達下單子 "(註) 丙申三月初五日 達下."

215 『英祖魂殿都監儀軌』(奎 13584의 2) [座目]. 임명을 '達下' 혹은 '啓下'라고 다르게 표현한 것은 정조가 국왕으로 즉위하지 않았을 때에는 '달하', 그가 3월 10일 午時에 즉위한 뒤부터 '계하'라고 일컬었다. 신하들이 왕세자(손)에게 아뢸 때에는 '달', 국왕에게 아뢸 때에는 '계'라고 구별해서 사용하기 때문이다.

216 『英祖元陵山陵都監儀軌』(上)(奎 13586) 都監座目.

217 『英祖貞聖王后眞宗孝純王后祔廟都監儀軌』(奎 13587) 座目.

218 『英祖國葬都監儀軌』(上)(奎 13581) 禮關秩「丙申六月 日」.

219 『英祖國葬都監儀軌』(上)(奎 13581)(『국장』이라 표기) [時日]; 『英祖殯殿都監儀軌』(奎 13584의 1)(『빈전』이라 표기) [時日]; 『英祖貞聖王后眞宗孝純王后祔廟都監儀軌』(奎 13587)(『부묘』라 표기) [時日]. 나머지 참고자료는 별도로 제시했다.

220 『承政院日記』 英祖 52年 3月 5日(丙子).

221 『承政院日記』 英祖 52年 3月 5日(丙子).

222 『承政院日記』 英祖 52年 3月 5日(丙子); 『日省錄』 正祖 卽位年 3月 5日(丙子).

223 『英祖實錄』 卷127, 英祖 52年 3月 丁丑(6); 『承政院日記』 英祖 52年 3月 6日(丁丑).

224 『日省錄』 正祖 卽位年 3月 6日(丁丑).

225 『承政院日記』 英祖 52年 3月 9日(庚辰); 『英祖實錄』 卷127권, 英祖 52年 3月 庚辰(9).

226 『承政院日記』 英祖 52年 3月 9日(庚辰); 『英祖實錄』 卷127권, 英祖 52年 3月 庚辰(9); 『日省錄』 正祖 卽位年 3月 9日(庚辰).

227 『承政院日記』 英祖 52年 3月 9日(庚辰); 『英祖實錄』 卷127권, 英祖 52年 3月 庚辰(9); 『日省錄』 正祖 卽位年 3月 9日(庚辰). 欑宮 앞에 魂宮을 설치한다고 기록한 문헌은 『승정원일기』와 『영조실록』이고, 靈座를 설치한다고 한 자료는 『일성록』이다.

228 『承政院日記』 英祖 52年 3月 10日(辛巳); 『英祖實錄』 卷127, 英祖 52年 3月 辛巳(10); 『日省錄』 正祖 卽位年 3月 10日(辛巳).

229 『日省錄』 正祖 卽位年 3月 10日(辛巳).

230 『正祖實錄』 卷1, 正祖 卽位年 3月 辛巳(10); 『承政院日記』 英祖 52年 3月 10日(辛巳);『英祖實錄』 卷127, 英祖 52年 3月 辛巳(10).

231 『英宗大王國恤謄錄』(藏 K2-2986)(『국휼등록』이라 표기) 內梓宮加漆秩;『承政院日記』 英祖 52年 3月 9日(庚辰). 그런데 『일성록』에는 3월 9일 은정을 박은 당일 바로 가칠했다고 되어 있다[『日省錄』 正祖 卽位年 3月 9日(庚辰)].

232 『英宗大王國恤謄錄』(藏 K2-2986) 內梓宮加漆秩.

233 『英宗大王國恤謄錄』(藏 K2-2986) 內梓宮加漆秩.

234 『承政院日記』 正祖 卽位年 4月 9日(庚戌);『日省錄』 正祖 卽位年 4月 9日(庚戌).

235 『承政院日記』 正祖 卽位年 4月 13日(甲寅).

236 『英祖元陵山陵都監儀軌』(上)(奎 13586)(『산릉』이라 표기) 啓辭秩「丙申四月十九日」.

237 『承政院日記』 正祖 卽位年 4月 20日(壬戌);『日省錄』 正祖 卽位年 4月 20日(辛酉).

238 『英祖元陵山陵都監儀軌』(上)(奎 13586) 啓辭秩「丙申四月二十四日」.

239 『영조혼전도감의궤』 및 『승정원일기』와 『일성록』에는 초도부터 오도까지 모두 午時에 거행한다고 되어 있다[『英祖魂殿都監儀軌』(奎 13584의 2)(『혼전』이라 표기) 承傳秩「丙申四月二十三日」·「丙申四月二十四日」;『承政院日記』 正祖 卽位年 4月 23日(甲子)·24日(乙丑);『日省錄』 正祖 卽位年 4月 23日(甲子)·24日(乙丑)]. 또 『영종대왕국휼등록』에는 초도부터 오도까지 모두 辰時에 거행한다고 되어 있다[『英宗大王國恤謄錄』(藏 K2-2986) 內梓宮加漆秩]. 그런데 실제 시행할 때에는 시각이 다르게 나오는데 『승정원일기』와 『일성록』에서 확인할 수 있다. 초도는 4월 27일 午時正一刻에[『承政院日記』 正祖 卽位年 4月 27日(戊辰);『日省錄』 正祖 卽位年 4月 27日(戊辰)], 재도는 5월 1일 辰時에[『承政院日記』 正祖 卽位年 5月 1日(癸酉)], 삼도는 5월 4일 辰時에[『承政院日記』 正祖 卽位年 5月 3日(乙亥)], 사도는 5월 7일에 거행하되 시각은 기록되어 있지 않고[『承政院日記』 正祖 卽位年 5月 7日(己卯);『日省錄』 正祖 卽位年 5月 6日(戊寅)], 오도는 5월 10일 卯時에[『承政院日記』 正祖 卽位年 5月 10日(壬午)] 거행한다고 되어 있다.

240 『日省錄』 正祖 卽位年 5月 1日(癸酉).

241 『日省錄』 正祖 卽位年 5月 7日(己卯);『正祖實錄』 卷1, 正祖 卽位年 5月 丁丑(7).

242 『承政院日記』 正祖 卽位年 5月 8日(庚辰).

243 『日省錄』 正祖 卽位年 5月 11日(癸未).

244 『承政院日記』 正祖 卽位年 5月 11日(癸未);『英祖殯殿都監儀軌』(奎 13584의 1) 殯殿一房 禮關秩.

245 『日省錄』 正祖 卽位年 5月 15日(丁亥);『正祖實錄』 卷1, 正祖 卽位年 5月 乙酉(15). 두 기록에는 상자를 친히 쓴 시각이 별도로 기록되어 있지 않다.

246 『承政院日記』 正祖 卽位年 5月 15日(丁亥).

247 『英祖魂殿都監儀軌』(奎 13584의 2) 承傳秩 「丙申五月初八日」 "戶曺參議入侍 禮判禮房承旨 追後入侍時 禮曺判書鄭尙淳所啓 梓宮上字親書及結裹吉日 令日官推擇則梓宮上字親書 今五月十五日辰時 結裹 同月十九日辰時爲吉云 敢此仰達"; 『英宗大王國恤謄錄』(藏 K2-2986) 內梓宮加漆秩 "一 禮曺報府內 梓宮上字 依丁丑年例當親書上字 更爲磨鍊事 啓下矣 梓宮上字親書吉日 仍以今五月十五日辰時擧行."

248 『日省錄』 正祖 卽位年 5月 15日(丁亥).

249 『日省錄』 正祖 卽位年 5月 16日(戊子).

250 『日省錄』 正祖 卽位年 5月 16日(戊子).

251 『英祖元陵山陵都監儀軌』(上)(奎 13586) 啓辭秩 「丙申五月十六日」.

252 『日省錄』 正祖 卽位年 5月 17日(己丑).

253 『日省錄』 正祖 卽位年 5月 19日(辛卯); 『正祖實錄』 卷1, 正祖 卽位年 5月 己丑(19). 두 기록에는 재궁의 결과를 친히 행한 시각이 별도로 기록되어 있지 않다.

254 『承政院日記』 正祖 卽位年 5月 19日(辛卯); 『英祖魂殿都監儀軌』(奎 13584의 2) 承傳秩 「丙申五月初八日」 "戶曺參議入侍 禮判禮房承旨 追後入侍時 禮曺判書鄭尙淳所啓 梓宮上字親書及結裹吉日 令日官推擇 則梓宮上字親書 今五月十五日辰時 結裹 同月十九日辰時爲吉云 敢此仰達."

255 『英祖元陵山陵都監儀軌』(上)(奎 13586) 啓辭秩 「丙申五月二十日」.

256 『日省錄』 正祖 卽位年 5月 22日(甲午).

257 『英祖元陵山陵都監儀軌』(上)(奎 13586) 啓辭秩 「丙申五月二十二日」.

258 『英祖元陵山陵都監儀軌』(上)(奎 13586) 啓辭秩 「丙申五月二十三日」.

259 『承政院日記』 正祖 卽位年 5月 24日(丙申); 『日省錄』 正祖 卽位年 5月 24日(丙申); 『正祖實錄』 卷1, 正祖 卽位年 5月 甲午(24).

260 『日省錄』 正祖 卽位年 5月 25日(丁酉).

261 『英祖元陵山陵都監儀軌』(上)(奎 13586) 啓辭秩 「丙申五月二十五日」.

262 『日省錄』 正祖 卽位年 5月 26日(戊戌).

263 『日省錄』 正祖 卽位年 5月 26日(戊戌).

264 『日省錄』 正祖 卽位年 5月 27日(己亥).

265 『日省錄』 正祖 卽位年 5月 29日(辛丑).

266 『日省錄』 正祖 卽位年 6月 1日(庚子) · 2日(辛丑).

267 『日省錄』 正祖 卽位年 6月 14日(癸丑).

268 『承政院日記』 正祖 卽位年 6月 14日(癸丑).

269 『日省錄』正祖 卽位年 7月 13日(壬午).

270 『日省錄』正祖 卽位年 7月 15日(甲申).

271 『日省錄』正祖 卽位年 7月 16日(乙酉);『承政院日記』正祖 卽位年 7月 16日(乙酉).

272 『日省錄』正祖 卽位年 7月 20日(己丑).

273 『承政院日記』正祖 卽位年 7月 20日(己丑).

274 『日省錄』正祖 卽位年 7月 20日(己丑).

275 『日省錄』正祖 卽位年 7月 19日(戊子)·20日(己丑).

276 『承政院日記』正祖 卽位年 7月 22日(辛卯);『日省錄』正祖 卽位年 7月 22日(辛卯).

277 『日省錄』正祖 卽位年 6月 7日(丙午);『日省錄』正祖 卽位年 7月 25日(甲午);『承政院日記』正祖 卽位年 7月 25日(甲午).

278 『日省錄』正祖 卽位年 7月 25日(甲午).

279 『承政院日記』正祖 卽位年 7月 25日(甲午).

280 『正祖實錄』卷1, 正祖 卽位年 7月 乙未(26).

281 『承政院日記』正祖 卽位年 7月 26日(乙未).

282 『日省錄』正祖 卽位年 6月 7日(丙午);『日省錄』正祖 卽位年 7月 26日(乙未).

283 『承政院日記』正祖 卽位年 7月 21日(庚寅);『日省錄』正祖 卽位年 7月 21日(庚寅).

284 『英祖實錄』卷127, 英祖 52年 3月 辛巳(10);『日省錄』正祖 卽位年 6月 7日(丙午);『日省錄』正祖 卽位年 7月 27日(丙申).

285 『日省錄』正祖 卽位年 7月 27日(丙申);『正祖實錄』卷1, 正祖 卽位年 7月 丙申(27);『承政院日記』正祖 卽位年 7月 27日(丙申).

286 『承政院日記』正祖 卽位年 7月 21日(庚寅);『日省錄』正祖 卽位年 7月 21日(庚寅).

287 『日省錄』正祖 卽位年 7月 27日(丙申);『正祖實錄』卷1, 正祖 卽位年 7月 丙申(27).

288 『承政院日記』正祖 卽位年 7月 28日(丁酉).

289 『日省錄』正祖 卽位年 7月 28日(丁酉);『正祖實錄』卷1, 正祖 卽位年 7月 丁酉(28).

290 『日省錄』正祖 卽位年 7月 28日(丁酉);『正祖實錄』卷1, 正祖 卽位年 7月 丁酉(28).

291 『承政院日記』正祖 卽位年 7月 28日(丁酉).

292 『正祖實錄』卷1, 正祖 卽位年 7月 戊戌(29).

293 『承政院日記』正祖 卽位年 7月 29日(戊戌).

294 『日省錄』正祖 卽位年 7月 30日(己亥).

295 『日省錄』正祖 卽位年 8月 2日(辛丑);『正祖實錄』卷2, 正祖 卽位年 8月 辛丑(2).

296 『英祖元陵山陵都監儀軌』(上)(奎 13586) 啓辭秩「丙申八月初三日」.

297 『日省錄』正祖 卽位年 8月 4日(癸卯);『正祖實錄』卷2, 正祖 卽位年 8月 癸卯(4).

298 『日省錄』 正祖 卽位年 8月 6日(乙巳).

299 『日省錄』 正祖 卽位年 8月 7日(丙午).

300 『日省錄』 正祖 卽位年 8月 9日(戊申); 『正祖實錄』 卷2, 正祖 卽位年 8月 戊申(9).

301 『日省錄』 正祖 元年 3月 4日(庚午).

302 『承政院日記』 正祖 元年 3月 4日(庚午).

303 『正祖實錄』 卷3, 正祖 1年 3月 辛未(5).

304 『承政院日記』 正祖 元年 3月 5日(辛未); 『正祖實錄』 卷3, 正祖 1年 3月 辛未(5).

305 『日省錄』 正祖 2年 3月 5日(乙丑); 『正祖實錄』 卷5, 正祖 2年 3月 乙丑(5).

306 『承政院日記』 正祖 2年 3月 5日(乙丑).

307 『日省錄』 正祖 2年 5月 1日(庚申); 『正祖實錄』 卷5, 正祖 2年 5月 庚申(1).

308 『承政院日記』 正祖 2年 5月 1日(庚申).

제3장

1 조선 초 국가전례서의 흉례조가 정비되어 간 과정은 이현진, 2011(d) 「정조 초 영조의 國葬 절차와 의미」 『泰東古典硏究』 27, 168~169쪽 참조.

2 최근 의경세자 상장례의 구성과 특징에 대한 연구가 있어 참조된다(조용철, 2014 「朝鮮 世祖代 懿敬世子 喪葬禮 구성과 특징」 『역사민속학』 45).

3 『世祖實錄』 卷9, 世祖 3年 9月 癸亥(2).

4 『明宗實錄』 卷29, 明宗 18年 9月 乙未(20).

5 『經國大典』 卷3, 禮典 「喪葬」 "禮葬【(註) 王妃父母嬪貴人大君王子君及夫人公主翁主及儀賓宗親從二品以上文武官從一品以上及功臣】."

6 『度支五禮考』(大阪府立圖書館 소장, 청구번호 韓 12-1) 卷2, 禮葬式例 "大君公主王子翁主諸嬪貴人國舅府夫人宗親從二品以上文武官從一品以上及儀賓承賓親功臣皆有禮葬."

7 『世祖實錄』 卷38, 世祖 12年 1月 戊午(15).

8 『成宗實錄』 卷164, 成宗 15年 3月 戊申(21).

9 『國朝五禮儀』 卷7, 凶禮 「大斂」.

10 『世祖實錄』 卷9, 世祖 3年 9月 乙丑(4).

11 『世祖實錄』 卷10, 世祖 3年 11月 甲申(24).

12 『世祖實錄』 卷10, 世祖 3年 11月 庚寅(30).

13 의경세자 상장 절차의 대체적인 과정은 池斗煥, 1994 『朝鮮前期 儀禮硏究 -性理學

正統論을 中心으로-」, 서울대출판부, 〈附錄 4〉 297쪽 참조.

14 李迎春, 2010「英祖代 國家 典章(法典과 禮制)의 재정비」『영조의 국가정책과 정치이념』(2010년도 '한국문화심층연구 공동연구과제' 연구결과발표회 발표문), 99쪽.

15 『國朝續五禮儀』 卷5, 凶禮「國恤服制」·「王妃爲父母喪服制」·「梓宮加漆時哭臨儀」·「梓宮上字書寫時哭臨儀」·「梓宮結裹時哭臨儀」·「發引時奉辭儀」·「靈駕至陵所奉安儀」·「下玄宮時望哭儀」·「山陵虞祭時望哭儀」·「返虞時祗迎哭拜儀」·「遷陵儀」·「莊陵復位儀」·「溫陵復位儀」.

16 『大典會通』 卷3, 禮典「喪葬」"續 國葬禮葬之用木人者 雖不知刱自何時 而禮無可據用之不經 令該曹永爲革祛【(註) 英宗甲子下敎】."

17 『承政院日記』 正祖 10年 5月 13日(乙卯); 『日省錄』 正祖 10年 5月 13日(乙卯).

18 본서 〈표 1〉 참조.

19 『國朝喪禮補編』(奎 3940) 凡例 "一 自顧命 至小喪入廟儀 凡七十三條 原書所無而增補者 九條【(註) … 小喪入廟儀 依壬申受敎添附】."

20 『承政院日記』 英祖 33年 9月 19日(戊申) "丁丑九月十九日巳時 … 啓禧曰 今此補編編輯時 小喪儀註 例必以註附見 而至於小喪入廟 與大喪祔廟 事件各異 當初補編之合爲一條者 似爲未安 別爲儀註 何如 上曰 依爲之."

21 『國朝喪禮補編』(奎 1339) 卷3, 祔廟儀【(註) [魂宮]入廟】.

22 문효세자가 홍서한 장소가 '창덕궁 별당'이라고 한 문헌도 있고, '창경궁 별당'이라고 한 자료도 있어서 같지 않다. 『정조실록』에는 '창덕궁 별당'에서 홍서한 것으로 되어 있고[『正祖實錄』 卷21, 正祖 10年 5月 癸丑(11)], 그 밖에 의궤와 『일성록』과 『승정원일기』에는 '창경궁 별당'으로 되어 있다[『文孝世子禮葬都監儀軌』(上)(奎 13921) 都廳儀軌 [時日]; 『文孝世子墓所都監儀軌』(上)(奎 13925) [都廳儀軌] [卷首]; 『日省錄』 正祖 10年 5月 11日(癸丑) ; 『承政院日記』 正祖 10年 5月 11日(癸丑)]. 본문에는 더 많은 자료에 기록된 후자를 따라 '창경궁 별당'으로 했다.

23 『文孝世子殯宮魂宮都監儀軌』(上)(奎 13923) 祭奠(朝夕上食朝晡哭附) 儀註「復後奠」.

24 세자의 홍서부터 건양문을 닫는 것까지 두 단락의 내용은 『日省錄』 正祖 10年 5月 11日(癸丑); 『承政院日記』 正祖 10年 5月 11日(癸丑); 『正祖實錄』 卷21, 正祖 10年 5月 癸丑(11) ; 『文孝世子殯宮魂宮都監儀軌』(上)(CORÉEN 2692) 時日 ; 『文孝世子殯宮魂宮都監儀軌』(上)(CORÉEN 2692) 復(擧哀附) 儀註 참조.

25 도제조 이외에 문효세자의 예장도감, 빈궁혼궁도감, 묘소도감 담당자는 각 의궤의 座目이 참조된다[『文孝世子禮葬都監儀軌』(上)(奎 13921) 都廳儀軌「座目」; 『文孝世子

殯宮魂宮都監儀軌』(上)(奎 13923) 座目(事目附); 『文孝世子墓所都監儀軌』(上)(奎 13925) 總錄「座目」].

26 『國朝喪禮補編』(奎 3940) 卷1, 戒令 "三都監都提調 以左議政爲之 稱摠護使(小喪則但稱都提調) 總治喪葬諸事."

27 『日省錄』 正祖 10年 5月 11日(癸丑); 『正祖實錄』 卷21, 正祖 10年 5月 癸丑(11); 『承政院日記』 正祖 10年 5月 11日(癸丑).

28 『日省錄』 正祖 10年 5月 12日(甲寅); 『正祖實錄』 卷21, 正祖 10年 5月 甲寅(12).

29 『文孝世子殯宮魂宮都監儀軌』(上)(奎 13923) 襲(沐浴含小斂附) "凡斂衣十九稱."

30 『日省錄』 正祖 10年 5月 12日(甲寅).

31 『文孝世子殯宮魂宮都監儀軌』(上)(奎 13923) 設靈座(立銘旌附) 「銘旌式」(初銘旌泥金篆書) · 「奏啓」; 『日省錄』 正祖 10年 5月 12日(甲寅). 『승정원일기』에는 5월 11일에 영좌를 설치하고, 隷字로 '왕세자재실'이라고 쓴 명정을 세운 것으로 되어 있다[『承政院日記』 正祖 10年 5月 11日(癸丑)].

32 『國朝喪禮補編』(奎 3940) 卷1, 銘旌 "… 以泥金篆字(小喪則隷字) 曰大行王梓宮."

33 『日省錄』 正祖 10年 6月 1日(癸酉).

34 『承政院日記』 正祖 10年 5月 11日(癸丑).

35 『日省錄』 正祖 10年 5月 12日(甲寅).

36 『經國大典』 卷3, 禮典 「喪葬」 "(原) 宗親大臣卒 啓聞輟朝 (註) 宗姓期親及王子三日."

37 『國朝喪禮補編』(奎 3940) 卷1, 告社廟 "第三日(小喪則第二日) 遣大臣(小喪則重臣一品) 告于社稷永寧殿宗廟(若有魂殿 則亦告魂宮同 小內喪則社稷否)."

38 『文孝世子殯宮魂宮都監儀軌』(上)(奎 13923) 大斂(入梓室成殯附) "儀註 前二刻 內侍設大斂牀於帷外 鋪褥席及枕 鋪絞於其上【(註) 縱一橫五】 次鋪衾 次鋪冕服 次鋪散衣九十稱."

39 『文孝世子殯宮魂宮都監儀軌』(下)(CORÉEN 2693) 別工作 圖式 「小欄平牀」 "(註) 制同高欄平牀 而有四柱 只一層 移殯時所用."

40 『文孝世子殯宮魂宮都監儀軌』(下)(奎 13923) 別工作 圖式 「小欄平牀」 "(註) 制同高欄平牀 而無四柱 只一層 移殯時所用."

41 소금저 그림은 그 밖에 『文孝世子殯宮魂宮都監儀軌』(上)(CORÉEN 2692) 一房儀軌稟目秩 「素錦褚」 참조.

42 『文孝世子殯宮魂宮都監儀軌』(下)(CORÉEN 2693) 別工作 圖式 「素錦褚」.

43 5월 13일 시각에 맞춰 위의 몇 가지 절차를 거행했는데 기록마다 조금씩 차이를 보

였다. 『정조실록』에는 영상을 요화당으로 이안→대렴→하재실→성빈전의 순서로[『正祖實錄』 卷21, 正祖 10年 5月 乙卯(13)], 『일성록』에는 영상을 요화당으로 이안[오시]→대렴[미시]→대렴전→하재실[신시]→성빈전의 순서로[『日省錄』 正祖 10年 5月 13日(乙卯)], 『승정원일기』에는 영상을 요화당으로 이안[오시]→대렴[미시]→하재실[신시]→대렴전→성빈→성빈전의 순서로[『承政院日記』 正祖 10年 5月 13日(乙卯)], 『문효세자빈궁혼궁도감의궤』에는 요화당으로 (영상을) 옮겨 봉안[移奉][오시]→대렴[미시]→하재실[신시]→성빈의 순서로[『文孝世子殯宮魂宮都監儀軌』(上)(奎 13923) 時日] 거행한 것으로 되어 있다.

44 『文孝世子殯宮魂宮都監儀軌』(下)(CORÉEN 2693) 三房 圖式「欑室」.

45 『文孝世子殯宮魂宮都監儀軌』(下)(奎 13923) 別工作 圖式「靈座平牀幄」"(註) 俗名 滿頂骨幄."

46 왕세자의 복제 논의는 『日省錄』 正祖 10年 5月 13日(乙卯); 『正祖實錄』 卷21, 正祖 10年 5月 乙卯(13) 참조. 그런데 『문효세자빈궁혼궁도감의궤』에는 5월 11일에 위와 같은 논의를 하고 5월 13일에 예조가 「服制別單」을 올린 것으로 되어 있다[『文孝世子殯宮魂宮都監儀軌』(上)(奎 13923) 成服(服制附) 奏啓「丙午五月十一日」·「丙午五月十三日」].

47 『儀禮注疏』 卷31, 喪服11 (十三經注疏 整理本, 2000, 北京大學出版社. 漢 鄭玄 注; 唐 賈公彦 疏. 이하 같음) "子女子子之長殤中殤 傳曰 何以大功也 未成人也 … 不滿八歲以下皆爲無服之殤 無服之殤以日易月 以日易月之殤 殤而無服 … (註) 殤而無服者 哭之而已."

48 『正祖實錄』 卷21, 正祖 10年 5月 丙辰(14); 『日省錄』 正祖 10年 5月 14日(丙辰); 『承政院日記』 正祖 10年 5月 14日(丙辰).

49 『文孝世子殯宮魂宮都監儀軌』(上)(奎 13923) 成服(服制附) 儀註; 『文孝世子殯宮魂宮都監儀軌』(上)(奎 13923) 親臨奠「成服奠」.

50 『文孝世子殯宮魂宮都監儀軌』(上)(奎 13923) 成服(服制附) 奏啓「丙午五月二十四日」; 『日省錄』 正祖 10年 5月 24日(丙寅); 『正祖實錄』 卷21, 正祖 10年 5月 乙丑(23).

51 『文孝世子禮葬都監儀軌』(上)(奎 13921) 都廳儀軌 議謚條「丙午五月十四日」; 『日省錄』 正祖 10年 5月 14日(丙辰); 『正祖實錄』 卷21, 正祖 10年 5月 丙辰(14).

52 『文孝世子禮葬都監儀軌』(下)(奎 13921) 神主所儀軌「丙午五月十四日」; 『日省錄』 正祖 10年 5月 14日(丙辰).

53 우주와 연주에 대해서는 강문식 · 이현진, 2011 앞의 책, 56~61쪽 참조.

54 『國朝喪禮補編』(奎 3940) 卷2, 發引儀 諸具 "虞主【(註) 用桑木 小喪神主 用栗木(奉常寺)】";『國朝喪禮補編』(奎 3940) 卷2, 立主奠 諸具 "虞主【(註) 小喪神主】."

55 『文孝世子禮葬都監儀軌』(下)(奎 13921) 三房儀軌 本房所掌各樣物種磨鍊「神主」"(註) 用栗木."

56 『日省錄』正祖 10年 5月 14日(丙辰);『承政院日記』正祖 10年 5月 14日(丙辰);『承政院日記』正祖 10年 6月 8日(庚辰);『承政院日記』正祖 10年 6月 11日(癸未);『承政院日記』正祖 10年 7月 27日(戊辰);『承政院日記』正祖 10年 閏7月 11日(壬午);『承政院日記』正祖 10年 閏7月 16日(丁亥);『文孝世子禮葬都監儀軌』(下)(奎 13921) 神主所儀軌 手本秩「丙午閏七月十七日」;『日省錄』正祖 10年 閏7月 17日(戊子);『承政院日記』正祖 10年 閏7月 17日(戊子);『日省錄』正祖 10年 閏7月 18日(己丑);『承政院日記』正祖 10年 閏7月 18日(己丑);『文孝世子禮葬都監儀軌』(上)(奎 13921) 都廳儀軌「目錄」.

57 『文孝世子禮葬都監儀軌』(下)(奎 13921) 三房儀軌 本房所掌各樣物種磨鍊「神主」"(註) 用栗木 長廣及匙主式 詳載本所儀軌." 원문에 '匙'라고 되어 있으나 '題'자의 오류로 추정된다.

58 『文孝世子禮葬都監儀軌』(下)(奎 13921) 神主所儀軌.

59 『日省錄』正祖 10年 5月 16日(戊午).

60 『國朝喪禮補編』(奎 3940) 卷1, 戒令 "… 停祭 (註) 公除 以日易月之制也 三年二十七日 杖朞十五日 朞十三日 大功九日 小功五日 緦三日 皆自成服日計."

61 『日省錄』正祖 10年 閏7月 19日(庚寅).

62 『文孝世子禮葬都監儀軌』(上)(奎 13921) 都廳儀軌 議諡條「丙午五月二十五日」;『日省錄』正祖 10年 5月 22日(甲子).

63 『文孝世子禮葬都監儀軌』(上)(奎 13921) 都廳儀軌 堂郎條「丙午五月二十四日」.『정조실록』에는 도제조를 교체한 이유가 제시되어 있지 않고, 날짜도 5월 23일로 되어 있다[『正祖實錄』卷21, 正祖 10年 5月 乙丑(23)].

64 『日省錄』正祖 10年 5月 24日(丙寅).

65 『日省錄』正祖 10年 5月 25日(丁卯) · 26日(戊辰);『正祖實錄』卷21, 正祖 10年 5月 戊辰(26).

66 『文孝世子殯宮魂宮都監儀軌』(上)(奎 13923) 修理 承傳「丙午五月二十五日」. 혼궁 일곽의 건축과 수리에 대해서는 이강근, 2009「正祖의 慶熙宮 운영과 건축」『서울학연구』34, 79~81쪽 참조.

67 『日省錄』正祖 10年 5月 26日(戊辰).

68 『國朝喪禮補編』(奎 3940) 卷1, 戒令 "… 停祭 (註) 公除 以日易月之制也 三年二十七

日 杖朞十五日 朞十三日 大功九日 小功五日 緦三日 皆自成服日計."

69 『仁祖實錄』 卷46, 仁祖 23年 5月 丁酉(16).

70 『英祖實錄』 卷20, 英祖 4年 12月 戊寅(2).

71 『國朝喪禮補編』(奎 3940) 卷2, 發引儀 諸具 "挽章九十六軸【(註) 用厚紙 小喪八十軸 小內喪五十軸】."

72 『文孝世子禮葬都監儀軌』(下)(CORÉEN 2691) 三房儀軌 本房所掌各樣物種磨鍊 「挽章」.

73 『英祖國葬都監儀軌』(下)(奎 13581) 三房儀軌 各樣物件造作秩 「輓章」.

74 『文孝世子禮葬都監儀軌』(上)(奎 13921) 都廳儀軌 議謚條 「丙午六月二十日」·「丙午六月二十一日」; 『日省錄』 正祖 10年 6月 20日(壬辰)·21日(癸巳).

75 『純祖實錄』 卷31, 純祖 30年 5月 戊辰(12); 『孝明世子入廟都監儀軌』(奎 13729); 『孝明世子延慶墓墓所都監儀軌』(奎 13728).

76 鄭景姬, 2004 「朝鮮後期 宮園制의 성립과 변천」 『서울학연구』 23, 177~178쪽.

77 『日省錄』 正祖 10年 6月 24日(丙申).

78 『日省錄』 正祖 10年 6月 9日(辛巳).

79 『文孝世子殯宮魂宮都監儀軌』(上)(奎 13923) 賜謚(改銘旌附) 承傳 "丙午六月二十四日 傳曰 觀此賜謚儀註 有大錯誤處 發冊遣使 是殿下儀也 宣冊賜祭 是殯宮儀也 同宮異室 宣受各殊 今番發冊處所 雖行於殯宮近處 儀註合作一條以是之 故百官服色 誤以衰服磨鍊 宣敎節次 只用於發冊時外 此宣冊發冊之同行於殯宮 俱是未能照檢之致 當該禮曹堂上 從重推考."

80 『文孝世子殯宮魂宮都監儀軌』(上)(奎 13923) 賜謚(改銘旌附) 儀註 「改銘旌儀」; 『文孝世子殯宮魂宮都監儀軌』(上)(奎 13923) 賜謚(改銘旌附) 改銘旌式; 『日省錄』 正祖 10年 6月 7日(己卯); 『日省錄』 正祖 10年 6月 25日(丁酉). 『문효세자빈궁혼궁도감의궤』에는 초명정을 '혼궁'에서 태운다고 되어 있는데, 『일성록』·『승정원일기』에는 6월 16일에 개명정의 書寫와 (초)명정을 태울 장소를 빈궁으로 하라는 하교가 있었다[『日省錄』 正祖 10年 6月 16日(戊子); 『承政院日記』 正祖 10年 6月 16日(戊子)].

81 『國朝喪禮補編』(奎 3940) 卷1, 議政府率百官進香儀 "(註) 宗親儀賓(敦寧忠勳)諸道觀察使進香同 唯無百官 (小喪則議政宗親儀賓敦寧忠勳)."

82 『正祖實錄』 卷21, 正祖 10年 6月 庚子(28).

83 『日省錄』 正祖 10年 7月 17日(戊午).

84 『國朝喪禮補編』(奎 3940) 卷2, 發引班次 "大轝【(註) 轝士(每運二百)】."

85 『日省錄』 正祖 10年 7月 5日(丙午).

86 『日省錄』正祖 10年 6月 20日(壬辰).

87 『日省錄』正祖 10年 7月 26日(丁卯); 『正祖實錄』卷22, 正祖 10年 7月 丁卯(26).

88 『正祖實錄』卷22, 正祖 10年 閏7月 丙子(5).

89 『日省錄』正祖 10年 閏7月 8日(己卯); 『承政院日記』正祖 10年 閏7月 8日(己卯); 『文孝世子殯宮魂宮都監儀軌』(上)(奎 13923) 親臨奠「親書上字後別奠」·「結裹後別奠」.

90 『日省錄』正祖 10年 閏7月 13日(甲申); 『正祖實錄』卷22, 正祖 10年 閏7月 甲申(13).

91 『日省錄』正祖 10年 閏7月 15日(丙戌).

92 『日省錄』正祖 10年 閏7月 16日(丁亥) "文孝世子神主成 權安于慶熙宮之爲善堂."

93 이현진, 2011(d)「정조 초 영조의 國葬 절차와 의미」『泰東古典硏究』27, 190쪽.

94 『日省錄』正祖 10年 閏7月 17日(戊子).

95 『文孝世子禮葬都監儀軌』(下)(奎 13921) 神主所儀軌 手本秩「丙午閏七月十七日」; 『承政院日記』正祖 10年 閏7月 17日(戊子); 『日省錄』正祖 10年 閏7月 18日(己丑).

96 朝奠에서 祖奠까지의 내용은『日省錄』正祖 10年 閏7月 18日(己丑) 참조.

97 『正祖實錄』卷22, 正祖 10年 閏7月 己丑(18).

98 『文孝世子殯宮魂宮都監儀軌』(上)(奎 13923) 發靷(治葬神主奉安啓殯路祭墓所成殯下玄室附) 門路.

99 『文孝世子殯宮魂宮都監儀軌』(上)(奎 13923) 發靷(治葬神主奉安啓殯路祭墓所成殯下玄室附) 門路 "正堂南墻【(註) 撤毁三間 發靷後還築】泰安門【(註) 撤毁左右 傍墻各半間幷毁 發靷後還築】延喜門【(註) 輪轝排設 從正門左邊虛其右 各差備別監 右列從輪轝右邊陳列 左列從左夾門陳列 自輪轝排設至發靷間 門扇撤去 設布帳以入直軍把守 時至 去布帳作路】崇智門【(註) 門東行閣一間 撤壁掘土作路 發靷後還築】集禮門景化門宣仁門崇禮門舟橋大路"; 박희용 · 이현진, 2014「영조대 懿昭世孫의 禮葬을 통해 본 창경궁 내외의 동선과 宮家의 공간구조」『奎章閣』45, 80쪽.

100 「동궐도」에 표시한 발인 행렬의 동선은 서울학연구소 수석연구원 박희용 선생님의 도움을 받았다.

101 『承政院日記』正祖 10年 閏7月 19日(庚寅). 대여가 축시에 무사히 노제소에 도착했다고 한다.

102 『日省錄』正祖 10年 6月 5日(丁丑); 『文孝世子禮葬都監儀軌』(上)(奎 13921) 都廳儀軌 道路條「丙午六月十一日」.

103 『承政院日記』正祖 10年 閏7月 19日(庚寅). 대여가 인시에 묘소의 작문 안에 도착했다고 한다.

104 견전에서 성빈전까지는『日省錄』正祖 10年 閏7月 19日(庚寅) 참조.

105 『文孝世子禮葬都監儀軌』(下)(奎 13921) 三房儀軌 本房所掌各樣物種磨鍊「翣扇」.

106 『國朝喪禮補編』(奎 3940) 卷2, 安陵奠 諸具 "神御平牀一【(註) 唐朱漆 設於丁字閣北神門內 小喪神座平牀 黑真漆 (別工作) 褥用紫紬 平牀上所排 小喪綠紬】."

107 『文孝世子墓所都監儀軌』(上)(COREEN 2690) 圖說 「雲足平牀」(丁字閣永排) "牀【(註)】俗名神座平牀 亦用箭平牀之制."

108 『文孝世子禮葬都監儀軌』(上)(奎 13921) 都廳儀軌 道路條 「丙午六月十一日」.

109 『文孝世子禮葬都監儀軌』(上)(奎 13921) 都廳儀軌 道路條 「丙午閏七月十一日」. 판전병문에서 '前'은 원문에 이 글자로 쓰여 있다.

110 『國朝喪禮補編』(奎 3940) 卷2, 發引奉辭儀 "(註) (續儀) 殿下未得隨發引 則有是儀及下玄宮時望哭儀返虞祗迎儀."

111 이현진, 2015 앞의 책, 155쪽.

112 곡궁인에 대해서는 이현진, 2015 앞의 책, 193쪽 참조.

113 이현진, 2015 앞의 책, 213쪽.

114 『日省錄』 正祖 10年 6月 4日(丙子).

115 『文孝世子禮葬都監儀軌』(上)(奎 13921) 一房儀軌 「燒火秩」; 『正祖實錄』 卷21, 正祖 10年 6月 己卯(7); 『日省錄』 正祖 10年 閏7月 19日(庚寅).

116 『日省錄』 正祖 10年 閏7月 19日(庚寅).

117 신주에 쓴 글의 내용은 『文孝世子禮葬都監儀軌』(上)(奎 13921) 都廳儀軌 [儀註條] 「立主奠儀」 참조.

118 이현진, 2015 앞의 책, 215~216쪽.

119 『承政院日記』 正祖 10年 閏7月 11日(壬午).

120 천전에서 초우제까지는 『日省錄』 正祖 10年 閏7月 19日(庚寅) 참조.

121 『文孝世子禮葬都監儀軌』(上)(奎 13921) 都廳儀軌 道路條 「丙午閏七月十一日」.

122 『日省錄』 正祖 10年 閏7月 20日(辛卯). 정조대 上言 · 擊錚에 대해서는 韓相權, 1996 『朝鮮後期 社會와 訴冤制度 -上言 · 擊錚 研究-』, 一潮閣, 1장 4절과 2장 참조.

123 『文孝世子殯宮魂宮都監儀軌』(上)(奎 13923) 神帛埋安 「處所」 · 「儀註」; 『日省錄』 正祖 10年 閏7月 20日(辛卯).

124 『承政院日記』 正祖 10年 5月 30日(壬申); 『日省錄』 正祖 10年 5月 30日(壬申).

125 『日省錄』 正祖 10年 閏7月 27日(戊戌).

126 『正祖實錄』 卷22, 正祖 10年 9月 癸酉(3).

127 『正祖實錄』 卷23, 正祖 11年 2月 乙丑(27).

128 『文孝世子殯宮魂宮都監儀軌』(下)(COREEN 2693) 二房 圖式 「冊印樻」 "三層 黑真漆

鑞染粧飾 大小長廣 依毓祥廟見樣." 육상묘는 영조대에 이미 毓祥宮으로 격상되었는데 정조대에 편찬된 본 의궤에는 여전히 '육상묘'라고 표기되어 있다.

129 『文孝世子殯宮魂宮都監儀軌』(下)(CORÉEN 2693) 二房 圖式 「方交椅」 "與靈座交椅同 而四方均適 啓殯日 奉神主箱于神帛後時移奉."

130 『國朝喪禮補編』(奎 3940) 圖說 ○靈座 「靈座交椅」(所以安神帛函者) "交椅 … 唐朱漆【(註) ○小喪黑漆 成殯後黑眞漆 ○返虞後神座交椅制同】."

131 崔誠桓, 2009 『正祖代 蕩平政局의 君臣義理 연구』, 서울대학교 국사학과 박사학위논문, 184~187쪽. 여기에는 1786년 문효세자의 홍서만이 아니라 김귀주의 사망, 의빈 성씨의 졸, 은언군의 아들 常溪君의 죽음, 상계군의 외조부 宋樂休의 고변, 具善復의 복주 등 별개로 발생한 이 사건들이 사건의 배경과 전개 과정에서 주요 정치 세력이 모두 연관되어 있다는 내용을 담고 있다.

132 『日省錄』 正祖 11年 5月 11日(丁丑); 『承政院日記』 正祖 11年 5月 11日(丁丑).

133 『承政院日記』 正祖 11年 4月 7日(甲辰); 『日省錄』 正祖 11年 4月 7日(甲辰).

134 『日省錄』 正祖 12年 5月 11日(壬申). 『승정원일기』에는 '5월 10일 二更二點'에 대상제를 지낸 것으로 되어 있다[『承政院日記』 正祖 12年 5月 10日(辛未)].

135 『일성록』과 『문희묘일기』에는 '참포'를 입었다고 되어 있고[『日省錄』 正祖 12年 5月 11日(壬申); 『文禧廟日記』(奎 13045의 1) 戊申五月十一日壬申], 『승정원일기』에는 '천담복'을 입었다고 되어 있다[『承政院日記』 正祖 12年 5月 10日(辛未)].

136 『日省錄』 正祖 12年 7月 6日(丙寅); 『承政院日記』 正祖 12年 7月 6日(丙寅); 『正祖實錄』 卷26, 正祖 12年 7月 丁卯(7); 『文禧廟日記』(奎 13045의 1) 戊申七月初七日丁卯.

137 이현진, 2011(c) 앞의 논문, 61쪽.

138 『文禧廟營建廳謄錄』(奎 13926) 時日 "入廟 己酉四月二十六日卯時."

139 『國朝喪禮補編』(奎 3940) 卷3, 小喪入廟儀 "(註) (受教) 禫祭行日乃行."

140 『承政院日記』 正祖 12年 5月 10日(辛未); 『日省錄』 正祖 12年 5月 10日(辛未); 『正祖實錄』 卷25, 正祖 12年 5月 辛未(10).

141 『承政院日記』 正祖 10年 8月 1日(辛丑); 『日省錄』 正祖 10年 8月 1日(辛丑).

142 『承政院日記』 正祖 10年 8月 1日(辛丑); 『日省錄』 正祖 10年 8月 1日(辛丑).

143 『正祖實錄』 卷22, 正祖 10年 9月 甲申(14).

144 『正祖實錄』 卷22, 正祖 10年 11月 庚寅(20).

145 『文禧廟營建廳謄錄』(奎 13926) 承傳 「丁未正月初十日」; 『承政院日記』 正祖 11年 1月 10日(己卯); 『日省錄』 正祖 11年 1月 10日(己卯).

146 『大東地志』(규장각 소장 古 4790-37) 卷1, 宮廟 "文禧廟【(註) 在北部安國坊 正宗

十二年建】;『增補文獻備考』 卷61, 禮考8 宮廟「續文禧廟」"本朝文禧廟 在北部安國坊 享文孝世子."

147 『承政院日記』 正祖 12年 12月 24日(辛亥).

148 『承政院日記』 正祖 13年 4月 16日(壬寅) · 18日(甲辰); 『日省錄』 正祖 13年 4月 22日(戊申); 『正祖實錄』 卷27, 正祖 13年 4月 辛亥(25). 완료 시점에 대해 세 관찬 기록이 차이를 보이고 있다.

149 『日省錄』 正祖 13年 4月 26日(壬子); 『承政院日記』 正祖 13年 4月 26日(壬子); 『文禧廟日記』(奎 13045의 1) 己酉四月二十六日壬子; 『正祖實錄』 卷27, 正祖 13年 4月 壬子(26).

150 『英祖殯殿都監儀軌』(奎 13584의1) [圖說]「欑宮圖」.

151 『文孝世子殯宮魂宮都監儀軌』(下)(CORÉEN 2693) 三房 圖式「欑室」.

152 사수도의 개략적인 파악은 이현진, 2015 앞의 책, 118~121쪽 참조.

153 『承政院日記』 正祖 10年 6月 24日(丙申).

154 사도세자의 장례 일정과 그 특징에 대해서는 이경구, 2004「1762년(영조 38) 思悼世子의 薨逝와《思悼世子殯宮魂宮都監儀軌」『규장각 소장 의궤 해제집』(서울대학교 규장각) 2, 209~211쪽 참조.

155 『思悼世子殯宮魂宮都監儀軌』(上)(奎 13606) [時日] · 禮曺儀註秩; 『思悼世子禮葬都監儀軌』(上)(奎 13605) [時日].

156 『思悼世子殯宮魂宮都監儀軌』(上)(奎 13606) 禮曺儀註秩「成服儀」"(註) 有除成服之命 故同日百官 只以淺淡服 哭班於銅龍門外"; 『思悼世子殯宮魂宮都監儀軌』(上)(奎 13606) 禮曺儀註秩「服制儀」.

157 『思悼世子禮葬都監儀軌』(上)(奎 13605) 啓辭秩; 『思悼世子殯宮魂宮都監儀軌』(上)(奎 13606) 承傳秩.

158 『日省錄』 正祖 10年 5月 12日(甲寅).

159 『正祖實錄』 卷21, 正祖 10年 5月 乙丑(23).

160 『正祖實錄』 卷21, 正祖 10年 6月 戊戌(26).

161 영조대 복제 논의는 이현진, 2011(b) 앞의 논문, 131~132쪽 참조.

162 『正祖實錄』 卷21, 正祖 10年 6月 戊戌(26).

163 이원택, 2008「17세기 복제예송이 18세기 복제 예론에 미친 영향 - 예론의 지역적 분립과 학파 내의 분화를 중심으로」『국학연구』(한국국학진흥원) 13 참조. 다만, 여기서는 국가전례서의 반영 여부에 관한 논의가 빠져 있어서, 숙종대부터 순조대까지 있었던 세자 · 세자빈 복제 논의를 국가전례서의 규정에 비추어 재조명할 필요가 있다고

본다.

164 『孝明世子殯宮魂宮都監儀軌』(上)(奎 13721) 儀註 「服制」; 『純祖實錄』 卷31, 純祖 30年 5月 乙丑(9).

165 『文孝世子殯宮魂宮都監儀軌』(上)(奎 13923) 親臨奠.

166 『成宗實錄』 卷3, 成宗 1年 2月 辛亥(2).

167 『日省錄』 正祖 10年 閏7月 21日(壬辰) · 24日(乙未).

168 국립중앙박물관 외규장각 의궤 홈페이지(http://uigwe.museum.go.kr/)에서 『문효세자예장도감의궤』와 『문효세자묘소도감의궤』의 해제 참조.

169 이현진, 2014(c) 앞의 논문, 246쪽.

170 『文孝世子禮葬都監儀軌』(上)(奎 13921) 都廳儀軌 「座目」.

171 현재 조선왕조실록 홈페이지(http://sillok.history.go.kr)에서 朴綏源을 검색하면 3건이 나온다. 이때 박'수'원이 아닌 박'유'원으로 모두 번역되어 있다[『正祖實錄』 卷37, 正祖 17年 6月 甲戌(13); 『正祖實錄』 卷37, 正祖 17年 6月 乙亥(14); 『純祖實錄』 卷4, 純祖 2年 8月 癸丑(15)]. 순조의 생모 綏嬪朴氏를 '수빈'이 아닌 '유빈'이라고 표기한 데서[『進香文』(藏 K2-3018) · (藏 K2-3019); 한국학중앙연구원 藏書閣, 2005 『조선왕실의 여성』 한국학중앙연구원 장서각] '綏'가 이름에는 '유'로 발음함을 알 수 있다. '유빈'에 대한 정보는 간송미술관 학예연구원 김민규 선생님의 도움을 받았다.

172 『文孝世子殯宮魂宮都監儀軌』(奎 13923) 座目 "(註) 事目附."

173 『文孝世子墓所都監儀軌』(奎 13925) 總錄 「座目」.

174 『文禧廟營建廳謄錄』(奎 13926) 座目.

175 『文孝世子禮葬都監儀軌』(上)(奎 13921) 都廳儀軌 發靷條 「丙午六月二十三日」; 『文孝世子墓所都監儀軌』(上)(奎 13925) 時日 「丙午七月三十日」; 『日省錄』 正祖 10年 6月 20日(壬辰). 여기서 정조가 친행한 제전은 영장궁성빈전, 천전, 입주전, 초우제 등이다.

176 『문효세자묘소도감의궤』에는 '靈帳宮成殯祭', '靈帳宮成殯奠' 둘 다 쓰고 있다[『文孝世子墓所都監儀軌』(上)(奎 13925) 時日 「丙午七月三十日」].

177 『文孝世子禮葬都監儀軌』(上)(奎 13921)(『예장』이라 표기) 都廳儀軌 [時日]; 『文孝世子殯宮魂宮都監儀軌』(上)(奎 13923)(『빈궁혼궁』이라 표기) 時日; 『文孝世子墓所都監儀軌』(上)(奎 13925)(『묘소』라 표기) 時日 「丙午五月二十七日」; 『文禧廟日記』(奎 13045의 1)(『일기』라 표기); 『文禧廟營建廳謄錄』(奎 13926)(『등록』이라 표기) 時日. 梓室의 加漆은 『文孝世子殯宮魂宮都監儀軌』(上)(奎 13923) 加漆(書上字附) 「排日」을 참조.

1 의소세손의 세손 책봉 과정에 대해서는 『懿昭世孫冊禮都監儀軌』(奎 13199)가 참조된다.

2 『大典會通』 卷1, 吏典 京官職 從六品衙門 各陵 各墓增 "懿昭墓【(註) 在楊州】守衛官二員."

3 『國朝喪禮補編』(奎 1339) 卷5, 懿昭世孫喪受教.

4 『國朝喪禮補編』(奎 3940) 卷6, (附) 懿昭世孫喪受教.

5 『國朝五禮通編』(一)(이화여자대학교 도서관, 청구번호 181.214 이89) 凡例 "一 補編中受教兩編 旣異儀註與序例 故今不載錄."

6 『春官通考』(下) 卷82, 凶禮 「附懿昭世孫喪受教」.

7 『國朝喪禮補編』(奎 1339) 卷5, 懿昭世孫喪受教; 『國朝喪禮補編』(奎 3940) 卷6, (附) 懿昭世孫喪受教 "傳曰 喪禮補編修正 適在於懿昭喪之時 懿昭喪儀 當一例載錄 而此乃邦國不常有之事 若成儀註 則多有掣碍之端 雖不續編 莫重邦禮 不可昧於後世 今並錄前後下教 一番開卷瞭然 何異儀軌焉."

8 을유년은 昭顯世子가 1645년(인조 23)에 卒한 해, 무신년은 1728년(영조 4)에 효장세자가 홍서한 해, 무술년은 단의빈이 1718년(숙종 44)에 卒逝한 해, 신미년은 현빈이 1751년(영조 27)에 홍서한 해를 가리킨다. 졸, 홍서, 졸서 등의 표현은 해당 의궤의 기록을 그대로 따랐다.

9 이현진, 2011(b) 앞의 논문 124~125쪽.

10 『英祖實錄』 卷76, 英祖 28年 3月 甲子(3).

11 『承政院日記』 英祖 28年 3月 4日(乙丑); 『英祖實錄』 卷76, 英祖 28年 3月 乙丑(4).

12 『懿昭世孫殯宮魂宮兩都監儀軌』(上)(奎 14838) 禮曺儀註秩 「復儀」; 『承政院日記』 英祖 28年 3月 4日(乙丑).

13 『承政院日記』 英祖 28年 3月 4日(乙丑) "洪鳳漢追後來曰 腹部漸高 速爲擧哀 可矣 … 洪鳳漢曰 擧哀一時爲急矣."

14 『承政院日記』 英祖 28年 3月 4日(乙丑); 『英祖實錄』 卷76, 英祖 28年 3月 乙丑(4).

15 『懿昭世孫殯宮魂宮兩都監儀軌』(上)(奎 14838) 禮曺啓下關秩; 『承政院日記』 英祖 28年 3月 4日(乙丑); 『英祖實錄』 卷76, 英祖 28年 3月 乙丑(4).

16 『承政院日記』 英祖 28年 3月 4日(乙丑).

17 『懿昭世孫殯宮魂宮兩都監儀軌』(上)(奎 14838) [時日]; 『英祖實錄』 卷76, 英祖 28年 3月 乙丑(4).

18 『懿昭世孫殯宮魂宮兩都監儀軌』(上)(奎 14838) 禮曺儀註秩 「沐浴儀」.

19 『英祖實錄』卷76, 英祖 28年 3月 乙丑(4). 습할 때의 구체적인 절차는『懿昭世孫殯宮魂宮兩都監儀軌』(上)(奎 14838) 禮曺儀註秩「襲儀」참조.

20 『國朝喪禮補編』(奎 3940) 卷1, (襲)奠.『국조오례서례』에는 습전을 담당하는 대전관이 종친 1품 이상이라고 되어 있는데[『國朝五禮序例』卷5, 凶禮 執事官 國恤「襲奠」"代奠官【(註) 宗親一品以上 斂殯以下凡奠同】"], 나중에 수교로 인해 종친 2품 이상으로 바뀌었음을 알 수 있다.

21 『懿昭世孫殯宮魂宮兩都監儀軌』(上)(奎 14838) 禮曺儀註秩「襲奠儀」.

22 『懿昭世孫殯宮魂宮兩都監儀軌』(上)(奎 14838) 禮曺啓下關秩.

23 『懿昭世孫殯宮魂宮兩都監儀軌』(上)(奎 14838) 禮曺儀註秩「含儀」.

24 함 이후부터 백선개의 설치까지는『英祖實錄』卷76, 英祖 28年 3月 乙丑(4) 참조.

25 『懿昭世孫殯宮魂宮兩都監儀軌』(上)(奎 14838) 禮曺儀註秩「銘旌」;『英祖實錄』卷76, 英祖 28年 3月 乙丑(4).『승정원일기』에는 명정의 書式에 대해 '金字'로 '왕세손재실'로 쓴다고 되어 있다[『承政院日記』英祖 28年 3月 4日(乙丑)].

26 『懿昭世孫禮葬都監儀軌』(上)(CORÉEN 2511) 一房儀軌 各樣物件造作秩「靈座交倚」"靈座交倚一前排【(註) 神主箱魂帛箱 同安於此交倚 造作時 長廣尺數 一依神主箱魂帛箱爲之】."

27 『承政院日記』英祖 28年 3月 4日(乙丑);『英祖實錄』卷76, 英祖 28年 3月 乙丑(4).

28 『承政院日記』英祖 28年 3月 4日(乙丑);『英祖實錄』卷76, 英祖 28年 3月 乙丑(4).

29 『承政院日記』英祖 28年 3月 4日(乙丑);『英祖實錄』卷76, 英祖 28年 3月 乙丑(4).

30 『承政院日記』英祖 28年 3月 4日(乙丑).

31 『英祖實錄』卷76, 英祖 28年 3月 乙丑(4).

32 『儀禮注疏』卷31, 喪服11 "子女子子之長殤中殤 傳曰 何以大功也 未成人也 … 不滿八歲以下皆爲無服之殤 無服之殤以日易月 以日易月之殤 殤而無服 … (註) 殤而無服者 哭之而已."

33 『承政院日記』英祖 28年 3月 4日(乙丑) "上曰 今番服制 當爲殤服降等乎 在魯曰 男子受職 不爲殤 載在喪禮 位號旣定之後 安有殤服之可論乎."

34 『承政院日記』英祖 28年 3月 4日(乙丑) "傳曰 世孫服制 旣問大臣禮官 慈殿當緦麻三月 而予與坤殿 當爲大功九月 世子嬪宮 當爲朞年之制."

35 『儀禮注疏』卷30, 喪服11 "適孫【疏】「適孫」○釋曰 孫卑於昆弟 故次之 此謂適子死其適孫承重者 祖爲之期. 傳曰 何以期也 不敢降其適也 有適子者無適孫 孫婦亦如之 (註) 周之道 適子死則立適孫 是適孫將上爲祖後者也 長子在 則皆爲庶孫耳 孫婦亦如之 …【疏】「傳曰」至「如之」○釋曰 … 云「有適子者無適孫」者 謂適子在 不得立適孫爲後也."

36 『[孝章世子]喪變時謄錄』(奎 13009) 服制; 『英祖實錄』 卷20, 英祖 4年 11月 甲子(18); 신하령, 2008 「『眞宗東宮日記』 -孝章世子 생전과 사후의 기록-」『奎章閣』 33, 88쪽. 『효장세자빈궁도감의궤』에는 영조가 성복할 때 衰服을 입었다는 정도만 확인된다[『孝章世子殯宮都監儀軌』(奎 14857) 儀註「成服儀」].

37 『國朝續五禮儀』 卷5, 凶禮「國恤服制」"殿下齊衰朞年 … ○王妃齊衰朞年 …【(註) 右爲王世子服制 ○今上戊申 孝章世子喪 行此儀】."

38 『懿昭世孫禮葬都監儀軌』(上)(CORÉEN 2511) 吏曺別單; 『懿昭世孫殯宮魂宮兩都監儀軌』(奎 14838) 吏曺啓下單子; 『懿昭世孫墓所都監儀軌』(上)(CORÉEN 2512) 吏曺啓下單子.

39 마지막 여러 논의는 『承政院日記』 英祖 28年 3月 4日(乙丑); 『英祖實錄』 卷76, 英祖 28年 3月 乙丑(4) 참조.

40 『承政院日記』 英祖 28年 3月 4日(乙丑) "顯命曰 臣在外 雖未能詳知 仄聞世孫患候 專由於乳母不謹之罪云 若然則臣民之慟 曷有其極 宜卽出付有司 各別嚴處矣 上曰 都提調 以爲如何 若魯曰 此大臣之言 誠然矣 上曰 女子小瑣之事 何必盡治 此亦命也 拓基曰 到今尤爲切痛 不可置之 上曰 賢嬪喪後 予不復見 而聞御將醫官之言 則一二日之間 不復見踊躍云矣 顯命曰 渠若小心 則何至此境乎."

41 『英祖實錄』 卷76, 英祖 28年 3月 丙寅(5). 소렴과 소렴전을 행할 때의 구체적인 절차는 『懿昭世孫殯宮魂宮兩都監儀軌』(上)(奎 14838) 禮曺儀註秩 「小斂儀」·「小斂奠儀」 참조.

42 『懿昭世孫殯宮魂宮兩都監儀軌』(上)(奎 14838) 禮曺啓下關秩.

43 『承政院日記』 英祖 28年 3月 5日(丙寅); 『英祖實錄』 卷76, 英祖 28年 3月 丙寅(5).

44 『承政院日記』 英祖 28年 3月 5日(丙寅).

45 『正祖健陵山陵都監儀軌』(上) 三物所儀軌 圖說 「陵上閣圖」 "閣【(註) 俗名甕家】用松木 爲柱十八 …." 『정조건릉산릉도감의궤』는 1995년 서울대학교 규장각에서 〈奎 13642〉본을 영인한 책이다.

46 『承政院日記』 英祖 28年 3月 5日(丙寅).

47 『承政院日記』 英祖 28年 3月 5日(丙寅); 『英祖實錄』 卷76, 英祖 28年 3月 丙寅(5).

48 『承政院日記』 英祖 28年 3月 5日(丙寅) "景夏曰 梓室加漆 依戊申年例乎 上曰 然矣 益炡曰 加漆時 都提調提調 皆進參乎 上命書傳旨曰 今番比戊申差等 加漆時 殯宮都監入直堂上與長生殿提調一人講書院官員一人入侍 畢度日及有下教事 則都提調亦爲入侍 而親臨時 承史入侍 依戊申年例擧行."

49 『承政院日記』 英祖 28年 3月 5日(丙寅).

50 『承政院日記』 英祖 28年 3月 5日(丙寅); 『英祖實錄』 卷76, 英祖 28年 3月 丙寅(5).

51 『英祖實錄』 卷76, 英祖 28年 3月 丁卯(6).

52 『懿昭世孫殯宮魂宮兩都監儀軌』(上)(奎 14838) 禮曺啓下關秩.

53 대렴을 행할 때의 구체적인 절차는 『懿昭世孫殯宮魂宮兩都監儀軌』(上)(奎 14838) 禮曺儀註秩 「大斂儀」 참조.

54 『懿昭世孫殯宮魂宮兩都監儀軌』(上)(奎 14838) 禮曺儀註秩 「小斂奠儀【(註) 大斂奠及成殯奠 凡奠同 一房次知】.

55 『英祖實錄』 卷76, 英祖 28年 3月 丁卯(6).

56 성빈을 행할 때의 구체적인 절차는 『懿昭世孫殯宮魂宮兩都監儀軌』(上)(奎 14838) 禮曺儀註秩 「成殯儀」 참조.

57 『懿昭世孫殯宮魂宮兩都監儀軌』(上)(奎 14838) 禮曺儀註秩 「小斂奠儀【(註) 大斂奠及成殯奠 凡奠同 一房次知】.

58 『懿昭世孫殯宮魂宮兩都監儀軌』(上)(奎 14838) 禮曺啓下關秩.

59 『莊獻世子顯隆園園所都監儀軌』(上)(奎 13628) 圖說 [「四獸圖」].

60 『惠嬪顯隆園園所都監儀軌』(下)(奎 13617) 造成所儀軌 圖說 「四獸圖」.

61 이현진, 2013(a) 앞의 논문, 4장; 이현진, 2015 앞의 논문, 3~4장 참조.

62 『惠嬪殯宮魂宮都監儀軌』(下)(奎 13612) 三房 圖說 「[四獸圖]」; 『綏嬪殯宮魂宮都監儀軌』(下)(奎 13934) 三房儀軌 圖說 「[四獸圖]」.

63 이현진, 2016(b) 앞의 논문, 3장 참조.

64 『懿昭世孫殯宮魂宮兩都監儀軌』(上)(奎 14838) 禮曺儀註秩 「成殯儀【(註) 三房次知因傳教欑室比前減造】 "… 別以紙書朱雀白虎玄武 隨方貼于壁內."

65 『國朝喪禮補編』(奎 1339) 卷4, 受教分類(上) 「成殯」; 『國朝喪禮補編』(奎 3940) 卷4, 受教分類(上) 「成殯」; 『英祖實錄』 卷77, 英祖 28年 6月 辛丑(12).

66 『國朝喪禮補編』(奎 1339) 卷1, 成殯 圖說 「欑室」; 『國朝喪禮補編』(奎 3940) 卷1, 成殯 "別以紙書朱雀白虎玄武青龍【(註) 小喪欑室 不書四獸】 隨方 貼于障子內."

67 『懿昭世孫殯宮魂宮兩都監儀軌』(上)(奎 14838) 啓辭秩 「壬申三月初六日」; 『承政院日記』 英祖 28年 3月 6日(丁卯).

68 『承政院日記』 英祖 28年 3月 6日(丁卯).

69 『承政院日記』 英祖 28年 3月 6日(丁卯); 『懿昭世孫殯宮魂宮兩都監儀軌』(上)(奎 14838) 禮曺啓下關秩 "一 取考戊申謄錄 則朝夕奠及上食 成殯後爲始設行矣 今亦依此擧行事 啓允."

70 『英祖實錄』 卷76, 英祖 28年 3月 乙丑(4).

71 이현진, 2011(b) 앞의 논문, 148~150쪽 〈부표〉 참조.

72 '朝奠日出 夕奠逮日'에 대해, 『의례주소』에는 '음양이 교접하여 거의 만난다.'라고 풀이했다[『儀禮注疏』 卷8, 檀弓上 "朝奠日出 夕奠逮日 (註) 陰陽交接 庶幾遇之."]. 이와는 달리 『예기집설대전』에는 '逮日은 해가 아직 떨어지지 않은 것이다. 조전은 아침의 식사를, 석전은 저녁의 식사를 형상화하여 효자가 죽은 사람 섬기기를 산 사람 섬기듯이 한다.'라 해석했다[『禮記集說大全』 卷3, 檀弓上3 "朝奠日出 夕奠逮日 (註) 逮日 及日之未落也 ○方氏曰 朝奠 以象朝時之食 夕奠 以象夕時之食 孝子事死如事生也."].

73 『懿昭世孫殯宮魂宮兩都監儀軌』(上)(奎 14838) 禮曺儀註秩 「朝夕哭奠及上食儀」.

74 『承政院日記』 英祖 28年 3月 6日(丁卯); 『懿昭世孫殯宮魂宮兩都監儀軌』(上)(奎 14838) 禮曺啓下關秩.

75 『承政院日記』 英祖 28年 3月 6日(丁卯); 『英祖實錄』 卷76, 英祖 28年 3月 丁卯(6).

76 『承政院日記』 英祖 28年 3月 6日(丁卯). 사실 이날에는 의소세손의 묏자리와 宮僚의 복제 논의도 아울러 진행되었다. 묏자리는 후술하겠지만 궁료 복제는 또 다른 논의가 필요하여 별고로 정리될 필요가 있으므로 후일을 기약하고자 한다.

77 『英祖實錄』 卷76, 英祖 28年 3月 戊辰(7); 『承政院日記』 英祖 28年 3月 7日(戊辰).

78 『懿昭世孫殯宮魂宮兩都監儀軌』(上)(奎 14838) 承傳秩 「壬申三月初四日」. 성복례를 거행할 때의 구체적인 절차는 『懿昭世孫殯宮魂宮兩都監儀軌』(上)(奎 14838) 禮曺儀註秩 「成服儀」 참조.

79 『懿昭世孫殯宮魂宮兩都監儀軌』(上)(奎 14838) 禮曺啓下關秩 「服制單子」; 『英祖實錄』 卷76, 英祖 28年 3月 戊辰(7).

80 『承政院日記』 英祖 28年 3月 7日(戊辰) "又以禮曹言啓曰 … 今番服制 亦與戊申差等 各道所封各殿朔膳物膳 何以爲之 敢稟 傳曰 今番卽大功服分付一款 置之."

81 『懿昭世孫殯宮魂宮兩都監儀軌』(上)(奎 14838) 禮曺啓下關秩.

82 『承政院日記』 英祖 28年 3月 4日(乙丑) "上曰 成服在何日 一衡曰 賢殯四日 戊申四日 戊戌四日 此亦四日矣 上曰 然則某日爲成服矣."

83 『懿昭世孫殯宮魂宮兩都監儀軌』(上)(奎 14838) 承傳秩 「壬申三月初七日」.

84 『承政院日記』 英祖 28年 3月 8日(己巳) "鳳漢曰 取考昨年謄錄 則議謚後 改書銘旌二件 一件 改排於殯宮 仍用於行路 一件 盛于函中 奉安櫝室近處 發靷日 陪往墓所矣 今亦依此擧行乎 上曰 依爲之."

85 『懿昭世孫殯宮魂宮兩都監儀軌』(上)(奎 14838) 承傳秩 「壬申三月初八日」; 『承政院

日記』 英祖 28年 3月 8日(己巳).

86 『承政院日記』 英祖 28年 3月 9日(庚午).

87 『英祖實錄』 卷76, 英祖 28年 3月 庚午(9).

88 『英祖實錄』 卷76, 英祖 28年 3月 癸未(22).

89 『英祖實錄』 卷76, 英祖 28年 3月 丙戌(25).

90 『懿昭世孫禮葬都監儀軌』(下)(CORÉEN 2513) 虞主所儀軌 [移文秩] 「壬申三月初六日」; 『承政院日記』 英祖 28年 3月 9日(庚午). 두 자료가 3월 6일과 9일이라는 날짜상의 차이를 보였다.

91 『英祖實錄』 卷76, 英祖 28年 3月 辛未(10); 『懿昭世孫禮葬都監儀軌』(上)(CORÉEN 2511) 都廳儀軌 禮關秩 「壬申三月十二日」 "禮曹爲相考事 … 後 王世孫諡號 懿昭世孫 德性純淑曰懿 容儀恭美曰昭." 두 자료가 3월 10일과 12일이라는 날짜상의 차이를 보였다.

92 『懿昭世孫禮葬都監儀軌』(上)(CORÉEN 2511) 都廳儀軌 [時日] "諡號懿昭 宮號懿昭魂宮 墓號懿昭墓."

93 『英祖實錄』 卷76, 英祖 28年 5月 丙子(16). 조선왕조실록 홈페이지(http://sillok.history.go.kr)를 참조했다.

94 『承政院日記』 英祖 28年 5月 4日(甲子). 승정원일기 홈페이지(http://sjw.history.go.kr)를 참조했다.

95 이현진, 2012 앞의 논문, 119쪽.

96 『懿昭世孫墓所都監儀軌』(上)(CORÉEN 2512) 啓辭秩 「壬申三月十二日」 "都監都提調 墓所都監提調入侍時 傳曰 今墓所 定於古衍禧宮南麓 卽爲擇日."

97 『懿昭世孫禮葬都監儀軌』(上)(CORÉEN 2511) 都廳儀軌 [時日] "墓號懿昭墓【(註) 在楊州鞍峴南麓巳向原】."

98 『春官通考』(上) 卷21, 吉禮 陵寢 「懿昭墓」 "象設 曲墻三面 魂遊石一 明燈石一 望柱石一雙 文石一雙 馬石一雙 石虎一雙 丁字閣【(註) 閣內鋪陳 同順懷墓】 水剌廳【(註) 三間 守直房三間】 望燎位【(註) 同順懷墓】 石碑一【(註) 在丁字閣前四步許 長四尺八寸 廣二尺 有閣 書朝鮮國懿昭世孫之墓 有陰記 英宗御製御筆】 典祀廳【(註) 四間】 祭器庫【(註) 同順懷墓】 安香廳【(註) 六間】 齊室【(註) 七間】."

99 『英祖實錄』 卷76, 英祖 28年 3月 丙子(15) "墓所都監言 都提調提調觀象監提調元景夏禮曹判書李益炡南原君槅 率諸地師 看審新占穴處 則乃古衍禧宮東南間司畜署舊基右麓 而地名則鷄堂 亥坐巳向之原 而諸地官皆稱吉地."

100 『英祖實錄』 卷76, 英祖 28年 5月 壬申(12) "維歲次壬申三月初四日乙丑 懿昭世孫卒

于昌慶宮之通明殿 越三月五月辛酉朔十二日壬申 將遷于楊州鞍峴之南麓 禮也.”

101 『承政院日記』 英祖 28年 3月 15日(丙子) “上曰 葬于京城西下抹去 改以楊州鞍峴南麓 陰記亦依此書之.”

102 『春官通考』(上) 卷21, 吉禮 陵寢 「懿昭墓」 “懿昭世孫【(註) 莊獻世子第一子】 塋在京城西五里鞍峴下亥坐巳向.”

103 『林下筆記』 卷13, 文獻指掌編 各宮; 『增補文獻備考』 卷38, 輿地考26 (補)宮室2 本朝宮室 別宮.

104 『承政院日記』 英祖 28年 3月 4日(乙丑) · 5日(丙寅).

105 延禧宮의 ‘延’은 원문에도 그렇게 되어 있다[『承政院日記』 英祖 28年 3月 5日(丙寅)].

106 『承政院日記』 英祖 28年 3月 6日(丁卯).

107 『懿昭世孫墓所都監儀軌』(上)(CORÉEN 2512) 啓辭秩 「壬申三月十二日」; 『懿昭世孫禮葬都監儀軌』(上)(CORÉEN 2511) 都廳儀軌 禮關秩 「壬申三月十四日」.

108 『懿昭世孫禮葬都監儀軌』(上)(CORÉEN 2511) 都廳儀軌 啓辭秩 「壬申三月十六日」; 『懿昭世孫禮葬都監儀軌』(上)(CORÉEN 2511) 都廳儀軌 禮關秩 「壬申三月十八日」; 『承政院日記』 英祖 28年 3月 15日(丙子).

109 『懿昭世孫禮葬都監儀軌』(上)(CORÉEN 2511) 都廳儀軌 禮關秩 「壬申三月二十五日」; 『懿昭世孫禮葬都監儀軌』(上)(CORÉEN 2511) 都廳儀軌 禮關秩 「壬申四月初四日」 “一 發靷日 魂帛車及靈轝 宗廟前路昌德宮洞口 小駐弛擔節次及帳幕鋪陳褥席排設等事 令各該司 照例擧行爲白齊 ⋯.”

110 『懿昭世孫墓所都監儀軌』(上)(CORÉEN 2512) 啓辭秩 「壬申三月十二日」; 『懿昭世孫禮葬都監儀軌』(上)(CORÉEN 2511) 都廳儀軌 禮關秩 「壬申三月十四日」.

111 『懿昭世孫禮葬都監儀軌』(上)(CORÉEN 2511) 都廳儀軌 移文秩 「壬申五月初三日」; 『懿昭世孫禮葬都監儀軌』(上)(CORÉEN 2511) 都廳儀軌 啓辭秩 「壬申五月十二日」; 『懿昭世孫禮葬都監儀軌』(上)(CORÉEN 2511) 都廳儀軌 甘結秩 「壬申五月 日」.

112 『懿昭世孫禮葬都監儀軌』(上)(CORÉEN 2511) 都廳儀軌 來關秩 「壬申三月二十九日」 “兵曹爲相考事 今此王世孫發靷敎是時 ⋯ 外梓室陪進墓所敎是時 擔陪軍替運處初運 自長生殿至僧房基 再運 自僧房基至墓所是旀 ⋯.”

113 『懿昭世孫墓所都監儀軌』(上)(CORÉEN 2512) 啓辭秩 「壬申三月十二日」; 『懿昭世孫禮葬都監儀軌』(上)(CORÉEN 2511) 都廳儀軌 禮關秩 「壬申三月十四日」.

114 『懿昭世孫禮葬都監儀軌』(上)(CORÉEN 2511) 都廳儀軌 禮關秩 「壬申三月十四日」; 『懿昭世孫殯宮魂宮兩都監儀軌』(上)(奎 14838) 禮曹啓下關秩.

115 『懿昭世孫禮葬都監儀軌』(上)(CORÉEN 2511) 都廳儀軌 啓辭秩 「今三月二十九日」;

『懿昭世孫禮葬都監儀軌』(上)(CORÉEN 2511) 都廳儀軌 禮關秩「壬申三月十四日」; 『承政院日記』 英祖 28年 3月 29日(庚寅); 『承政院日記』 英祖 28年 4月 10日(辛丑).

116 『懿昭世孫禮葬都監儀軌』(上)(CORÉEN 2511) 都廳儀軌 禮關秩「壬申三月十四日」; 『懿昭世孫殯宮魂宮兩都監儀軌』(上)(奎 14838) 禮曺啓下關秩.

117 巳初初刻에 거행했다는 자료는 『懿昭世孫殯宮魂宮兩都監儀軌』(上)(奎 14838) 承傳秩「壬申四月十一日」; 『承政院日記』 英祖 28年 4月 11日(壬寅)이고, 오시에 거행했다는 문헌은 『懿昭世孫禮葬都監儀軌』(上)(CORÉEN 2511) 都廳儀軌 禮關秩「壬申三月十四日」; 『懿昭世孫殯宮魂宮兩都監儀軌』(上)(奎 14838) 禮曺啓下關秩이다. 그 밖에 시각이 표기되지 않은 자료는 『英祖實錄』 卷76, 英祖 28年 4月 癸卯(12)이다.

118 『懿昭世孫殯宮魂宮兩都監儀軌』(上)(奎 14838) 禮曺啓下關秩.

119 未時에 거행했다는 문헌은 『懿昭世孫禮葬都監儀軌』(上)(CORÉEN 2511) 都廳儀軌 禮關秩「壬申三月十四日」; 『懿昭世孫殯宮魂宮兩都監儀軌』(上)(奎 14838) 禮曺啓下關秩이고, 未初三刻에 거행했다는 자료는 『懿昭世孫殯宮魂宮兩都監儀軌』(上)(奎 14838) 承傳秩「壬申四月十一日」; 『承政院日記』 英祖 28年 4月 11日(壬寅)이다.

120 『懿昭世孫殯宮魂宮兩都監儀軌』(上)(奎 14838) 承傳秩「壬申四月初五日」.

121 『懿昭世孫禮葬都監儀軌』(上)(CORÉEN 2511) 都廳儀軌 禮關秩「壬申三月十二日」; 『英祖實錄』 卷76, 英祖 28年 4月 癸卯(12).

122 『懿昭世孫禮葬都監儀軌』(上)(CORÉEN 2511) 都廳儀軌 別單秩; 『懿昭世孫禮葬都監儀軌』(上)(CORÉEN 2511) 都廳儀軌 移文秩「壬申三月初五日」·「壬申三月初六日」.

123 『懿昭世孫禮葬都監儀軌』(上)(CORÉEN 2511) 都廳儀軌 禮關秩「壬申四月初四日」; 『懿昭世孫殯宮魂宮兩都監儀軌』(上)(奎 14838) 承傳秩「壬申四月初五日」.

124 『懿昭世孫殯宮魂宮兩都監儀軌』(上)(奎 14838) 禮曺啓下關秩.

125 午正三刻에 거행했다는 자료는 『懿昭世孫殯宮魂宮兩都監儀軌』(上)(奎 14838) 承傳秩「壬申四月十五日」; 『承政院日記』 英祖 28年 4月 15日(丙午)이고, 午時에 거행했다는 문헌은 『懿昭世孫殯宮魂宮兩都監儀軌』(上)(奎 14838) 承傳秩「壬申三月二十二日」이다. 그 밖에 시각이 표기되지 않은 자료는 『英祖實錄』 卷76, 英祖 28年 4月 丙午(15)이다.

126 『懿昭世孫殯宮魂宮兩都監儀軌』(上)(奎 14838) 來關秩 "吏曺爲相考事 上字書寫官望單子 當親書矣 下敎敎是置 相考施行事【(註) 梓室加漆畢度後親寫】."

127 『懿昭世孫殯宮魂宮兩都監儀軌』(上)(奎 14838) 禮曺儀註秩「梓室上字親寫儀」. '禮曺儀註秩'은 주의할 필요가 있는 항목이다. 이 책 상권에 '예조의주질'이라는 항목이 2개 나오는데, 이 '예조의주질'은 두 번째 '예조의주질'을 가리킨다. 두 번째 '예조의주

질'에는 처음 나오는 '예조의주질'에 나오지 않는 의주를 수록했다.

128 『懿昭世孫殯宮魂宮兩都監儀軌』(上)(奎 14838) 魂宮都監事目【(註) 壬申三月初九日 啓下】"一 殯宮都監 依前例 改以魂宮都監稱號爲白齊."

129 『懿昭世孫殯宮魂宮兩都監儀軌』(上)(奎 14838) 魂宮都監事目【(註) 壬申三月初九日 啓下】"一 魂宮處所乙良 依下教 以講書院爲之爲白齊."

130 辰時에 거행했다는 문헌은 『懿昭世孫殯宮魂宮兩都監儀軌』(上)(奎 14838) 承傳秩 「壬申三月二十二日」이고, 巳時에 거행했다는 자료는 『承政院日記』 英祖 28年 4月 16日(丁未)이다.

131 『承政院日記』 英祖 28年 4月 16日(丁未) "又教曰 以何樣結之則爲好耶 象漢曰 以十字樣結之 則似勝於栗結矣 上曰 然矣."

132 『懿昭世孫殯宮魂宮兩都監儀軌』(上)(奎 14838) 禮曺儀註秩 「梓室結裹儀」. '禮曺儀註秩'이라는 항목 설명은 본서 제4장 각주 127) 참조.

133 『懿昭世孫殯宮魂宮兩都監儀軌』(上)(奎 14838) 禮曺啓下關秩.

134 『懿昭世孫禮葬都監儀軌』(上)(CORÉEN 2511) 都廳儀軌 禮關秩 「壬申三月二十五日」; 『懿昭世孫禮葬都監儀軌』(上)(CORÉEN 2511) 一房儀軌 各樣物件造作秩. 예장도감의 처소는 형조와 공조였다[『懿昭世孫禮葬都監儀軌』(上)(CORÉEN 2511) 都廳儀軌 殯宮禮葬墓所三都監事目【(註) 壬申三月初四日 三都監會同 修啓】].

135 『懿昭世孫禮葬都監儀軌』(上)(CORÉEN 2511) 都廳儀軌 禮關秩 「壬申三月二十五日」.

136 『懿昭世孫禮葬都監儀軌』(下)(CORÉEN 2513) 虞主所儀軌 手本秩 「壬申三月初十日」.

137 이현진, 2011(b) 앞의 논문, 128~129쪽.

138 『懿昭世孫禮葬都監儀軌』(上)(CORÉEN 2511) 都廳儀軌 啓辭秩 「壬申五月初一日」.

139 『承政院日記』 英祖 28年 5月 3日(癸亥); 『英祖實錄』 卷76, 英祖 28年 5月 癸亥(3).

140 『懿昭世孫禮葬都監儀軌』(下)(CORÉEN 2513) 虞主所儀軌 手本秩 「五月初二日」. 그 밖에 『懿昭世孫禮葬都監儀軌』(上)(CORÉEN 2511) 都廳儀軌 禮關秩 「壬申四月初三日」과 『承政院日記』 英祖 28年 5月 1日(辛酉) 등 두 자료가 있다. 후자의 두 자료는 동일한 내용임에도 날짜 차이가 크게 난다.

141 『懿昭世孫禮葬都監儀軌』(下)(CORÉEN 2513) 虞主所儀軌 手本秩 「壬申三月初十日」.

142 『懿昭世孫禮葬都監儀軌』(下)(CORÉEN 2513) 虞主所儀軌 手本秩 「五月初二日」. 그 밖에 『懿昭世孫禮葬都監儀軌』(上)(CORÉEN 2511) 都廳儀軌 禮關秩 「壬申四月初三日」과 『承政院日記』 英祖 28年 5月 1日(辛酉) 등 두 자료가 있다. 후자의 두 자료는 동일한 내용임에도 날짜 차이가 크게 난다.

143 『懿昭世孫禮葬都監儀軌』(下)(CORÉEN 2513) 虞主所儀軌 手本秩 「壬申三月初十日」.

144 『懿昭世孫禮葬都監儀軌』(上)(CORÉEN 2511) 都廳儀軌 禮關秩「壬申四月初三日」; 『懿昭世孫禮葬都監儀軌』(下)(CORÉEN 2513) 虞主所儀軌 手本秩「五月初二日」.

145 『懿昭世孫禮葬都監儀軌』(上)(CORÉEN 2511) 都廳儀軌 禮關秩「壬申四月初三日」.

146 『懿昭世孫墓所都監儀軌』(上)(CORÉEN 2512) 啓辭秩「壬申三月十二日」; 『懿昭世孫禮葬都監儀軌』(上)(CORÉEN 2511) 都廳儀軌 禮關秩「壬申三月十四日」.

147 『懿昭世孫墓所都監儀軌』(上)(CORÉEN 2512) 啓辭秩「壬申三月十二日」; 『懿昭世孫禮葬都監儀軌』(上)(CORÉEN 2511) 都廳儀軌 禮關秩「壬申三月十四日」; 『懿昭世孫禮葬都監儀軌』(上)(CORÉEN 2511) 一房儀軌 各樣物件造作秩. 이때 발인하는 날짜에 대한 기록의 차이가 주의를 요한다. 곧, '5월 11일 해시'라면 5월 11일로 보아야 하는데 5월 12일로 보는 기록도 있어서이다. 『영조실록』에는 5월 12일자 기사에, 발인 하루 전에 계빈전, 조전을 행하고, 해시에 견전, 발인을 한 것으로 되어 있다[『英祖實錄』 卷76, 英祖 28년 5月 壬申(12)]. 그렇다면 5월 11일 해시에 발인을 한 것으로 이해된다. 이와는 달리 의궤에는 신주가 빈궁에 나아가고 혼백의 뒤에 봉안하는 '5월 11일 묘시와 사시'를 '발인 하루 전'이라고 표기되어 있다[『懿昭世孫禮葬都監儀軌』(上)(CORÉEN 2511) 都廳儀軌 禮關秩「壬申四月初三日」]. 이 기록대로라면 발인은 5월 12일에 이루어졌다는 뜻이다. 해시에 발인했다는 점에서는 문헌상의 기록이 동일하되 발인하는 날짜가 다른데, 이는 현재로서는 해시가 5월 11일과 12일이 교차되는 즈음이기에 그러한 것이 아닌가 예측할 뿐이다.

148 『懿昭世孫禮葬都監儀軌』(下)(CORÉEN 2513) 虞主所儀軌 手本秩「五月初二日」.

149 『懿昭世孫禮葬都監儀軌』(上)(CORÉEN 2511) 一房儀軌 稟目秩「壬申三月 日」"闕內輪轝排設處尺量 則自殯宮至崇化門外 三百九十一尺是如乎 同輪轝馬木來往板 以前排從其尺量 改漆取用爲乎旀 …."

150 『懿昭世孫禮葬都監儀軌』(上)(CORÉEN 2511) 都廳儀軌 來關秩「壬申五月初八日」"一 發靷時道路 文政門 · 崇化門 · 景化門 · 宣仁門 · 板廛屛門 · 宗廟洞口前路 · 昌德宮洞口前路 · 鐵物廛石橋 · 鍾樓前路 · 大廣通石橋 · 小廣通石橋 · 松峴前路 · 水閣石橋 · 崇禮門 · 桃楮洞前路 · 青坡川 · 僧房基 · 中樞府川 · 勒坊橋 · 墓洞口 · 墓所 一 返虞時道路 與發靷時道路同事 啓下爲有置 相考施行事【(註) 堂上手決內到付】." 판전병문에서 '廛'은 원문에 이 글자로 쓰여 있다.

151 「동궐도」와 「도성대지도」에 표시한 발인 행렬의 동선은 서울학연구소 수석연구원 박희용 선생님의 도움을 받았다.

152 박희용 · 이현진, 2014 앞의 논문, 79~81쪽.

153 『懿昭世孫禮葬都監儀軌』(上)(CORÉEN 2511) 都廳儀軌 來關秩「壬申三月二十九日」

"兵曺爲相考事 今此王世孫發靷敎是時 … 發靷及返虞時 傳語輕銳禁軍十處 宣仁門一處 · 板廛屛門前路一處 · 鐵物廛石橋一處 · 小廣通石橋一處 · 崇禮門外一處 · 靑坡橋一處 · 萬里峴底一處 · 中樞府川一處 · 勒坊橋一處 · 墓所一處事 磨鍊啓下爲有置 相考施行事【(註) 堂上手決內到付】."

154 박희용 · 이현진, 2014 앞의 논문, 81~82쪽.

155 발인하기 전 도로와 교량의 정비는『懿昭世孫禮葬都監儀軌』(上)(CORÉEN 2511) 都廳儀軌 來關秩「壬申三月二十七日」참조. 다만, 본 의궤의 다른 곳에 대여의 횡강 길이가 14자[尺]로 나오는 곳도 있다[『懿昭世孫禮葬都監儀軌』(上)(CORÉEN 2511) 一房儀軌 稟目秩「壬申三月 日」].

156 『懿昭世孫禮葬都監儀軌』(上)(CORÉEN 2511) 都廳儀軌 來關秩「壬申三月二十九日」"兵曺爲相考事 今此王世孫發靷敎是時 大轝擔陪軍替運處 發遣事知兼司僕 看審爲乎矣 初運 自宣仁門外至崇禮門內 再運 自崇禮門內至萬里峴底 三運 自萬里峴底至墓所是旀 …."

157 『懿昭世孫禮葬都監儀軌』(上)(CORÉEN 2511) 都廳儀軌 啓辭秩「今四月初五日」"加漆入侍三都監都提調戶判 同爲入侍時 都提調金若魯所啓 今番發靷時 轝士軍初再運 相替於南大門內 兵曺啓下 而路祭所在南大門外 則其間至近 再次住轝 似涉不便 替運於南大門外路祭所爲宜 故敢達 上曰 門內門外 其間甚近 只於路祭所替運可也."

158 『懿昭世孫禮葬都監儀軌』(上)(CORÉEN 2511) 一房儀軌 稟目秩「壬申三月 日」"一 本房所掌大小轝體制皆減事 傳敎敎是 故大小轝長杠橫杠尺數及擔陪軍減數事 與崔天若相議論定 後列書後錄爲去乎 以此擧行 未知何如【堂上手決內依施】後 大轝 長杠長三十二尺 橫杠長十四尺 十井軍六十六名 肩轝 長杠長二十四尺 橫杠長九尺 八井軍三十二名 大轝舊 長杠長四十二尺 橫杠長二十四尺 十八井軍二百四名 肩轝舊 長杠長三十四尺 橫杠長十四尺 十四井軍八十四名."

159 『懿昭世孫禮葬都監儀軌』(上)(CORÉEN 2511) 一房儀軌 稟目秩「壬申三月 日」"一 今此發靷敎是時 大小轝神輦平轎子各樣腰彩轝香亭子等 擔陪軍及各差備軍領役部將等 依謄錄 磨鍊後錄爲去乎 依此定送事 各該司良中 捧甘爲乎旀 … 後 大轝擔陪軍 三運磨鍊 每運六十六名式一百九十八名 每運預備軍四名式十二名 檢飭部將每二間一員式十員 … 肩轝擔陪軍 一運磨鍊三十二名 預備軍四名 部將二員."

160 『國朝喪禮補編』(奎 1339) 卷5, 懿昭世孫喪受敎; 『國朝喪禮補編』(奎 3940) 卷6, (附) 懿昭世孫喪受敎 "傳曰 大轝小轝 體制皆減事 都監提調 旣親承下敎 依下敎擧行 輦輿儀仗 勿爲修補 仍爲用之 冊印牀亦取用戶曺舊件【(註) 大轝軍每運六十六 小轝

軍三十三 預備各四】."

161 『懿昭世孫禮葬都監儀軌』(上)(CORÉEN 2511) 都廳儀軌 禮關秩「壬申三月二十五日」; 『懿昭世孫禮葬都監儀軌』(上)(CORÉEN 2511) 都廳儀軌 禮關秩「壬申四月初四日」 "一 發靷日 魂帛車及靈轝 宗廟前路昌德宮洞口 小駐弛擔節次及帳幕鋪陳褥席排設等事 令各該司 照例舉行爲白齊 …"; 『英祖實錄』 卷76, 英祖 28年 5月 壬申(12).

162 「조조의」에 대해서는 이현진, 2011(b) 앞의 논문, 139쪽 참조.

163 『懿昭世孫禮葬都監儀軌』(上)(CORÉEN 2511) 都廳儀軌 禮關秩「壬申四月初七日」; 『懿昭世孫殯宮魂宮兩都監儀軌』(上)(奎 14838) 禮曺啓下關秩.

164 『懿昭世孫禮葬都監儀軌』(上)(CORÉEN 2511) 都廳儀軌 啓辭秩「壬申五月十二日」; 『英祖實錄』 卷76, 英祖 28年 5月 壬申(12).

165 『懿昭世孫禮葬都監儀軌』(上)(CORÉEN 2511) 都廳儀軌 來關秩「壬申三月二十七日」.

166 『懿昭世孫禮葬都監儀軌』(上)(CORÉEN 2511) 都廳儀軌 禮關秩「壬申四月初七日」 "禮曺爲相考事 節啓下敎曺啓目 今此王世孫喪發靷時 所經各門道路橋梁名山大川設祭處 … 後 宣仁門 · 大廣通石橋 · 崇禮門五十神位 · 崇禮門外西邊路祭所 · 靑坡川 · 勒坊橋東邊通望鞍峴【(註) 已上來五月十二日 發靷時先行 奉常寺】."

167 『懿昭世孫禮葬都監儀軌』(上)(CORÉEN 2511) 都廳儀軌 啓辭秩「壬申五月十二日」; 『英祖實錄』 卷76, 英祖 28年 5月 壬申(12). 여기서 의궤에는 '정자각'에, 실록에는 '靈帳宮'에 재실을 봉안한 것으로 되어 있다.

168 『懿昭世孫墓所都監儀軌』(上)(CORÉEN 2512) 啓辭秩「壬申三月十二日」; 『懿昭世孫禮葬都監儀軌』(上)(CORÉEN 2511) 都廳儀軌 禮關秩「壬申三月十四日」.

169 『懿昭世孫墓所都監儀軌』(上)(CORÉEN 2512) 啓辭秩「壬申三月十二日」; 『懿昭世孫禮葬都監儀軌』(上)(CORÉEN 2511) 都廳儀軌 禮關秩「壬申三月十四日」.

170 『懿昭世孫墓所都監儀軌』(上)(CORÉEN 2512) 啓辭秩「壬申三月十二日」; 『懿昭世孫禮葬都監儀軌』(上)(CORÉEN 2511) 都廳儀軌 禮關秩「壬申三月十四日」; 『懿昭世孫禮葬都監儀軌』(上)(CORÉEN 2511) 一房儀軌 各樣物件造作秩.

171 遷奠의 구체적인 과정은 『懿昭世孫禮葬都監儀軌』(上)(CORÉEN 2511) 都廳儀軌 儀註秩「遷奠儀」; 『英祖實錄』 卷76, 英祖 28年 5月 壬申(12) 참조.

172 『懿昭世孫禮葬都監儀軌』(上)(CORÉEN 2511) 一房儀軌 各樣物件造作秩「香佐兒」 "香佐兒二 一用於大轝前香亭子前 一用於魂帛輦前香亭子前 着全每漆."

173 『懿昭世孫禮葬都監儀軌』(上)(CORÉEN 2511) 一房儀軌 各樣物件造作秩「長足兒」 "長足兒二 漆與用處上同 但曲足無虛如兒."

174 『國朝喪禮補編』(奎 3940) 卷2, 發引班次 "次竹散馬二分左右【(註) 牽曳人每馬五 着

白衣白巾 後同】次竹鞍馬十【(註) (小喪則四)】分左右."

175 『懿昭世孫禮葬都監儀軌』(下)(CORÉEN 2513) 三房儀軌 各樣物種所入磨鍊「贈帛」"十端【(註) 玄六匹纁四匹 各長十八尺 用禮器尺 尙方織造 直爲御覽 後來納都監 各端束以藍紅眞絲 以紅熟綃單袱合裹】."

176 『英祖實錄』卷76, 英祖 28年 5月 壬申(12).

177 『懿昭世孫禮葬都監儀軌』(上)(CORÉEN 2511) 都廳儀軌 啓辭秩「壬申五月十二日」"都監郎廳以都提調意 啓曰 下玄室 後大轝等儀物 洞口外潔淨處 堂上郎廳 依例看檢燒火 而燒火物件別單 開錄上送之意 敢啓 傳曰 知道."

178 『懿昭世孫禮葬都監儀軌』(上)(CORÉEN 2511) 都廳儀軌 來關秩「壬申四月二十一日」"吏曹爲牒報事 虞主題主官洛豐君楙 預差海興君橿 啓下爲有置 相考施行事【(註) 堂上手决內到付】."

179 『懿昭世孫禮葬都監儀軌』(上)(CORÉEN 2511) 都廳儀軌 [時日]; 『懿昭世孫殯宮魂宮兩都監儀軌』(上)(奎 14838) [時日]; 『英祖實錄』卷76, 英祖 28年 5月 壬申(12).

180 신주의 함중에 '朝鮮國 王世孫諱神主', 전면에 '懿昭世孫神主'라고 쓴 내용의 결정은 『懿昭世孫禮葬都監儀軌』(上)(CORÉEN 2511) 都廳儀軌 禮關秩「壬申三月十二日」 참조. 그런데 『영조실록』에는 함중에 '朝鮮國王世孫諱琔神主'라고 써서[『英祖實錄』卷76, 英祖 28年 5月 壬申(12)], 이름 '琔'자가 들어가 있는 점이 다르다.

181 신주에 글을 쓰는 순서와 입주제를 거행하는 의절은 『懿昭世孫禮葬都監儀軌』(上)(CORÉEN 2511) 都廳儀軌 儀註秩「立主奠儀」 참조.

182 신주에 글을 쓰는 것부터 반우까지 이 단락의 전체 설명은 『懿昭世孫禮葬都監儀軌』(下)(CORÉEN 2513) 虞主所儀軌 手本秩「五月初二日」 참조.

183 『承政院日記』 英祖 28年 4月 17日(戊申) "又以禮葬都監郎廳 以都提調意啓曰 取考謄錄 則虞主木面上 只用墨書 似不分明 故用漆加飾矣 今亦依此例加飾 何如 傳曰 允."

184 『懿昭世孫禮葬都監儀軌』(上)(CORÉEN 2511) 都廳儀軌 儀註秩「立主奠儀」"… 題主官盥手 陞詣卓前西向立 先題陷中 次題前面如式 墨書訖 俯伏興退 大祝捧神主納于匱 加盖 安於靈座 魂帛函置其後 …."

185 『懿昭世孫禮葬都監儀軌』(下)(CORÉEN 2513) 虞主所儀軌 手本秩「五月初二日」.

186 이현진, 2012 앞의 논문, 117쪽.

187 『懿昭世孫禮葬都監儀軌』(下)(CORÉEN 2513) 三房儀軌 各樣物種所入磨鍊「神主」"神主用栗木 而體制長廣 一依序例 所入栗木 內匱一 外匱一【(註) 以上體制 依序例造成 黑漆】."

188 『懿昭世孫禮葬都監儀軌』(上)(CORÉEN 2511) 都廳儀軌 來關秩「壬申四月二十一日」.

189 『文孝世子禮葬都監儀軌』(下)(奎 13921) 神主所儀軌.

190 『懿昭世孫禮葬都監儀軌』(下)(CORÉEN 2513) 虞主所儀軌.

191 『懿昭世孫禮葬都監儀軌』(上)(CORÉEN 2511) 都廳儀軌 禮關秩「壬申四月初四日」"一 發靷時下玄室時返虞時 大殿大王大妃殿中宮殿王世子嬪宮 當有哭臨及望哭之禮 其日時至 行哭臨之禮教是白乎矣 褥席排設等事 各殿司鑰 次知擧行爲白齊."

192 申時에 반우하여 酉時에 환궐한 후 창경궁의 강서원에 봉안했다는 문헌은 『懿昭世孫殯宮魂宮兩都監儀軌』(上)(奎 14838) [時日]이다. 그리고 酉時에 묘소로부터 반우하여 창경궁의 강서원에 봉안했다는 문헌은 『懿昭世孫禮葬都監儀軌』(上)(CORÉEN 2511) 都廳儀軌 [時日]; 『懿昭世孫禮葬都監儀軌』(上)(CORÉEN 2511) 都廳儀軌 啓辭秩「壬申五月十二日」"都監郎廳以都提調意 啓曰 今日酉時 自墓所返虞之意 敢啓 傳曰 知道" 등이다.

193 『承政院日記』 英祖 28年 3月 14日(乙亥).

194 『承政院日記』 英祖 28年 3月 6日(丁卯); 『懿昭世孫禮葬都監儀軌』(上)(CORÉEN 2511) 都廳儀軌 禮關秩「壬申三月初九日」"禮曺爲相考事 節啓下敎曺啓辭 取考戊申謄錄 虞祭以五虞載錄 今亦依此擧行 何如 啓依允爲有置 相考施行向事." 두 자료가 동일한 내용을 수록했음에도 3월 6일과 9일이라는 날짜상의 차이를 보였다.

195 『承政院日記』 英祖 28年 3月 14日(乙亥); 『英祖實錄』 卷76, 英祖 28年 5月 癸酉(13)·5月 乙亥(15)·5月 丁丑(17)·5月 戊寅(18).

196 『承政院日記』 英祖 28年 5月 7日(丁卯) "壬申五月初七日申時 上御養正閤 … 光纘曰 自初虞至卒哭 哭班班列 魂宮何門外爲之乎 上曰 孝純時 燕喜門外爲之 魂宮外門外爲之可."

197 『承政院日記』 英祖 28年 5月 16日(丙子); 『英祖實錄』 卷76, 英祖 28年 5月 丙子(16).

198 『英祖實錄』 卷10, 英祖 2年 11月 甲午(6); 『增補文獻備考』 卷38, 輿地考26 (補)宮室2 本朝宮室 別宮.

199 『英祖實錄』 卷21, 英祖 5年 1月 辛未(26); 『英祖實錄』 卷29, 英祖 7年 1月 丁卯(3).

200 『承政院日記』 英祖 28年 3月 9日(庚午). 원문에 '世孫墓를 창의궁에 건립해야 한다[世孫墓當建於彰義宮]'라고 되어 있는데, '世孫墓'는 '世孫廟'의 오기이다.

201 『承政院日記』 英祖 28年 5月 18日(戊寅); 『英祖實錄』 卷76, 英祖 28年 5月 戊寅(18).

202 『懿昭世孫殯宮魂宮兩都監儀軌』(上)(奎 14838) 承傳秩「壬申三月初九日」; 『承政院日記』 英祖 28年 3月 9日(庚午); 『懿昭世孫殯宮魂宮兩都監儀軌』(上)(奎 14838) 承傳秩「壬申三月十五日」; 『承政院日記』 英祖 28年 3月 15日(丙子); 『英祖實錄』 卷76, 英

祖 28年 3月 丙子(15). 『의소세손빈궁혼궁양도감의궤』에 나오는 「承傳秩」은 주의할 필요가 있다. 이 책 상권에 '승전질'이라는 항목이 2개 나오는데, 여기서의 '승전질'은 두 번째 '승전질'을 가리킨다. 두 번째 '승전질'은 처음 나왔던 '승전질'에 나오지 않는 내용을 싣고 있다.

203 『國朝五禮序例』 卷2, 嘉禮 「鹵簿」 "〇小駕【(註) 拜陵及凡門外行幸用之 其儀物與二庭小仗同 傳香命使路次儀仗稱細仗 外則用細仗之半."

204 『懿昭世孫禮葬都監儀軌』(上)(CORÉEN 2511) 都廳儀軌 禮關秩 「壬申四月初四日」.

205 『英祖實錄』 卷76, 英祖 28年 5月 癸未(23).

206 『英祖實錄』 卷76, 英祖 28年 5月 癸未(23).

207 『英祖實錄』 卷77, 英祖 28年 6月 庚寅(1); 『承政院日記』 英祖 28年 6月 1日(庚寅).

208 『懿昭廟營建廳儀軌』(奎 14259) 各樣擇日.

209 『懿昭廟營建廳儀軌』(奎 14259) 啓辭秩 「今五月二十四日」.

210 『懿昭廟營建廳儀軌』(奎 14259) 啓辭秩 「壬申九月二十九日」 "營建廳啓曰 本廳營建之役 才已完畢 諸色軍匠 擧皆放送 郎廳監役官 亦爲罷歸之意 敢啓 傳曰 知道."

211 『懿昭廟營建廳儀軌』(奎 14259) 儀軌秩 「壬申十二月二十日」.

212 『英祖實錄』 卷77, 英祖 28年 8月 庚寅(2).

213 『承政院日記』 英祖 28年 7月 24日(壬寅[壬午]) "金致仁以禮曹言達曰 懿昭廟營建開基吉日 以來八月初二日 已爲推擇啓下矣." 7월 24일이 '壬寅'이라고 되어 있어서 '壬午'로 바로잡고 수정한 내용을 [ ]으로 표시했다.

214 『英祖實錄』 卷77, 英祖 28年 8月 己酉(21).

215 의소묘의 공간구조에 대해서는 박희용 · 이현진, 2014 앞의 논문, 4장 참조.

216 『英祖實錄』 卷78, 英祖 28年 12月 丁亥(1); 『國朝喪禮補編』(奎 1339) 卷5, 懿昭世孫喪受敎; 『國朝喪禮補編』(奎 3940) 卷6, (附) 懿昭世孫喪受敎.

217 『英祖實錄』 卷77, 英祖 28年 7月 壬午(24).

218 이현진, 2011(b) 앞의 논문, 132쪽.

219 『英祖實錄』 卷77, 英祖 28年 7月 乙酉(27).

220 『英祖實錄』 卷79, 英祖 29年 2月 己酉(23).

221 『英祖實錄』 卷79, 英祖 29年 3月 庚申(4).

222 『英祖實錄』 卷79, 英祖 29年 3月 庚申(4).

223 『承政院日記』 英祖 29年 9月 9日(辛酉).

224 『承政院日記』 英祖 29年 11月 10日(辛酉); 『英祖實錄』 卷80, 英祖 29年 11月 辛酉(10).

225 『承政院日記』 英祖 29年 11月 15日(丙寅) "上曰 私家則大祥後 卽入廟矣 至於懿昭無拘礙事 上無拘礙 然體段與國 異矣 孝純當入廟 懿昭亦當入廟 孝純懿昭 一體入廟矣."

226 『朱子家禮』(奎중 311) 卷4, 喪禮「禫」.

227 『承政院日記』 英祖 30年 2月 21日(辛丑).

228 『承政院日記』 英祖 30年 3月 3日(癸丑).

229 『英祖實錄』 卷81, 英祖 30年 3月 甲寅(4).

230 『承政院日記』 英祖 30年 2月 26日(丙午); 『英祖實錄』 卷81, 英祖 30年 3月 甲寅(4).

231 『承政院日記』 英祖 30年 4月 5日(甲申).

232 『承政院日記』 英祖 30年 4月 15日(甲午).

233 『承政院日記』 英祖 30年 4月 25日(甲辰).

234 『承政院日記』 英祖 30年 閏4月 7日(丙辰).

235 『英祖實錄』 卷81, 英祖 30年 閏4月 丙辰(7); 『承政院日記』 英祖 30年 閏4月 7日(丙辰).

236 『英祖實錄』 卷81, 英祖 30年 閏4月 丙辰(7).

237 『英祖實錄』 卷81, 英祖 30年 閏4月 丁巳(8).

238 『顯宗王世孫冊禮都監儀軌』(奎 13067); 『正祖王世孫冊禮都監儀軌』(奎 13113); 『憲宗王世孫冊儲都監儀軌』(奎 14910); 『懿昭世孫冊禮都監儀軌』(奎 13199) 참조.

239 『英祖實錄』 卷76, 英祖 28年 5月 壬申(12).

240 『國朝喪禮補編』(奎 3940) 卷1, 告社廟 "第三日(小喪則第二日) 遣大臣(小喪則重臣一品) 告于社稷永寧殿宗廟(若有魂殿 則亦告魂宮同 小內喪則社稷否) 謄錄 如常告儀 無奠".

241 『國朝喪禮補編』(奎 3940) 卷1, 「小斂」 "(註) 第三日○(小喪則第二日)."

242 『國朝喪禮補編』(奎 3940) 卷1, 「大斂」 "(註) 第五日○(小喪則第三日)"; 『國朝喪禮補編』(奎 3940) 卷1, 「成殯」 "(註) 大斂同日."

243 『國朝喪禮補編』(奎 3940) 卷1, 「成服」 "(註) 第六日○(小喪則第四日)."

244 『禮記集說大全』 卷5, 王制5; 『禮記集說大全』 卷10, 禮器10; 『禮記集說大全』 卷20, 雜記下21.

245 『國朝喪禮補編』(奎 3940) 卷1, 「治葬」 "五月(小喪則三月)而葬."

246 『禮記集說大全』 卷4, 檀弓下4; 『春官通考』(下) 卷80, 凶禮 虞祭(附祝式祝板).

247 『禮記集說大全』 卷4, 檀弓下4.

248 『禮記集說大全』 卷20, 雜記下21 "士三月而葬 是月也卒哭 大夫三月而葬 五月而卒

哭 諸侯五月而葬 七月而卒哭 士三虞 大夫五 諸侯七."

249 『國朝喪禮補編』(奎 3940) 卷2, 卒哭祭 "(註) 七虞(小喪則五虞)後遇剛日而行."

250 『國朝喪禮補編』(奎 3940) 卷2, 虞祭 "(註) 初虞 葬之日 日中而行 或路遠 則但不出是日可也 若經宿以上 則於行宮行之 自第二虞至第六虞(小喪則第四虞)用柔日 第七虞(小喪則第五虞)用剛日."

251 『通典』 卷87, 禮47 沿革47 凶禮9 喪制之五 「虞祭」(唐 杜佑 註) "… 凡虞 天子九 諸侯七 大夫五 士三 (註) 虞祭之數 按雜記云 天子九 諸侯七 大夫五 士三 士當葬日 柔日一虞 隔明日至後柔日 爲二虞 其明日剛日又虞 凡四日也 以次準推之 則大夫五虞 當八日 諸侯七虞 當十二日 虞必用柔日者 取其安靜 最後用剛日者 象陽動 以其將祔廟也 凡日之數 甲剛乙柔 景剛丁柔 其餘皆倣此."

252 『禮記集說大全』 卷4, 檀弓下4; 『世宗實錄』 卷93, 世宗 23年 9月 丁未(14); 池斗煥, 1994 앞의 책, 195쪽.

253 『禮記集說大全』 卷4, 檀弓下4 (元 陳澔 註).

254 『國朝喪禮補編』(奎 3940) 卷2, 卒哭祭 "(註) 七虞(小喪則五虞)後遇剛日而行."

255 『國朝喪禮補編』(奎 3940) 卷3, 小喪入廟儀 "(註) (受敎) 禫祭行日乃行."

256 법전 및 국가전례서에 규정된 예장에 대해서는 본서 제3장 제1절 참조.

257 본서 서론 각주 21) 참조.

258 『承政院日記』 英祖 28年 3月 10日(辛未); 『懿昭世孫禮葬都監儀軌』(上)(CORÉEN 2511) 都廳儀軌 啓辭秩 「壬申三月初十日」 "都監郞廳以都提調意 啓曰 今此禮葬時挽章 當爲磨鍊 而乙酉戊申用八十軸 戊戌辛未用五十軸 今番則當用幾軸乎 敢稟 傳曰 今番比乙酉戊申 宜差等 比戊申辛未 內外異焉 挽章定以六十軸事 分付都監." '比戊申辛未'에서 '戊申'은 戊戌의 오기이다.

259 『懿昭世孫禮葬都監儀軌』(上)(CORÉEN 2511) 都廳儀軌 啓辭秩 「壬申三月初十日」 "加漆入侍時 傳曰 大小內外國喪挽章軸數 亦載於喪禮受教事 分付."

260 『國朝喪禮補編』(奎 1339) 卷5, 懿昭世孫喪受敎; 『國朝喪禮補編』(奎 3940) 卷6, (附) 懿昭世孫喪受敎.

261 『承政院日記』 英祖 28年 3月 22日(癸未).

262 『懿昭世孫禮葬都監儀軌』(上)(CORÉEN 2511) 吏曺別單 "(註) 壬申四月初四日 啓下."

263 『懿昭世孫殯宮魂宮兩都監儀軌』(奎 14838) 吏曺啓下單子 "(註) 壬申三月初四日 啓下."

264 『懿昭世孫墓所都監儀軌』(上)(CORÉEN 2512) 吏曺啓下單子.

265 『懿昭廟營建廳儀軌』(奎 14259) [座目].

266 『懿昭世孫禮葬都監儀軌』(上)(CORÉEN 2511) 都廳儀軌 禮關秩「壬申四月初七日」; 『懿昭世孫殯宮魂宮兩都監儀軌』(上)(奎 14838) 禮曺啓下關秩. 단, 『의소세손빈궁혼궁양도감의궤』에 "추후 하교로 인해 5월 12일 묘소에서 설행하는 朝奠을 5월 11일 遣奠할 때 겸행한다."라고 細註로 처리된 점이 두 자료의 차이점이다. 이 부분은 〈표 13〉에 반영되어 있지 않다.

267 이상의 장소에서 5월 12일 발인할 때 먼저 제사를 설행한다고 되어 있고 봉상시에서 담당한다고 되어 있다[『懿昭世孫禮葬都監儀軌』(上)(CORÉEN 2511) 都廳儀軌 禮關秩「壬申四月初七日」"【(註) 已上來五月十二日 發靷時先行 奉常寺】"]. 그런데 그중 '崇禮門外西邊路祭所'는 路祭를 지내는 곳이므로 '봉상시'가 아니라 '예빈시'에서 담당하는 것이 맞을 듯하고, 문효세자의 예장 때에도 숭례문 밖 서변에서 노제를 지낼 때 예빈시에서 담당한 것으로 되어 있다[이현진, 2012 앞의 논문, 137쪽 〈부표 1〉 참조].

268 『懿昭世孫禮葬都監儀軌』(上)(CORÉEN 2511)(『예장』이라 표기) 都廳儀軌 [時日]; 『懿昭世孫殯宮魂宮兩都監儀軌』(上)(奎 14838)(『빈궁혼궁』이라 표기) [時日]; 『懿昭廟營建廳儀軌』(奎 14259)(『영건청』이라 표기) 各樣擇日. 梓室의 加漆은 『懿昭世孫殯宮魂宮兩都監儀軌』(上)(奎 14838) 一房儀軌 稟目秩「梓室加漆排日」 참조. 나머지 참고자료는 별도로 제시했으며, 발인 전후 각 祭奠의 거행은 〈표 13〉이 참조된다.

269 『英祖實錄』 卷76, 英祖 28年 3月 丁卯(6).

270 『懿昭世孫禮葬都監儀軌』(上)(CORÉEN 2511) 都廳儀軌 啓辭秩「壬申三月十六日」; 『懿昭世孫禮葬都監儀軌』(上)(CORÉEN 2511) 都廳儀軌 禮關秩「壬申三月十八日」; 『承政院日記』 英祖 28年 3月 15日(丙子).

271 『懿昭世孫墓所都監儀軌』(上)(CORÉEN 2512) 啓辭秩「壬申三月十二日」; 『懿昭世孫禮葬都監儀軌』(上)(CORÉEN 2511) 都廳儀軌 禮關秩「壬申三月十四日」.

272 『懿昭世孫墓所都監儀軌』(上)(CORÉEN 2512) 啓辭秩「壬申三月十二日」; 『懿昭世孫禮葬都監儀軌』(上)(CORÉEN 2511) 都廳儀軌 禮關秩「壬申三月十四日」.

273 『懿昭世孫墓所都監儀軌』(上)(CORÉEN 2512) 啓辭秩「壬申三月十二日」; 『懿昭世孫禮葬都監儀軌』(上)(CORÉEN 2511) 都廳儀軌 禮關秩「壬申三月十四日」.

274 『懿昭世孫墓所都監儀軌』(上)(CORÉEN 2512) 啓辭秩「壬申三月十二日」; 『懿昭世孫禮葬都監儀軌』(上)(CORÉEN 2511) 都廳儀軌 禮關秩「壬申三月十四日」.

275 『懿昭世孫墓所都監儀軌』(上)(CORÉEN 2512) 啓辭秩「壬申三月十二日」; 『懿昭世孫禮葬都監儀軌』(上)(CORÉEN 2511) 都廳儀軌 禮關秩「壬申三月十四日」.

276 『懿昭世孫墓所都監儀軌』(上)(CORÉEN 2512) 啓辭秩「壬申三月十二日」;『懿昭世孫禮葬都監儀軌』(上)(CORÉEN 2511) 都廳儀軌 禮關秩「壬申三月十四日」.

277 『懿昭世孫禮葬都監儀軌』(上)(CORÉEN 2511) 都廳儀軌 啓辭秩「今三月二十九日」;『承政院日記』 英祖 28年 3月 29日(庚寅).

278 『懿昭世孫禮葬都監儀軌』(上)(CORÉEN 2511) 都廳儀軌 禮關秩「壬申三月十四日」;『懿昭世孫殯宮魂宮兩都監儀軌』(上)(奎 14838) 禮曺啓下關秩.

279 『懿昭世孫禮葬都監儀軌』(上)(CORÉEN 2511) 都廳儀軌 啓辭秩「今三月二十九日」;『懿昭世孫禮葬都監儀軌』(上)(CORÉEN 2511) 都廳儀軌 禮關秩「壬申三月十四日」;『承政院日記』 英祖 28年 3月 29日(庚寅);『承政院日記』 英祖 28年 4月 10日(辛丑).

280 『懿昭世孫禮葬都監儀軌』(上)(CORÉEN 2511) 都廳儀軌 禮關秩「壬申三月十四日」;『懿昭世孫殯宮魂宮兩都監儀軌』(上)(奎 14838) 禮曺啓下關秩.

281 『懿昭世孫殯宮魂宮兩都監儀軌』(上)(奎 14838) 禮曺啓下關秩.

282 『英祖實錄』 卷76, 英祖 28年 4月 癸卯(12);『承政院日記』 英祖 28年 4月 10日(辛丑).

283 『懿昭世孫殯宮魂宮兩都監儀軌』(上)(奎 14838) 承傳秩「壬申四月十一日」;『承政院日記』 英祖 28年 4月 11日(壬寅).

284 『懿昭世孫禮葬都監儀軌』(上)(CORÉEN 2511) 都廳儀軌 禮關秩「壬申三月十四日」;『懿昭世孫殯宮魂宮兩都監儀軌』(上)(奎 14838) 禮曺啓下關秩.

285 『懿昭世孫禮葬都監儀軌』(上)(CORÉEN 2511) 都廳儀軌 禮關秩「壬申三月十四日」;『懿昭世孫殯宮魂宮兩都監儀軌』(上)(奎 14838) 禮曺啓下關秩.

286 『懿昭世孫殯宮魂宮兩都監儀軌』(上)(奎 14838) 承傳秩「壬申四月十一日」;『承政院日記』 英祖 28年 4月 11日(壬寅).

287 『懿昭世孫殯宮魂宮兩都監儀軌』(上)(奎 14838) 禮曺啓下關秩.

288 『英祖實錄』 卷76, 英祖 28年 4月 丙午(15).

289 『懿昭世孫殯宮魂宮兩都監儀軌』(上)(奎 14838) 承傳秩「壬申四月十五日」;『承政院日記』 英祖 28年 4月 15日(丙午).

290 『懿昭世孫殯宮魂宮兩都監儀軌』(上)(奎 14838) 承傳秩「壬申三月二十二日」.

291 『懿昭世孫殯宮魂宮兩都監儀軌』(上)(奎 14838) 承傳秩「壬申三月二十二日」.

292 『承政院日記』 英祖 28年 4月 16日(丁未).

293 결과 후 별전은 언제 거행했는지 구체적으로 나오지 않지만 별전이 대개 어떤 절차가 거행되고 나면 그 이후에 곧바로 행하므로 이날 거행한 것으로 추정했다[『懿昭世孫殯宮魂宮兩都監儀軌』(上)(奎 14838) 禮曺啓下關秩].

294 『承政院日記』 英祖 28年 4月 17日(戊申).

295 『承政院日記』 英祖 28年 4月 28日(己未) · 29日(庚申).

296 『懿昭世孫禮葬都監儀軌』(上)(CORÉEN 2511) 都廳儀軌 禮關秩「壬申三月二十五日」; 『懿昭世孫禮葬都監儀軌』(上)(CORÉEN 2511) 一房儀軌 各樣物件造作秩. 예장도감의 처소는 형조와 공조였다[『懿昭世孫禮葬都監儀軌』(上)(CORÉEN 2511) 都廳儀軌 殯宮禮葬墓所三都監事目【(註) 壬申三月初四日 三都監會同 修啓】].

297 『懿昭世孫禮葬都監儀軌』(上)(CORÉEN 2511) 都廳儀軌 啓辭秩「壬申五月初一日」.

298 『懿昭世孫禮葬都監儀軌』(上)(CORÉEN 2511) 都廳儀軌 禮關秩「壬申三月二十五日」; 『懿昭世孫禮葬都監儀軌』(上)(CORÉEN 2511) 一房儀軌 各樣物件造作秩.

299 『懿昭世孫禮葬都監儀軌』(上)(CORÉEN 2511) 都廳儀軌 禮關秩「壬申三月二十五日」; 『懿昭世孫禮葬都監儀軌』(上)(CORÉEN 2511) 一房儀軌 各樣物件造作秩.

300 『懿昭世孫禮葬都監儀軌』(上)(CORÉEN 2511) 都廳儀軌 禮關秩「壬申三月二十五日」.

301 『懿昭世孫禮葬都監儀軌』(上)(CORÉEN 2511) 都廳儀軌 禮關秩「壬申四月初三日」; 『承政院日記』 英祖 28年 5月 1日(辛酉). 동일한 내용을 수록하고 있음에도 자료에 따라 날짜 차이가 크게 났다.

302 『懿昭世孫禮葬都監儀軌』(下)(CORÉEN 2513) 虞主所儀軌 手本秩「五月初二日」.

303 『懿昭世孫禮葬都監儀軌』(上)(CORÉEN 2511) 都廳儀軌 禮關秩「壬申四月初三日」; 『承政院日記』 英祖 28年 5月 1日(辛酉). 동일한 내용을 수록하고 있음에도 자료에 따라 날짜 차이가 크게 났다.

304 『懿昭世孫禮葬都監儀軌』(下)(CORÉEN 2513) 虞主所儀軌 手本秩「五月初二日」.

305 『懿昭世孫禮葬都監儀軌』(上)(CORÉEN 2511) 都廳儀軌 禮關秩「壬申四月初三日」; 『懿昭世孫禮葬都監儀軌』(下)(CORÉEN 2513) 虞主所儀軌 手本秩「五月初二日」.

306 『懿昭世孫禮葬都監儀軌』(上)(CORÉEN 2511) 都廳儀軌 禮關秩「壬申四月初三日」.

307 『懿昭世孫墓所都監儀軌』(上)(CORÉEN 2512) 啓辭秩「壬申三月十二日」; 『懿昭世孫禮葬都監儀軌』(上)(CORÉEN 2511) 都廳儀軌 禮關秩「壬申三月十四日」.

308 『懿昭世孫墓所都監儀軌』(上)(CORÉEN 2512) 啓辭秩「壬申三月十二日」; 『懿昭世孫禮葬都監儀軌』(上)(CORÉEN 2511) 都廳儀軌 禮關秩「壬申三月十四日」; 『懿昭世孫禮葬都監儀軌』(上)(CORÉEN 2511) 一房儀軌 各樣物件造作秩.

309 『懿昭世孫禮葬都監儀軌』(上)(CORÉEN 2511) 都廳儀軌 啓辭秩「壬申五月十二日」.

310 『懿昭世孫禮葬都監儀軌』(上)(CORÉEN 2511) 都廳儀軌 啓辭秩「壬申五月十二日」.

311 『懿昭世孫墓所都監儀軌』(上)(CORÉEN 2512) 啓辭秩「壬申三月十二日」; 『懿昭世孫禮葬都監儀軌』(上)(CORÉEN 2511) 都廳儀軌 禮關秩「壬申三月十四日」.

312 『懿昭世孫墓所都監儀軌』(上)(CORÉEN 2512) 啓辭秩「壬申三月十二日」; 『懿昭世孫

禮葬都監儀軌』(上)(CORÉEN 2511) 都廳儀軌 禮關秩「壬申三月十四日」.

313 『懿昭世孫墓所都監儀軌』(上)(CORÉEN 2512) 啓辭秩「壬申三月十二日」; 『懿昭世孫禮葬都監儀軌』(上)(CORÉEN 2511) 都廳儀軌 禮關秩「壬申三月十四日」.

314 『懿昭世孫墓所都監儀軌』(上)(CORÉEN 2512) 啓辭秩「壬申三月十二日」; 『懿昭世孫禮葬都監儀軌』(上)(CORÉEN 2511) 都廳儀軌 禮關秩「壬申三月十四日」.

315 『懿昭世孫禮葬都監儀軌』(上)(CORÉEN 2511) 一房儀軌 各樣物件造作秩.

316 『懿昭世孫禮葬都監儀軌』(上)(CORÉEN 2511) 一房儀軌 各樣物件造作秩.

317 『懿昭世孫禮葬都監儀軌』(上)(CORÉEN 2511) 都廳儀軌 啓辭秩「壬申五月十二日」.

318 『承政院日記』 英祖 28年 3月 14日(乙亥).

319 『承政院日記』 英祖 28年 3月 14日(乙亥); 『英祖實錄』 卷76, 英祖 28年 5月 癸酉(13).

320 『承政院日記』 英祖 28年 3月 14日(乙亥); 『英祖實錄』 卷76, 英祖 28年 5月 乙亥(15).

321 『承政院日記』 英祖 28年 3月 14日(乙亥); 『英祖實錄』 卷76, 英祖 28年 5月 丁丑(17).

322 『承政院日記』 英祖 28年 3月 14日(乙亥); 『英祖實錄』 卷76, 英祖 28年 5月 戊寅(18).

323 『承政院日記』 英祖 28年 5月 18日(戊寅); 『英祖實錄』 卷76, 英祖 28年 5月 戊寅(18).

324 『承政院日記』 英祖 28年 3月 14日(乙亥).

325 『英祖實錄』 卷77, 英祖 28年 6月 庚寅(1); 『承政院日記』 英祖 28年 6月 1日(庚寅).

326 『承政院日記』 英祖 28年 7月 24日(壬寅[壬午]). 7월 24일이 '壬寅'이라고 되어 있어서 '壬午'로 바로잡고 수정한 내용을 [ ]으로 표시했다.

327 『英祖實錄』 卷78, 英祖 28年 12月 丁亥(1); 『國朝喪禮補編』(奎 1339) 卷5, 懿昭世孫喪受敎; 『國朝喪禮補編』(奎 3940) 卷6, (附) 懿昭世孫喪受敎.

328 『英祖實錄』 卷79, 英祖 29年 3月 庚申(4).

329 『英祖實錄』 卷81, 英祖 30年 3月 甲寅(4).

330 『英祖實錄』 卷81, 英祖 30年 閏4月 丁巳(8).

결론

1 『高麗史』 卷93, 列傳6 崔承老 "行釋敎者 修身之本 行儒敎者 理國之源."

참고문헌

1. 자료

『高麗史』

『朝鮮王朝實錄』

『承政院日記』

『日省錄』

『英祖廟號都監儀軌』(奎 13301) · (藏 K2-3062)

『英祖國葬都監儀軌』(奎 13581)

『英祖殯殿都監儀軌』(奎 13584의 1)

『英祖魂殿都監儀軌』(奎 13584의 2)

『英祖元陵山陵都監儀軌』(奎 13586)

『英祖貞聖王后眞宗孝純王后祔廟都監儀軌』(奎 13587)

『英宗大王國恤謄錄』(藏 K2-2986)

『孝明殿日記』(奎 13042의 1, 奎 13042의 2)

『眞宗孝純王后追崇都監儀軌』(奎 13327) · (藏 K2-2850)

『莊獻世子顯隆園園所都監儀軌』(奎 13628)

『惠嬪顯隆園園所都監儀軌』(奎 13617)

『正祖國葬都監儀軌』(奎 13634)

『正祖殯殿魂殿都監儀軌』(奎 13637)

『正祖健陵山陵都監儀軌』(서울대학교 규장각 영인본, 1995, 〈奎 13642〉본 영인)

『正祖祔廟都監儀軌』(奎 13643)

『思悼世子禮葬都監儀軌』(奎 13605)

『思悼世子殯宮魂宮都監儀軌』(奎 13606)

『文孝世子禮葬都監儀軌』(奎 13921)

『文孝世子禮葬都監儀軌』(CORÉEN 2573(上) · 2691(下))

『文孝世子殯宮魂宮都監儀軌』(奎 13923)
『文孝世子殯宮魂宮都監儀軌』(CORÉEN 2692(上) · 2693(下))
『文孝世子墓所都監儀軌』(奎 13925)
『文孝世子墓所都監儀軌』(上)(CORÉEN 2690(上) · 2684(下))
『文禧廟日記』(奎 13045의 1)
『文禧廟營建廳謄錄』(奎 13926)
『文禧廟營建廳謄錄』(CORÉEN 2689)
『文孝世子喪謄錄』(奎 18180)
『文孝世子冊禮都監儀軌』(奎 13200)
『孝明世子葬禮都監儀軌』(奎 13718)
『孝明世子殯宮魂宮都監儀軌』(奎 13721)
『孝明世子延慶墓墓所都監儀軌』(奎 13728)
『孝明世子入廟都監儀軌』(奎 13729)
『懿昭世孫禮葬都監儀軌』(CORÉEN 2511(上) · 2513(下))
『懿昭世孫殯宮魂宮兩都監儀軌』(奎 14838)
『懿昭世孫殯宮魂宮兩都監儀軌』(CORÉEN 2515(上) · 2516(下))
『懿昭世孫墓所都監儀軌』(CORÉEN 2512(上) · 2514(下))
『懿昭廟營建廳儀軌』(奎 14259)
『懿昭廟營建廳儀軌』(CORÉEN 2517)
『懿昭世孫宮禮葬儀軌』(藏 K2-2994)
『懿昭世孫冊禮都監儀軌』(奎 13199)
『昭顯世子禮葬都監儀軌』(奎 13918)
『孝章世子禮葬都監儀軌』(奎 14875)
『孝章世子殯宮都監儀軌』(奎 14857)
『[孝章世子]喪變時謄錄』(奎 13009)
『端懿嬪禮葬都監儀軌』(上)(奎 13573)
『賢嬪殯宮魂宮都監儀軌』(奎 14848)
『顯宗王世孫冊禮都監儀軌』(奎 13067)

『正祖王世孫冊禮都監儀軌』(奎 13113)
『貞純王后元陵山陵都監儀軌』(奎 13596)
『憲宗王世孫冊儲都監儀軌』(奎 14910)
『慶運宮重建都監儀軌』(奎 14328 1)
『東輿圖』(奎 10340)
『海東地圖』(규장각한국학연구원 소장 古大 4709-41)
『八道郡縣地圖』(규장각한국학연구원 소장 古 4709-111)
「東闕圖」(고려대학교 박물관 소장)
「都城大地圖」(서울역사박물관 소장)
『大東地志』(규장각한국학연구원 소장 古 4790-37)
『先賢影幀帖』(규장각한국학연구원 소장 古 2420-1)
『搢紳畫像帖』(奎 10301)

『國朝五禮儀』·『國朝續五禮儀』(민창문화사 영인본, 1994)
『國朝五禮序例』(奎 2277)
『國朝喪禮補編』(奎 1339, 1752년본)
『國朝喪禮補編』(奎 3940, 1758년본)
『國朝喪禮補編』(藏 K2-2926, 1752년본)
『國朝五禮通編』(이화여자대학교 도서관, 청구번호 181.214 이89)
『春官通考』(성균관대학교 대동문화연구원 영인본, 1975~1977)
『春官通考』(奎 12272)
『禮記集說大全』(학민문화사 영인본, 1990)
『儀禮注疏』(北京大學出版社 영인본, 2000)
『通典』(中華書局 영인본, 1988)
『朱子家禮』(奎중 311)
『度支五禮考』(大阪府立圖書館 소장, 청구번호 韓 12-1)
『進香文』(藏 K2-3018)·(藏 K2-3019)
『書經』(漢文大系 12, 1978)

『經國大典』(서울대 규장각 영인본, 1997)

『大典會通』(朝鮮總督府中樞院 영인본, 1939)

『新增東國輿地勝覽』(국역, 솔출판사 영인본, 1996)

『增補文獻備考』(명문당, 1985)

『列聖誌狀通紀』(한국정신문화연구원 영인본, 2003)

『林下筆記』(국역, 민족문화추진회 영인본, 1999)

『保晩齋集』(한국문집총간, 233책)

2. 저서

강문식 · 이현진, 2011 『종묘와 사직 -조선을 떠받친 두 기둥-』, 책과함께.

姜文植, 2008 『권근의 경학사상 연구』, 일지사.

국립고궁박물관, 2016 『조선왕릉, 왕실의 영혼을 담다』, 국립고궁박물관.

김문식 외 5인, 2014 『영 · 정조대 문예중흥기의 학술과 사상』, 한국학중앙연구원출판부.

金成潤, 1997 『朝鮮後期 蕩平政治 硏究』, 지식산업사.

박광용, 1998 『영조와 정조의 나라』, 푸른역사.

서울대학교 규장각, 2003 『규장각 소장 의궤 해제집』(1), 서울대학교 규장각.

서울대학교 규장각, 2004 『규장각 소장 의궤 해제집』(2), 서울대학교 규장각.

서울대학교 규장각한국학연구원, 2013 『한국학, 밖에서 본 한국』, 서울대학교 규장각 한국학연구원.

이현진, 2008 『조선후기 종묘 전례 연구』, 일지사.

이현진, 2015 『왕의 죽음, 정조의 국장』, 글항아리.

정만조 외 4인, 2012 『영조의 국가정책과 정치이념』, 한국학중앙연구원출판부.

池斗煥, 1994 『朝鮮前期 儀禮硏究 -性理學 正統論을 中心으로-』, 서울대출판부.

한국역사연구회 중세2분과 법전연구반, 2000 『新補受敎輯錄: 조선후기 새 법령 모음』, 청년사.

한국역사연구회 중세2분과 법전연구반, 2001 『受敎輯錄: 조선중기 새 법령 모음』, 청년사.

한국역사연구회 중세2분과 법전연구반, 2002 『各司受敎: 조선중기 새 법령 모음』, 청년사.

한국학중앙연구원 藏書閣, 2005『조선왕실의 여성: 2005 장서각 특별전』, 한국학중앙연구원 장서각.

韓相權, 1996『朝鮮後期 社會와 訴寃制度 -上言 · 擊錚 硏究- 』, 一潮閣.

3. 논문

姜文植, 2002「『禮記淺見錄』의 편찬 경위와 權近의 禮論」『奎章閣』25.

구덕회, 2002「『各司受敎』 해제」『各司受敎: 조선중기 새 법령 모음』, 청년사.

김남윤, 2010「正祖의 王世孫 冊禮 연구」『奎章閣』37.

김민규, 2012「朝鮮 王陵 長明燈 硏究」『美術史學硏究』274.

김세은, 2004「순조 15년(1815) 惠慶宮 洪氏의 薨逝와 顯隆園 合祔」『奎章閣』27.

김지영, 2005「조선후기 儀軌 班次圖의 기초적 연구」『韓國學報』118.

박례경, 2007「조선시대 國葬에서 朝祖儀 설행 논의와 결과」『奎章閣』31.

박희용 · 이현진, 2014「영조대 懿昭世孫의 禮葬을 통해 본 창경궁 내외의 동선과 宮家의 공간구조」『奎章閣』45.

손계영, 2004「敎命의 형태 연구 -藏書閣 所藏『懿昭世孫琔世孫冊封敎命』과『慶嬪金氏揀嬪冊封敎命』을 중심으로-」『藏書閣』11.

송지원, 2009「국왕 영조의 국장절차와『국조상례보편』」『朝鮮時代史學報』51.

신하령, 2008「『眞宗東宮日記』-孝章世子 생전과 사후의 기록」『奎章閣』33.

安晞材, 2009『朝鮮時代 國喪儀禮 硏究 -國王國葬을 중심으로-』, 국민대학교 국사학과 박사학위논문.

吳恒寧, 2006,「正祖 초반『英祖實錄』편찬에 대한 연구」『民族文化』29.

유영옥, 2012「조선시대 國喪의 '告祔' 생략에 대한 一考」『한국민족문화』45.

______, 2013「조선전기 因山時 국왕의 山陵 隨駕에 대한 고찰」『嶺南學』24.

______, 2014「조선후기 因山時 국왕의 山陵 隨駕에 대한 고찰」『역사와 경계』91.

이강근, 2009「正祖의 慶熙宮 운영과 건축」『서울학연구』34.

이경구, 2004「1762년(영조 38) 思悼世子의 薨逝와《思悼世子殯宮魂宮都監儀軌》」『규장각 소장 의궤 해제집』(서울대학교 규장각) 2.

李迎春, 2010「英祖의 生母 淑嬪 崔氏의 喪葬禮 -『戊戌苫次日記』를 중심으로-」『朝鮮時代史學報』 52.

______, 2010「英祖代 國家 典章(法典과 禮制)의 재정비」『영조의 국가정책과 정치이념』(2010년도 '한국문화심층연구 공동연구과제' 연구결과발표회 발표문).

이원택, 2008「17세기 복제예송이 18세기 복제 예론에 미친 영향 -예론의 지역적 분립과 학파 내의 분화를 중심으로」『국학연구』(한국국학진흥원) 13.

이현진, 2005「조선 숙종초 정국 동향과 배향 공신」『韓國學報』 119.

______, 2006「조선시대 종묘의 神主 · 位版 題式의 변화 -明 · 淸의 교체를 기점으로-」『震檀學報』 101.

______, 2007「조선 왕실의 혼전」『조선시대 문화사』(상), 일지사.

______, 2011(a)「순조의 장녀 明溫公主의 喪葬 의례 -『明溫公主房喪葬禮謄錄』을 중심으로-」『朝鮮時代史學報』 56.

______, 2011(b)「영조대 왕실 喪葬禮의 정비와『國朝喪禮補編』」『韓國思想史學』 37.

______, 2011(c)「조선시대 종묘의 부묘 의례와 성격」『서울학연구』 43.

______, 2011(d)「정조 초 영조의 國葬 절차와 의미」『泰東古典硏究』 27.

______, 2012「정조대 文孝世子의 喪葬 의례와 그 특징」『奎章閣』 40.

______, 2012「명 · 청의 賜祭 · 賜諡에 대한 조선의 대응」『朝鮮時代史學報』 63.

______, 2013(a)「1789년(정조 13) 永祐園에서 顯隆園으로의 遷園 절차와 의미」『서울학연구』 51.

______, 2013(b)「인조대 丙子胡亂 직후 종묘의 정비 -神主의 改造 · 改題 논의를 중심으로-」『朝鮮時代史學報』 65.

______, 2014(a)「정조대 국가전례서의 편찬과 그 성격 -『국조오례통편』과『춘관통고』의「흉례」를 중심으로-」『영 · 정조대 문예중흥기의 학술과 사상』, 한국학중앙연구원 출판부.

______, 2014(b)「영조대 의소세손(懿昭世孫)의 예장(禮葬)과 그 성격」『韓國思想史學』 46.

______, 2014(c)「의궤 번역의 難題 -'凶禮' 관련 의궤를 중심으로-」『고전번역연구』 5.

______, 2015「순조대 惠慶宮의 喪葬 의례와 성격」『朝鮮時代史學報』 74.

______, 2016(a)「조선후기 세자빈 禮葬 의례와 그 특징 -賢嬪의 예장을 중심으로-」『한국문화』 73.

______, 2016(b)「조선후기 綏嬪 朴氏의 喪葬 의례와 성격」『朝鮮時代史學報』 76.

이현진 · 박희용, 2013「조선 정조대 文禧廟의 건립과정과 공간구성」『奎章閣』 42.

鄭景姬, 2002「英祖의 禮學」『奎章閣』 25.

______, 2003「1762년(영조 38) 壬午禍變과《思悼世子墓所都監儀軌》」『규장각 소장 의궤 해제집』(서울대학교 규장각) 1.

______, 2003「1786년(정조 10) 文孝世子喪과《文孝世子墓所都監儀軌》」『규장각 소장 의궤 해제집』(서울대학교 규장각) 1.

______, 2004「朝鮮後期 宮園制의 성립과 변천」『서울학연구』 23.

鄭鍾秀, 1994『朝鮮初期 喪葬儀禮 硏究』, 중앙대학교 사학과 박사학위논문.

崔誠桓, 2009『正祖代 蕩平政局의 君臣義理 연구』, 서울대학교 국사학과 박사학위논문.

최종규, 1999「경희궁 복원을 위한 전각배치에 관한 연구」 명지대학교 건축공학과 석사학위논문.

4. 웹사이트

조선왕조실록 : http://sillok.history.go.kr

승정원일기 : http://sjw.history.go.kr

한국고전종합DB : http://db.itkc.or.kr

규장각한국학연구원 : http://e-kyujanggak.snu.ac.kr

장서각 : http://jsg.aks.ac.kr/

국립중앙박물관 외규장각의궤 : http://uigwe.museum.go.kr/

프랑스 국립도서관 : http://www.bnf.fr/fr/acc/x.accueil.html

찾아보기

ㄱ

ㄷ

ㅅ

역사문화연구총서 19

조선 왕실의 상장례

초판 1쇄 발행 2017년 1월 25일

지은이 이현진
펴낸이 김정일
펴낸곳 (학)신구학원신구문화사

등 록 1968. 6. 10. 제1-205호
주 소 경기도 성남시 중원구 광명로 377 우촌학사 1층
전 화 031-741-3055~6
팩 스 031-741-3054
이메일 shingupub@naver.com
홈페이지 www.shingubook.com

ISBN 978-89-7668-226-0 93900
값 30,000원